NEOLIBERALISM

新自由主義

その歴史的展開と現在

DAVID HARVEY
デヴィッド・ハーヴェイ

［監訳］渡辺 治
［翻訳］森田成也・木下ちがや・大屋定晴・中村好孝

作品社

◇目次◇新自由主義——その歴史的展開と現在◇

序文 009

第1章 自由とはこういうこと…… 015
新自由主義への転換はなぜ起こったか? 021
新自由主義理論の台頭 032
新自由主義化と階級権力 045
自由の展望 052

第2章 同意の形成…… 059
アメリカにおける同意形成 065
イギリスにおける同意形成 079

第3章 新自由主義国家…… 093
理論における新自由主義国家 094

緊張と矛盾　097
実践における新自由主義国家　101
新保守主義の台頭　115

第4章　地理的不均等発展　125
新自由主義化のムービングマップ　126
新自由主義化の最前線　139
メキシコ　139　／　アルゼンチンの崩壊　146　／　韓国　149　／　スウェーデン　156
地理的不均等発展のダイナミズム　159

第5章　「中国的特色のある」新自由主義　169
国内の変遷　172
対外関係の変遷　188
階級権力の再構築？　196

第6章　審判を受ける新自由主義……213
新自由主義化のバランスシート　216
あらゆるものの商品化　230
環境の悪化　238
権利の両義性　242

第7章　自由の展望……255
新自由主義の終焉？　262
オルタナティブに向けて　274

付録　日本の新自由主義――ハーヴェイ『新自由主義』に寄せて……渡辺治……289
序……ハーヴェイ「新自由主義論」の問題提起と日本の位置　290
1……日本の新自由主義への動きは、いつ始まったのか？　296
2……日本の新自由主義の「敵」は誰か？　299

3……日本での新自由主義改革への合意は、いかなる特質をもつか？ 304
4……新自由主義化と帝国主義化の併存 309
5……日本の新自由主義改革遂行過程のジグザグ 312
6……新自由主義国家の特殊性 318
7……新自由主義と新保守主義 322
8……日本の新自由主義の帰結と矛盾 327

訳者あとがき……森田成也 331

基本用語解説 348
参照文献一覧 365
事項索引 393／人名索引 373／地名索引 369

●図表一覧●

図1-1　1970年代の経済危機：アメリカとヨーロッパのインフレ率と失業率（1960～1987年）　027
図1-2　1970年代における富の急落：アメリカの人口上位1%が保有する資産の割合（1922～1998年）　028
図1-3　階級権力の回復：アメリカ、イギリス、フランスにおける人口上位0.1%の国民所得に占める割合（1913～1998年）　030
図1-4　アメリカの富と収益力の集中　031
・最高経営責任者（CEO）の報酬と給与所得者の平均値との比較（1970～2003年）
・最富裕家族が国富に占める割合の推移（1982～2002年）
図1-5　「ボルカー・ショック」：アメリカとフランスにおける実質金利の推移（1960～2001年）　038
図1-6　労働者に対する攻撃：アメリカの実質賃金と生産性（1960～2000年）　039
図1-7　上層階級の納税反乱：アメリカの所得上位階層と下位階層の税率（1913～2003年）　041
図1-8　海外からの剰余の吸い上げ：アメリカの海外投資と国内投資の収益率（1960～2002年）　044
図1-9　アメリカへの対外収益の流入：国内収入に対する他国からの利潤と資本収入の割合　045
図4-1　海外直接投資（FDI）の世界的広がり（2000年）　131
図4-2　1982～1985年の国際債務危機　135
図4-3　メキシコの主要なマキーラ地帯における雇用（2000年）　143
図4-4　韓国の海外進出状況：海外直接投資（FDI）（2000年）　153
表5-1　外資導入の規模：対外借款、海外直接投資（FDI）、現物貸付（1979～2002年）　174
表5-2　中国の雇用構造の変化（1980～2002年）　180
図5-1　1980年代の中国における海外投資への開放状況　183
図5-2　中国の収入の不平等の拡大――農村と都市（1985～2000年）　198
図6-1　世界の成長率（1年ごとの平均と10年ごとの平均）（1960～2003年）　217
図6-2　金融資本のヘゲモニー：アメリカの金融企業とそれ以外の企業の純資産と利潤率（1960～2001年）　221
図7-1　グローバルな資本と所有の流れにおけるアメリカ合衆国の地位低下（1969～2002年）　265
・アメリカの資本流入と資本流出
・外国の所有割合の推移

新自由主義

——その歴史的展開と現在

［凡例］

・▼印と番号を付したものには原注が付してあり、各章の末尾に掲載した。
・◆印を付した語句には訳注を付してあり、本文の段落の後に掲載した。また、〔　〕で括った割注も訳注である。
・頻出する重要用語、人名・機関名に関しては、巻末の「基本用語解説」で一括して解説した。なお、各語句の初出にのみ［巻末の基本用語解説を参照］と割注を入れた。
・〔　〕内の語句は、訳者による補足である。なお、（　）は原著のものである。
・ＩＭＦやＷＴＯなどの略称で表記された機関は、各章の初出時にのみ正式名称を表記し、（　）内に略称を入れた。なお、巻末の「事項索引」の末尾に「略称一覧」を入れたのでご参照いただきたい。
・既訳書のある文献からの引用については、既訳書の訳文を参照したが、適宜、変更を加えた。
・原文がイタリック書体で強調された語句には、傍点をふった（ただし、書名などをのぞく）。

序文

未来の歴史家は、一九七八〜八〇年を、世界の社会経済史における革命的な転換点とみなすかもしれない。一九七八年、鄧小平は、世界人口の五分の一を占める国の共産党支配下の経済を自由化する最初の重大な一歩を踏み出した。鄧小平が定めた路線のもと、中国は二〇年後には、閉鎖的な後背地から人類史上比類なき成長率を維持する資本主義的ダイナミズムの開放的中心地へと変貌を遂げた。太平洋の反対側では、まったく異なった状況のもとで、ポール・ボルカーという比較的無名の（しかし今では有名な）人物が一九七九年七月にアメリカの連邦準備制度理事会（ＦＲＢ）［巻末の基本用語解説を参照］の議長に就任し、ほんの数ヵ月の間に金融政策の劇的な変革を実行した。それ以来、同理事会は、たとえどんな結果が生じようとも（とくに失業に関して）、インフレとの闘いを率先して行なうことになった。大西洋の向こう側では、それより少し前の一九七九年五月に、労働組合の力の押さえ込みとこの一〇年間国を覆っていた悲惨なスタグフレーションの克服という使命を帯びたマーガレット・サッチャーが、イギリスの首相に就任した。そして一九八〇年には、愛想のよさとカリスマ性を兼ね備えたロナルド・レーガンがアメリカ大統領に選出された。彼は連邦準備制度理事会におけるボルカーの提案を支持するとともに、労働者の力の押さえ込み、工業・農業・鉱業の規制緩和、国内および世界全体における金融の力の自由化という独特の政策セットを実行して、アメリカ経済を再生の軌道に乗せた。こうしたいくつかの震源地から、われわれを取り巻く世界の姿を一変させるような革命的な衝撃が広がり、その轟音を鳴り響かせたのである。

これだけの規模と深さをもった変革は偶然には生じない。それゆえ、いかなる方法と道筋によってこの新しい経済編成——それはしばしば「グローバリゼーション」という用語で概括されている——が古い経済編成から引き出されてきたのかを問うのは適切であろう。ボルカー、レーガン、サッチャー、鄧小平。彼らはみな、かなり以前から流布されていた少数意見をあえて採用し、それを（延々と続く闘争を避けることはできなかったとはいえ）多数派へと押し上げた。レーガンは、一九六〇年代初頭のバリー・ゴールドウォーター◆に由来する共和党少数派の伝統をよみがえらせた。鄧小平は、日本、台湾、香港、シンガポール、韓国の富と権力の上昇の流れを目《ま》のあたりにして、中国国家の利益を守り増進させるために中央計画制度に代えて市場社会主義を動員しようとした。ボルカーとサッチャーはともに、それまでは相対的に目立たない存在であった「新自由主義《ネオリベラリズム》」という名で呼ばれる特殊な教義を引っ張り出してきて、経済思想や経済運営の中核的指導原理にした。そして、ここで私がまずもって関心を寄せるものこそ、この教義——その起源、原因、含意——に他ならない。▼1

◆バリー・ゴールドウォーター：一九五〇年代からアメリカの超保守派の上院議員として活躍。一九六四年にはアメリカの大統領候補。

新自由主義とは何よりも、強力な私的所有権、自由市場、自由貿易を特徴とする制度的枠組みの範囲内で個々人の企業活動の自由とその能力とが無制約に発揮されることによって人類の富と福利が最も増大する、と主張する政治経済的実践の理論である。国家の役割は、こうした実践にふさわしい制度的枠組みを創出し維持することである。たとえば国家は、通貨の品質と信頼性を守らなければならない。また国家は、私的所有権を保護し、市場の適正な働きを、必要とあらば実力を用いてでも保障するために、軍事的、防衛的、警察的、法的な仕組みや機能をつくりあげなければならない。さらに市場が存在しない場合には（たとえば、土地、水、教育、医療、社会保障、環境汚染といった領域）、市場そのものを創出しなければならない——必要とあらば国家の行為によってでも。だが国家はこうした任務以上のことをしてはならない。市場への国家の介入は、いったん市場が創り出されれば、最低限に保たれなければならない。なぜなら、この理論によれば、国家は市場の送るシグナル（価格）を事前に予測しうるほどの情報を得ることはできないからであり、また強力な利益集団が、とりわけ民主主義のもとでは、自分たちの利益のために国家介入を歪め偏向させるのは避けられないからである。

一九七〇年代以降、政治および経済の実践と思想の両方において新自由主義へのはっきりとした転換がいたるところで生じた。社会福祉の多くの領域からの国家の撤退、規制緩和、民営化といった現象があまりにも一般的なものになった。ソ連崩壊後に新たに生まれた国々から、ニュージーランドやスウェーデンのような古いタイプの社会民主主義的福祉国家にいたるまで、ほぼすべての国家が、時に自発的に、時に強制的な圧力に応える形で、何らかの新自由主義理論を受け入れるか、少なくとも政策や実践の上でそれに適応している。アパルトヘイト体制崩壊後の南アフリカ共和国はまたたくまに新自由主義を受け入れ、今日の中国でさえも、後で見るように、この方向に向かって突き進んでいる。そのうえ、今や新自由主義路線の唱道者たちが、教育の場で（大学や多くの「シンクタンク」）、メディアで、企業の役員室や金融機関で、国家の重要諸機関（財務省や中央銀行）の中で、世界の金融や貿易を規制する国際通貨基金（IMF）[巻末の基本用語解説を参照]や世界銀行[巻末の基本用語解説を参照]や世界貿易機構（WTO）[巻末の基本用語解説を参照]といった国際機関の中で、かなりの影響力をもつ立場を占めるにいたっている。要するに新自由主義は言説様式として支配的なものとなったのである。それは、われわれの多くが世界を解釈し生活し理解する常識《コモンセンス》に一体化してしまうほど、思考様式に深く浸透している。

しかしながら、新自由主義化のプロセスは多くの「創造的破壊」を引き起こす。旧来の制度的枠組みや諸権力に対してだけでなく（それは国家主権の伝統的形式にさえ挑戦している）、分業や社会関係、福祉制度、技術構成、ライフスタイルや思考様式、性と生殖に関する諸行為、土地への帰属意識、心的習慣に対してもである。新自由主義は、市場での交換を「それ自体が倫理であり、人々のすべての行動を導く能力をもち、これまで抱かれていたすべての倫理的信念に置きかわる」ものと評価し、市場における契約関係の重要性を強調する。[2] それは、市場取引の範囲と頻度を最大化することで社会財は最大化されるという考え方であり、人々のすべての行動を市場の領域に導こうとする。これは情報創造のための技術を必要とするし、グローバル市場の中で決定の指針になる膨大なデータベースを蓄積、保存、移動、分析、処理するための能力を必要とする。それゆえ新自由主義は情報技術に強い関心を寄せ、その動向を熱心に追おうとする（ここから新種の「情報社会」の到来を宣言する者も出てくる）。

こうした技術は、ますます頻繁で濃厚になる市場取引を時間と空間の両方において圧縮した。これらは、私が別の機会に「時間と空間の圧縮」と命名したものをとりわけ加速させた。地理的範囲が広がれば広がるほどよいし（だから「グローバリゼーション」が注目される）、市場の契約期間は短くなればなるほどよい。この後者の追求は、フランスの哲学者リオタールがポストモダンの条件の一つとして提示した有名な叙述とパラレルな関係にある。すなわち、「一時的な契約関係」が「政治諸関係はもとより、仕事、感情、性、文化、家族、国際領域における恒久的な諸制度」に取って代わることがそれである。こうした市場倫理が支配することの文化的帰結はさまざまであり、この点については以前私は『ポストモダニティの条件』の中で提示しておいた。[3]

今日、グローバルな転換やその影響について概説した多くの文献を入手することができる。その一方で総じて欠落しているのは——そしてこの隙間を埋めるのが本書の目的である——、新自由主義化がどこから生じたのか、それがどのようにしてかくも徹底的に世界中に広がり増殖したのか、このことに関する政治経済史である。この歴史に対して批判的に取り組むことが、ひいては政治的・経済的なオルタナティブを明らかにしそれを構築する上での枠組みを提示することにもなるだろう。

最近、私はジェラール・デュメニル、サム・ギンディン、レオ・パニッチとの対話から有益な知見を得ることができた。マサオ・ミヨシ、ジョバンニ・アリギ、パトリック・ボンド、シンディ・カッツ、ニール・スミス、バーテル・オールマン、マリア・カイカ、エリック・スインゲドーからは、多年にわたってさまざまな恩恵を受けてきた。二〇〇一年一一月にベルリンで行なわれたローザ・ルクセンブルグ財団主催の新自由主義に関する国際会議が、このテーマに関する私の関心を最初に触発してくれた。ニューヨーク市立大学大学院学長のビル・ケリーと、それに主として（それだけではないが）人類学科の同僚と学生たちが示してくれた関心と支援に感謝したい。その結果についての責任は、言うまでもなくすべて私にある。

【原注】

▼1 S. George, 'A Short History of Neoliberalism: Twenty Years of Elite Economics and Emerging Opportunities for Structural Change', in W. Bello, N. Bullard, and K. Malhotra (eds.), *Global Finance: New Thinking on Regulating Capital Markets* (London: Zed Books, 2000) 27-35; G. Duménil and D. Lévy, *Capital Resurgent: Roots of the Neoliberal Revolution*, trans. D. Jeffers (Cambridge, Mass.: Harvard University Press, 2004); J. Peck, 'Geography and Public Policy: Constructions of Neoliberalism', *Progress in Human Geography*, 28/3 (2004), 392-405; J. Peck and A. Tickell, 'Neoliberalizing Space', *Antipode*, 34/3 (2002), 380-404; P. Treanor, 'Neoliberalism: Origins, Theory, Definition', http://web. inter.nl.net/users/Paul.Treanor/neoliberalism.html.

▼2 Treanor, 'Neoliberalism'.

▼3　D. Harvey, *The Condition of Postmodernity* (Oxford: Basil Blackwell, 1989)［邦訳：デヴィッド・ハーヴェイ『ポストモダニティの条件』吉原直樹監訳、青木書店、一九九九年］；J.-F. Lyotard, *The Postmodern Condition* (Manchester: Manchester University Press, 1984), 66［邦訳：ジャン・フランソワ・リオタール『ポスト・モダンの条件』小林康夫訳、白馬書房、一九八六年、一六二頁］。

第1章

自由とはこういうこと……

アウグスト・ピノチェト

ポール・ブレマー

◆自由とはこういうこと……(Freedom's Just Another Word…)：アメリカの女性ロック歌手ジャニス・ジョプリンの曲「Me and Bobby Mcgee」の一節「自由とは失うものが何もないということ」(Freedom's just another word for nothing left to lose)にかけている。

何らかの思考様式が支配的になるためには、われわれの住んでいるこの社会の中で実現可能性があると思わせるだけでなく、われわれの直感や本能、価値観や欲求に強く訴えるような概念装置が提示されなければならない。それに成功すれば、この概念装置は常識《コモンセンス》の中に深く埋め込まれ、自明で疑いのないものになる。新自由主義思想の創始者たちは、人間の尊厳や個人的自由という政治理念を根本的なもの、「文明の中核的価値」であるとした。これは賢明な選択だった。というのも、それらは実際に抗いがたい魅力をもった理念だからである。これらの価値を脅かしているのは、ファシズムや独裁や共産主義だけではない、個人の選択の自由を集団的意思に置きかえるあらゆる形態の国家介入もそうだ、と彼らは考えた。

人間の尊厳や個人的自由の概念はそれ自体強力で人々に訴える力がある。こうした理念は天安門広場に集まった学生たちばかりでなく、冷戦終結前の東欧やソ連の反体制運動をも力づけた。パリやシカゴからバンコクやメキシコシティにいたるまで世界を席巻した一九六八年の学生運動は、一つには言論や個人の選択の自由の拡大を追い求めることで活気を得た。より一般的には、こうした理念は、自己決定能力を尊重するすべての人々に訴える力がある。

アメリカの伝統に長年埋め込まれてきた自由の理念が、昨今アメリカで目を見張るような役割を演じている。多くの人々は「9・11《セプテンバー・イレブン》」をこうした理念に対する攻撃だとただちにみなした。この恐るべき日の一周年記念日に、ブッシュ大統領はこう記した――「自由がますます広がる平和な世界は、アメリカの長期的利益にかない、永遠に続くアメリカ的理想を体現しており、同盟諸国を団結させるものである」。そしてこう結論づけた――「人類は、あらゆる宿敵に対する自由の勝利を押し進める機会をその手につかんでおり、アメリカ合衆国はこの偉大な使命を率いる責任を喜んで引き受ける」。この文言は、その後まもなくアメリカ国家安全保障文書の中に取り入れられ、ただちに発表された。「自由は、世界のすべての男女への神の贈り物である」――後に彼はこう述べ、次のようにつけ加えた――「地球上の最も偉大な国であるわれわれには自由の拡大を助ける責務がある」▼1。

ブッシュ大統領は、イラクに対する先制的予防戦争を遂行する上で他のいっさいの理由に根拠がないことがわかった時、イラクに自由を与えることだけで戦争は十分に正当化されるという考えに訴えた。イラク人は自由になった、それだけが真に重要なのだと。だが、ここで想定されているような類の「自由」については、ずっと以前に文化批評家のマシュー・アーノルドが思慮深い言葉を残している――「自由はとても乗り心地のいい馬だが、それに乗ってどこに向かうのかが問題だ」▼2。ならば、イラクの民衆は、武力によって与えられた自由の馬に乗ってどこに向かうことを期待されているのだろうか？

この問いに対するブッシュ政権の回答は、二〇〇三年九月一九日にイラクの連合国暫定当局（ＣＰＡ）のポール・ブレマー代表が発表した四つの命令の中にはっきりと示されている。そこには以下の諸措置が含まれていた――「公共企業体の全面的民営化、イラク産業を外国企業が全面的に所有する権利、外国企業の利潤の本国送金を全面的に保護すること〔……〕、イラクの銀行を外国の管理下に置くこと、内国民待遇を外国企業に開放すること〔……〕、ほとんどすべての貿易障壁の撤廃」である▼3。これらの命令は、公共サービス、メディア、製造業、サービス業、交通運輸、金融、建設など経済のすべての領域に適用された。

石油だけが除外された（おそらく戦費を支払うための格好の歳入源として特別扱いを受けたこととその地政学的重要性が理由だろう）。他方で労働市場は厳格に統制された。重要産業部門でのストライキは事実上禁止され、団結権は制限された。きわめて逆進的な「均等税」（それはアメリカの保守派が長年実施を望んでいた大がかりな税制改革でもある）も課された。

一部の人々が指摘しているように、占領権力には被占領国の資産を保護する義務がありそれを勝手に売却することはできないのだから、これらの命令はジュネーブ協定とハーグ協定に違反している。[4] また一部のイラク人は、ロンドンの『エコノミスト』誌が「資本家の夢」と呼んだ体制がイラクに押しつけられることに抵抗している。アメリカが指名した連合国暫定当局のあるメンバーは、「自由市場原理主義」の押しつけに強く反発し、それが「歴史をないがしろにする出来の悪い論理」であると強く主張した。[5] ポール・ブレマーの一連の命令は、占領権力によって課された場合には違法になるかもしれないが、「主権をもつ」政府によって追認されたあかつきには、合法化される。アメリカに指名されたイラク暫定政府は、二〇〇四年六月末に権限を引き継ぎ、「主権」を宣言した。だがそれは、既存の法律を確認する権力しか持っていなかった。権限移譲に先だちポール・ブレマーは、著作権法や知的所有権といった細部にいたるまで自由市場と自由貿易のルールを事細かに明記した数多くの法律を制定した。そしてこうした社会的諸制度が「一人立ちしてそれ自身の慣性を持つ」ようになり、取り消しがきわめて困難になることに期待を表明した。[6]

ブレマーが輪郭を与えた一連の諸措置は、新自由主義の理論によれば、富を創出する上で必要かつ十分なものであり、したがってまた大部分の人々の生活水準を向上させる上で必要かつ十分なものだった。新自由主義的思考の主な特徴は、個人の自由は市場と商取引の自由により保証されるという前提に立っていることである。この前提は他のすべての国に対するアメリカの姿勢を長年特徴づけるものだった。[7] 明らかにアメリカは、国内外の資本に有利な蓄積条件を促進することを基本任務とする国家機構を、イラクに対して力ずくで押しつけようとしたのである。私はこのような国家機構を新自由主義国家と呼ぶ。それが体現する自由は、私的所有者、ビジネス界、多国籍企業、金融資本の利益を反映している。要するにブレマーは、イラク人に、新自由主義の囲いの中に突進する自由の馬に乗るよう促したのである。

新自由主義国家を形成しようとする最初の実験が行なわれたのが、一九七三年の「もう一つの9・11《リトル・セプテンバー・イレブン》」にチリのピノチェト将軍が起こしたクーデターの後であったことは、思い起こすだけの価値がある（ブレマーがイラクへの新体制の導入を宣言した数日前が、そのほぼ三〇年後にあたる）。民主的に選挙されたサルバドール・アジェンデ政権に対するクーデターは、アジェンデの社会主義路線に脅威を覚えた国内のビジネス・エリートたちによって引き起こされた。それを後押ししたのは、アメリカの大企業、ＣＩＡ、ヘンリー・キッシンジャー国務長官であった。あらゆる社会運動や左翼政治団体が暴力的に弾圧され、貧困地区の地域診療所をも含むあらゆる形態の民衆組織が破壊された。労働市場は規制や組織的・制度的な制約（たとえば労働組合の力）から「自由」になった。だが、いったいどのようにして行き詰まった経済は再生したのだろうか？　これまでラテンアメリカ諸国の経済発展計画にとって支配的だった輸入代替政策（補助金や保護関税によって国内産業を育成する政策）は、とりわけチリではあまりうまくいかず、すっかり評判を落としていた。全世界的な景気後退のもと、新しいアプローチが必要とされた。

当時シカゴ大学で教鞭を執っていたミルトン・フリードマンの新自由主義理論に傾倒していた「シカゴ・ボーイズ」の名で知られているエコノミスト・グループが、チリの経済再建を手助けするために招集された。彼らが選ばれたいきさつは興味深い。一九五〇年代以来、アメリカはラテンアメリカの左傾化に対抗するための冷戦戦略の一環として、シカゴ大学でチリ人エコノミストの養成に資金提供していた。シカゴ大学で育成されたエコノミストたちは、サンチアゴにある私立のカトリック大学で権勢を振るうようになった。一九七〇年代初頭、ビジネス・エリートたちは、「月曜会」というグループをつうじてアジェンデ反対派を組織し、このエコノミストたちとの実務関係を発展させ、研究機関を通じて彼らの活動に資金提供した。ピノチェト将軍と権力を争っていたケインズ主義者［巻末の基本用語解説を参照］の空軍司令官グスタボ・リー将軍が一九七五年に引退すると、ピノチェトはこれらのエコノミストたちを政府に引き入れた。彼らの最初の仕事は国際通貨基金（ＩＭＦ）との借款交渉だった。彼らはＩＭＦと協力し自分たちの理論にしたがって経済を改革した。国有化を取り消し、公的資産を民営化し、水産物や材木などの天然資源を民間に開放し乱獲させるがままにし（多くの場合それは先住民の抵抗を残酷に押し切ってなされた）、社会保障を民営化し、外国からの直接投資や自由貿易を促進した。チリでの操業から得られた利潤を本国に送金する外国企業の権利が保証された。輸出主導型の成長が輸入代替策よりも優先された。国営部門として唯一残された産業は、イラクの石油と同じく基幹資源の銅だけであった。銅の収益が独占的に国庫にもたらされていたため、国家の維持運営上不可欠であったからである。だが、成長率、資本蓄積、高い外国投資収益率の観点から見たチリ経済の急速な復活は短命に終わった。一九八二年におけるラテンアメリカの債務危機で、すべてが行き詰まりを見せたからである。その結果、よりプラグマティックであまりイデオロギー的ではない新自由主義政策が、その後数年にわたって採用された。プラグマティックな対応も含めてこれらすべては、のちの一九八〇年代におけるイギリス（サッチャー政権）とアメリカ（レーガン政権）両国の新自由主義への転換を促す有益な先例となった。周辺諸国で遂行された野蛮な実験が、中心諸国の政策立案のモデルになったのは何もこれが初めてのことではない（その点は、ブレマーの布告で遂行されたイラクにおける均等税の実験の場合と同じである▼8）。

　イラクとチリという二つの国の国家機構が、アメリカ合衆国の強圧的な影響のもと、異なる時代に異なる地域できわめてよく似た形で形成されたという事実は、一九七〇年代半ば以降に世界中のいたるところで新自由主義国家の形成が急速に広がった背景に、アメリカの帝国的権力の恐るべき影響力があったことを示唆している。これが過去三〇年間にわたって生じたことに疑いの余地はないが、同時に、チリにおける新自由主義への転換をもたらした国内要因が示しているように、それが話のすべてではけっしてない。また、マーガレット・サッチャーは、アメリカが強制したから一九七九年に新自由主義路線を先駆的に導入したわけではない。さらにアメリカは、中国に対して一九七八年に改革開放路線に着手することを強いたわけではない。一九八〇年代にインドが、そして一九九〇年代初頭にスウェーデンが新自由主義化に向けた部分的な動きを見せたことを、安易にアメリカの権力の帝国的影響力のせいにすることはできない。世界レベルの新自由主義の地理的不均等発展は、明らかに多様な決定要因と少なからぬカオスと混乱をともなう非常に複雑なプロセスであった。ではなぜ新自由主義への転換は起こったのだろうか？　そしてそれをグローバル資本主義の内部で支配的なものにした力は何だったのか？

新自由主義への転換はなぜ起こったか？

第二次世界大戦後における国家体制や国際関係の再編で意図されていたのは、一九三〇年代の大恐慌下で資本主義的秩序を脅かした破滅的な状況が再び起きるのを防ぐことだった。それはまた、戦争の原因となった国家間の地政学的対立が再び出現するのを防ぐことをも企図していた。国内の平和と平穏を確保するために、労使間で何がしかの階級妥協が構築されなければならなかった。当時の考えは、ロバート・ダールとチャールズ・リンドブロムという二人の著名な社会科学者が一九五三年に出版し強い影響を与えた著作におそらく最もよく示されているだろう。粗野な資本主義と粗野な共産主義はともに失敗したと彼らは論じた。進むべき唯一の道は、平和、寛容、福祉、安定性を確保するために、国家、市場、民主主義制度の適切な混合体を構築することである。▼9 国際的には、新しい世界秩序は、ブレトンウッズ協定［巻末の基本用語解説を参照］を通じて構築され、国際連合、世界銀行、IMF、スイスのバーゼルにある国際決済銀行（BIS）といったさまざまな機関が、国際関係の安定に寄与するために樹立された。商品の自由貿易は、固定価格で米ドルと金とを兌換することによって維持された固定相場制のもとで推進された。固定相場制は自由な資本移動とは両立しない。それは本来、統制を必要とする。だがドルが国際準備通貨として機能するかぎり、アメリカはドルが国境を越えて自由に移動することを容認した。このシステムは、アメリカの軍事力の傘のもとにあった。ソヴィエト連邦と冷戦だけがこのシステムのグローバルな展開に限定を課した。

　第二次世界大戦後のヨーロッパでは、社会民主主義国家、キリスト教民主主義国家、統制経済国家などさまざまなタイプの国家が出現した。アメリカ自身は自由民主主義国家の形成に向かった。そして日本は、アメリカの厳重な統制のもとで名ばかりの民主主義体制が構築されたが、実際にはきわめて官僚的な国家機構に国の再建を監督する権限が与えられた。こうした多種多様な形態の国家はすべて次のことを受け入れていた点で共通していた。すなわち、国家は完全雇用、経済成長、市民の福祉を重視しなければならないこと、国家権力はこれらの目的を達成するために、市場プロセスと歩調を合わせて（あるいは必要とあらばそこに介入したりそれに取って代わったりさえしながら）自由に動員されなければならないということである。通常「ケインズ主義的」と呼ばれる財政金融政策が、景気循環を抑制し、一定の完全雇用を確保するために広く適用された。労使間の「階級妥協」は、国内の平和と平穏を保障する鍵になるものとして一般に支持された。国家は積極的に産業政策に関与し、さまざまな福祉制度（医療や教育など）を構築することによって社会的賃金の基準を設定した。

　こうした政治経済構造は今日では通常「埋め込まれた自由主義」［巻末の基本用語解説を参照］と呼ばれているが、この用語は、市場プロセスと企業活動が、社会的・政治的制約の網の目や、一定の経済産業戦略にもとづいてその活動を時に抑制したり逆に推進したりする規制環境によっていかに包囲されていたかを示唆している。[10]国家主導の計画が実行されたり、場合によっては重要産業部門（石炭、鉄鋼、自動車）を国家が所有することさえ（たとえばイギリスやフランスやイタリア）、珍しいことではなかった。新自由主義のプロジェクトが目的としているのは、こうした制約から資本を解き放つことである。

「埋め込まれた自由主義」は、一九五〇年代から六〇年代の間に、先進資本主義諸国における高い経済成長率を実現した。[11]これはアメリカの気前の良さに部分的に依存していた。アメリカは、世界の残りのすべての国に対して赤字を出してでも各国内のあらゆる余剰生産物を吸い上げるつもりであった。このシステムは、輸出市場の拡大などの種々の利益をもたらしたが（日本にとっては最も明らかだが、南アメリカ全体および東南アジアのいくつかの国にとっても――必ずしも一様ではないが――そうだった）、その他の多くの国々に「発展」を輸出する試みはあまりうまくいかなかった。多くの第三世界諸国、とりわけアフリカの国々にとっては、「埋め込まれた自由主義」ははかない夢にとどまった。その後、一九八〇年以降に新自由主義化への動きが進んだが、これらの国々の貧困状況を物質的にほとんど変えることはなかった。先進資本主義諸国では、再分配政策（労働組合の力を政治的に一定統合することや団体交渉を承認することなどもそこに含まれる）、自由な資本移動に対する規制（とくに資本取引規制を通じた一定の金融抑制）、公共支出の拡大や福祉国家の建設、経済への積極的な国家介入、一定の経済発展計画の策定といったものが、相対的に高い成長率と手に手をとって進行した。景気循環はケインズ主義的な財政金融政策を採用することでうまく制御された。介入主義国家の諸活動を通じて一定の社会的・倫理的な性格をもった経済（それはしばしば強烈なナショナル・アイデンティティによって支えられる）が育成された。国家は事実上、階級関係を内部化した闘争場裡となった。労働組合や左翼政党といった労働者階級の諸機関は、国家機構の内部できわめて現実的な影響力をもつに至った。

一九六〇年代の終わり頃、国際経済および国内経済の両方において「埋め込まれた自由主義」が解体しはじめた。深刻な資本蓄積危機の徴候があらゆる所で姿を現わした。失業率とインフレ率が各地で上昇し、ほぼ一九七〇年代いっぱいまで続く世界的規模の「スタグフレーション」をもたらした。税収が急落し社会支出がうなぎ上りに増大した結果として、各国で財政危機が起こった（イギリスは一九七五～七六年にIMFの救済を受けざるをえなくなった）。ケインズ主義的政策はもはや機能していなかった。一九七三年の中東戦争と石油輸出国機構（OPEC）の石油禁輸措置が起こる以前にすでに、金準備に支えられた固定相場制をとるブレトンウッズ体制は混乱状態に陥っていた。国境の無数の穴から資本が流出入し（資本移動に対する国境の透過性）、固定相場制を圧迫した。世界にあふれたアメリカのドルがヨーロッパの銀行に預金されたことで、アメリカの統制を逃れるようになった。かくして一九七一年に固定相場制は放棄されることになる。もはや金《きん》は国際通貨の金属的基礎として機能しなくなった。為替レートの変動が認められ、そして変動をコントロールしようとする試みもまもなく放棄された。一九四五年以降、少なくとも先進資本主義国では高い成長率を実現してきた「埋め込まれた自由主義」は明らかに使い果たされ、もはや機能しなくなっていた。危機を克服するためには何らかの対案が必要であった。

一つの回答は、コーポラティズム◆戦略を通じて経済の国家によるコントロールと規制を徹底させることだった（必要ならば、緊縮政策や所得政策、さらには賃金や価格の統制によって労働者や民衆運動の過度の要求を押さえ込むこともそこに含まれる）。この対案を推進したのがヨーロッパの社会民主主義政党と共産党であり、これらの党が期待をかけていたのは、イタリアの共産党統治下の「赤いボローニャ」のような各地での革新自治体の経験であり、ファシズム体制崩壊から生じたポルトガルの革命的変革であり、より開放的な市場社会主義や「ユーロコミュニズム」思想への転換——とりわけイタリア（ベルリンゲル［当時のイタリア共産党書記長］の指導のもとで）とスペイン（カリリョ［当時のスペイン共産党書記長］の影響のもとで）——であり、スカンジナビア半島における強力な社会民主主義的福祉国家の伝統の発展であった。こうしたプログラムを支えるために左翼は相当規模の民衆の力を結集し、イタリアではあわや政権獲得というところまで接近し、ポルトガル、フランス、スペイン、イギリスでは実際に獲得した。さらにスカンジナビア諸国では政権はそのまま維持された。アメリカでさえも、民主党が支配する連邦議会は、一九七〇年代初頭に膨大な数の規制改革を制定し（これらの法律に署名したのは共和党の大統領リチャード・ニクソンであり、その過程で彼は「われわれはみな今やケインズ主義者である」とさえ言った）、環境保護から労働安全衛生、公民権、消費者保護にいたるまで、あらゆる改革を実施した。[12] だが左翼は、伝統的な社会民主主義的・コーポラティズム的解決策を十分越えて先に進むことができなかった。そして一九七〇年代半ばには、これらの解決策が資本蓄積の要求とあいいれないことが明らかになった。その結果、一方では、社会民主主義や中央計画経済の側に立つ者たちと（もっとも、イギリス労働党に見られるように、いったん権力に就くと、たいていはプラグマティックな理由から、自分たちの支持者のより大きな願望を押さえ込むようになるのだが）、他方では、企業やビジネス界の力を解き放って市場の自由を再び確立することに利害関心をもつ人々とのあいだで論争が二極化した。一九七〇年代半ばには、後者のグループの利害関心が前景に押し出された。だが、活発な資本蓄積を再開させる条件はどのようにして回復されるのだろうか？

◆コーポラティズム：政策の決定・執行過程に企業や労働組合を持続的に参加させることによって一定の階級妥協を実現し、経済成長と福祉政策を両立させようとする体制のこと。

われわれが解かねばならない問題の核心は、いかにしてなぜ、この問題への唯一の回答として勝利したのかということである。今から考えればその答えは必然でありかつ自明であるように見えるかもしれないが、しかし当時においては、どのような回答が有効で、どうしたらいいのかを誰もはっきりとはわからなかったし、理解していなかったと言っても不当ではなかろう。資本主義世界は、新自由主義化という回答へと手探りで向かった。その過程で一連の動揺や混乱した実験が見られたが、結局は一九九〇年代に「ワシントン・コンセンサス」［巻末の基本用語解説を参照］として知られるようになる新しい正統性へと収斂していった。その時までには、クリントンもブレアも先のニクソン発言をあっさり引っ繰り返して簡潔にこう述べることができるような状況になっていたのである――「われわれはみな今や新自由主義者である」。新自由主義が地理的に不均等な形で発展したこと、国家や社会構成体の違いによってたいてい部分的ないし特定の側面に偏って適用されたことは、新自由主義的解決策が確固たるものではなかったことを示している。それはまた、新自由主義化のプロセスが実際に生じる原因や過程が、さまざまな政治勢力や歴史的伝統や既存の社会的諸制度によって複雑に規定されていることを証明している。

しかしながら、この移行過程においてとりわけ注目に値する一つの要素が存在する。一九七〇年代における資本蓄積危機は、失業率を上昇させインフレを加速させることで万人に影響を与えた（図1－1参照）。不満が広がり、先進資本主義世界の多くで労働者と都市の社会運動とが合流し、戦後期にかくも成功した資本蓄積の根拠となっていた労使間の社会的妥協に対する社会主義的オルタナティブの台頭にまで至りつつあるように見えた。共産党や社会民主主義政党はヨーロッパ各地で支持を広げ、場合によっては政権をとることさえあった。アメリカでさえ民衆運動は広範な改革と国家の介入を強く訴えた。ここにおいて、至るところで、先進資本主義国（イタリア、フランス、スペイン、ポルトガルなど）でも、多くの発展途上国（チリ、メキシコ、アルゼンチンなど）でも、経済エリートや支配階級が政治的脅威にさらされていることが明らかとなった。たとえばスウェーデンでは、文字通り企業の株を労働組合が徐々に買い上げ、国を労働者＝株主民主制に変えるというレーン＝メイドナー計画の名で知られるプランが提案された。だが、これに限らず、支配エリートと支配階級の地位への経済的脅威が今や肌で感じられるようになりつつあった。ほとんどどの国でも、戦後における合意形成の一つの条件は、上層階級の経済権力が制限され、

図1-1　1970年代の経済危機：アメリカとヨーロッパのインフレ率と失業率
（1960～1987年）

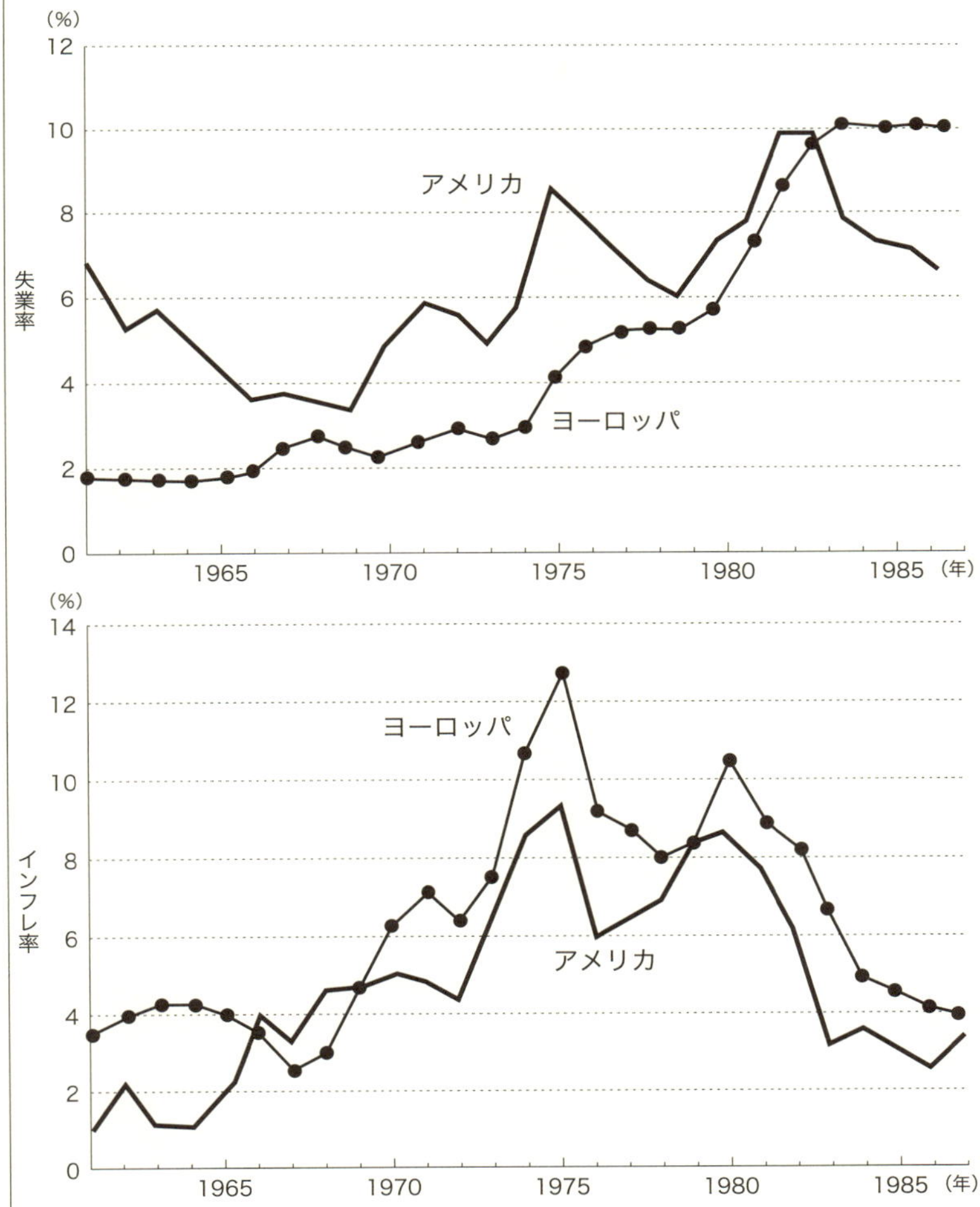

（出典：デヴィッド・ハーヴェイ『ポストモダニティの条件』）

図1-2　1970年代における富の急落：
アメリカの人口上位1％が保有する資産の割合（1922～1998年）

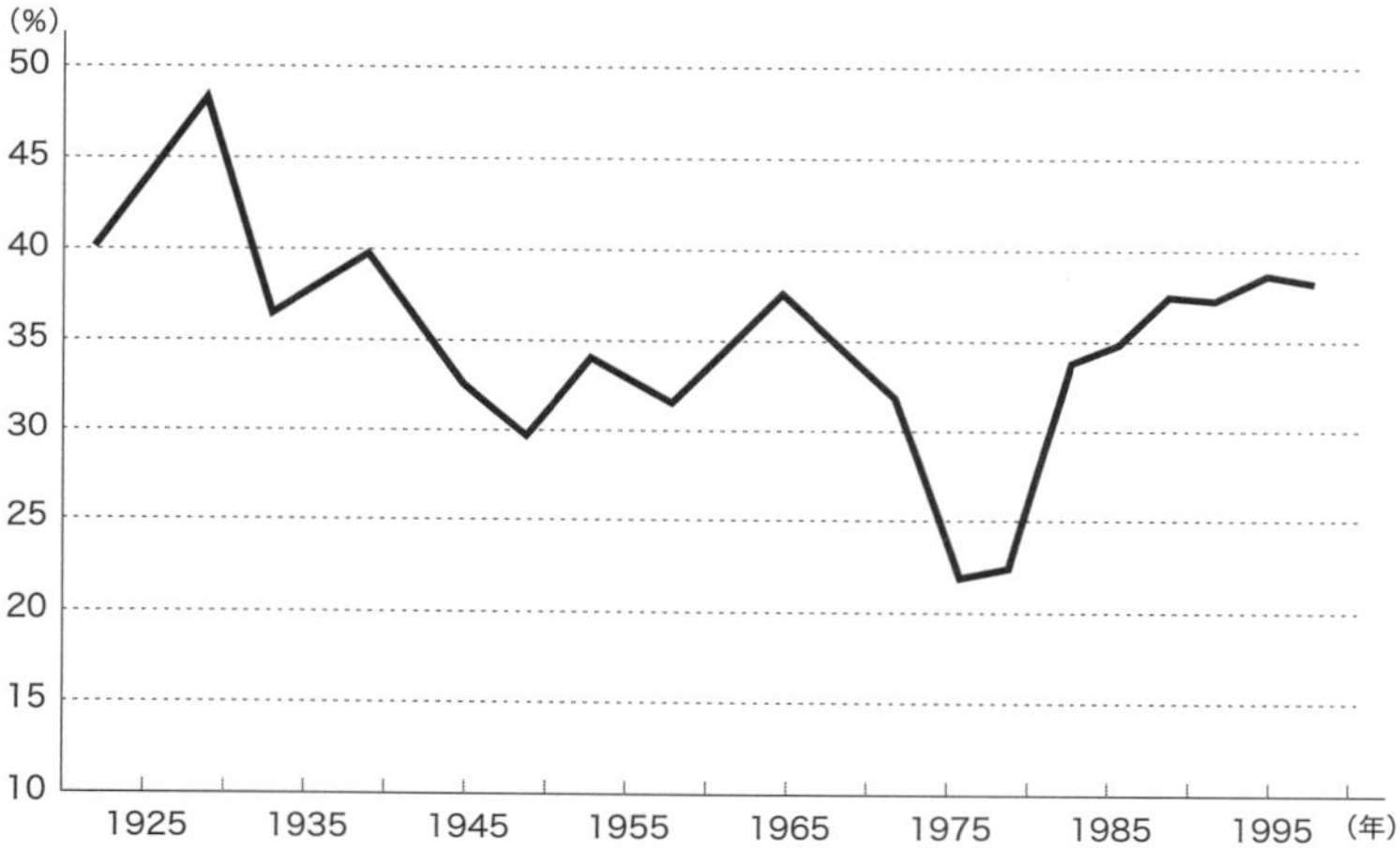

（出典：Duménil and Lévy, *Capital Resurgent*）

労働者にはより大きな経済的パイが与えられるということであった。たとえばアメリカでは、所得上位一％の者が国民所得に占める割合は、戦前の最高値一六％から、第二次世界大戦末には八％未満に下落し、ほぼ三〇年間その水準で推移した。経済成長が非常に強力だったので、このような制約は問題にならなかった。なぜなら、増大するパイの一定の割合を安定的に確保しておけばそれでよかったからである。だが、一九七〇年代に成長が破綻し、実質金利がマイナスになり、微々たる配当と利潤が常態化すると、世界中の上層階級は脅威を覚えた。アメリカでは、二〇世紀をつうじて、人口の上位一％による富の支配力は（所得とは対照的に）かなり安定的なまま維持された。ところがそれは一九七〇年代には、資産価値（株、不動産、貯蓄）が暴落したことで急激に下落した（図１－２参照）。上層階級は、自分たちの政治的・経済的破滅を避けるために断固たる行動をとらなければならなくなった。

アメリカの支援を受けた上層階級が内部から推進したチリとアルゼンチンの軍事クーデターは、ある種の解決策を提供した。その後チリで遂行された新自由主義の実験が明らかにしたのは、復活した資本蓄積が強制的な民営化のもとで非常に偏った恩恵を与えたことである。初期の段階では、その国の政府とその支配エリートは外国投資家と歩調をあわせながらきわめて順調に事を進めることができた。それによって富が富裕層に偏って再分配され社会的不平等が拡大したが、これは事実上、新自由主義化のプロセスに常にともなうものであり、まさにこのプロジェクトに構造的なものとみなせるほどであった。ジェラール・デュメニルとドミニク・レヴィが資料とデータを精査した上で得た結論は、新自由主義化は、その当初から階級権力の回復を企図していたということだった。一九七〇年代後半に新自由主義政策が実行されたあと、アメリカの国民所得のうち、上位一%の所得者の収入が占める割合は、二〇世紀末には一五%にまで増加した（第二次世界大戦前の割合にかなり接近した）。アメリカの上位〇・一%の所得者の収入が国民所得に占める割合は一九七八年の二%から、一九九九年には六%以上に増大した。他方で、最高経営責任者（CEO）の給与と労働者の給与の平均値の比率は、〔上位五〇位以内の数値で見ると〕一九七〇年代の三〇対一強から二〇〇〇年にはほぼ五〇〇対一へと広がった（図1−3／図1−4参照）。現在実施されているブッシュ政権の税制改革にともない、社会の上層部への所得と富の集中がますます進んでいるのはほぼ間違いない。賃金および給与への課税がそのまま維持されている一方で、遺産税（富裕階級への税金）が段階的に縮小廃止されていき、投資からの収入やキャピタル・ゲインへの課税が削減されたからだ。[13]

このことはアメリカだけにとどまらない。イギリスの上位一%の所得者は、一九八二年以降、国民所得に占める割合を六・五%から一三%へと倍増させた。さらに視野を広げてみれば、世界中で富と権力のとんでもない集中が生じていることがわかる。ロシアでは、新自由主義的な「ショック療法」後に一握りの強力な新興財閥《オリガルヒ》が台頭し、一九九〇年代に同国を支配した。中国では、自由市場指向の政策が採られたこ

図1-3　階級権力の回復：アメリカ、イギリス、フランスにおける人口上位0.1％の国民所得に占める割合（1913～1998年）

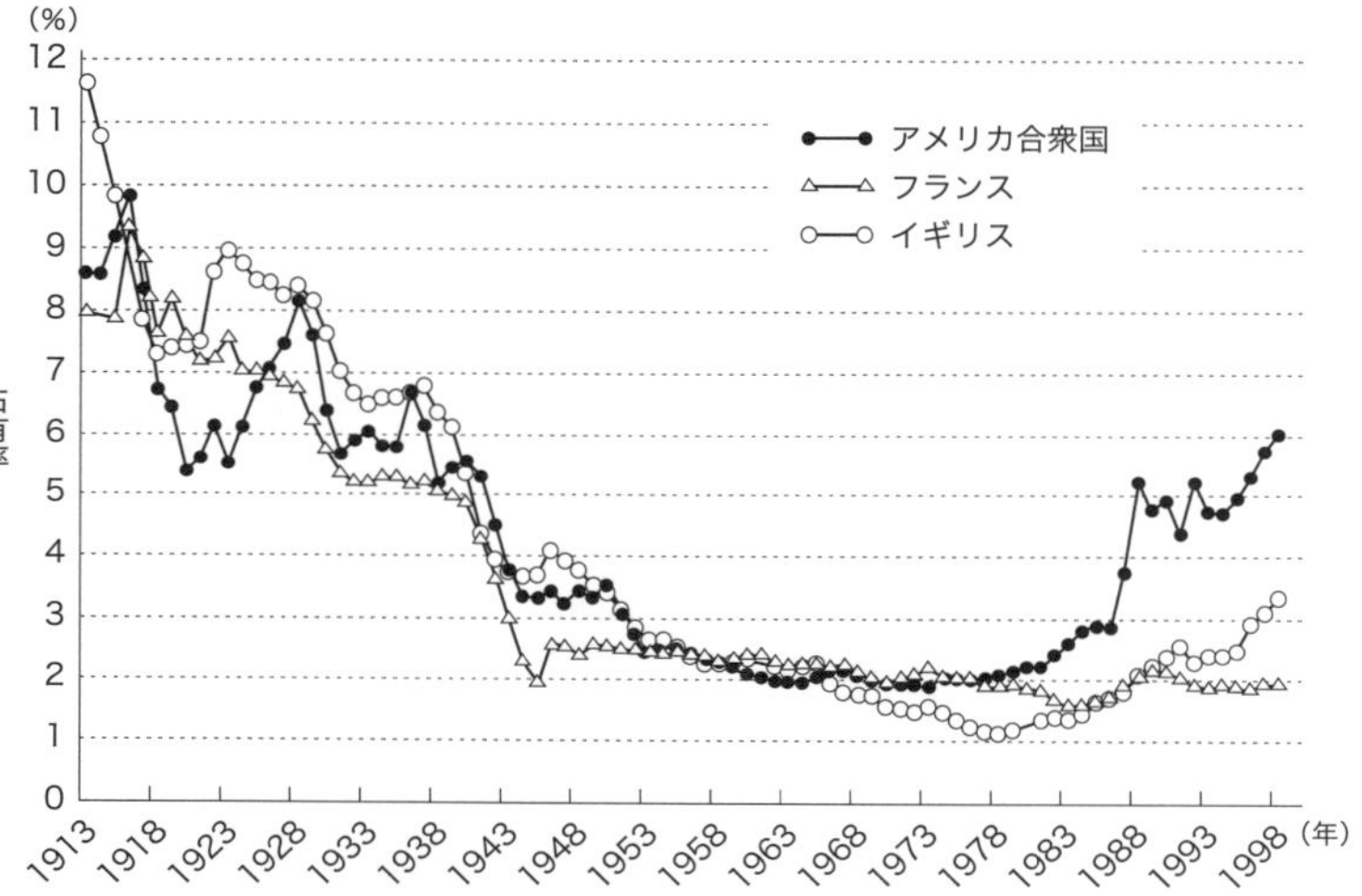

（出典：Task Force on Inequality and American Democracy, *American Democracy in an Age of Rising Inequality*）

とで所得と富の不平等の途方もない拡大が生じた。一九九二年以後のメキシコで生じた民営化の波は、ごく少数の人々（たとえばカルロス・スリム〔大手通信事業を率いる事業家〕をほとんど一夜のうちに『フォーチュン』誌の世界長者番付に加えた。世界的には、「東欧や独立国家共同体（ＣＩＳ）の諸国はかつてない〔……〕社会的不平等の拡大を記録した。ＯＥＣＤ諸国もまた、一九八〇年代以降、大幅な不平等の拡大を記録」し、さらに「世界人口の五分の一を占める最富裕国に住む人々と、世界人口の五分の一を占める最貧国の人々との間の所得格差が、一九六〇年の三〇対一から一九九〇年には六〇対一に、一九九七年には七四対一に」なった。[14] こうした傾向には一部例外があるものの（東アジア、東南アジアのいくつかの国は、今のところフランスがそうであるように不平等を穏当な範囲に押さえ込んでいる——図１－３参照）、これらの証拠は、新自

郵便はがき

料金受取人払郵便

麹町支店承認

6246

差出有効期間
2024年10月
14日まで

切手を貼らずに
お出しください

1 0 2 - 8 7 9 0

1 0 2

［受取人］
東京都千代田区
飯田橋2—7—4
株式会社 作品社
営業部読者係 行

【書籍ご購入お申し込み欄】

お問い合わせ 作品社営業部
TEL 03(3262)9753／FAX 03(3262)97

小社へ直接ご注文の場合は、このはがきでお申し込み下さい。宅急便でご自宅までお届けいたしま
送料は冊数に関係なく500円（ただしご購入の金額が2500円以上の場合は無料）、手数料は一律30
です。お申し込みから一週間前後で宅配いたします。書籍代金（税込）、送料、手数料は、お届け時
お支払い下さい。

書名	定価 円	
書名	定価 円	
書名	定価 円	
お名前	TEL ( )	
ご住所 〒		

フリガナ
お名前

男・女　　　歳

ご住所
〒

Eメール
アドレス

ご職業

ご購入図書名

●本書をお求めになった書店名

●ご購読の新聞・雑誌名

●本書を何でお知りになりましたか。

イ　店頭で

ロ　友人・知人の推薦

ハ　広告をみて（　　　　　　）

ニ　書評・紹介記事をみて（　　　　　　）

ホ　その他（　　　　　　）

●本書についてのご感想をお聞かせください。

購入ありがとうございました。このカードによる皆様のご意見は、今後の出版の貴重な資
として生かしていきたいと存じます。また、ご記入いただいたご住所、Eメールアドレス
、小社の出版物のご案内をさしあげることがあります。上記以外の目的で、お客様の個人
報を使用することはありません。

図1-4　アメリカの富と収益力の集中
上：最高経営責任者（CEO）の報酬と給与所得者の平均値との比較（1970～2003年）
下：最富裕家族が国富に占める割合の推移（1982～2002年）

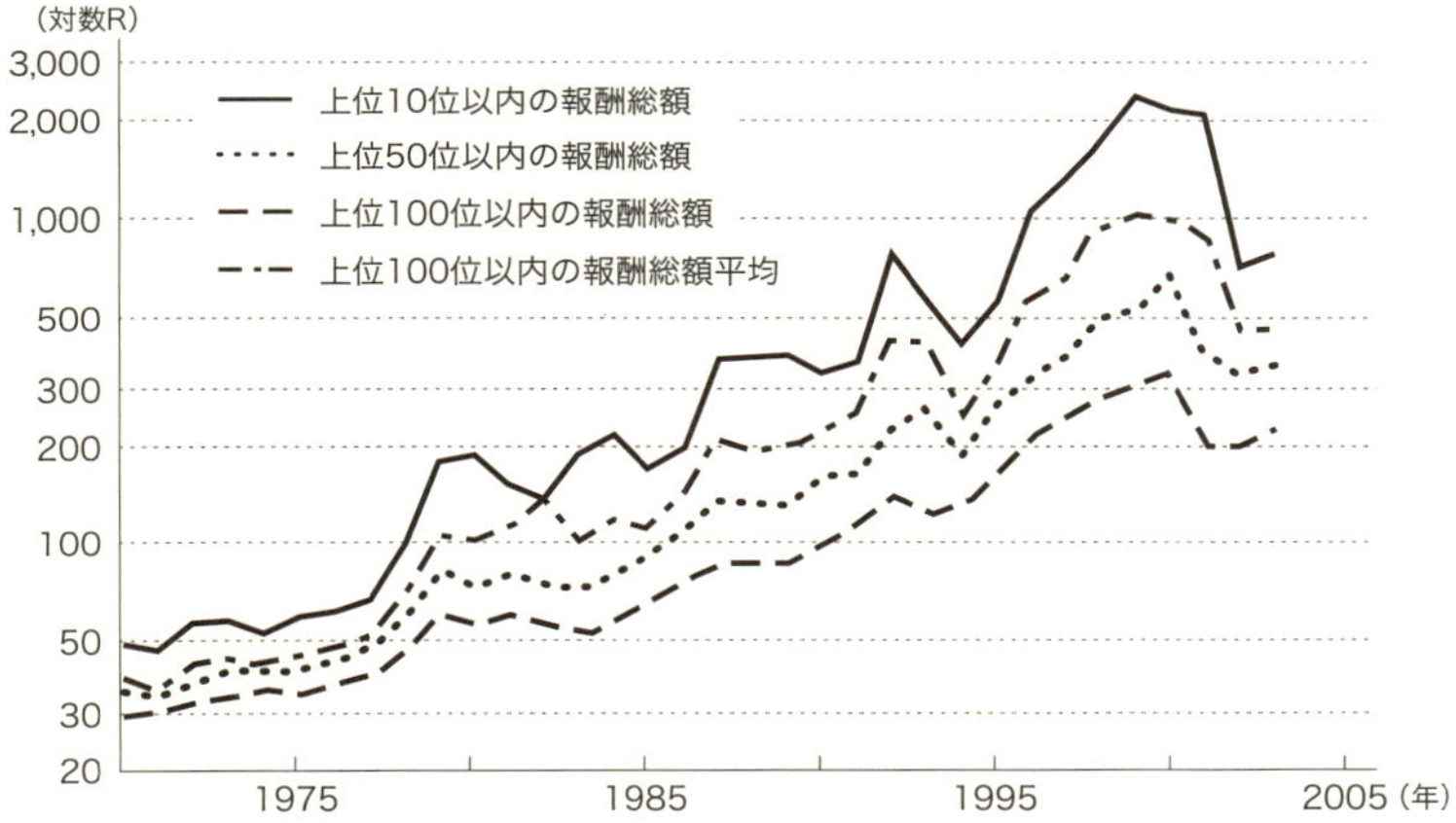

上の最初の三つの曲線は、上位10位、50位、100位という報酬のランキングに対応する最高経営責任者の給与の上昇を示している。もう一つの曲線（−･−）は、報酬額上位100人の最高経営責任者の平均給与を示している。縦軸の1000というのはサラリーマンの平均給与の1000倍を意味している。

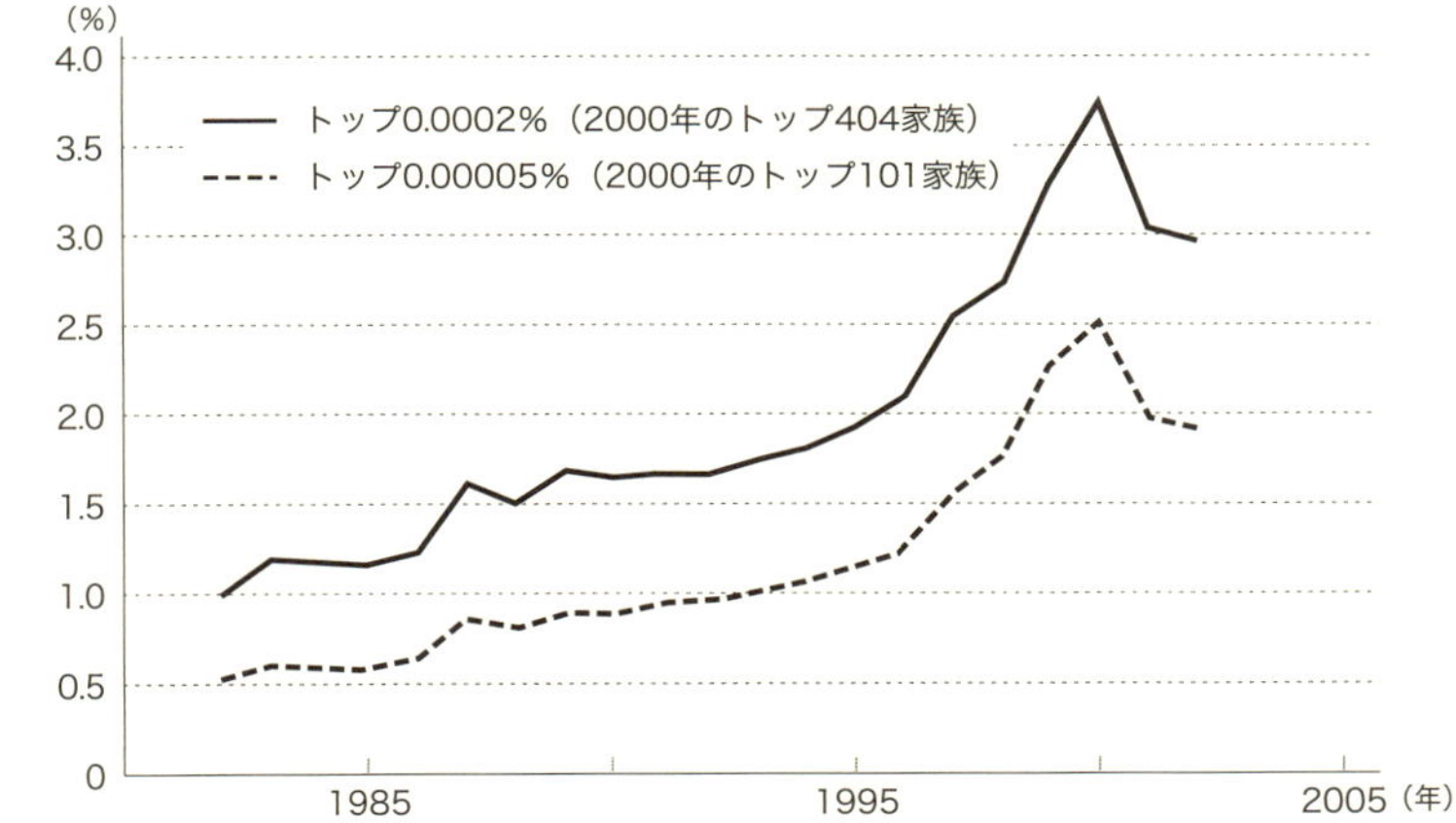

（出典：Duménil and Lévy, 'Neoliberal Income Trends'）

由主義への転換が何らかの点で、そして何らかの程度で経済的エリートの権力の回復や再建と結びついていることを雄弁に物語っている。

このように新自由主義は、国際資本主義を再編するという理論的企図を実現するためのユートピア的プロジェクトとして解釈することもできるし、あるいは、資本蓄積のための条件を再構築し経済エリートの権力を回復するための政治的プロジェクトとして解釈することもできる。以下で私は、二番目の目標が現実面では優位を占めてきたことを論じていく。新自由主義化は、グローバルな資本蓄積を再活性化する上であまり有効ではなかったが、経済エリートの権力を回復させたり、場合によっては（ロシアや中国）それを新たに創出したりする上では、目を見張るような成功を収めた。新自由主義的議論に見られる理論的ユートピアニズムは主として、この目標を達成するために必要なあらゆることを正当化し権威づける一大体系として機能してきたというのが私の結論である。また、種々の証拠が示しているように、新自由主義的原理がエリート権力の回復・維持という要求と衝突する場合には、それらの原理は放棄されるか、見分けがつかないほどねじ曲げられる。思想の力が歴史的・地理的変革を推し進めるような働きをすることを否定しているのではない。そうではなく、新自由主義思想の力と新自由主義化の現実の実践——それは、この三〇年間にわたってグローバル資本主義のあり方を変革した——との間にある創造的な緊張関係に焦点を当てたいのだ。

新自由主義理論の台頭

資本主義的社会秩序を脅かすものに対する潜在的対抗手段としての、そして資本主義の病理に対する解決策としての新自由主義は、長いあいだ公的政策の影に潜んでいた。一九四七年、主にアカデミズムのエコノミスト、歴史家、哲学者で構成される小規模で排他的な熱狂的唱道者の一団が、オーストリアの著名な政治哲学者フリードリヒ・フォン・ハイエクの周囲に集まり、モンペルラン協会（この協会の名前は、彼らが最初に会合したスイスの保養地からとっている）を創設した。そこに集った著名な人物としては、ルードヴィヒ・フォン・ミーゼス、エコノミストのミルトン・フリードマン、そして有名な社会哲学者のカール・ポパーまでが一時期そこに加わっていた。協会の創立宣言には次のように書かれてある。

> 文明の中核的価値が危機に瀕している。人間の尊厳や自由の本質的な諸条件は、地上のかなりの部分でもはや失われた。残ったところでも、現在の政策潮流が発展することで不断の脅威にさらされている。個人や自発的集団の地位は、専制的な権力の拡大によりしだいに掘りくずされている。西洋人の最も貴重な財産である思想や表現の自由さえも、次のような教義の蔓延によって脅かされている。すなわち、自分たちが少数派の地位にある時には寛容の特権を言い立てるくせに、自分たち以外の意見をすべて抑圧し消し去ることのできる権力の地位をひたすら追い求めている、そういう教義である。
>
> 　われわれのグループは、こうした事態を助長したのが、あらゆる絶対的な道徳的規準を否定する歴史観の台頭、法の支配の妥当性に疑問を呈する理論の普及にあったと考える。さらに私的所有や競争的市場に対する信念が衰退したことによっても助長されたと考える。これらの制度とむすびついた分散した権力や自発的創意なしには、自由が効果的に維持されるような社会を想像することなどできはしない。[15]

　このグループのメンバーは、個人的自由の理念に原則的に忠実であることをもって、ヨーロッパの伝統的な意味における「自由主義者」を自認した。この新自由主義的な肩書きは、彼らが、アダム・スミスやデヴィッド・リカードウ、そして言うまでもなくカール・マルクスの古典派理論に代わって一九世紀後半に台頭した新古典派経済学（これはアルフレート・マーシャル、ウィリアム・スタンリー・ジェボンズ、レオン・ワルラスらの業績にもとづいている）の自由市場原理を信奉していることをはっきり示唆していた。だが同時に彼らは、「市場の見えざる手」に関するアダム・スミスの見解にも固執し、市場は、大食や強欲、富と権力への渇望といった人間の本能の最も卑しいものさえも万人の利益のために動員する最良の装置だとした。だから新自由主義の教義は、一九三〇年代に大恐慌をきっかけに名声を馳せたジョン・メイナード・ケインズのような国家介入主義論とは深く対立していた。第二次世界大戦後の政策立案者の多くは、景気循環や景気後退をコントロールすることを望み、ケインズ理論をその指針とした。新自由主義者たちは、マルクス主義的伝統の近辺で研究をするオスカー・ランゲ［ポーランド出身のエコノミスト］が提起したような、中央集権的な国家計画制にはなおさら激しく反対した。彼らは、国家の決定が、労働組合や環境派や業者のロビー団体といった種々の利益集団の力によって政治的に歪められる運命にあると論じた。投資や資本蓄積に関する国家の判断は必ず間違う運命にある。国家が入手可能な情報は、市場のシグナルに含まれている情報にとうてい太刀打ちできないからである。

　この理論的枠組みは、すでに何人かの論者が指摘しているように、論理的に完全に整合しているわけではない▼[16]。それが信奉する新古典派経済学の「科学的」厳密さは、個人的自由という理念への政治的忠実さと容易に両立しないし、またそれは、あらゆる国家権力に対して不信を抱いていると称しているが、私的所有、個人の自由、企業活動の自由を守るためには、必要とあらば強権を発動する強力な国家を必要としていることともあいいれない。法のもとでは企業を個人と定義するという法的トリックは、個人という概念に歪みを持ち込むものであり、ニューヨーク市のロックフェラーセンターの石碑に刻み込まれたジョン・D・ロックフェラーの個人的信条——彼はそこに何よりも「個人の至上価値」と刻んだ——を皮肉なものにしている。そしてこれから見ていくように、新自由主義の立場には多くの矛盾があり、これらの矛盾は、一見純粋な新自由主義の教義と関係していることがわからなくなるほど新自由主義の諸実践（独占権力や「市場の失敗」などの問題で）を変えてしまうほどである。だからわれわれは、新自由主義の理論と新自由主義化の現実との間にある緊張関係に細心の注意を払わなければならないのである。

『自由の条件』などの重要な著作を執筆したハイエクは、思想闘争は決定的に重要であり、マルクス主義だけではなく社会主義、国家計画制、そしてケインズ主義的な介入主義との闘いに勝利するには少なくとも一世代はかかるということを、先見の明をもって論じた。モンペルラン・グループは種々の財政的・政治的支援を獲得することができた。とくにアメリカでは、あらゆる形態の国家介入や規制、さらには国際主義にすらも本能的に反発する金持ちや企業のリーダーの強力な一団が、混合経済を推進するコンセンサスの台頭と彼らがみなしたものに対する反対陣営の構築に努めた。彼らは、第二次世界大戦中に構築されたソ連との同盟関係やアメリカ国内につくり上げられた指令経済が、戦後の状況の中で政治的に全面的な発展を遂げるかもしれないと憂慮した。彼らは、自分たちの権力を守り増大させるためには、マッカーシズムから新自由主義のシンクタンクにいたるまでどんなものでも受け入れるのをいとわなかった。けれどもこの運動の政治的・学術的影響力は、一九七〇年代の混乱の時代に至るまでは周辺的なものにとどまった。だが一九七〇年代に入ると、とりわけアメリカやイギリスでにわかに社会的な注目を集めはじめた。この運動は、豊かな財源をもつさまざまなシンクタンク（モンペルラン協会から派生したロンドンの経済問題研究所やワシントンのヘリテージ財団など）の中で養成され、さらにミルトン・フリードマンが権勢を振るっていたシカゴ大学を筆頭にアカデミズムの世界で影響力を広げていった。一九七四年にハイエクが、一九七六年にフリードマンがノーベル経済学賞を受賞したことで、新自由主義理論はアカデミズムの世界でも権威を勝ち取っていった。経済学賞だけは、ノーベルの威光を借りているものの、他の賞とはまったく関係がなく、スウェーデンの銀行エリートの厳格な管理下にある。新自由主義理論、とりわけマネタリズム［巻末の基本用語解説を参照］の装いをまとったそれは、さまざまな政策分野で現実的な影響力を振るいはじめた。たとえばカーター大統領の時代には、一九七〇年代のアメリカを覆っていた慢性的なスタグフレーションに対する回答の一つとして、経済の規制緩和が実施されはじめた。しかし、新自由主義が、先進資本主義世界の国家レベルの公的政策を規制する新しい経済的正統原理として根本的な確立を見るのは、一九七九年のアメリカとイギリスにおいてだった。

その年の五月、マーガレット・サッチャーが経済の改革という強力な使命を帯びて首相に任命された。キース・ジョゼフ――非常に活動的かつ強烈な信念をもった政治評論家にして論客、新自由主義的な経済問題研究所と強固な関係をもっていたこの男の影響のもと、サッチャーは、ケインズ主義を放棄しなければならないこと、一九七〇年代のイギリス経済を特徴づけていたスタグフレーションに対処するためには、マネタリズムにもとづいた「サプライサイド」［巻末の基本用語解説を参照］的解決策が絶対に必要だということを認めた。彼女は、これがまさに財政政策および社会政策における革命にほかならないことを認識し、一九四五年以来イギリスで確立されてきた社会民主主義国家の諸制度および政治的手法ときっぱり断絶する姿勢をただちに示した。このことが意味するのは、労働組合の力と対決すること、競争的フレキシビリティを妨げるあらゆる形態の社会的連帯（たとえば地方自治を通じて表現されたそれ、さらには多くの専門家とその職業団体の力なども含まれる）を攻撃すること、福祉国家の諸政策を解体ないし縮小すること、公営住宅をはじめとする公共企業体を民営化すること、減税、企業家のイニシアチブを奨励すること、外国投資（とりわけ日本からのそれ）を強力に引きつけるために有利なビジネス環境をつくり上げることであった。彼女はあの有名な宣言を行なった――「社会などというものは存在しない。存在するのは男、女という個人だけだ」と。さらにつづけて「家族」をそこにつけ加えた。あらゆる形態の社会的連帯は、個人主義、私的所有、個人責任、家族の価値に道を譲って解体されなければならなかった。サッチャーのレトリックが示唆している分岐線に沿ったイデオロギー攻撃は容赦なかった。[17]「経済学は手段である」と彼女は言った――「だがその目的は国民の信条を変えることである」。そして彼女は実際に信条を変えた。もっとも、それは全面的でも完璧でもなく、政治的代償も免れなかったが。

一九七九年一〇月、カーター政権のもとで、連邦準備制度理事会議長のポール・ボルカーは、アメリカの金融政策の劇的な変更を実行した。[18]アメリカは、その自由民主主義国家の枠内でニューディールの諸原則――それは完全雇用を主目的とする広い意味でのケインズ主義的な財政金融政策を意味した――に長年にわたって従ってきたが、今やそれは、雇用に与える影響がどうなろうともインフレの抑制を目指す政策に取って代わられた。一九七〇年代に二桁のインフレ率が続いていた時期、実質金利はしばしばマイナスであったが、連邦準備制度理事会の決定でプラスの水準に設定された（図1－5参照）。名目金利は一夜にして上昇し、多少上下した後、一九八一年七月には二〇％に近づいた。かくして「その後アメリカの工場を空っぽにし、組合を破壊し、債務国を破産のふちに追いやることになる長い深刻な不況が、つまり、長い構造調整の時代[19]」が始まった。ボルカーは、これが一九七〇年代のアメリカおよび世界経済の大部分に見られたスタグフレーションの慢性的危機を脱するための唯一の方法だと論じた。

このボルカー・ショックは、後に明らかになったように、新自由主義化にとっての必要条件だが十分条件ではないと解されなければならない。というのも他国の中央銀行の中には、反インフレ的な財政責任を以前から重視し、正統的なケインズ主義政策よりもマネタリズムに近い政策を採っていたところもあったからである。たとえば西ドイツの場合、このような反インフレ政策には歴史的な由来があった。かつて野放図なインフレが、一九二〇年代にワイマール共和国を崩壊させ、ファシズム台頭のお膳立てをしたからであり、また第二次世界大戦末期にも同じように危険なインフレが発生したからである。ＩＭＦは長年の

図1-5　「ボルカー・ショック」：アメリカとフランスにおける実質金利の推移
（1960～2001年）

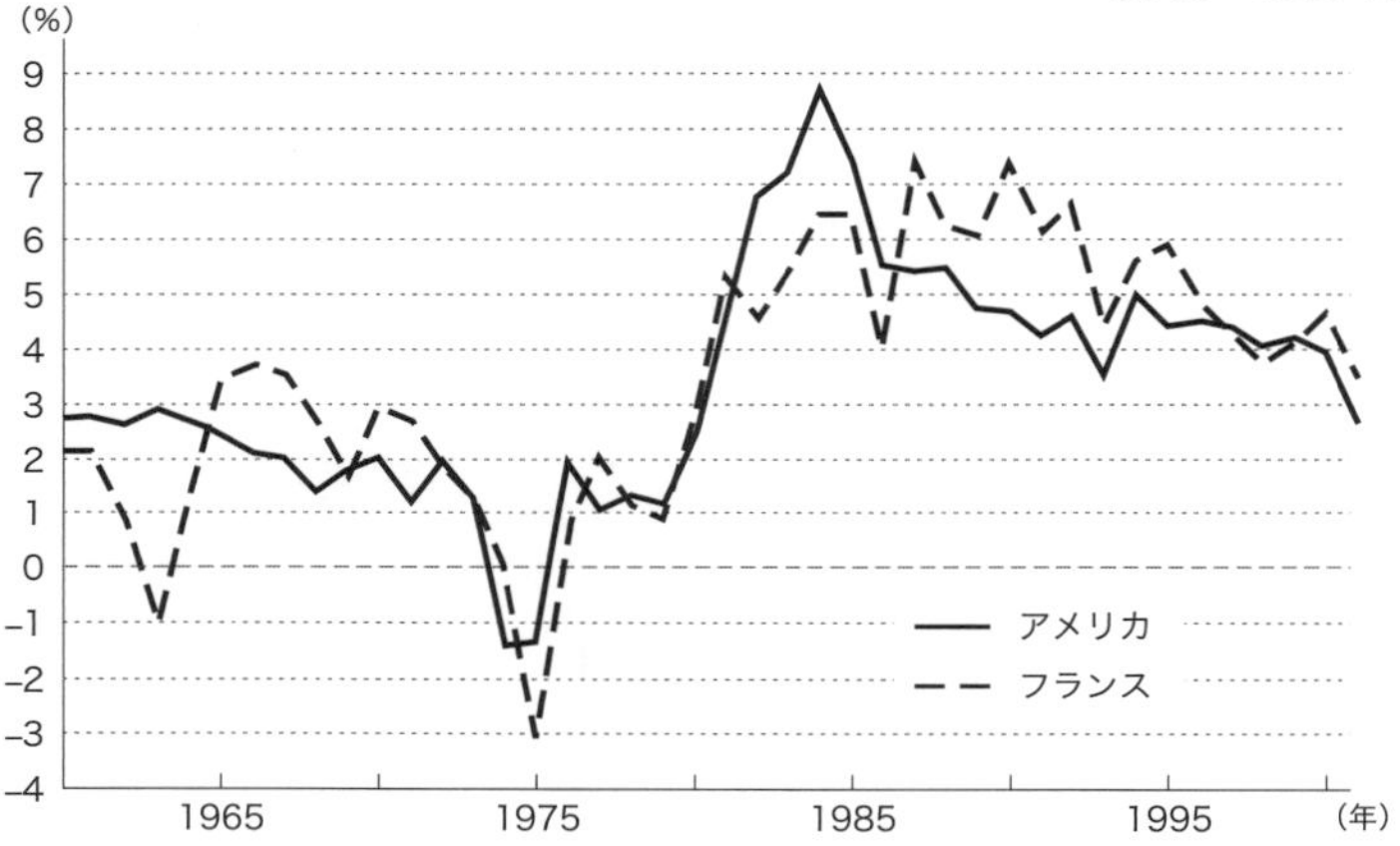

（出典：Duménil and Lévy, *Capital Resurgent*）

あいだ、過剰な債務の発生と闘い、対象国に対して財政の抑制と緊縮政策を――命令と言ってもいいぐらい――強く促してきた。だが、これらのケースでは、このマネタリズムは強力な労働組合勢力の容認や強力な福祉国家建設への政治的コミットメントと並列していた。したがって、新自由主義への転換のためには、マネタリズムを採用するだけではなく、他の多くの領域で政府の政策を転換させることも必要だった。

カーターが、スタグフレーションの危機に対する部分的解決策として不安げに航空やトラック輸送の規制緩和に転じていたとはいえ、決定的だったのは、一九八〇年にロナルド・レーガンがカーターに勝利したことであった。レーガンの顧問たちは、病んで停滞した経済に対するボルカーのマネタリスト的「処方」は的を射ていると確信した。ボルカーは支持され、連邦準備制度理事会議長に再任された。その後レーガン政権はさらなる規制緩和、減税、予算削減、労働組合や職業団体に対する攻撃などを通じて必要な政治的バックアップ

図1-6　労働者に対する攻撃：アメリカの実質賃金と生産性（1960〜2000年）

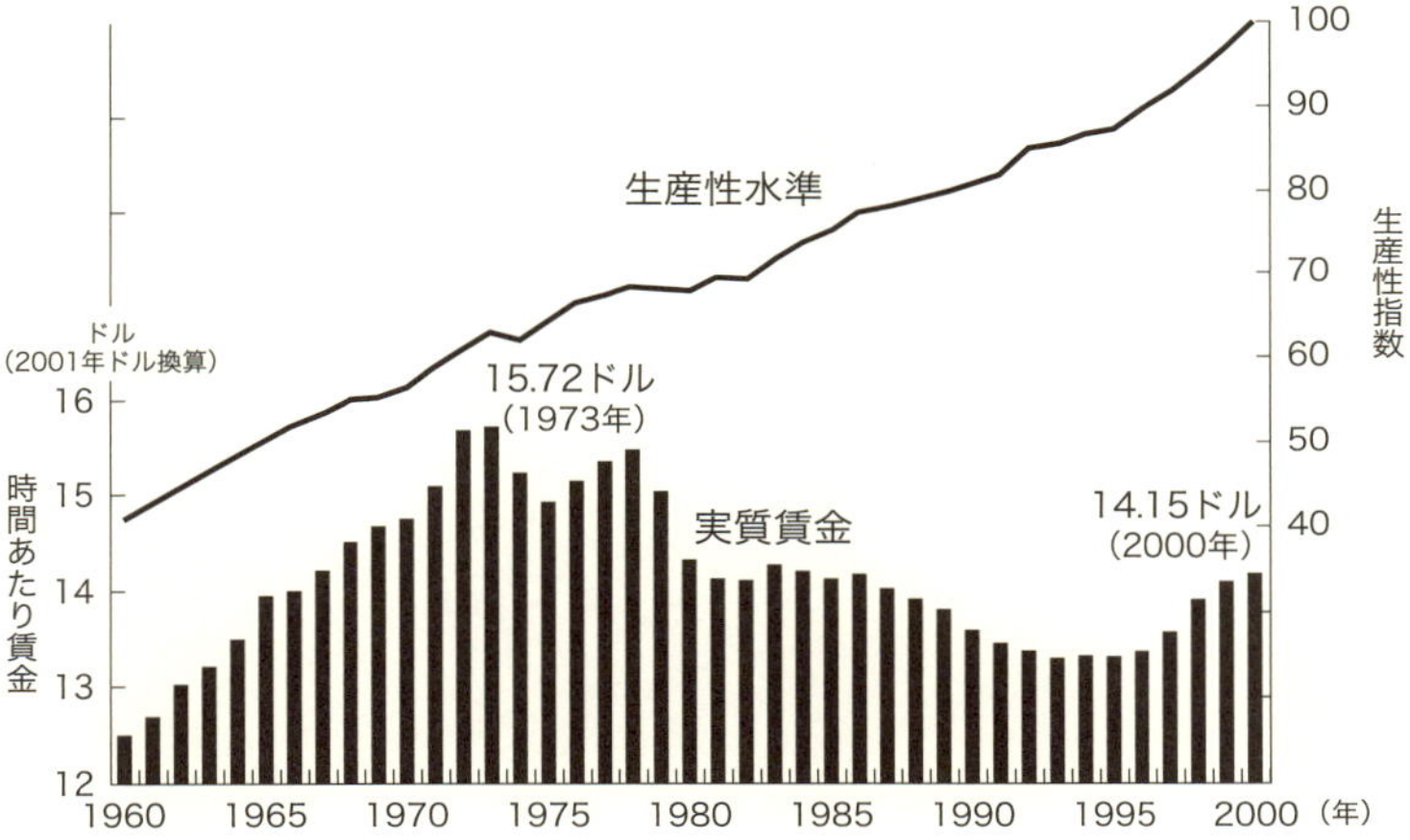

（出典：Pollin, *Contours of Descent*）

を与えた。レーガンは一九八一年の長く厳しいストライキの末に全米航空管制官組合（PATCO）◆を屈服させた。これは、ボルカーが引き起こした景気後退が高い失業率（一〇%以上）をもたらしているまさにその時に組織労働者の力に全面攻撃を仕掛けるという合図だった。だが、PATCOは通常の組合ではなく、熟練専門職団体としての性格を持ったホワイトカラー組合であった。だからこの組合は、労働者階級の組合主義よりもむしろ中産階級を象徴するものだった。この事件が労働条件全体に与えた影響は甚大なものだった。おそらくこの点を最もよく表わしているのは、一九八〇年には貧困水準と同等であった連邦最低賃金が一九九〇年にはこの水準より三〇%も低い水準にまで下落したことだ。実質賃金水準の長期的低落が本格化しはじめた（図1―6）。

◆全米航空管制官組合：最盛期には一万二〇〇〇人の管制官を組織していたAFL―CIO所属の組合。一九八〇年の大統領選挙ではロナルド・レーガンを支持。だがレーガンは一九八一年、労働条件の改善を求めた同組合のストライキに対して組合員の約九割にあたる一万一三五九人を解雇することで応じた。その後、一九八七年に結成された全米航空管制官連合（ＮＡＣＡ）に団体交渉権を奪われた。

レーガンによって環境規制や労働安全衛生や医療に関する権限ある地位に任命された者たちが、これまでになく声高に「大きな政府」批判のキャンペーンを張った。航空機と電気通信から金融にいたるまで、ありとあらゆるものに対する規制緩和は、大企業が利益をあげるための無制限の市場的自由の新しい領域を切り開いた。投資に対する優遇税制は、資本が組合組織率の高い北東部や中西部から、組合組織率が低く労働規制の緩い南部や西部に移動することを効果的に後押しした。金融資本はしだいにより高い収益率を求めて海外に目を向けるようになった。自国の産業空洞化と生産の海外移転がますます常態化した。市場は、競争やイノベーションを促進するものとしてイデオロギー的に描き出されていたが、実際には、独占権力を強化する手段になった。法人税が抜本的に引き下げられ、個人所得の最高税率は七〇％から二八％に下げられた。この一連の措置は「史上最大の減税」と言われた（図１－７）。

こうして、社会的不平等の拡大に向けた画期的な転換が始まり、上層階級の経済権力が回復しはじめた。しかしながら、一九七〇年代にはこれと平行して新自由主義化への動きを促すもう一つの変化があった。一九七三年のＯＰＥＣによる石油価格の大幅引き上げと石油供給量の制限は、サウジアラビア、クウェート、アブダビのような産油国の手中に途方もない金融力をもたらした。イギリス情報部の報告によると、一九七三年にアメリカは、石油の供給量を元に戻し石油価格を引き下げるためにこれらの国々に侵攻するつもりさえあったことが判明している。また、あからさまな脅しではないにせよ、アメリカの軍事的な圧力のもとで、当時サウジが、そのすべてのオイルダラーをニューヨークの投資銀行を介して還流させるのに同意したことも知られている。[20] アメリカの投資銀行は突如、意のままに使える莫大な資金を手にしたが、経その資金を使って利益を上げることのできる適当なはけ口を見つけ出さなくてはならなかった。だが、経

図 1-7　上層階級の納税反乱：アメリカの所得上位階層と下位階層の税率
（1913〜2003年）

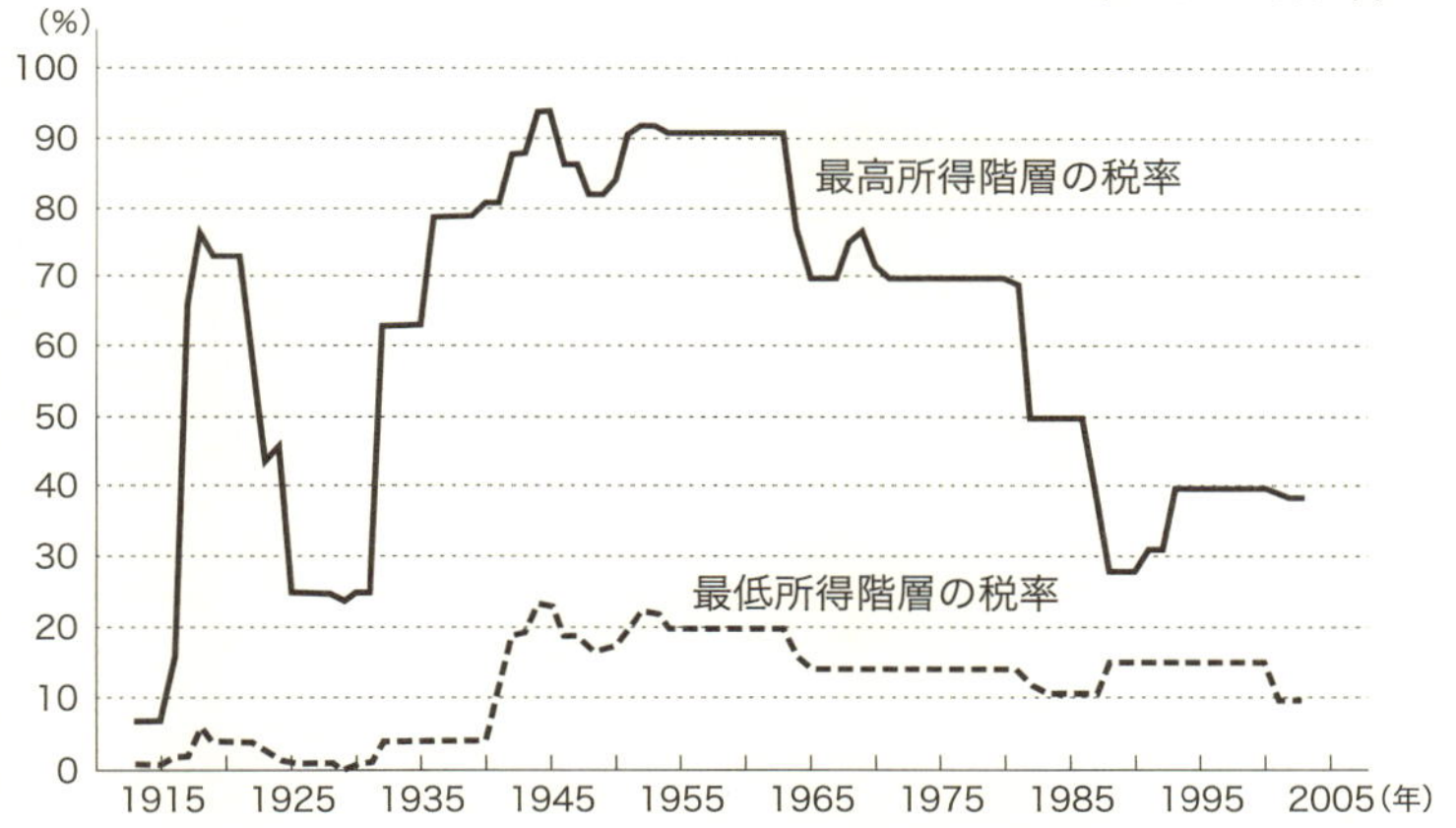

（出典： Duménil and Lévy, ‘Neoliberal Income Trends’）

済が低調で収益率の低かった一九七〇年代半ばのアメリカ国内には儲かる選択肢はなかった。より高い収益機会は海外に求める必要があった。各国の政府が最も安全な投資対象と思われた。シティバンクの会長ウォルター・リストンの有名な言葉にあるように、政府は移動したり消えたりしないからである。そして当時、資金に飢えていた多くの発展途上国政府は、借り入れ先を必死に求めていた。けれども、そのために必要なのは無論、門戸の開放と融資の確かな条件が整備されていることであった。ニューヨークの投資銀行は、新たな投資機会の確保と自己の海外活動の保護の両方を求めてアメリカの帝国的伝統に頼った。

アメリカの帝国的伝統は長い時間をかけて徐々に形成されてきたものであって、イギリスやフランスやオランダやその他のヨーロッパ列強の帝国的伝統とは対立するものとして自己を定義してきた。[21] 一九世紀末には植民地領有に走ったこともあったが、二〇世紀には植民地なき、より開かれた帝国主義システムを発展させた。そのモデルケースとなったのは、一九二〇年代と三〇年代におけるニカラグアでの一連の出来事である。アメリカは、自国の権益を保護するために海兵隊を派遣したが、サンディーノ率いるゲリラ軍との長く困難な闘いに巻き込まれる羽目に陥った。その打開策は、現地の有力者——この場合はソモサ——を探し出し、彼やその家族や直接的な同盟者に経済的・軍事的支援を提供し、彼らが反対派を弾圧したり買収したり相当な富と権力を蓄積できるようにしてやることであった。その見返りとして、彼らは自国をアメリカ資本の活動に対しつねに門戸を開いてあれこれ便宜をはかり、必要とあらば自国とその周辺地域全体（ニカラグアの場合には中米）でアメリカの利益を促進するのである。このモデルは、第二次世界大戦後に、アメリカがヨーロッパ列強に強いた世界的な脱植民地化の段階に広く適用されるようになる。たとえば、一九五三年、ＣＩＡはイランで民主的に選挙されたモサデク政権を転覆するクーデターを起こし、イラン国王《シャー》を支配者の地位に据え、国王は石油採掘権をアメリカの大企業に与えた（ただしモサデクが国有化したイギリス企業の資産はその企業に返還されることはなかった）。国王もまた、中東産油地域におけるアメリカの利益を守る中心的守護者の一人になった。

第二次世界大戦後、非共産主義世界の多くは、この種の戦術によってアメリカの支配下に陥った。これはアメリカの側では、共産主義者の反乱や革命の脅威を撃退する上で選択すべき方法となり、それにはアメリカの側での反民主主義的な（そしてそれ以上に断固として反ポピュリズム的で、反社会主義・反共産主義的な）戦略が必然的にともなった。こうしてアメリカはますます、抑圧的な軍事独裁政権や権威主義体制との同盟関係を深めていった（これが最も顕著だったのは言うまでもなくラテンアメリカである）。ジョン・パーキンスの『経済ヒットマンの告白』という著書の中で、こうした行為がどれほど延々と繰り返されてきたか、その醜悪で不愉快な実態が詳細に語られている。その結果、国際共産主義との闘いにおいてアメリカの利益がかえって損なわれやすくなった。現地の支配エリートの同意は易々と買いとることがでぎたが、反政府運動や社会民主主義的な運動（たとえばチリのアジェンデの運動）に対しては強制が必要だったので、ほとんどの発展途上国において民衆運動を暴力的に――そして概して秘密裏に――弾圧することが、アメリカの長きにわたる伝統になった。

ニューヨークの投資銀行を通じて還流する余剰資金が世界中に散布されたのはこの文脈においてである。一九七三年より以前には、アメリカの対外投資はほとんどが直接投資であり、その関心は主にヨーロッパやラテンアメリカでの原材料資源（石油、鉱物、原料、農産物）の開発や、特定の市場（電気通信、自動車、等）の開拓に向けられていた。ニューヨークの投資銀行は絶えず活発に国際展開し、一九七三年以降には、なおのこと活発に国際展開するようになったが、今ではるかに外国政府に対する貸付に重点を置くようになった[22]。これには国際金融市場の自由化が必要だった。そして一九七〇年代、アメリカ政府はこの戦略を世界的に推進し援助することへと積極的に乗り出した。資金に飢えていた発展途上国に対して、大規模な借入が奨励された。もっともそれは、ニューヨークの銀行に有利な利率においてであるが[23]。ところが貸付がドル建てで行なわれていたために、アメリカの金利が少し上昇した場合でも（急上昇した場合は言うまでもなく）、これらの脆弱な国々はあっさりと債務危機に陥ることになる。そうなるとニューヨークの投資銀行も深刻な損失の危険にさらされる。

一九八二～八四年にメキシコを債務不履行に陥れたボルカー・ショックをきっかけに、最初の重大なテスト・ケースが到来した。政権初年度にはＩＭＦへの支援の打ち切りを真剣に検討していたレーガン政権は、逆にアメリカ財務省とＩＭＦが力をあわせて、これらの債務の返済繰り延べを認める見返りに新自由主義改革を実施させることに活路を見出した。一九八二年にＩＭＦからケインズ主義派のあらゆる影響が、スティグリッツによれば「一掃《パージ》」されたことで、この手法が一般化した。それ以来ＩＭＦと世界銀行は、「自由市場原理主義」と新自由主義の正統理論を普及し実施する中心機関になった。債務国は、債務繰り

図1-8　海外からの剰余の吸い上げ：アメリカの海外投資と国内投資の収益率
（1960〜2002年）

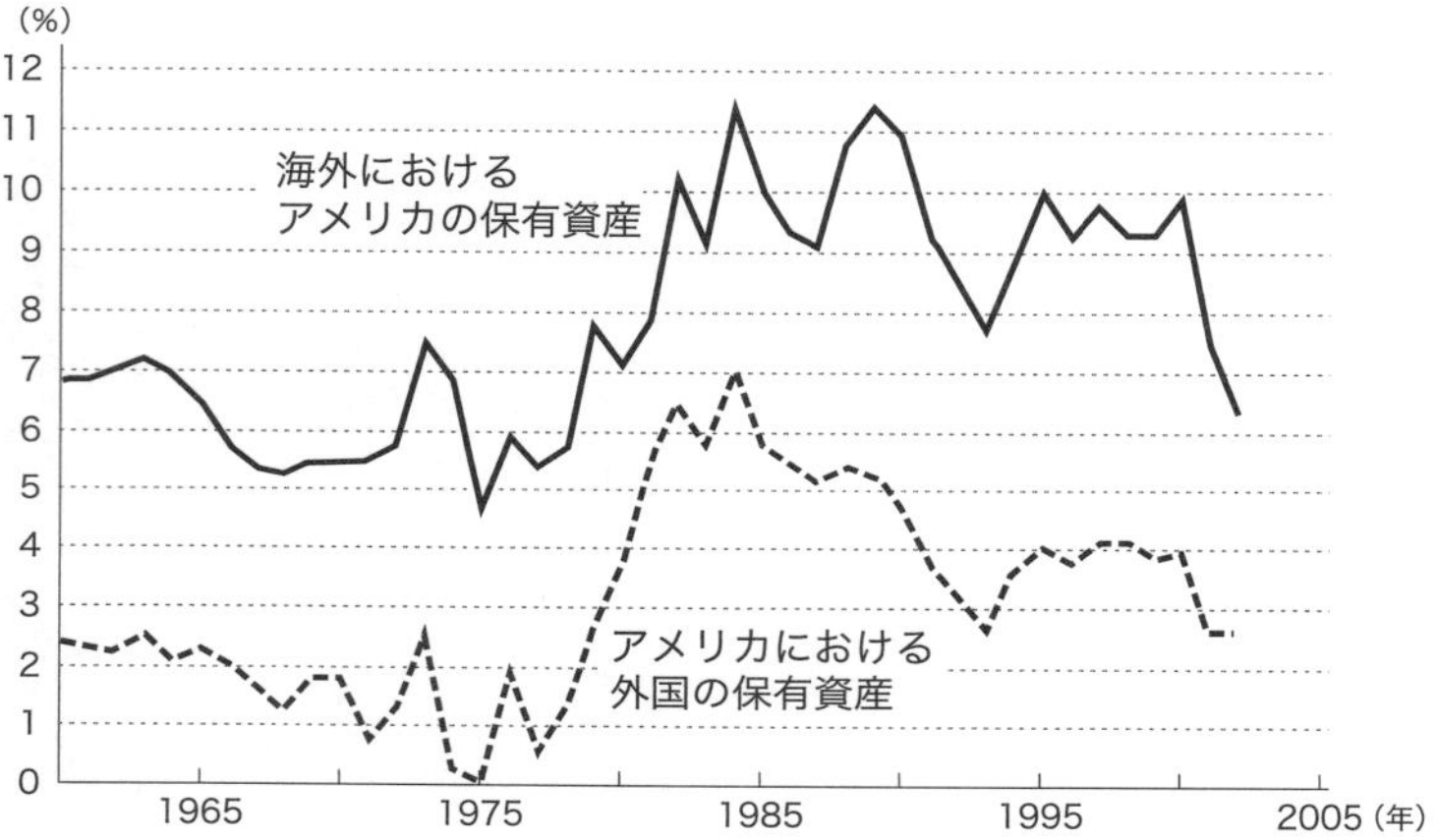

（出典： Duménil and Lévy, 'The Economics of U.S. Imperialism'）

延べの見返りに、福祉支出のカット、よりフレキシブルな労働市場立法、民営化などの制度改革の実行を迫られた。このようにして「構造調整」が発明された。メキシコは、世界規模で増殖する新自由主義国家機構のリストに放り込まれた最初の国々の一つになった[24]。

他方でメキシコの事例が証明しているのは、自由主義的な実践と新自由主義的な実践とのあいだに決定的な違いが存在することである。前者にあっては、貸し手は自分の行なった誤った投資決定から損失を被ったが、後者にあっては、借り手は国家や国際機関の権力に強制されて、その地域の人々の生活や福利におかまいなく、債務返済費用を捻出させられた。外国企業に資産を二束三文で売り払うことを迫られたとしても、されるがままであった。明らかにこれは新自由主義の理論と一致しない。しかし、その結果として、ジェラール・デュメニルとドミニク・レヴィが示すように、一九八〇年代と九〇年代には、アメリカの資本所有者が世界の他の国々から莫大な収益を搾り取

図1-9　アメリカへの対外収益の流入：
国内収入に対する他国からの利潤と資本収入の割合

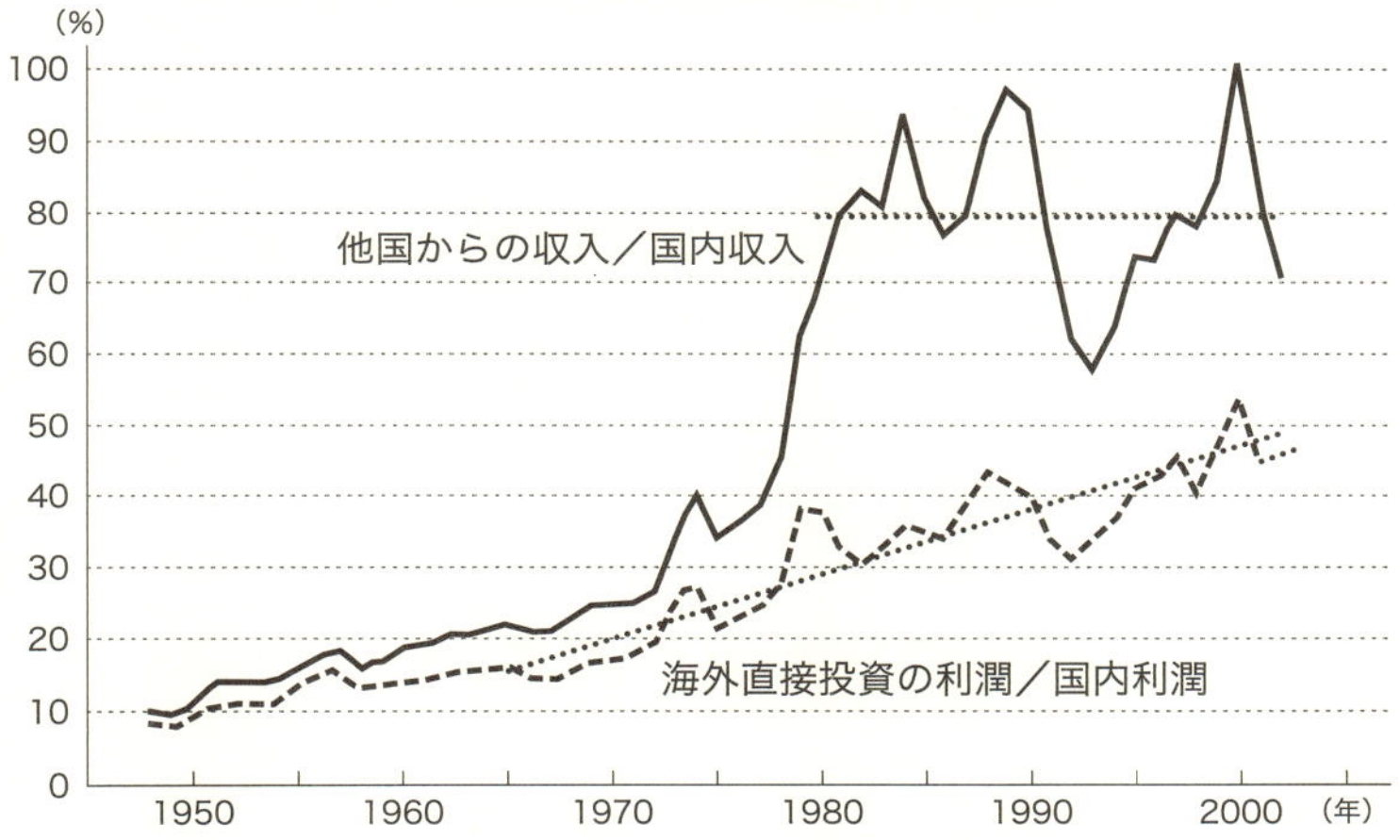

（出典：Duménil and Lévy, ‘Neoliberal Dynamics: Toward A New Phase?’）

ることができるようになった（図1－8／図1－9参照）[25]。アメリカやその他の先進資本主義国の経済エリートや上層階級による権力の回復は、国際的な資本移動や構造調整の実施を通じて世界の他の国々から搾り取られた大量の剰余に大きく依存している。

新自由主義化と階級権力

ここでいう「階級」とは、厳密には何を意味しているのだろうか？　これはいつもやや曖昧な概念である（胡散臭い概念だという人もいる）。いずれにせよ、新自由主義化は階級の再定義を不可避とした。これは一つの問題を提起している。新自由主義化が階級権力を回復する一手段であったとすると、その背後にいて利益を享受する階級勢力が特定できるはずである。だが、「階級」が安定的な社会編成でない場合には、これは難しい。「伝統的な」階層が、強固な権力基盤（それはしばしば家族や親族関係を通じて構成される）に何とかしがみついてこれた場合もあった。だが、他の場合には、新自由主義化は上層階級を構成している諸要素の再編成をともなった。たとえばマーガレット・サッチャーは、イギリス階級権力の既存の固定化された諸形態のいくつかを攻撃した。彼女は、軍部と法曹界のエリートや、ロンドンのシティと多くの産業部門の金融エリートの中で支配的であった貴族政治的伝統を攻撃し、成り上がりの企業家や成金に味方した。彼女は、リチャード・ブランソン◆やハンソン卿◆、ジョージ・ソロスといった新しい企業家階級を支援し、たいていは彼らからも支持された。彼女の属する保守党の一翼たる伝統派は衝撃を受けた。アメリカでは、まったくの新興諸部門（コンピュータやインターネット、メディアや小売業など）が爆発的な活況を呈するとともに、金融業者や大企業のCEOの権力と重要性が増したことで、上層階級の経済権力の中心部に大きな変化が起こった。新自由主義化は階級権力を回復したかもしれないが、必ずしも同じ人々の経済権力の回復を意味したわけではなかった。

◆リチャード・ブランソン：イギリスの大事業家で、音楽・航空・携帯電話事業など多方面にわたるコングロマリット「ヴァージン・グループ」の創業者にして会長。
◆ハンソン卿：イギリスの大事業家で、タバコから化学産業にいたる一大コングロマリット「ハンソン社」の創設者。

だが、アメリカとイギリスの対照的な事例が示しているように、「階級」は場所が異なれば異なった意味を持つし、場合によっては（たとえばアメリカ）まったく何の意味も持たないものとされる。さらに世界の他のところでは、階級的アイデンティティの形成や再形成において強い分化傾向がある。たとえばインドネシア、マレーシア、フィリピンでは、経済権力が少数の華僑に集中した。またオーストラリアやアメリカでは、経済権力の獲得の仕方がきわめて異なっていた（両国ではそれは商業活動にひどく集中していて市場の独占をともなった）[26]。そしてロシアの七大新興財閥《オリガルヒ》は、ソ連崩壊後のきわめて独特な諸状況の組み合わせから出現した。

それでもなお、一定の一般的傾向を確認することができる。第一に、資本主義企業における所有と経営という二つの特権——従来は分離されていた——が、ＣＥＯ（経営者）への支払いに自社株購入権《ストックオプション》（所有権）があてられることで融合した。生産高よりも株価が経済活動の指標になった。そしてここから、のちにエンロンのような大企業の破綻で露呈した途方もない投機熱が生まれた。第二の傾向は、一方における、配当や利子を獲得しようとする貨幣資本と、他方における、利潤を獲得しようとする生産資本・製造業資本・商業資本——この両者のあいだにあった歴史的距離が格段に縮まったことである。この分離はかつて、過去のさまざまな時期に、金融業者、製造業者、商人の相互間の軋轢を生じさせてきた。たとえばイギリスでは、ロンドンのシティの金融業者にもっぱら迎合した一九六〇年代の政府の政策は、国内の製造業者にしばしば損害を与えた。また一九六〇年代のアメリカでは金融業者と製造業企業との間の軋轢がしばしば表面化した。一九七〇年代に、軋轢の多くは消え去るか新しい形態をとるようになった。大企業がますます金融取引に精を出すようになり、自動車産業のように、生産活動に従事していた場合でさえもそうなっていったからである。一九八〇年あたりから、企業が生産で出した赤字を金融操作（貸付や保険業といった通常のものから、乱高下する通貨や先物市場への投機にいたるまでのあらゆる金融取引）で得られた収益で穴埋めすることも珍しくなくなった。異なった産業部門をまたぐ合併がなされ、生産、商取引、不動産、金融を新しい形で結合し、さまざまな異なった産業部門を包括したコングロマリットがつくり出された。ＵＳスチールが名前をＵＳＸに変更したさい（大規模に保険業に進出した）、会長のジェームズ・ロデリックは「Ｘとは何か？」という問いにあっさりこう答えた——「Ｘとは金《かね》のことだ」[27]。

　これらすべてが結びついて、金融世界の活動力や権力の爆発的発展をもたらした。これまで行動範囲が限られていた金融活動は、規制による束縛や障壁からますます自由になることでかつてない繁栄を遂げ、ついにはあらゆるところに広がった。金融サービスにイノベーションの波が押し寄せ、はるかに洗練されたグローバルなネットワークが広がっただけでなく、証券化、デリバティブ［金融派生商品］、あらゆる形態の先物取引にもとづいた新種の金融市場が形成された。要するに、新自由主義化が意味したのはあらゆるものの金融化だった。このことは、他のすべての経済領域だけでなく、国家機構や――ランディ・マーチンが指摘するように――日常生活も金融によって支配される事態をいっそう進行させた[28]。それはまた、国際為替相場に極度の不安定性を持ち込み、それはますます加速していった。疑いもなく生産から金融の世界への権力移動《パワーシフト》が生じた。生産能力の増大はもはや必ずしも一人あたりの収入の上昇を意味することはなかったが、その一方で金融サービスへの資本の集中は収入を確実に上昇させた。こういうわけで、金融機関を支え金融システムを保全することは、新自由主義国家の集合体（たとえばG7として知られる世界最富裕諸国のグループ）の主要な関心事になった。メインストリート［製造業の中心街］とウォールストリート［金融街］とが衝突した場合には、後者に加担しなければならなかった。ウォールストリートが順調である一方で、アメリカ（および世界）のそれ以外の部分がうまくいかないという事態がリアルな可能性となった。そしてこの数年間、とくに一九九〇年代に、まさにそうした事態が現実のものとなった。一九六〇年代には「ゼネラルモーターズにとってよいことはアメリカにとってもよいことだ」というスローガンがしばしば人口に膾炙《かいしゃ》したが、一九九〇年代にはそれは、「ウォールストリートにとってよいこと、それがすべてだ」というスローガンに変貌した。

　したがって、新自由主義のもとで台頭しつつある階級権力の実質的な中核部分の一部を構成しているのは、CEO、会社の重役、そして資本が活動するこの聖地をとりまく金融、法律、技術部門のリーダーたちである[29]。とはいえ、資本の実際の所有者たる株主の権力はといえば、企業の方針に影響力を行使するに十分なだけの株数を獲得していないかぎり、この間かなり引き下げられた。株主は、CEOや彼らの金融アドバイザーの操作によって何百万ドルも損失をこうむることがあった。また投機による利得もまた、非常に短期間に莫大な富を蓄積することを可能にした（ウォーレン・バフェット◆やジョージ・ソロスがその実例）。

◆ウォーレン・バフェット：有名な株式投資家で『フォーブス』誌の長者番付で全米一位になったこともある。

だが、上層階級の概念がこのグループに限定されるかというと、そうではない。企業活動の新しい機会の開拓や商業関係における新しい構造の成立は、事実上新たな階級形成プロセスを促進した。バイオテクノロジーや情報技術などの新しい経済部門に新興の大金持ちが生まれた（たとえばビル・ゲイツやポール・アレン［マイクロソフト社の共同創設者］）。新しい市場関係は、安く買い高く売るための無数の機会を切り開き、さらには、［同業種への］事業の水平的拡大（ルパート・マードック［巻末の基本用語解説を参照］が国際メディア帝国を縦横に張りめぐらした事例のように）や多種多様な部門への事業の多角化（資源の採掘や生産への後方拡大、あるいは、金融サービス、不動産開発、小売業への前方拡大など）といった、富を蓄積する新たな方法によって、市場を事実上独占してしまうような機会をも切り開いた。この点では、国家権力との特別な関係が重要な役割を果たした場合も少なくない。たとえば、インドネシアのスハルトと密接な関係をもつ二つのビジネス・グループは、スハルト・ファミリーにたっぷり蓄財させてやっただけでなく、この国家機構とのつながりを利用して途方もない金儲けをした。その一つサリム・グループは、一九九七年には「報道によれば二〇〇億ドルの資産とおよそ五〇〇社をもつ世界最大の華人系コングロマリット」になった。また、メキシコでも、比較的小さな投資会社から出発したカルロス・スリムがメキシコの新たに民営化された電気通信事業を支配し、それをたちまちのうちに、メキシコ経済の大部分を支配するだけではなくラテンアメリカ全体とアメリカの小売業（サーキットシティ◆やバーンズ・アンド・ノーブル◆）にもその触手を広げる一大コングロマリット帝国に成長させた。▼30 アメリカでは、ウォルトン一家は、ウォルマート［巻末の基本用語解説を参照］が小売業のトップになり、世界中の小売店のみならず中国の生産ラインをも統合したことで、とてつもない大金持ちになった。こうした企業規模の拡張が金融の世界と結びついているのは明らかだが、それと同時に、膨大な個人資産を蓄積するだけではなく、経済の大きな部分に支配権を行使するこの途方もない力は、これらの一握りの人々に、政治プロセスに影響力を行使する巨大な経済権力を授けた。一九九六年における世界の金持ち上位三五八人の純資産が「世界人口の貧困層下位四五%（二三億人）の総収入と同じ」なのは、何ら不思議ではない。なお悪いことに「世界の金持ち上位二〇〇人の純資産は、一九九八年までの四年間で倍以上に膨れ上がり、一兆ドル以上になった。上位三名の億万長者の資産はそれまでに、最も発展の遅れた国々とそこに住む六億人の人々の国民総生産（GNP）の合計額を上回った」[31]。

◆サーキットシティ：アメリカの大手家電量販店グループで、全米に六〇〇以上の店舗を持つ。
◆バーンズ・アンド・ノーブル：アメリカの巨大書店小売業者。一九八〇年以降、B・ドルトン書店やダブルディ社など老舗の書店を次々に買収して、全米最大の書籍チェーン店となった。

しかしながら、階級関係のこうした根本的再編を考察する上でさらなる難問がある。この新しい階級編成は国民国家を越えた《トランスナショナル》ものと捉えるべきなのか、それとも依然として、もっぱら国民国家の範囲内を基盤にしていると理解すべきなのかという論点が提起され、すでに数多くの議論がなされている[32]。私自身の立場はこうだ。どこの支配階級であれ、これまでその活動領域が国内に限定されどれか一つの国民国家に忠誠心を置いていたというのは、歴史的に見るとかなり誇張である。アメリカの資本家階級をイギリス、フランス、ドイツ、韓国の資本家階級と明確に区別して話しても、あまり意味はなかった。国際的な結びつきは常に重要であったし、植民地主義的および新植民地主義的活動をつうじての結びつきや、それだけでなく少なくとも一九世紀まで遡るトランスナショナルな結合をつうじての結びつきはとりわけそうだ。だが、新自由主義的グローバリゼーションの段階でこうしたトランスナショナルな結合が深化し拡大したのは確かであり、こうした結びつきを認識するのは決定的に重要である。しかしながら、支配階級の中心人物が、彼らに利益と保護を与える特定の国家機構と関係を持たなくなったわけではない。彼らが具体的にどの国家と関係を持っているのかが重要なのであるが、しかしそれは、彼らが追求する資本主義的活動と同様、もはや安定したものではない。ルパート・マードックは、オーストラリアで事業を開始し、次にイギリスに集中し、最後になってようやく（疑いもなくかなりのハイスピードでだが）アメリカの市民権を取得した。彼は個々の国家権力を超越していたわけでもその外部にいたわけでもなく、むしろイギリス、アメリカ、オーストラリアの政治に、その巨大メディア集団を通じて相当な影響力を行使した。建前上は独立しているはずの世界中のマードック系新聞の二四七人の編集者全員が、アメリカのイラク侵攻を支持した。しかし、一つの簡略な言い方として、アメリカやイギリスや韓国の資本家階級の利益について語ることは、やはり意味がある。なぜなら、マードックやカルロス・スリムやサリム・グループのような企業利益集団は、特定の国の国家機構を食い物にするとともにその国家機構を肥やしてもいるからである。しかしながら彼らは、複数の国で同時に階級権力を行使することができるし、またそうするのが普通なのだ。

企業、金融、商業、開発業者《デベロッパー》の世界に埋め込まれたこのまったく特殊な人間集団は、必ずしも一個の階級として陰謀を企てているわけではないし、彼らの間にはしばしば緊張関係がある。それでもなお、彼らには一定の利害の一致が存在するのであり、それゆえ彼らは総じて新自由主義化から生じる利点を（今では一定の危険性をも）認識しているのである。彼らはまた、ダボスの世界経済フォーラムのような集まりを介して、政治的指導者たちと意見交換したり交流したり相談したりする手段を有している。彼らはグローバルな諸問題に巨大な影響力を行使し、普通の市民にはけっして持ちえない行動の自由を持っているのである。

自由の展望

以上見たような新自由主義化と階級編成の歴史、そしてモンペルラン協会の思想を現代の支配的思想として受容する動きの急速な広がりは、カール・ポランニーがモンペルラン協会の創設される少し前の一九四四年に提示した対抗的な主張と照らし合わせると興味深い解釈が可能になる。ポランニーはこう指摘している。複合社会では、自由の意味は、行動への動機がやむにやまれぬものであればあるほど、それだけ矛盾と緊張をはらんだものになる。自由には二種類あり、一つは良いものでもう一つは悪いものだと彼は言う。後者について彼は「仲間を食い物にする自由、コミュニティにふさわしい貢献をしないで法外な利益を得る自由、技術的発明を公共の利益に供しない自由、私益のために密かに画策された公的な惨事から利益を得る自由」を挙げる。だが、ポランニーはこうも続ける。「こうした自由を繁栄させた市場経済は、われわれが大いに重んじる自由をもつくりだした。われわれは「自由をそれ自体として大切にしている」――確かにわれわれの職業選択の自由がそうだ」。良心の自由、言論の自由、集会の自由、結社の自由、多くもいまだにそうしている――、他方でそれはかなりの程度「悪い自由に責任があるのと同じ経済組織の副産物」なのである。[33] この二重性に対するポランニーの回答は、新自由主義思想がヘゲモニーを有している現在の状況のもとではかなり異質である。

市場経済の消滅は、未曾有の自由の時代の幕開けとなりうる。法律上の自由と現実の自由はかつてないほど拡大され、普遍的なものとなりうる。規制と管理は、少数者のためではなく、万人のための自由を実現することができる。それは、根源において汚された特権の付随物としてではなく、政治的領域の狭い限界をはるかに超えて社会という組織体そのものの内奥にも及んでいく規範的権利としての自由である。こうして古い自由と市民の権利とに、産業社会が万人に与える余暇と安全から生みだされた新しい自由という財産が加えられるであろう。こうした社会こそが公正かつ自由なものになりうるのだ。[34]

残念ながら、こうした未来に向けた道は、自由主義的ユートピアニズムの「道徳的な障害物」によってふさがれているとポランニーは指摘する（彼はハイエクをこうした思想潮流の代表例として一度ならず引用している）。

計画化と管理は自由の否定だとして攻撃され続けており、自由企業と私的所有が自由の基礎だと宣言されている。それ以外の基礎の上に打ち立てられたどんな社会も、自由と呼ぶには値しないとされ、規制がつくり出す自由は非自由であると非難されている。それが与える公正、自由、厚生は、奴隷制のカムフラージュだとしてけなされている。[35]

自由の概念は「単なる自由企業の擁護に堕している」、これは「所得・余暇・安全を高める必要がない人にとっては自由の充足を意味するが、財産所有者の権力からの避難場所を手に入れるために民主的な権利を利用せんとむなしい試みをするかもしれない人にとっては、ほんのわずかな自由しか意味しない」。だが、もし「権力と強制のない社会などありえないし、力が役割をもたない世界もありえない」ならば（そしていつの世もそうだったのだが）、この自由主義的ユートピアニズムのビジョンを維持する唯一の方法は、力の行使、暴力、権威主義である。ポランニーの意見では、自由主義的ないし新自由主義的なユートピアニズムは、権威主義あるいは露骨なファシズムによって打ち砕かれる運命にある。[36] よき自由は失われ、悪しき自由が受け継がれる。

ポランニーの予測は、われわれの現在の状況にとくによく当てはまるように思われる。それはブッシュ大統領が「地球上の最も偉大な大国であるわれわれ〈アメリカ〉には自由の拡大を助ける責務がある」と断言した際のその意図を理解する上で、格好の眺望台を与えてくれる。「あらゆる宿敵に対する自由の勝利を示す機会をその手につかんだ」[37] まさにその時に、新自由主義はなぜかくも権威主義的で強圧的で反民主主義的になったのかを説明する上での一助になる。それは、なぜかくも多くの企業がその技術の恩恵（たとえばエイズ治療薬）を公共の領域から引き上げることで利益を得てきたか、また戦争の惨事から（ハリバートン社の場合のように）、飢餓や環境災害からどのように暴利を得ているかに、われわれの目を向けさせてくれる。そして、こうした惨事の多くが、あるいはそうした惨事を引き起こしかねない多くのこと（軍拡競争や、現実ないし仮想の敵との対決の必要）が、企業の利益のために密かに画策されたのではないかという懸念を増大させる。そして富と権力を持つ者たちが、権利と自由が普遍的でよいものだとわれわれに説教する一方で、権利と自由の特殊な概念をかくも熱心に支持する理由を、あますところなく明らかにしてくれる。何といっても新自由主義的な意味での自由の三〇年間は、狭い意味での資本家階級の権力を回復させただけではなく、エネルギー、メディア、製薬、交通運輸、小売業（たとえばウォルマート）の各分野で企業権力の巨大な集中をもたらしたからである。ブッシュ大統領が人類の最大の願望だとまで宣言した市場の自由は、企業の独占権力とコカコーラを世界のすみずみにまで広げるための便利な手段に他ならないことが明らかになった。メディアと政治プロセスに対して不釣合いなまでに大きな影響力をもつこの階級は（ルパート・マードックやフォックス・ニュースを筆頭に）、新自由主義的な自由の体制のもとでこそわれわれ全員の暮らしがよくなるのだとわれわれを説き伏せるための動機と権力を有している。金持ちのゲットー◆で快適な生活を送るエリートたちにとっては、実際に世界はよりよい場所にちがいない。ポランニーであればこう言うだろうが、新自由主義は「所得・余暇・安全を高める必要がない」人々に権利と自由を与え、残りの者たちにはほんのわずかなものしか与えないのだ。では、この「残りの者たち」はどうしてこんな状況にかくもやすやすと黙従してきたのだろうか？

◆金持ちのゲットー：ゲイテッド・コミュニティと呼ばれ、高所得者が良質な学校・福祉・ゴミ収集・警察サービスなどの地域基金を創設し、それに基づいて彼らだけの排他的地域コミュニティを創設した。全米に五万以上あり、そこで二〇〇〇万人が暮らしていると言われている。

[原注]

▼1　G. W. Bush, 'President Addresses the Nation in Prime Time Press Conference', 13 Apr. 2004; http://www.whitehouse.gov/news/releases/2004/04/20040413-20.html.

▼2　マシュー・アーノルドの言葉は以下の文献に引用されている。R. Williams, *Culture and Society, 1780-1850* (London: Chatto & Windus, 1958), 118.

▼3　A. Juhasz, 'Ambitions of Empire: The Bush Administration Economic Plan for Iraq (and Beyond)', *Left Turn Magazine*, 12 (Feb./Mar. 2004), 27-32.

▼4　N. Klein, 'Of Course the White House Fears Free Elections in Iraq', *Guardian*, 24 Jan. 2004, 18.

▼5　T. Crampton, 'Iraqi Official Urges Caution on Imposing Free Market', *New York Times*, 14 Oct. 2003, C5.

▼6　Juhasz, 'Ambitions of Empire', 29.

▼7　G. W. Bush, 'Securing Freedom's Triumph', *New York Times*, 11 Sept. 2002, A33.「アメリカ合衆国の国家安全保障戦略」は以下のウェブサイトで読むことができる。www.whitehouse.gov/nsc/nss.

▼8　M. Fourcade-Gourinchas and S. Babb, 'The Rebirth of the Liberal Creed: Paths to Neoliberalism in Four Countries', *American Journal of Sociology*, 108 (2002), 542-9; J. Valdez, *Pinochet's Economists: The Chicago School in Chile* (New York: Cambridge University Press, 1995); R. Luders, 'The Success and Failure of the State-Owned Enterprise Divestitures in a Developing Country: The Case of Chile', *Journal of World Business* (1993), 98-121.

▶9 R. Dahl and C. Lindblom, *Politics, Economy and Welfare: Planning and Politico-Economic Systems Resolved into Basic Social Processes* (New York: Harper, 1953)［邦訳：ロバート・ダール&チャールズ・リンドブロム『政治・経済・厚生』磯部浩一訳、東洋経済新報社、一九六一年］。

▶10 S. Krasner (ed.), *International Regimes* (Ithaca, NY: Cornell University Press, 1983); M. Blyth, *Great Transformations: Economic Ideas and Institutional Change in the Twentieth Century* (Cambridge: Cambridge University Press, 2002).

▶11 P. Armstrong, A. Glynn, and J. Harrison, *Capitalism Since World War II: The Making and Breaking of the Long Boom* (Oxford: Basil Blackwell, 1991).

▶12 G. Eley, *Forging Democracy: The History of the Left in Europe, 1850-2000* (Oxford: Oxford University Press, 2000).

▶13 G. Duménil and D. Lévy, 'Neoliberal Dynamics: Towards A New Phase?', in K. van der Pijl, L. Assassi, and D. Wigan (eds.), *Global Regulation: Managing Crises after the Imperial Turn* (New York: Palgrave Macmillan, 2004) 41-63. 以下の文献も参照せよ。Task Force on Inequality and American Democracy, *American Democracy in an Age of Rising Inequality* (American Political Science Association, 2004); T. Piketty and E. Saez, 'Income Inequality in the United States, 1913-1998', *Quarterly Journal of Economics*, 118 (2003), 1-39.

▶14 United Nations Development Program, *Human Development Report, 1999* (New York: Oxford University Press, 1999), 3［邦訳：国連開発計画編『グローバリゼーションと人間開発——人間開発報告書』北谷秀勝監訳、国際協力出版会、一九九九年、四頁］。

▶15 以下のウェブサイトを参照せよ。http://www.montpelerin.org/aboutmps.html.

▶16 有益な論評として以下のものが挙げられる。H.-J. Chang, *Globalisation, Economic Development and the Role of the State* (London: Zed Books, 2003). だが以下の文献は、新自由主義はしばしば他の要素をその枠組みの中に取り込んでいるので、「純粋な」理論とは考えられないと指摘している。Peck, 'Geography and Public Policy'.

▶17 サッチャーの新自由主義路線の概略については、以下を参照。D. Yergin and J. Stanislaw, *The Commanding Heights: The Battle Between Government and Market Place that is Remaking the Modern World* (New York: Simon & Schuster, 1998)［邦訳：ダニエル・ヤーギン&ジョゼフ・スタニスロー『市場対国家——世界を作り変える歴史的攻防』山岡洋一訳、日本経済新聞社、一九九八年］。

▶18 L. Panitch and S. Gindin, 'Finance and American Empire', in *The Empire Reloaded: Socialist Register 2005* (London: Merlin Press, 2005) 46-81［邦訳：レオ・パニッチ&サム・ギンディン『アメリカ帝国主義と金融』渡辺雅男訳、こぶし書房、二〇〇五年］。

▼19　D. Henwood, *After the New Economy* (New York: New Press, 2003), 208.

▼20　L. Alvarez, 'Britain Says U.S. Planned to Seize Oil in '73 Crisis', *New York Times*, 4 Jan. 2004, A6. サウジがアメリカを介してオイルダラーを還流させることに同意したことについては、以下を参照。P. Gowan, *The Global Gamble: Washington's Faustian Bid for World Dominance* (London: Verso, 1999), 20.

▼21　D. Harvey, *The New Imperialism* (Oxford: Oxford University Press, 2003)［邦訳：デヴィッド・ハーヴェイ『ニュー・インペリアリズム』本橋哲也訳、青木書店、二〇〇五年］; N. Smith, *American Empire, Roosevelt's Geographer and the Prelude to Globalization* (Berkeley: University of California Press, 2003); N. Smith, *The Endgame of Globalization* (New York: Routledge, 2005).

▼22　Panitch and Gindin, 'Finance and American Empire'［邦訳：パニッチ&ギンディン『アメリカ帝国主義と金融』］。

▼23　一九八〇年代の債務危機の多くについて、以下の文献が広範囲にわたって検討している。Gowan, *The Global Gamble*.

▼24　J. Stiglitz, *Globalization and its Discontents* (New York: Norton, 2002)［邦訳：ジョセフ・スティグリッツ『世界を不幸にしたグローバリズムの正体』鈴木主税訳、徳間書店、二〇〇二年］。

▼25　G. Duménil and D. Lévy, 'The Economics of U. S. Imperialism at the Turn of the 21st Century', *Review of International Political Economy*, 11/4 (2004), 657-76.

▼26　以下の文献が、事例を挙げている。A. Chua, *World on Fire: How Exporting Free Market Democracy Breeds Ethnic Hatred and Global Instability* (New York: Doubleday, 2003)［邦訳：エイミー・チュア『富の独裁者――驕る経済の覇者／飢える民族の反乱』久保恵美子訳、光文社、二〇〇三年］。

▼27　以下の文献に引用されている。Harvey, *Condition of Postmodernity*, 158［邦訳：ハーヴェイ『ポストモダニティの条件』、二二〇～二二一頁］。

▼28　R. Martin, *The Financialization of Daily Life* (Philadelphia: Temple University Press, 2002).

▼29　これは、ジェラール・デュメニルとドミニク・レヴィの研究の中で支持されている限定的な定義づけである。

▼30　Chua, *World on Fire*.［邦訳：チュア『富の独裁者』］。

▼31　United Nations Development Program, *Human Development Report*, 1996 (New York: Oxford University Press, 1996), 2［邦訳：国連開発計画『経済成長と人間開発：人間開発報告書』広野良吉ほか監修、国際協力出版会、一九九六年、二頁］。United Nations Development Program, *Human Development Report*, 1999, 3［邦訳：国連開発計画編『グローバリゼーションと人間開発』、三頁］。

▼32　以下の文献がこの問題を詳しく論じている。W. Robinson, *A Theory of Global Capitalism: Production, Class, and State in a Transnational World* (Baltimore: Johns Hopkins University Press, 2004).

▼33　K. Polanyi, *The Great Transformation* (Boston: Beacon Press, 1954 edn.)［邦訳：カール・ポラニー『大転換――市場社会の形成と崩壊』吉沢英成、野口建彦他訳、東洋経済新報社、一九七五年］。

▼34　ibid. 256-8.［邦訳：同前、三四二～三四三頁］。

▼35　ibid.［邦訳：同前、三四三頁］。

▼36　ibid［邦訳：同前］。

▼37　Bush, 'Securing Freedom's Triumph'; 以下も参照。F. Zakaria, *The Future of Freedom: Illiberal Democracy at Home and Abroad* (New York： Norton, 2003)［邦訳：ファリード・ザカリア『民主主義の未来――リベラリズムか独裁か拝金主義か』中谷和男訳、東急コミュニケーションズ、二〇〇四年］。

第2章

同意の形成

マーガレット・サッチャー

ロナルド・レーガン

新自由主義化はどのようにして、そして誰によって実現されたのだろうか？　一九七〇年代のチリやアルゼンチンのように、それが急激かつ残酷、着実に進んだ国については容易に答えられる。伝統的な上層階級とアメリカ政府に後押しされた軍事クーデターの発生、それに続いて、彼らの権力を脅かしていた労働運動と都市の社会運動の内部で形成されたあらゆる紐帯に対する猛烈な弾圧がそれだ。だが、一九七九年以後の、通例サッチャーとレーガンに帰せられる新自由主義革命は、民主主義的な手段によって達成されなければならなかった。この大規模な転換を引き起こすためには、選挙に勝利するための、かなり広範囲にわたる民衆の政治的な同意を事前に形成することが必要であった。一般にこの同意の根拠となるのが、アントニオ・グラムシのいう「常識《コモンセンス》」（それは「共通に持たれる感覚」と定義される）である。常識は、地域的ないし国民的な伝統にしばしば深く根ざした文化的社会化の長期的な慣行の中から形成される。それは、その時々の問題に批判的に関与することで形成される「良識《グッドセンス》」とは異なる。それゆえ常識は、文化的な偏見が存在する場合には真の問題を大きく見誤らせ、不明瞭にし、偽装させることがある。[▼1]神や国への信仰、あるいは女性の社会的地位についての考え方といった文化的・伝統的価値観や、共産主義者・移民・異邦人・「他者」への怖れといったものが、他の現実を隠蔽するために動員される。政治的スローガンは曖昧なレトリックを凝らすことで、特定の戦略を覆い隠すことができる。「自由」という言葉は、アメリカ人の常識的理解の中であまりにも広く共鳴を受けるので、それは「大衆への扉を開くためのエリートたちの押しボタン」[▼2]になってしまい、ほとんどあらゆるものを正当化する。今から見ると、このようにしてブッシュはイラク戦争を正当化することができたのである。だからグラムシは、政治問題は「文化的なものに偽装される」と「解決不能」になると結論づけた。[3] 政治的同意の形成についての理解を深めるために、われわれはその文化的外皮の内部から政治的意味を抽出しなければならない。

それでは、新自由主義への転換を正当化しうるのに十分な民衆的同意はどのようにして生み出されたのだろうか？　これにいたる回路は多様だった。企業やメディアを通じて、また市民社会を構成する無数の諸機関（大学、学校、教会、職業団体）を通じて、影響力のある強力なイデオロギーが流布された。かつて一九四七年にハイエクが思い描いた新自由主義思想は、こうした諸機関を通じた「長征」を経て、企業が後援し支援するシンクタンクを組織し、一部のメディアを獲得し、知識人の多くを新自由主義的な思考様式に転向させて、自由の唯一の保証としての新自由主義を支持する世論の気運をつくり出した。こうした運動はその後、諸政党をとらえ、ついには国家権力を獲得することを通じて確固たるものになった。

伝統や文化的価値観に訴えることは、この全体にわたって大きな比重を占めている。少数のエリートの経済権力を回復させる企図をあからさまに出せば、おそらく十分な民衆的支持を獲得しえないだろう。だが、個人的自由の大義を前進させるための計画的な試みという装いをとるならば、大衆的基盤に訴えることができるし、階級権力の回復という狙いを偽装することもできる。またいったん国家機構が新自由主義的なものに転換してしまえば、その権力を用いて、説得や取り込み、買収、脅迫を行ない、その権力を永続化する上で必要な同意の風潮を維持することができるだろう。これこそ、これから見ていくように、サッチャーやレーガンの得意とする手段だった。

では、新自由主義は「埋め込まれた自由主義」の全面的追放をどのように成し遂げたのだろうか？　いくつかの事例では、答えは、かなりの程度、力の行使（チリのように軍事力か、あるいはモザンビークやフィリピンへの国際通貨基金（ＩＭＦ）の介入のように金融力）にあったと言える。強制は、マーガレット

・サッチャーが執拗に言い続けた「他に道はない」という考えを宿命論的に、あるいは卑屈にさえ受け入れる態度を生みだしうる。積極的な同意形成もところによってさまざまである。しかも、無数の対抗運動が証明しているように、同意の形成はしばしば各地で弱まったり、挫折したりした。だが、われわれは、同意形成の物質的根拠をよりはっきりとさせるために、このように無限に多様なイデオロギー的・文化的なメカニズムを越えて——それがいかに重要であろうとも——、当時における日常経験の特質を見なければならない。どのようにして新自由主義が「常識」的理解に浸透したのかを見ることができるのは、あくまでもこのレベル、すなわち一九七〇年代における資本主義のもとでの日常経験のレベルにおいてである。その結果、世界の多くのところで、ますますそれが社会秩序を維持する方法として必要でごく「自然」なものとさえみなされるようになったのである。

個人的自由を神聖視する政治運動はいずれも、新自由主義の囲いに取り込まれやすい。たとえば一九六八年の世界的規模での政治的反乱は、より大きな個人的自由を求める願望に強く触発されていた。これはとくに学生たちにあてはまった。たとえば、一九六〇年代のカリフォルニア大学バークレー校の「表現の自由」闘争に鼓舞された学生たち、パリやベルリン、バンコクで街頭に繰り出した学生たち、一九六八年のオリンピック直前のメキシコシティで情け容赦なく射殺されたような学生たちである。彼らが求めたのは、親や学校、企業、官僚制、国家による束縛からの自由であった。だが一九六八年の運動では社会的公正もまた主要な政治目標であった。

しかしながら、個人の自由という価値観と社会的公正という価値観とは、必ずしも両立しない。社会的公正の追求は社会的連帯を前提とする。そしてそれは、何らかのより全般的な闘争、たとえば社会的平等や環境的公正を求める闘争のためには、個人の欲求やニーズや願望を二の次にする覚悟を前提とする。社会的公正と個人的自由という二つの目標は六八年の運動の中では容易に融合しなかった。その緊張関係は、伝統的な左翼（社会的連帯を支持する組織労働者や政党）と個人的自由を要求する学生運動とのあいだの緊張をはらんだ関係に最もよく表わされている。フランスで一九六八年の動乱の最中に疑念と敵意がこの二つの派（すなわち共産党と学生運動）を分裂させたのはその典型である。こうした違いを乗り越えることができないわけではないが、両者の間に楔が打ち込まれる可能性があることを理解するのは難しくはない。個人の自由を根源的なものとして重視する新自由主義のレトリックは、国家権力の獲得による社会的公正を追求する社会勢力の隊列の中から、リバタリアニズム（自由至上主義）、アイデンティティ・ポリティクス、多文化主義、さらにはナルシスト的な消費主義《コンシューマリズム》を分裂させる力をもつ。たとえば、運動の政治的担い手たちは、個人的自由を希求し、特定のアイデンティティの完全な承認とその表明を求めているが、以前からよく知られているように、そうした願望を妨げることなく、社会的公正を達成するのに政治行動上必要な集団的規律を確立することは、アメリカ左翼の内部では非常に難しいことであった。新自由主義そのものはこうした分化をつくり出しはしなかったが、それをたやすく利用することができたし、場合によっては助長することさえできた。

一九七〇年代初頭には、個人的自由や社会的公正を追求する人々は、多くの者が共通の敵とみなすものと対峙することで共通の大義をつくり上げることができた。介入主義国家と同盟する強力な企業集団がこの世界を支配しており、個人に対する抑圧と社会的不公正を生み出しているとみなされた。ベトナム戦争は不満の爆発をもたらす最もはっきりとした触媒であったが、企業と国家による環境破壊、愚劣な消費主義の推進、種々の社会問題に対する軽視、人々の多様性に対する十分な配慮が欠如していること、個々人の可能性や個人の自由な行動が国家の規制や「伝統」なるものによって厳しく制限されていること、こうしたこともまた広範な憤りを生んだ。公民権が争点になり、セクシュアリティや「性と生殖に関する諸権利《リプロダクティブ・ライツ》」も重要な役割を果たした。六八年の運動に携わったほとんどすべての者にとって、社会の隅々に侵入してくる国家は敵であり、変革すべき対象であった。そして新自由主義者もその点には容易に同意することができたろう。しかし、資本主義企業や、ビジネス界、市場システムもまた、是正されるべき主要敵とみなされていたし、場合によっては革命的変革の対象でさえあった。それゆえ、六八年の運動は資本家階級の権力にとって脅威であった。そこで、個人的自由の理想を乗っ取り、それを国家の介入主義や規制政策への対立物に転じることで、資本家階級は自分たちの地位を守り、ひいてはそれを回復することさえできると考えた。新自由主義はこうしたイデオロギー的任務を果たす上で格好のものだった。だがそのためには、消費者の選択の自由――特定の生産物に対してだけではなく、ライフスタイルや表現様式、多種多様な文化実践に対するそれ――を強調する実際的な戦略によるバックアップが必要であった。新自由主義化にとって政治的にも経済的にも必要だったのは、差異化された消費主義と個人的リバタリアニズムの新自由主義的ポピュリズム文化を市場ベースで構築することであった。このことはまさに、新自由主義が、長年舞台の袖《そで》に潜んでいて今日まさに文化の領域でも知の領域でも支配的潮流として全面開花している「ポストモダニズム」と呼ばれる文化的推進力と少なからぬ親和性があることをはっきりと示している。以上が、大企業と階級エリートたちが一九八〇年代に巧妙に取り組み始めた挑戦課題だった。

だが、以上のすべてがこの時点で十分はっきりしていたわけではなかった。左翼運動は個人的自由を追求することと社会的公正を追求することとの間にある内在的な緊張関係を認識することも、それに取り組むことも、ましてやそれを克服することもできなかった。他方で、上層階級の多くの人々にとっては、たとえハイエクをまったく読んだこともなく新自由主義理論など聞いたこともない人物であっても、問題は直感的に十分はっきりしていたのではないだろうか。一九七〇年代という激動の時代のアメリカとイギリスにおける新自由主義への転換を比較することで、この着想を検証してみよう。

アメリカにおける同意形成

アメリカに関しては、ルイス・パウエルが一九七一年八月に全米商工会議所に送った秘密書簡からはじめよう。リチャード・ニクソンによる連邦最高裁判事の任命が間近に迫っていたパウエルは、アメリカの自由企業体制に対する批判や敵対がいきすぎており、「それを破壊しようとする者に対抗して、アメリカのビジネス界の知恵と才気と資源を動員する時が来た（実際には遅すぎたぐらいだ）」と論じた。パウエルは個人的な行動では不十分だと主張した。彼はこう書いている――「強みは、組織に、周到な長期的計画とその実行に、長期にわたる一貫した行動に、力を合わせてこそ可能になる多額の資金に、一致団結した行動と全国組織を通じてのみ得られる政治力にある」。全米商工会議所は「企業、法、文化、個人についての」人々の考え方を変えるために、大学、学校、メディア、出版、法廷といった主要な諸機関に率先して攻勢をかけなければならない。アメリカのビジネス界には、このような試みを行なうだけの資力が十分にある、共同出資すればなおさらだ、と。[4]

この階級戦争への参加の訴えがどの程度直接的な影響力を持ったかについては何とも言えない。しかしながら確かに言えるのは、その後全米商工会議所が、傘下団体を、およそ一九七二年の六万社から一〇年後には二五万社以上に拡大したことである。一九七二年にワシントンに移転した全米製造業者協会と共同して、商工会議所は連邦議会へのロビー活動と調査研究を行なうための莫大なキャンペーン資金を集めた。一九七二年には「企業のための政治権力を積極的に追求する」最高経営責任者（CEO）たちの集まりである「ビジネス・ラウンドテーブル（BRT）」が設立され、後にそれは、ビジネス界を支援する共同行動の中核的存在になった。一九七〇年代に傘下企業は「アメリカのGNPのおよそ二分の一」を占め、当時において巨額の年間九億ドル近くを政治問題に費やした。企業の支援のもと、ヘリテージ財団やフーバー研究所、米国ビジネス研究センター（CSAB）、アメリカン・エンタープライズ研究所（AEI）といったシンクタンクが設立された。これらは、新自由主義政策について討議をするためのものであり、必要とあらば全米経済研究所（NBER）の場合のように新自由主義政策を広範に支えるための本格的な技術的・実証的研究や政治哲学的な理論をつくり上げるためのものだった。評判の高い全米経済研究所の財源のほぼ半分は、『フォーチュン』誌発表の上位五〇〇社のリストにある大企業からもたらされた。アカデミズムの世界と密接な関係をもつ全米経済研究所は、有力な研究大学◆の経済学部や経営学大学院《ビジネススクール》の考え方にきわめて重大な影響を与えた。金持ちの個人（のちにレーガンの「私設顧問団《キッチン・キャビネット》」のメンバーになったビール会社のジョゼフ・クアーズなど）や各種財団（たとえば、オーリン財団、スカイフ財団、スミス・リチャードソン財団、ピュー慈善信託など）から提供される豊富な資金を使って、おそらく最も広く読まれ高く評価されたロバート・ノージックの『アナーキー・国家・ユートピア』のような新自由主義的価値観を信奉する論文や書籍があふれかえったのである。ミルトン・フリードマンの『選択の自由』のテレビ版は一九七七年のスカイフ財団の寄付金で賄なわれた。「ビジネス界は一個の階級として金を使うことを学びつつあった」とマーク・ブライスは結論づけている。[5]

◆研究大学：アメリカの大学の分類のうち、博士号を授与できて研究に優先権を与えている大学の総称であり、連邦予算から多額の補助金を受けている。ハーバードやスタンフォードなどのいわゆる有名大学がこれにあたる。

パウエルは、特段注意を払うべきものとして大学を挙げ、それがまさに反企業的および反国家的感情の巣窟になっているという問題が存在するだけではなく（カリフォルニア大学サンタバーバラ校の学生たちは、当地のバンク・オブ・アメリカの建物に火をつけ、車を砂の中に埋めるセレモニーを行なった）、そこには好機も存在することを指摘した。なぜなら学生の多くは裕福で特権的であったし（今なおそうだ）、あるいは少なくとも中産階級であったからである。そしてアメリカでは個人的自由の価値は第一義的なものとして、音楽やポピュラー文化の中でこれまでもずっと祝福を受けてきた。新自由主義的テーマは、ここに繁殖のための豊かな土壌を見出すことができた。パウエルは、国家権力の拡大には賛成しなかったが、ビジネス界は国家を「ねばり強く教化し」、必要とあれば「積極的かつ決然と」国家を利用すべきである、と主張した▼6。だが、常識的理解をつくり変えるために、いったいどのように国家権力は使われたのだろうか？

資本蓄積危機と階級権力の危機という二重の危機に対する一つの対応策は、一九七〇年代における都市闘争の真っ只中で生じた。ニューヨーク市の財政危機は象徴的な事例であった。資本主義の再編と脱工業化はニューヨーク市の経済的基盤を何年にもわたって侵食し、急速な郊外化は都市中心部の大半の貧困化という現象を後に残した。その結果が、周辺化された住民による社会的騒乱の爆発であり、これは一九六〇年代における「都市危機」として知られるようになる現象へとつながっていった（同じような問題がアメリカの数多くの都市で噴出した）。公務員の雇用を拡大し公的福祉を拡充すること――これは部分的には連邦政府による気前のよい補助金によって促進された――が解決策になると思われた。ところが財政的な困難に直面したニクソン大統領は一九七〇年代初頭にあっさりと都市危機の終結を宣言した。これは都市住民の多くにとって寝耳に水であったが、連邦政府からの補助金が削減される合図であった。景気後退の速度が増すとともに、ニューヨーク市の歳入と歳出のギャップ（それはすでに長年にわたる浪費的な借入によって大きなものであった）が拡大した。当初、金融機関はこのギャップを埋める貸付を行なう姿勢を示していたが、一九七五年、シティバンクのウォルター・リストン率いる投資銀行家の強力な一団がやってきて、債務の返済繰り延べを拒否し、市を事実上の倒産に追い込んだ。その後、救済措置がとられたが、そこには、市の予算管理を引き継ぐ新しい諸機関の設立が含まれていた。新しい諸機関は債権者（市債の保有者）への返済を優先させるために、市の税収に対する第一請求権を債権者に与えた。その残りが市の提供する不可欠なサービスに用いられた。その結果、市の強力な自治体労組の要求が抑えこまれ、賃金が凍結され、公務員の雇用と社会福祉（教育、公衆衛生、交通サービス）が削減され、受益者負担が導入された（初めてニューヨーク市立大学に授業料が導入された）。最も屈辱的だったのは、自治体労組が自分たちの年金基金を市債に投資しなければならなくなったことである。こうして組合は自分たちの要求を穏健化させるか、さもなくば市が破産して自分たちの年金基金を失う危険性に直面することになった。[7]

これは、民主的に選挙された自治体であるニューヨーク市に対する金融機関のクーデターに等しいものだった。そしてそれはあらゆる点で先のチリにおける軍事クーデターと同じ効果をもった。財政危機のさなかに富が上層階級に再分配された。ゼーヴィンはこう論じている。ニューヨーク市の財政危機は、「所得、富、権力の逆進的な再分配と一体となった新しいインフレ抑制戦略」のきっかけだった。それは「新たな戦争におけるおそらく決定的な戦闘の前哨戦」であり、その目的は「ニューヨーク市で起こっていることはよそでも起こりうるし、いくつかのケースでは実際に起こるだろうということを見せつけること」であった。[8]

この財政的妥協に関わっていた者がみな、それが階級権力の回復のための戦略であったことを理解していたかどうかは、不明である。財政規律を維持する必要性はそれ自体として一個の懸案事項であるし、必ずしも逆進的な再分配をともなうわけではない（より一般的にはマネタリズム◆もそうである）。たとえば市、州、金融機関の間を仲介した商業銀行家のフェリックス・ロハティンが階級権力の回復を念頭に置いていたとは考えられない。彼が市を「救う」ことができる唯一の方法は、大多数のニューヨーク市民の生活水準を切りつめる一方で、投資銀行家を満足させることであった。しかしウォルター・リストンのような投資銀行家が階級権力の回復を念頭に置いていたことはほぼ確実である。何しろ彼はアメリカやイギリスにおけるあらゆる形態の政府介入を共産主義同然とみなしていたのだから。そして当時のフォード政権の財務長官ウィリアム・サイモン（後に超保守派のオーリン財団のトップになる）の狙いも十中八九それである。チリの事件の成り行きを支持しつつ観察していた彼は、フォード大統領に、市への補助金を拒否するよう強く進言した（「フォード、ニューヨーク市に『くたばれ』と宣告」という見出しが『ニューヨーク・デイリーニュース』に出た）。サイモン曰く、財政再建の条件は「同じ道をたどる気を起こすような市や行政区がいっさい出ないよう、懲罰的で、全面的に痛みを伴うものに」すべきだと。[9]

◆フェリックス・ロハティン：投資銀行家で第二次クリントン政権では駐仏大使。一九七〇年代のニューヨーク市の財政危機の際は、財政再建のために設けられた新機関「ニューヨーク市自治体支援公社（ＭＡＣ）」の責任者となって、リベラルな立場から「痛みを分かち合う」ことを掲げたが、実際には公共支出の大幅カットを推進するなど、新自由主義的改革を実行した。

緊縮措置に対する抵抗運動は広がりをみせたが、フリーマンによれば、それは「上からの反革命を遅らせることができただけで、止めることはできなかった。わずか数年の間に、ニューヨークの労働者階級の歴史的成果の多くが失われた」。市の社会的インフラの多くが削減され、物的インフラ（たとえば地下鉄）も、新たな投資どころか保全管理すらなされなかったので著しく劣化した。ニューヨーク市の日常生活は「厳しいものになり、市の雰囲気はみすぼらしくなった」。市政府、自治体労働運動、労働者階級のニューヨーク市民は「それまで三〇年にわたって蓄積してきた力の多くを」効果的に奪い取られた。[10]意気消沈したニューヨーク市の労働者階級は、しぶしぶ新しい現実を受け入れた。

だがニューヨークの投資銀行家たちは市から立ち去りはしなかった。ニューヨークを自分たちの目的に合致したものにつくり変える機会をつかんだからである。「良好なビジネス環境」をつくることが最優先された。これは、資本主義企業に助成金と税制上のインセンティブを保証するとともに公共の資源をビジネスに最適なインフラ（とくに電気通信関係）をつくるために利用するということを意味した。企業向け《コーポレート・ウ》福祉《エルフェア》が国民向け福祉《ピープル・ウェルフェア》に取って代わった。市の中枢機関が文化的中心地や観光名所としてのニューヨーク市のイメージを売り込むのに動員された（有名なロゴ「I ♡ NY」《アイ・ラブ・ニューヨーク》が考案されたのもこの頃である）。支配エリートは、あらゆる傾向の多様なコスモポリタン的風潮に文化的領域を開くことを、時に文句を言いながらも支持した。自我やセクシュアリティやアイデンティティをナルシスト的に探求することは、ブルジョア都市文化のライトモチーフになった。市の強力な文化機関によって推進された芸術の自由や芸術的放縦は、事実上、文化の新自由主義化をもたらした。レム・コールハース［オランダ人の著名な前衛建築家］の印象的な言葉を使えば「錯乱のニューヨーク」は、民主主義的ニューヨークの集団的記憶をかき消したのである。[11] 市のエリートたちは――悶着がなかったわけではないが――ライフスタイルの多様性（性的嗜好やジェンダーに関わるものも含む）とますます増進する消費者の個性的《ニッチ》な選択（たとえば文化生産の分野でのそれ）を受け入れた。ニューヨークはポストモダン文化と知的実験の中心地になった。その間、投資銀行家たちは、金融活動、法律やメディアなどに関わる二次的サービス（当時起こりつつあった金融化によってかなり活性化した）、多様化された消費主義などを軸に市の経済を再建した（富裕層の流入による都市の「中産階《ジェントリフィ》級化《ケーション》」と地域「再生」はめざましい経済効果をともなった）。市政府は、社会民主主義的どころか経営主義的でさえなくなり、ますます企業主義的なものにされていった。資本投資をめぐる都市間競争は、市の行政を官民パートナーシップによる都市統治《ガバナンス》へと変貌させた。市の事業はますますドアの内側で協議されるようになり、地方自治における民主主義と代表制の内実は衰退していった。[12]

ニューヨークの労働者階級とエスニック系移民は後景に押しやられ、一九八〇年代には人種差別とクラック・コカインの爆発的流行でいっそう荒廃させられた。そのせいで、多くの若者は死に追いやられたり、投獄されたり、ホームレスになったり、さらにはエイズの流行（これは一九九〇年代にも持ち越された）によっても打ちのめされた。暴力犯罪を通じた再分配が貧しい人々にとって数少ない現実的な選択肢になった。それに対する当局の対応は、貧困化し周辺化された住民のコミュニティ全体を犯罪地域扱いすることであった。被害者の側が非難され、後にジュリアーニ市長は、足元の荒廃にいちいち対処するのにうんざりしたマンハッタンのブルジョアたちに代わって復讐を果たしたことで名声を博すことになる。

ニューヨークの財政危機に対する対処方法は、一九八〇年代における、国内的にはレーガン政権による、国際的にはＩＭＦによる新自由主義的実践の先駆だった。それは、一方における金融機関の保全と債権者への利払い、他方における市民の福祉、この両者のあいだで衝突が生じた場合には、前者が優先されるという原則を確立した。政府の役割は大多数の住民の要求や福祉に配慮することよりも良好なビジネス環境をつくり出すことだということが強調された。ウィリアム・タブはこう結論づけている。一九八〇年代のレーガン政権の政治は、一九七〇年代における「ニューヨーク市のシナリオ」の「単なる拡大版」であった、と。[13]

一九七〇年代半ばのこうした地域的な帰結は、あっという間に全国レベルに転化した。トマス・エドソール（ワシントンの政治を長年報道してきたジャーナリスト）が一九八五年に洞察力ある説明をしている。

一九七〇年代に、ビジネス界は一つの階級として行動する能力をみがき、競争的本能を押さえ込んで、立法分野で一致団結した共同行動をとった。個々の企業がもっぱら自社の利益だけを追い求めるよりもむしろ〔……〕消費者保護や労働法制の改革を阻止し、企業に有利な税制や規制立法、反トラスト法の制定といった共通の利益を推進することが、ビジネス界の政治戦略における主要課題となった。[14]

こうした目標を実現するためには、ビジネス界には政治レベルの階級的道具と民衆的基盤が必要だった。

それゆえ彼らは、自分たちの道具にするために共和党を積極的に取り込もうとした。昔からよく言われる「金で買える最高の政府」を得るために、強力な「政治活動委員会◆（ＰＡＣｓ）」を形成することは一つの重要なステップだった。一九七一年の「進歩的」だとされた選挙資金法は、実際には政治の金権腐敗を合法化した。一九七六年を嚆矢とする連邦最高裁の一連の重要決定は、表現の自由に対する個人（この場合は企業）の権利を保障する憲法修正第一条の名のもとに、企業が政党や政治活動に無制限に献金する権利を初めて確立した。[15] それ以降、政治活動委員会は、企業や金持ち、専門家集団といった利益集団によって二大政党のどちらをも財政的に支配することができるようになった。一九七四年には八九を数えた企業の政治活動委員会は、一九八二年には一四六七に急増した。これらの委員会は、自分たちの利益に奉仕するという条件で二大政党の有力現職議員にどんどん資金をつぎ込んでいたが、同時に、右翼の対立候補をも系統的に支援した。一九七〇年代後半、当時カリフォルニア州知事であったレーガンと先に登場したウィリアム・サイモンは、政治活動委員会に対して、右翼的傾向を持った共和党候補者に資金を提供するよう積極的に働きかけた。[16] 一個人に対する献金は各政治活動委員会ごとに上限五〇〇〇ドルであったため、さまざまな企業や業界の政治活動委員会が協力する必要があった。これは特殊利益よりも階級利益にもとづく同盟関係がつくり上げられたことを意味する。

◆政治活動委員会：議員や政党への献金をとりまとめるために企業などがつくる政治資金団体。アメリカでは直接の企業献金が禁止されているため、こうした団体が多数つくられた。

エドソールは次のように指摘している。この時期に共和党が進んで「支配階級の支持者グループ」の代弁者になったことは、民主党の「イデオロギー的に曖昧な」態度とは対照的だった。その曖昧さは同党の「多様な社会集団との結びつきが拡散していて、それらの諸集団（女性、黒人、労働者、高齢者、ヒスパニック、都市の政治組織など）のいずれもはっきりとは抜きん出ていないという事実」に起因していた。

しかも民主党が「巨額《ビッグマネー》」の献金に依存したことで、党のかなりの部分はビジネス界の影響をもろに受けるようになった[17]。民主党は大衆的基盤を持ちながらも、簡単に反資本主義的・反企業的な政治路線を追求することができなくなった。そんなことをすれば、強力な資金源との結びつきを完全に断ち切ることになったからである。

一方、共和党は効果的に権力基盤をつくり上げるためには、強固な選挙基盤を必要としていた。共和党がキリスト教右派との同盟関係をつくろうとしたのはこの頃のことであった。キリスト教右派はそれまでは政治的にあまり活発ではなかったが、一九七八年にジェリー・フォールウェル［米国の超保守派のバプティスト派伝道師］の「道徳《モラル》的多数派《・マジョリティ》」が政治運動体として創設されたことで状況が一変した。今や共和党はキリスト教徒を支持基盤の一つとするようになった。キリスト教右派は、白人労働者階級の文化ナショナリズムに、また彼らの道徳的倫理観が傷つけられたという意識に訴えかけた（傷つけられたというのは、この階級が慢性的な経済的不安定の中で暮らしており、積極的差別是正措置《アファーマティブ・アクション》をはじめとする政府の政策を通じた利益配分の多くから排除されていると感じていたからである）。この政治基盤は積極的には、宗教と文化ナショナリズムを通じて、また消極的には、間接的な、時にはあからさまな人種差別、同性愛嫌悪《ホモフォビア》、反フェミニズムを通じて動員された。彼らにとって問題だったのは資本主義や文化の新自由主義化ではなく、黒人、女性、環境派等々の特殊集団に便宜を図るために過剰に国家権力を行使する「リベラル」たちであった。豊富な資金をもつ新保守主義知識人（アーヴィング・クリストルやノーマン・ポドレッツ、雑誌『コメンタリー』の周囲に集まった人々）の運動は、道徳や伝統的価値観を擁護し、この主張に信任を与えた。新自由主義への転換を文化的ではなく経済的に支援する彼らは、いわゆる「リベラル・エリート」の行き過ぎた介入主義を激しく非難した。かくして「リベラル」という言葉の意味するところは汚泥にまみれた。その結果、資本主義や企業権力が、野放図な商業主義や個人主義がつくりだしていた経済的・文化的諸問題と何がしかの関係を持っているということから注意が逸らされた。

それ以来、この新保守主義者に支えられた大企業と保守的キリスト教徒との「神聖ならざる同盟」は着実に強化され、とくに一九九〇年以降には、ついに共和党からすべてのリベラル分子(彼らは一九六〇年代には一定の重要な影響力を持っていた)を根絶し、共和党を現在のような相対的に同質的な右翼政治勢力に転換させた。[18] ある社会集団が文化的、民族的、宗教的理由で自己の物質的、経済的、階級的利益に反する投票をするよう説き伏せられたのは歴史上初めてのことではないし、懸念すべきことだが、これで最後でもないだろう。しかしながら、「道徳的多数派《モラル・マジョリティ》」の中核を構成する福音派キリスト教徒(それは人口の二〇%を超えない)が、自分たちの福音主義的・道徳的目標をいっそう推進する一手段として大企業や共和党との同盟を熱心に受け入れたことを示す証拠が豊富に存在するのだから、いくつかのケースでは「説き伏せられる」という言葉を「選ばれた」と言いかえた方がおそらくより適切だろう。「国を右傾化させる戦略を立てるために」[19] 一九八一年に創設された「国家政策評議会(CNP)」を構成したキリスト教保守派の謎につつまれた非公然組織はまさにその一例である。

他方、民主党は、自らが基盤とする大衆の物質的生活条件を改善する多少のそぶりをみせていたものの、企業や金融界を懐柔する(場合によっては支援しさえする)必要性に根本的に引き裂かれていた。クリントン政権の時期にはついに前者よりも後者が優先され、その結果、一連の新自由主義政策の策定と実行(たとえば福祉改革)へ急速に流れていった。[20] しかし、ニューヨークの財政危機の時のフェリックス・ロハティンの場合のように、当初からクリントンがそれをめざしていたのかどうかは疑問である。膨大な財政赤字を克服し経済成長を刺激する必要に直面した彼にとって、唯一実行可能な経済政策は財政赤字を削減して低金利を実現することであった。それは大幅な増税か(それは選挙での自殺行為を意味したろう)、予算の削減のどちらかを意味した。後者の道を選んだことは、ダニエル・ヤーギンとジョゼフ・スタニスローが言うように「金持ちを満足させるために伝統的な支持者を裏切る」ことであり、あるいはクリントン政権の経済諮問委員会の議長を一時務めたジョセフ・スティグリッツが後に告白したように「われわれは、不覚にも金持ちのベルトをゆるめ、貧乏人のベルトを締めてしまう」ことになった[21]。かつてニューヨーク市で起こったのと同じように、社会政策は事実上ウォールストリートの債権者の監督下に置かれ、それはあまりに当然の結果をもたらした。

新たに登場した政治構造はきわめてシンプルであった。共和党は大規模な財源を確保するとともに、大衆を文化的・宗教的動機からその物質的利益に反する投票に動員することができた。他方、民主党は、資本家階級の利益をそこなうことを怖れて、その伝統的基盤である大衆の物質的利益（たとえば国民医療保険制度）に配慮することができなかった。こうした両党の非対称性のおかげで、共和党の政治的ヘゲモニーはよりいっそう確固としたものになった。

一九八〇年におけるレーガンの当選は、ボルカーが着手したマネタリズムやインフレ克服闘争の優先化を推進する上で必要な政治的転換を確立していく長いプロセスの最初の一歩にすぎなかった。当時エドソールは次のように指摘した――レーガンの政策の中心は「産業、環境、職場、医療、取引関係への連邦政府による規制の範囲や内容をあらゆる方面で縮小すること」であった。予算の削減、規制緩和、「反規制で企業優先の人物」を重要ポストに指名すること、これらがその主たる手段だった[22]。

一九三〇年代に職場の労使関係を規制するために設立された全国労働関係委員会は、レーガンに任命された者たちによって、ビジネスの世界が規制緩和されているまさにその時に労働者の権利を攻撃し規制する道具に変えられた[23]。一九八三年には、わずか六ヵ月足らずの間に、一九七〇年代に企業の立場からすればあまりにも労働者の立場に立ってなされた諸決定のうちのほぼ四〇％が覆された。レーガンは、すべての規制（ただし労働者に対する規制は例外）を悪いものとみなした。行政管理予算局◆は、過去および現在のすべての規制案の費用便益分析を徹底して行なうよう命じられた。規制の便益が費用を上回ることがはっきりと示されないかぎり、その規制は廃止されなければならなかった。さらには、税法の入念な改定（主として投資の減価償却に関するもの）は、多くの企業にいっさい税金を支払わずにすますことを可能にした。また個人所得の最高税率が七〇％から二八％に引き下げられたことも、明らかに階級権力回復の意図を反映したものだった（図1－7参照）。最悪だったのは公的資産が惜しげもなく民間企業につぎ込まれたことである。たとえば、薬学研究上の重要な画期的成果の多くは製薬会社と提携する国立衛生研究所によって資金提供されたものだったが、一九七八年に、製薬会社は、国にいっさい還元せずに特許権の利益をすべて取得することが認められ、それ以降、製薬業界は高い収益と多額の助成金を確実に手にすることができるようになった[24]。

◆行政管理予算局：一九七〇年にニクソン大統領の命令でつくられた大統領直属の機関で、大統領の連邦予算編成や財政計画の作成を補佐する。

他方でこれらすべてに必要だったのは、労働者と労働組織を従わせ、新しい社会秩序に順応させることだった。一九七五～七七年の時期にニューヨークが、強力な自治体労組を打ちのめすことでその先陣を切ったのに続いて、レーガンは全国レベルでそれを行なった。一九八一年に航空管制官のストライキを叩きつぶし、さらに政府の中枢会議の参加者としては組合は歓迎されない存在であることを組合に知らしめることで、そうしたのである。一九六〇年代に企業と労働組合勢力とのあいだでルール化された不安定な社会的合意は終わりを告げた。失業率が一〇％に迫った一九八〇年代半ばになると、あらゆる形態の労働組織に攻撃を加えその既得権も力も奪い去る絶好の機会が訪れた。メキシコや東南アジアにまでは行かなくとも、組合組織率の高い北東部や中西部から、組合組織率が低く伝統的に「労働権◆」なるものが幅を効かせている南部の諸州に産業活動を移転させることはあたりまえになった（これは、新投資を優遇する税制によって助成され、また資本主義階級権力の中核部分が製造業から金融へと重点を移すことで促進された)。かつては組合に組織化されていた中核的工業地帯（いわゆる「斜陽地帯《ラストベルト》」）の衰退は労働者を弱体化させた。企業は工場閉鎖の脅しをかけ、必要とあらばストライキの危険性を冒すこともでき、たいてい経営側が勝利した（たとえば炭鉱業の場合）。

◆労働権：「労働者の権利」という意味ではなく「労働する権利（right to work）」のこと。アメリカでは労働者の権利が十分な法的承認を得ていないために、この概念はとくに南部の諸州では労働者の団結権・争議権を否定・制限する法的根拠として用いられている。つまり、組合が争議を決定して労働者に仕事をさせないことは労働者の「労働権」を否定するものだという論理。

だが、ここでもまた重要なのは太い「鞭《むち》」を使用することだけではなかった。なぜなら、集団的な行動様式と手を切らせるために個人としての労働者にたくさんの「飴《あめ》」も与えられたからである。組合の厳格な規律や官僚的構造は格好の攻撃対象となった。フレキシビリティの欠如は、資本にとってだけでなく、しばしば個々の労働者にとってもかなり不利なものだった。労働過程におけるフレキシブルな専門化と勤務のフレックスタイム制を求める高尚な要求は、新自由主義のレトリックの一要素となった。それは、個々の労働者にとって魅力的になりえたし、とりわけ、強力な組合がしばしば恩恵を独占している構造から排除されていた者たちにとってはそうであった。労働市場におけるより大きな自由や行動の自由は、資本家にとっても労働者にとっても利益になると大いに宣伝された。ここでもまた、新自由主義的価値観がほとんどの労働者の「常識」にたやすく組み込まれた。活動的な潜在力を有したこのフレキシブル化がどのようにして高搾取のフレキシブルな蓄積のシステムに転じたのか（労働配分における時間と空間のフレキシビリティの増大から得られた利益のすべては、資本に回収された）、これは、なぜ一九九〇年代のほんの短い期間を除いて実質賃金が停滞あるいは低下し（図1－6参照）、各種の付加給付が減少したのかを説明する鍵でもある。新自由主義の理論は、失業は常に自発的なものであると都合よく考えている。労働には「最低価格」なるものが存在し、それを下回ると労働者は働かないことを自ら選好する。失業は労働の最低価格が高すぎるから生じるのだ。その最低価格は、部分的に福祉給付によって設定されるのだから（そしてキャデラックを乗り回す「福祉の女王《ウエルフエア・クイーン》」◆というお話があふれていた）、クリントンによって遂行された、「われわれのよく知る福祉」◆に対する新自由主義改革が失業を減らす決定的な一歩になると考えるのは理にかなっているというわけだった。

◆「福祉の女王」：公的扶助を受けていながら、高級車に乗って買い物をする黒人シングルマザーといったたぐいの、レーガン時代に人口に膾炙した真偽不明の逸話のこと。

◆「われわれのよく知る福祉」：クリントンは一九九二年の大統領選公約で、フードスタンプや母子家庭への公的扶助（AFDC）に代表される既存の福祉を終わらせることを公約し、それが、公的扶助受給者を減らして就労を促すことを目的とした一九九六年の福祉改革（福祉切り捨て）につながった。

これらすべてには一定の理論的根拠が求められ、それゆえこの目的を達成するための思想闘争は重要な役割を演じた。マーク・ブライスが示唆するように、新自由主義への転換を支えるために動員された経済思想は、マネタリズム（フリードマン）、合理的期待形成論（ロバート・ルーカス）、公共選択理論（ジェームズ・ブキャナンとゴードン・タロック）、そして、あまり評価されないがけっして影響力が小さくないアーサー・ラッファーの「サプライサイド」理論をないまぜにした思想であった。ラッファーは何と、減税によるインセンティブ効果が経済活動を活性化させ自動的に税収を増大させるとさえ主張した（レーガンはこの理論に夢中になった）。これらの諸議論のうちでより広く受け入れられた共通項は、政府の介入は解決よりもむしろ問題を生じさせるということ、「安定した通貨政策プラス高所得階層への思い切った減税」は、適正に展開された企業活動にインセンティブを与えることによって「より健全な経済を生み出す」というものであった。▼25『ウォールストリート・ジャーナル』を筆頭にビジネス紙誌がこうした思想をとりあげ、新自由主義はすべての経済的病理を解決する上で不可欠であると公然と唱えるようになった。これらの思想を広範に流布させる役割を果たしたのは、シンクタンクの基金に支援されたジョージ・ギルダーのような旺盛な執筆者たちであり、スタンフォードやハーバードなどの有名一流大学で設立された経営学大学院《ビジネススクール》であった。これらの経営学大学院は、企業や財団によって気前よく資金提供され、オープンした当初からただちに新自由主義的正統理論のセンターになった。思想が普及していく様を図式的に描くのは常に難しいが、一九九〇年頃までには、有力な研究大学の経済学部のほとんどと経営学大学院は、新自由主義的な思考様式に支配された。このことの持つ重要性を過小評価してはならない。アメリカの研究大学は過去も現在も、母国に帰る数多くの外国人――たとえばチリやメキシコに新自由主義を採用させた重要人物は米国で教育を受けたエコノミストだった――や、ＩＭＦや世界銀行、国連といった国際機関に入る外国人を養成する拠点なのである。

結論ははっきりしているように思われる。エドソールはこう書いている――「一九七〇年代に、わが国企業の政治的代弁者たちは、権力をめざして近年で最も目ざましいカンパニアをやってのけた」。一九八〇年代初頭には「一九二〇年代の好景気の時期に匹敵する水準の影響力と勢力を獲得した」[26]。そして二〇〇〇年には、この獲得した影響力をテコにして、一九二〇年代以降見られなかったような水準にまで国富と国民所得の占有率を回復した。

イギリスにおける同意形成

イギリスにおける同意の形成はかなり異なった形で生じた[27]。〔アメリカの〕カンザス州で起こったことは、〔イギリスの〕ヨークシャーで起こったこととはきわめて異なっていた。まず文化的・政治的伝統が非常に異なっていた。イギリスでは道徳的多数派《モラル・マジョリティ》に動員されるキリスト教右派は、言及に値しない程度しかいない。大企業が公然と政治行動を支援することはあまりなく（政党への献金もわずかだった）、その代わり、政府、学術界、司法、高級官僚（当時においてはいぜん独立の伝統を保持していた）を産業・金融界のリーダーたちと長年結びつけてきた階級的・特権的ネットワークを通じて影響力を行使することが選択された。政治的状況もまた根本的に異なっていた。労働党はおおむね労働者階級による権力行使の道具として建設されてきており、強力で時にきわめて戦闘的になる労働組合に依存していた。その結果イギリスは、アメリカでは夢想だにできないような行き届いた包括的な福祉国家システムを発達させた。炭鉱、鉄鋼、自動車という経済の管制高地は国有化されており、住宅供給の大部分が公共部門によってなされていた。そして一九三〇年代以来、労働党は地方自治の領域に重要な権力基盤を築いてきた。ハーバート・モリソンが市長を務めたロンドン市議会は一九三〇年代以降におけるその前衛だった。労働組合運動と地方自治を通じてつくりあげられた社会的連帯は目にみえて強力だった。第二次世界大戦後の長期にわたって保守党が政権にあった時でさえも、同党が受け継いだ福祉国家を破壊する試みはおおむね控えられていた。

一九六〇年代の労働党政権はベトナム派兵を拒否し、不人気な戦争に参加することによって受ける直接的なダメージから国を救った。第二次世界大戦後、イギリスは――いやいやながら、そして時には暴力的な闘争やアメリカからの強い横やりがなかったわけではないが――脱植民地化に合意した。そして一九五六年の不毛なスエズの冒険ののちに、しだいに――これまたいやいやながらだったが――あからさまな帝国的権力の衣の多くを脱ぎ捨てた。一九六〇年代に東スエズから軍隊を撤退させたことは、このプロセスの重要な徴候だった。その後、イギリスは主に、アメリカの軍事的傘のもとにあるＮＡＴＯ（北大西洋条約機構）の目下の同盟者として行動した。だがイギリスはその後も、かつて大英帝国の一部だった地域のあちこちで新植民地主義的な対応をとり、頻繁に他の大国との間で軋轢を起こした（たとえばビアフラ［ナイジェリア東部の地域］が分離独立しようとしたさいの血まみれのナイジェリア内戦）。イギリスは、旧植民地に対してどのような関係を持ち、またどのように責任を負うのかという問題に、国内でも国外でもしばしば悩まされた。貿易を通じた搾取という新植民地主義的構造は、清算されるどころか、しばしばいっそう深まった。だが、旧植民地から移民の波がイギリスに押し寄せたことは、帝国であった過去のしっぺ返しを新しい形でこうむる端緒であった。

イギリスの帝国的地位の最も重大な残滓は、ロンドンのシティがひきつづき国際的な金融センターとしての役割を果たしたことである。一九六〇年代にイギリスが、グローバルに展開する金融資本の力が増大したことをふまえてシティの地位を守りいっそう高める方向に動いたことで、シティの重要性はますます増大した。このことは一連の重大な矛盾を生み出した。利子率の操作をつうじて金融資本を保護したことは、しばしば国内の製造業資本の要求と対立し、資本家階級内部での構造的な分裂を引き起こした。また時には信用を制限することによって国内市場の拡大を押しとどめた。強いポンドに固執したことはイギリス産業の輸出能力を損ない、一九七〇年代の国際収支危機を生みだす一因となった。国内で構築された「埋め込まれた自由主義」と、ロンドンを基盤としたグローバルに展開する金融資本の自由市場的自由主義との間に矛盾が発生した。金融センターであるロンドンのシティは、長年、ケインズ主義的政策よりもマネタリズム政策を支持してきたのであり、「埋め込まれた自由主義」への抵抗の拠点をなしていた。

第二次世界大戦後にイギリスで形成された福祉国家は、万人のお気に召すものであったわけではない。高級紙『フィナンシャル・タイムズ』を筆頭にメディアを通じて強力な批判意見が流布され、メディアは金融界にしだいに従属していった。個人主義と自由は、国家機構の窮屈な官僚主義的愚劣さや強圧的な労働組合勢力と対立するものとして描き出された。こうした批判はイギリスでは一九六〇年代に広まり、一九七〇年代の経済停滞の先行き不透明な時代になると、ますます激しくなった。当時人々は、イギリスが

「コーポラティズム国家、陰鬱な凡庸におおいつくされた国」になるのを怖れたのである。[28] ハイエクに代表される思想的潮流は有力な反対勢力を形成し、大学の内部で支持者を獲得し、さらに重要なことには、一九五五年創設の経済問題研究所（IEA）の活動を支配した。この機関の出身者としては、後にマーガレット・サッチャーの主席顧問となるキース・ジョゼフがおり、彼は一九七〇年代に著名人物へと出世した。一九七四年に政策研究センターが、一九七六年にアダム・スミス研究所が設立されたこと、一九七〇年代にマスコミが新自由主義化にしだいに傾倒していったことは、世論の形勢に重大な影響を与えた。それ以前から、政治的に斜に構えた大規模な若者運動が台頭し、一九六〇年代には「スインギング・ロンドン」◆の自由奔放なポップカルチャーが流行したが、この両者とも、網の目状に広がった階級関係の伝統的構造を嘲笑し、それに挑戦した。個人主義と表現の自由が重大な争点になり、左翼的傾向を持った学生運動は、イギリスの固定化した階級システムや植民地的遺産といった諸要素にさまざまに影響されそれらと複雑に妥協しながらも、六八年の運動がどこでもそうであったようにイギリス政治における能動的要素となった。階級的特権（貴族のそれだろうが政治家のそれだろうが組合官僚のそれだろうが）に対する侮蔑的態度は、のちのポストモダン時代の急進主義の土台になった。政治への懐疑主義は、あらゆる「大きな物語《メタナラティブ》」に対する懐疑の下地となった。

◆スインギング・ロンドン：「スインギング」とは「時代の最先端をいく」「飛んでる」といった意味で、一九六〇年代当時、ファッションやサブカルチャーの分野で最先端をいっていたロンドンの若者の風俗やライフスタイルを指している。

新自由主義への転換を実現するための同意を形成したさまざまな要素が存在したとはいえ、一九七〇年代における深刻な資本蓄積危機なしにはサッチャー現象が台頭することはなかったし、ましてや成功することなどなかったろう。誰もがスタグフレーションによって痛めつけられていた。一九七五年にはインフレ率が二六％に急騰し、失業者は一〇〇万人を越えた（第1章の図1－1参照）。国有産業は国の予算を流出させていた。このことは国家と労働組合との間に対立を生じさせた。一九七二年に（そして一九七四年にも）、イギリスの国有産業の炭鉱労働者は、一九二六年以来初めてストライキに突入した。炭鉱労働者たちはつねにイギリス労働運動の最前線にいた。加速するインフレに彼らの賃金が追いつかなかったことに世論は同情した。保守党政権は停電の最中に非常事態を宣言し、週三日働くように命令し、世論を味方につけようとした。保守党は一九七四年の選挙でこうした政策への支持を訴えたが、敗北を喫した。政権を奪還した労働党政府は炭鉱労働者に有利な条件でストライキを収束させた。

だがそれはあまりに犠牲の大きい勝利だった。労働党政権にはその和解条件を履行する余裕などなく、財政上の困難が増大した。国際収支危機が莫大な財政赤字と平行して進んだ。一九七五～七六年にＩＭＦからの借入に救いを求めたことで、ＩＭＦの財政抑制・緊縮命令に従うのか、それとも破産を宣言しポンドの信用を犠牲にしてロンドンのシティの金融利益集団に致命的な打撃を与えるのかのいずれかを選択しなければならなかった。政府は前者の道を選び、福祉国家的支出の過酷な削減が実行されたのである。[29]労働党政権は伝統的支持者の物質的利益に反する行動をとった。しかしそれでも蓄積危機とスタグフレーションを解決するにはいたらなかった。コーポラティズムの理念、つまり誰もが国全体の利益のために何がしかを犠牲にするべきだという理念に訴えることで困難を覆い隠そうとしたが、うまくはいかなかった。労働党支持者たちは公然と反抗し、公共部門の労働者たちは一九七八年の「不満の冬」に、国をマヒさせるほどの大規模なストライキを次々と敢行した。「病院労働者たちが出ていってしまい医療サービスは大幅に制限された。ストライキ中の墓掘り人は死体の埋葬を拒んだ。トラックの運転手もストライキに入った。職場委員《シヨツプ・スチユワード》だけが、ピケット・ラインを超えてトラックが『必要物資』を運ぶのを認める権利をもっていた。英国鉄道は『本日運休』というそっけない告知を出した。〔……〕ストライキ中の組合はまさに国全体を停止させようとしているように思えた」[30]。主要紙は、どん欲で秩序を乱す組合を一斉に非難し、世論の支持は失われていった。そして労働党政権は崩壊し、つづく選挙で、公共部門の組合の力を弱めろという中産階級の支持者からの明確な委任を受けたマーガレット・サッチャーが過半数を大きく越える議席を獲得した。

アメリカの事例とイギリスの事例の最も明確な共通点は、労使関係とインフレ克服闘争の分野に見ることができる。後者に関してサッチャーは、マネタリズムと厳格な緊縮予算を時代の風潮にした。高金利は高失業率を意味した。一九七九～八四年の平均失業率は一〇％以上にのぼり、イギリス労働組合会議（TUC）はこの五年間で組合員の一七％を失った。労働者の交渉力は弱体化した。サッチャーの経済顧問アラン・バッドは後にこう指摘している――「経済と公共支出を引き締めることによる一九八〇年代のインフレ抑制策は労働者を打ちのめす口実だった」。彼は続いてこう述べている、イギリスではマルクスが「産業予備軍」と呼んだものが大量に生み出され、その結果、労働者の力が掘りくずされ、資本家はその後容易に利益を上げることができた、と。そして一九八四年にサッチャーは、レーガンが一九八一年に敢行した全米航空管制官組合への挑発に匹敵する行動に出た。炭鉱の大合理化と閉鎖を宣言することによって（輸入石炭の方が安価だった）、炭鉱労働者のストライキを挑発したのだ。ストライキはほぼ一年続き、かなりの世論の同情と支援があったにもかかわらず、炭鉱労働者は敗北した。イギリス労働運動の背骨が打ち砕かれた。[31] サッチャーは、イギリスを国際競争と外国からの投資にさらすことで組合の力をさらに弱体化させた。国際競争は一九八〇年代に多くの伝統的なイギリス産業を破壊した――シェフィールドの鉄鋼業、グラスゴーの造船、これらは数年以内にほぼ消え去り、それにともない組合勢力の大部分も消えさった。サッチャーは自国のイギリス国有自動車産業を強力な組合や強力な労働者主義的伝統とともに効果的に破壊した。その代わりに、ヨーロッパへの進出を望む日本の自動車企業にイギリスを海外拠点として差し出した。[32] 日本の自動車工場は郊外に建設され、日本型の労使慣行に従いそうな非組合員の労働者が雇われた。これらすべての要素があいまって、イギリスは、わずか一〇年で相対的に低賃金で、他のヨーロッパ諸国に比べて労働者がおおむね従順な国に変わった。サッチャーが退陣する時点で、ストライキ件数は以前の一〇分の一のレベルにまで落ち込んだ。サッチャーはインフレを根絶し、労働組合の力を押さえつけ、労働者たちを飼い慣らした。その過程でサッチャーは自分の政策への中産階級の同意を調達した。

しかし、サッチャーは別の戦線でも闘わなければならなかった。新自由主義政策に対する崇高な抵抗闘争が多くの自治体で繰り広げられた――シェフィールド、大ロンドン市議会（この行政区は、一九八〇年代により大きな目標を達成するためにサッチャーによって廃止される）、リバプール（その市会議員の半分が投獄された）は抵抗の活動拠点を形成した。この抵抗運動においては、新しい自治体社会主義の理念（ロンドンのケースでは新しい社会運動の多くもそこに結集した）が追求されるとともに、それを梃子《てこ》として運動が取り組まれた。だがこれらの抵抗闘争もついに一九八〇年代半ばに粉砕されてしまう。[33] 手始めにサッチャーは中央政府が自治体に給付していた補助金を容赦なく削減したが、いくつかの自治体は財産税◆を引き上げることで容易に対処したので、サッチャーはそのような権限を自治体から剝奪する法律を制定せざるをえなくなった。サッチャーは進歩的な労働党地方議員に対して「いかれた左翼」という中傷を浴びせ（このフレーズは保守党系の新聞がおもしろがって取り上げた）、さらに自治体財政の改革をつうじて新自由主義的な原理を押しつけようとした。彼女は、「人頭税」――財産税よりも逆進的な頭割りの税金――を提案した。その狙いは、全住民に拠出させることで地方自治体の支出を押さえ込むことであった。これは大規模な政治闘争のきっかけとなり、サッチャーが政治的に失脚する上で大きな役割を果たした。

◆財産税：固定資産税のように所有しているだけで一定の利益を生む資産（主として不動産）にかけられる税。イギリスの地方自治体の中心的な財源の一つ。

サッチャーはまた公的所有の経済セクターをすべて民営化しようとした。資産の売却は国庫をうるおし、失敗した国営企業の面倒を将来にわたって見る厄介な義務から政府は解放されるだろう、というわけだった。これらの国営企業は民営化に向けしっかり準備しなければならなかった。それは、債務を削減し、効率性やコスト構造を改善すること——しばしば労働者の整理解雇を通じて——を意味した。また国営企業の資産価値の評価も民間資本にかなりのインセンティブを与えるように構成された。それは、「家宝の銀器をただでくれてやるようなものだ」と反対派にたとえられるようなやり方だった。資産価値の評価方式に補助金が隠されている場合もあった。水道事業、鉄道、さらに自動車産業や鉄鋼産業の国営企業が一等地に持っていた高価な土地は、企業の当面の資産価値評価からはずされた。民営化と譲渡された資産の投機的売買益は密接な関係にあった。だが民営化の目的は単に儲けを上げることだけではなく、個人や企業の責任領域を拡大し、より高い効率性、個人と企業のイニシアチブ、技術革新を促すことで政治文化を変えてしまうことでもあった。ブリティッシュ・エアロスペース、ブリティッシュ・テレコム、ブリティッシュ航空、鉄鋼、電気、ガス、石油、炭鉱、水道、バス、鉄道、その他無数のより小規模な公営企業が民営化の嵐の中で売り飛ばされた。イギリスは、こうした大規模民営化をいかに合理的かつ整然と、そして資本にとって儲けになる方法でやり遂げるかを示したパイオニアだった。サッチャーは、いったんこうした変革がなされればそれを元に戻すことはできないという確信を抱いていた。だからこそ性急だったのである。しかし他方で、借家人に公営住宅を大規模売却することでこうした民営化の動き全体に対する正当性も見事に確保した。一〇年のうちに家屋保有者数は大幅に増大した。それは労働者階級の夢である個人不動産の所有という伝統的理想を満たし、新たな、時に投機的な住宅市場の活性化をもたらした。これは資産価値のアップを望む中産階級にとっても非常に高く評価された——少なくとも一九九〇年代初頭の不動産価格の暴落までは。

しかしながら、福祉国家が解体されてしまったかというと必ずしもそうではなかった。教育、医療、社会サービス、大学、国家官僚、司法の分野に手をつけるのは困難であることがわかった。ここで彼女は、自分の中核支持層のかたくなで時に因習墨守的な上層中産階級的な姿勢とも闘わなければならなかった。サッチャーは必死に個人責任の理念を聖域なく全領域に普及しようとし（医療制度の民営化などを通じて）、国家の負担を削減しようとした。だがこれらの分野では事を急いで進めることはできなかった。イギリスの一般大衆の目から見て、何でもかんでも新自由主義化すればいいというものではなかったのである。たとえば労働党政権が広範な世論の反対を押しのけてイギリスの高等教育に授業料を導入することに成功したのは、ようやく二〇〇三年になってからである。これらの分野では、急速な変革を実行するための広範な同意を形成するのが難しいことがわかった。彼女の閣僚（および彼女の支持者たち）は周知のように「穏健派《ウエット》」と「強硬派《ドライ》」に分裂し、ささやかな新自由主義改革を実現するために、保守党やメディアの中で何年も激烈な抗争が繰り広げられた。彼女がやれたのは、せいぜい企業主義の文化を押しつけることと、また監査や財務会計責任や生産性についての厳格なルールを、そうしたものにはまったく適さない諸機関（たとえば大学）に課すことだった。

サッチャーは、持ち家、私的所有、個人主義に喜びを見出す中産階級を育成し、企業活動の機会を解き放つことで同意をつくり上げようとした。労働者階級の団結力が圧力に押されて徐々に衰退するにつれて、そして脱工業化によって就業構造が抜本的に変化するにつれて、かつては労働者階級としての確固たるアイデンティティを持っていた人々の多くが、ますます蔓延する中産階級的価値観に取り込まれていった。イギリスを自由貿易に開放したことは消費文化の繁栄をもたらし、金融機関の急増によって、かつては堅実だったイギリスのライフスタイルに借金文化が入り込み、その中心に居座った。新自由主義はイギリスのかつての階級構造を、その両極のどちらにおいても一変させた。加えてグローバル金融の中核に位置づけられたロンドンのシティはますますもってイギリス経済の心臓部となり、ロンドンやサウスイーストは、持続的に増大する富と権力のダイナミックな中心地になった。伝統的諸部門ではいずれも階級権力はたいして回復しなかった。むしろ、階級権力は金融活動のグローバルな中心地の一つに集中し膨張した。オックスフォードやケンブリッジなどの名門大学からリクルートされた人々が公債や為替のトレーダーとしてロンドンに流れ込み、富と権力を急速に蓄積し、ロンドンを世界で最も金のかかる都市に変えた。

　サッチャー革命は、選挙で三度もの勝利をもたらした伝統的な中産階級内部での同意の調達によって準備されたものだったが、それと同時に、サッチャーのプログラム全体、とりわけその第一次政権でのそれは、主としてキース・ジョゼフのおかげで、アメリカの場合よりもはるかに新自由主義理論にイデオロギー的に突き動かされたものになった。確固とした中産階級的経歴をもつサッチャーが、首相官邸と産業界や金融界の「大物たち」との古くからある密接な関係を十二分に利用していたのは明らかである。彼女は、頻繁に彼らの助言を乞い、時には民営化する国の資産価値を低く見積もることで露骨に彼らの有利になるようはからった。サッチャーの政治改革では、階級権力回復のプロジェクトは、労働者階級の力を解体したのと比べると、おそらくより潜在的な役割を果たした。

　レーガンとサッチャーの成功はさまざまな形で評価することができるだろう。[34] だが次のことを強調しておくことは非常に有意義であるように思われる。すなわち、彼らが、これまでは少数派だった政治的・イデオロギー的・知的立場を採用し、それを一気に主流の地位に押し上げたことである。彼らがその形成に助力した諸勢力の同盟関係と彼らが率いた多数派勢力とは、次世代の政治的リーダーたちが取り除きたくても取り除けない遺産《レガシー》となった。レーガンとサッチャーの成功を最もよく証明するのは、おそらく、クリントンやブレアにとって政治的に立ち回る余地が非常にかぎられていて、たとえ自分のよりましな本意に反しても階級権力の回復プロセスを維持する範囲内にとどまらざるをえない状況下に置かれたことであろう。そして、ひとたび新自由主義が英語圏の世界に深く根づくと、資本主義が全体として国際的に機能しているその仕方に新自由主義がかなり適合的であるという事実を否定することが難しくなった。このことは、われわれが後で見るように、英米両国の影響力と権力が新自由主義をいたるところで押しつけたにすぎないと言っているわけではない。この二つのケーススタディが十分に示しているように、国内状況やその後の新自由主義的転換の性質は、イギリスとアメリカではかなり異なっており、この点を敷衍して考えるなら、どこにおいても、外部の影響や強制のみならず国内の諸勢力もまた決定的な役割を果たしているという予想が成り立つだろう。

チリとニューヨーク市からレーガンやサッチャーは糸口をつかんだ。彼らは階級権力の回復を決意していた階級運動の先頭に立った。非凡な彼らがつくり上げた遺産と伝統は、次世代の政治家たちを容易には逃れられないさまざまな制約の網の目で絡めとった。クリントンやブレアのような後継者たちは、好むと好まざるとにかかわらず、新自由主義化をよりましな形で継続すること以上のことはほとんどできなかったのである。

［原注］

▼1　A. Gramsci, *Selections from the Prison Notebooks*, trans. Q. Hoare and G. Nowell Smith (London: Lawrence & Wishart, 1971), 321-43.［邦訳：ディヴィド・フォーガチ編、東京グラムシ研究会監修・訳『グラムシ・リーダー』四〇六～四一一頁］。

▼2　J. Rapley, *Globalization and Inequality: Neoliberalism's Downward Spiral* (Boulder, Col.: Lynne Reiner, 2004), 55.

▼3　Gramsci, *Selections from the Prison Notebooks*, 149.［邦訳：アントニオ・グラムシ『現代の君主』上村忠男編・訳、青木書店、一九九四年、二四二頁］。

▼4　J. Court, *Corporateering: How Corporate Power Steals your Personal Freedom* (New York: J. P. Tarcher/Putnam, 2003), 33-8.

▼5　Blyth, *Great Transformations*, 155. 前述のパラグラフにおける情報は、ブライスの著作の五章と六章にもとづいている。この点は以下の文献でも確認されている。T. Edsall, *The New Politics of Inequality* (New York: Norton, 1985), chs, 2 and 3.

▼6　Court, *Corporateering*, 34.

▼7　W. Tabb, *The Long Default: New York City and the Urban Fiscal Crisis* (New York: Monthly Review Press, 1982) [邦訳：ウイリアム・タブ『ニューヨーク市の危機と変貌――その政治経済学的考察』宮本憲一監訳、法律文化社、一九八五年]; J. Freeman, *Working Class New York: Life and Labor Since World War II* (New York: New Press, 2001).

▼8　R. Zevin, 'New York City Crisis: First Act in a New Age of Reaction', in R. Alcalay and D. Mermelstein (eds.), *The Fiscal Crisis of American Cities: Essays on the Political Economy of Urban America with Special Reference to New York* (New York: Vintage Books, 1977), 11-29.

▼9　Tabb, *The Long Default*, 28 [邦訳：タブ『ニューヨーク市の危機と変貌』、四三頁]. ウォルター・リストンについては以下を参照。T. Frank, *One Market Under God: Extreme Capitalism, Market Populism and the End of Economic Democracy* (New York: Doubleday, 2000), 53-6.

▼10　Freeman, *Working Class New York*.

▼11　R. Koolhaas, *Delirious New York* (New York: Monacelli Press, 1994) [邦訳：レム・コールハース『錯乱のニューヨーク』鈴木圭介訳、筑摩書房、一九九五年]; M. Greenberg, 'The Limits of Branding: The World Trade Center, Fiscal Crisis and the Marketing of Recovery', *International Journal of Urban and Regional Research*, 27 (2003), 386-416.

▼12　Tabb, *The Long Default*; その後に起きたニューヨークの「売り出し」については、以下を参照のこと。Greenberg, 'The Limits of Branding'; 都市企業主義についてより一般的には以下の文献を参照せよ。D. Harvey, 'From Managerialism to Entrepreneurialism: The Transformation of Urban Governance in Late Capitalism', in id. [邦訳：デイヴィド・ハーヴェイ「都市管理者主義から都市企業家主義へ――後期資本主義における都市統治の変容」『空間・社会・地理思想』（大阪市立大学）、第二号], *Spaces of Capital* (Edinburgh: Edinburgh University Press, 2001), ch. 16.

▼13　Tabb, *The Long Default*, 15 [邦訳：タブ『ニューヨーク市の危機と変貌』、二一頁]。

▼14　Edsall, *The New Politics of Inequality*, 128.

▼15　Court, *Corporateering*, 29-31, lists all the relevant legal decisions of the 1970s.

▼16　以下のエドソールとブライスの分析は説得力がある。Edsall, *The New Politics of Inequality*, Blyth, *Great Transformations*.

▼17　Edsall, *The New Politics of Inequality*, 235.

▼18　T. Frank, *What's the Matter with Kansas: How Conservatives Won the Hearts of America* (New York: Metropolitan Books, 2004).

▼19　D. Kirkpatrick, 'Club of the Most Powerful Gathers in Strictest Privacy', *New York Times*, 28 Aug. 2004, A10.

▼20　以下の文献を参照。J. Stiglitz, *The Roaring Nineties* (New York: Norton, 2003)［邦訳：ジョセフ・スティグリッツ『人間が幸福になる経済とは何か――世界が90年代の失敗から学んだこと』鈴木主税訳、徳間書店、二〇〇三年］。

▼21　Yergin and Stanislaw, *Commanding Heights*, 337［邦訳：ヤーギン&スタニスロー『市場対国家――世界を作り変える歴史的攻防』下巻、二二一頁］; Stiglitz, *The Roaring Nineties*, 108.［邦訳：スティグリッツ『人間が幸福になる経済とは何か』、一四四頁］。

▼22　Edsall, *The New Politics of Inequality*, 217.

▼23　この記述も以下の文献に依拠している。Blyth, *Great Transformations*, and Edsall, *The New Politits of Inequality*.

▼24　M. Angell, *The Truth About the Drug Companies: How They Deceive Us and What To Do About It* (New York: Random House, 2004)［邦訳：マーシャ・エンジェル『ビッグ・ファーマ――製薬会社の真実』栗原千絵子・斉尾武郎共監訳、篠原出版新社、二〇〇五年］。

▼25　Blyth, *Great Transformations*. とくにジョージ・ギルダーの役割については以下の文献も参照のこと。Frank, *One Market Under God*.

▼26　Edsall, *The New Politics of Inequality*, 107.

▼27　S. Hall, *Hard Road to Renewal: Thatcherism and the Crisis of the Left* (New York: Norton, 1988).

▼28　Yergin and Stanislaw, *Commanding Heights*, 92［邦訳：ヤーギン&スタニスロー『市場対国家』上巻、一五〇頁］。

▼29　T. Benn, *The Benn Diaries, 1940-1990*, ed. R. Winstone (London: Arrow, 1996).

▼30　Yergin and Stanislaw, *Commanding Heights*, 104［邦訳：ヤーギン&スタニスロー『市場対国家』上巻、一七三～一七四頁］。

▼31　R. Brooks, 'Maggie's Man: We Were Wrong', *Observer*, 21 June 1992, 15; P. Hall, *Governing the Economy: The Politics of State Intervention in Britain and France* (Oxford: Oxford University Press, 1986); Fourcade-Gourinchas and Babb,'The Rebirth of the Liberal Creed'.

▼32　T. Hayter and D. Harvey (eds.), *The Factory in the City* (Brighton: Mansell, 1995).

▼33　G. Rees and J. Lambert, *Cities in Crisis: The Political Economy of Urban Development in Post-War Britain* (London: Edward Arnold, 1985); M. Harloe, C. Pickvance, and J. Urry (eds.), *Place, Policy and Politics: Do Localities Matter?* (London:

Unwin Hyman, 1990); M. Boddy and C. Fudge (eds.), *Local Socialism? Labour Councils and New Left Alternatives* (London: Macmillan, 1984).

▼34　サッチャーのマクロ経済学的な政策目標のいくつかが実現できなかったことについては、以下の文献で十分に証明されている。P. Hall, *Governing the Economy*.

第3章

新自由主義国家

ジョージ・W・ブッシュ

トニー・ブレア

新自由主義理論における国家の役割はかなり容易に定義できる。これに対して、新自由主義化の実践の方は、理論が提示する枠組みとはかなりかけ離れた形で進んできた。そのうえ、この三〇年間、国家の諸機関・諸権力・諸機能がかなり混乱した変遷をとげ地理的に不均等に発展してきたことは、新自由主義国家が不安定で矛盾した政治形態であることを示唆している。

理論における新自由主義国家

新自由主義国家は理論的には、強固な私的所有権や法の支配、自由に機能する市場や自由貿易の諸制度を重視している[1]。これらは、個人の自由を保障するのに必要不可欠なものとみなされている社会的諸制度である。その法的枠組みは、市場における法的人格同士の自由な交渉による契約上の義務にもとづいている。行動・表現・選択の自由という個人の権利や契約の不可侵性は保護されなければならない。したがって国家は、全力をあげてこれらの自由を守るために、それが独占している暴力装置を用いなければならない。ひいては、ビジネス集団や企業（法的には個人とみなされている）がこうした自由市場と自由貿易の制度的枠内で活動する自由も、根本的に善だとみなされている。民間企業や企業家のイニシアチブは、技術革新を引き起こし富を創出する上で決定的なものだとみなされている。技術革新を促進するために、たとえば特許制度を通じて知的所有権が保護される。生産性が持続的に向上すれば、高い生活水準がすべての人にもたらされることになっている。新自由主義理論においては、「上げ潮は船をみな持ち上げる」とか、〔上層から下層へと富が〕「したたり落ちる《トリクルダウン》」と想定されており、一国内であろうと世界規模であろうと、自由市場と自由貿易を通じてこそ最も確実に貧困を根絶することができるのだと考えられている。

新自由主義者がとりわけ熱心に追求しているのは、さまざまな資産を私有化することである。明確な私的所有権が存在しないこと――多くの発展途上国ではよく見られることだ――は、経済発展と人間の福祉の改善とに対する制度的障壁の中で最大のものの一つだとみなされている。土地の囲い込み《エンクロージャー》と私的所有権の確立は、いわゆる「共有地《コモンズ》の悲劇」（土地や水といった共有資源を個々人が無責任に過剰利用する傾向）を避ける最良の方策だとされている。かつては国家の手で運営ないし規制されていた諸部門は、私的所有の圏域に引き渡され、規制は緩和されなければならない（あらゆる国家干渉からの自由）。競争――個人間、企業間の競争、また何らかの地域的単位（都市、地域《リージョン》、国、地域集団）間の競争――は最大の美徳だと考えられている。もちろん、市場競争の基本ルールはきっちり遵守されなければならない。そうしたルールが明確に定められていないとか、所有権があいまいな場合には、国家はその権力を行使し、市場システムを押しつけるか、このシステムそのものをつくり出さなければならない（たとえば汚染物質排出権の市場取引）。競争と結びついた民営化と規制緩和は、官僚的形式主義を排し、効率と生産性を引き上げ、品質を改善し、負担を軽減する――安価な商品・サービスによって直接的に、税負担の軽減によって間接的に――とされている。新自由主義国家は、グローバル市場の中で他国と並ぶ一個の単位として、競争上の地位改善につながるような国内再編と新たな社会的諸制度を継続的に追求しなければならない。

市場での人格的・個人的自由が保障される一方で、各人には自分自身の行為と福利に対する責任があるとみなされている。この原則は、福祉・教育・医療・年金といった分野にまで拡張される（チリやスロバキアではすでに社会保障が民営化されており、アメリカでも同じことをめざすいくつかの提案がある）。

各人の成功や失敗は、何らかの社会システム上の問題（たとえば資本主義に内在する階級的排除）のせいであるよりも、むしろ企業家的美徳の欠如とか個人的失敗（たとえば教育による人的資本《ヒューマン・キャピタル》への十分な投資を怠ったなど）という観点から解釈される。

さまざまな産業部門や地域や国のあいだを資本が自由に移動することは決定的に重要なことだとみなされている。「国益」（その定義が何であれ）にとって死活的だとされる分野は例外として、資本の自由な運動を妨げるあらゆる障壁（関税、過酷な税制、計画制、環境規制、その他の局地的障壁など）は取り除かれなければならない。商品と資本の運動に対する国家の主権は、グローバル市場の手に進んでゆだねられる。国際競争は、効率や生産性を改善し、価格を低下させ、その結果としてインフレ傾向も抑制するので健全なものだとみなされる。したがって、各国は、国境を越えた資本の運動に対する障壁を縮小し、市場（商品市場と資本市場の両方）をグローバルな取引関係に開放することを共同でめざし交渉すべきであるとされている。ただし、商品としての労働に以上の原則を適用するかどうかについては、論争がある。国際取引の障壁を縮小するためにすべての国が協力しあわなければならなくなるにつれて、G7（アメリカ、イギリス、フランス、ドイツ、イタリア、カナダ、日本）――最近はロシアを加えてG8――として知られる先進資本主義国グループのような調整機構が登場してきた。今日では世界貿易機構（WTO）の諸協定に組み込まれているような、貿易の自由と法の支配を国家間で保障しあう国際協定は、グローバルな次元で新自由主義的プロジェクトを推進するのに不可欠である。

だが、新自由主義派の理論家たちは民主主義に対して根深い不信を抱いている。多数決原理による統治は、個人の諸権利や憲法で保障された自由にとって潜在的脅威だとみなされている。民主主義はぜいたく品とみなされ、政治的安定を保障する強力な中産階級の存在と結びついた適度な豊かさのもとでのみ実行できるとされている。したがって、新自由主義者は、専門家やエリートによる統治を支持する傾向にある。

民主主義や議会による意思決定よりも、行政命令や司法判断による統治の方がずっと好ましい。新自由主義者は中央銀行などの主要機関を民主的な圧力から守ろうとする。法の支配や立憲体制の厳格な解釈を軸にすえる新自由主義理論の前提では、紛争や対立は法廷で調停すべしということになる。いかなる問題であれ、その解決策や救済策は、法制度を通じて個々人によって追求されなければならない。

緊張と矛盾

新自由主義国家に関する一般理論の内部でも、いくつかあいまいな論点や対立点が存在している。第一に、独占権力をどのように解釈するかという問題がある。競争はしばしば独占ないし寡占をもたらす。というのも、より強い企業がより弱い企業を駆逐するからである。ほとんどの新自由主義理論家の考えによれば、こうしたことは、競争相手の参入を実質的に阻むものが何もない――この条件はしばしば実現しがたく、したがって国家が助力しなければならない――かぎり、とくに問題はなく、むしろ効率を最大化すると言われている。いわゆる「自然独占」◆の場合はそれよりも難しい。電力供給網、ガス・パイプライン、上下水道システム、さらにはワシントン－ボストン間の鉄道路線などが、それぞれ複数で競合しあっても無意味だろう。こうした分野では、供給・アクセス・価格設定上の国家規制は不可避である。部分的な規制緩和は可能かもしれないが（たとえば、競合する複数の業者に、同じ電線に電力を供給することや同一路線に列車を走らせることを認めるなど）、実際には、二〇〇二年のカリフォルニア州の電力危機がはっきりと示したように、暴利目的で乱用されたり、イギリスの民営化された鉄道の状況が証明したように、どうしようもない混乱と無秩序が発生する可能性も十分にある。

◆自然独占：規模の経済から、複数供給者による競争よりも、独占的供給者の活動の方が、費用削減など経済的・社会的合理性が生じる状態。電力・ガス・水道・鉄道など。

第二の大きな争点は「市場の失敗」に関する問題である。市場の失敗が起きるのは、個人や企業が自分たちの責任を市場の外部にはじき出し——専門用語で言えば「外部化」し——、自分たちにかかってくるコストのすべてを払おうとはしない場合である。その古典的事例が環境汚染である。そのさい、個人や企業は廃棄物処理費用を免れようと、環境のことなど一顧だにせずに有害廃棄物を投棄する。その結果、豊かな生態系は損なわれるか破壊されるだろう。職場で危険物質や身体的危険にさらされれば人間の健康が破壊されるし、その職場から健康な労働者層が激減する場合さえあるかもしれない。新自由主義者たちがこうした問題の存在を認めると、ある者は一定の譲歩をして限定的な国家介入に賛成するが、他の者たちは、何か治療しようとすればほとんど確実に病よりも悪い結果をもたらすのだから何もしない方がよいと主張する。それでも、何らかの介入が行なわれるべきだとしたら、それは市場メカニズム（たとえば、課税、インセンティブ、汚染物質排出権の市場取引など）を通じてなされるべきということに、大方の新自由主義者は一致する。「競争の失敗」に対しても同じようなアプローチが選択される。契約関係、二次契約関係が増えるにつれて、取引コストも増大する。一例だけ挙げれば、巨大な通貨投機機構が登場すれば、それは投機的利益を得る上でますます決定的なものになると同時に、ますますコストのかかるものになるだろう。また別の問題も起こりうる。たとえば、ある地域で競合関係にある病院が、めったに使われることのない同じ精密機械をいっせいに購入したために、総コストが上昇してしまうような場合だ。この場合、国家による計画、規制、強制的調整を通じてコストの抑制をはかるべきだという意見が有力なのだが、ここでも新自由主義者はこうした介入に根深い不信を抱いている。

通常、市場の活動主体はみな同一の情報にアクセスできると想定されている。自己利益にもとづいて合理的な経済的決定を下す諸個人の能力を妨げるような、権力や情報の非対称性は存在しないということが想定されている。だが、実際にはこのような条件はめったにないし、むしろ、情報や権力の非対称性にもとづくいくつかの重要な結果が生じている。▼2 他人よりも情報や権力を多く持っている行為主体にとっては、その利点を利用して、いっそう大きな情報と権力を獲得することさえ容易にできる。知的所有権（特許権）の確立は、さらなる「レントの追求」◆を促す。特許権をもつ者はその独占権力を用いて、独占価格を設定するか、非常に高額の代金が支払われないかぎり技術移転を妨害しようとする。それゆえ国家が対抗措置をとらないかぎり、非対称的な権力関係は減少するどころか、時とともにますます増大する傾向にある。完全な情報や対等な競争環境といった新自由主義の想定は、無邪気なユートピアであるか、富の集中とその結果としての階級権力の回復を意図的にごまかしているかのどちらかである。

◆レントの追求：「レント」とは何らかの独占状態から生じる特別の利益のこと。技術の独占から生まれるのが技術使用料《レント》、土地の独占から生まれるのが地代である。「レントの追求」とは、そうした独占状態を維持・拡大することで、レント収入を追求することをいう。

新自由主義理論は技術革新を、新しい製品、新しい生産方法、新しい組織形態の追求に駆りたてる競争の強制力にゆだねる。しかし、この推進力は企業家の常識にあまりに深く埋め込まれているために、物神崇拝の対象にさえなっている。どんな問題にも技術的解決策があるというわけだ。企業ばかりでなく国家機構（とりわけ軍隊）の中にもこの考えが定着するにつれて、技術革新の強固な自立化傾向が生じ、それは安定性を損ないうるだけでなく、場合によっては逆効果にさえなりかねない。技術革新を専門とする部門がこれまで市場になかった新製品とその新しい使い方を編み出すような場合（たとえば新薬が生産され、そのために新しい病気もでっち上げられる）、技術の発展が暴走する可能性がある。そのうえ、有能な新参者が技術革新を動員して、支配的な社会的諸関係や諸制度を掘りくずすこともある。彼らはその活動を通じて、自分たちの金儲けに有利になるよう常識さえもつくりかえるかもしれない。このように、技術の発展力学、不安定性、社会的連帯の解体、環境悪化、脱工業化、時間・空間関係の急激な変化、投機的バブルなどといったことと、危機を醸成する資本主義内部の一般的傾向とのあいだには、密接なつながりがある。[3]

最後に、新自由主義の内部には、検討を要する基本的な政治問題がいくつかある。一方における魅力的だが疎外をもたらす所有的個人主義と、他方における有意義な集団生活を求める欲求との間には矛盾が存在している。個人には選択の自由があるとされているにもかかわらず、各個人は、弱い自発的集団（たとえば慈善団体）は別にしても強力な集団的機関（たとえば労働組合）の建設は選択しないものだと想定されている。ましてや、国家を用いて市場に介入したり市場を廃絶しようとするような政党の創設を選択することは絶対にないことになっている。新自由主義者はその最も恐れる対象――ファシズム、共産主義、社会主義、権威主義的ポピュリズム、そして多数決さえ――から身を守るため、民主主義的統治に厳しい制限を課さなければならず、逆に重要な決定を下すさいには非民主的で閉鎖的な機関（連邦準備制度やIMF）を頼りにする。このことから、国家が介入主義的ではないと想定されている世界で、極端な国家介入やエリートと「専門家」による統治がなされるという逆説が生まれる。それは、長老賢者の会議がすべての重要決定を命ずるとされているフランシス・ベーコンのユートピア物語『ニュー・アトランティス』（一六二六年初版）を彷彿とさせる。したがって、集団的介入を追求する社会運動に直面するや、新自由主義国家は――時に抑圧的に――介入することを余儀なくされ、こうして自ら掲げたはずの自由そのものを否定してしまう。だが、こうした状況下で新自由主義国家は秘密兵器を動員することができる。国際競争とグローバリゼーションがそれだ。両者は個々の国家の内部で、新自由主義的な政策目標に反対する運動を抑制するのに用いることができる。それがうまくいかなければ、国家は説得やプロパガンダに訴えなければならないし、必要とあらば新自由主義への反対を弾圧するために露骨な暴力や警察力に訴えなければならなくなる。これはまさにポランニーが恐れた事態だ。すなわち、自由主義の——ひいては新自由主義の——ユートピア計画は、結局は権威主義に頼らなければ維持されえない。少数者の自由のために、大衆の自由は制限されるだろう。

実践における新自由主義国家

新自由主義化が進行する時代に新自由主義国家の全般的特徴を描き出すことは困難だが、それには特別な理由が二つある。第一に、それらの国家が新自由主義理論の公式教義から系統的に逸脱していることが、ただちに明らかとなるからである。ただし、すでに述べた内在的な諸矛盾にそのすべての原因があるわけではない。第二に、新自由主義化の発展力学はきわめて強力であり、時間と場所によって実に多種多様な適応形態を強制してきたからである。こうした不安定かつ変化しやすい歴史的構図から、典型的な新自由主義国家の像を構成しようとするのは、愚かな試みに見えるかもしれない。にもかかわらず、特殊に新自由主義的な国家という概念に一定の意味を持たせるような議論の一般的脈絡を描き出すことは有益だと思われる。

階級権力を回復しようとする強力な動きは、新自由主義の理論を実践の上で歪曲し、いくつかの点ではそれを覆しさえする。それはとりわけ次の二つの次元で見られる。その第一の次元は、資本主義的事業のために「良好なビジネス環境ないし投資環境」をつくる必要性から生じる。政治的安定や法の十全な尊重、法の公正な適用といった、一見「階級的に中立」と考えられるいくつかの条件がある一方で、明らかに偏向した条件も存在する。とりわけ労働や環境を単なる商品として扱うことからこうした偏向が生じる。典型的な新自由主義国家は、紛争が起こると、労働者の集団的権利（および彼らの生活の質）や環境の再生能力よりも良好なビジネス環境をつくることを優先させるだろう。また偏向の第二の次元が起こってくるのは次のような理由からである。紛争の際、新自由主義国家がたいてい、住民の福利や環境の質よりも、金融システムの保全や金融機関の支払い能力を優先させることである。

国家の実践は実に多岐にわたり、時にまったくばらばらで、絶えず変動していることから、こうした系統的な偏向は必ずしも容易に判別できるわけではない。しかも、プラグマティックでご都合主義的な思惑が重要な役割を演じることも少なくない。たとえば、ブッシュ大統領は自由市場と自由貿易を信奉しているにもかかわらず、鉄鋼業が盛んなオハイオ州での選挙戦の勝利を確かなものにしようと、鉄鋼関税を設定した。ちなみに、選挙結果は思惑どおりとなった。国内の不満を和らげるために、国外からの輸入数量制限が恣意的に設けられる。ヨーロッパ諸国は、社会的理由、政治的理由、はては美学的理由からあらゆるるものの自由貿易を主張しているのに、自国の農業は保護している。特定の業界（たとえば武器取引）の利益を推進するために特別の国家介入がなされたり、中東のような地政学的に重要な地域では、政治的なつながりと影響力を獲得するために、信用の供与が恣意的に各国に拡大されていく。以上の理由からして、新自由主義の正統理論に常に忠実な原理主義的な新自由主義国家論者に出くわしたとしたらまったく驚くべきことだろう。

場合によっては、この種の理論と実践とのギャップは、新自由主義への転換に先だって存在する多様な国家形態の移行上の摩擦問題によってうまく説明することができるかもしれない。たとえば、共産主義の崩壊後に中欧［ここではチェコ、スロバキア、ポーランド、ハンガリーを指す］および東欧地域に広がった状況はきわめて特異なものであった。一九九〇年代にこうした国々を襲った「ショック療法」のもとですさまじい勢いで進んだ私有化・民営化は、巨大な社会的混乱を生み出し、今日までその深刻な影響が続いている。それに対して社会民主主義国家（戦後のスカンジナビア諸国やイギリスなど）は、医療や教育、さらには住宅供給などの重要経済部門を長期にわたって市場の手にゆだねてこなかった。それは、人がその基本的なニーズを満たす過程に市場の力が介在すべきではないし、その権利が支払い能力によって制限されてはならないという理由からだった。マーガレット・サッチャーがこのすべてを変えてしまったが、スウェーデンは、新自由主義の路線をとろうとする資本家階級による強力な企てに直面しても、はるかに長期間抵抗しつづけた。開発主義国家［巻末の基本用語解説を参照］（たとえばシンガポールをはじめとするいくつかのアジア諸国）は、まったく違う理由からだが、資本蓄積や経済成長を促すのに、国内企業の資本（時に外国資本や多国籍企業の資本）と密接に結びつきつつも公共部門や国家計画を重視している[4]。開発主義国家は通常、物的インフラのみならず社会的インフラにもかなり配慮する。かくして、たとえば教育機会や医療を享受する権利に関してははるかに平等主義的な政策が存在する。一例を挙げれば、国家による教育投資は、世界貿易で競争上の優位性を得るための決定的な必要条件とみなされている。たしかに、開発主義国家も、企業間や地域単位間での競争を促し、自由貿易のルールを受け入れ、開かれた輸出市場に依存するにつれて、新自由主義化と軌を一にしていくようになる。しかし、良好なビジネス環境のためのインフラ整備という点では、それらは大いに介入主義的なのである。したがって、新自由主義化は、国家介入（研究開発支援など）のための新たな構造をつくり出すことで、開発主義国家が国際競争上優位になる可能性をもたらす。だが新自由主義化は、同じ理由から、階級関係の再編にとっての諸条件をもつくり出す。ある階級が力を増せば、国家権力への依存から脱して、新自由主義的方向に国家権力を転換させようとする傾向も現われてくるのである（たとえば現在の韓国）。

　新たな制度的枠組みが世界貿易のルールを規定するようになるにつれて――たとえば資本市場の開放は今やＩＭＦやＷＴＯの加入条件である――、開発主義国家はますます新自由主義の囲いの中に引きずり込まれていく。一例を挙げれば、一九九七～九八年のアジア危機がもたらした主たる効果の一つは、開発主義国家が標準的な新自由主義的行動パターンにますます従うようになったことである。というのも、イギリスのケースで見たように、新自由主義化をある程度国内で受け入れることなく、対外的に新自由主義的姿勢を維持すること（たとえば金融資本の活動を促進すること）は困難だからである（韓国はこの数年間まさにこの種の圧力に抗して闘っている）。だが、開発主義国家は新自由主義の道が正しいものだと確信しているわけではけっしてない。とりわけ、資本市場を開放してこなかった国々（中国や台湾）の方が、すでに開放した国より、一九九七～九八年の金融危機の被害をあまりこうむらなかったのだからなおさらである▼5。

金融資本および金融機関に関する現在の実践を新自由主義の正統理論と一致させることほど困難なことはおそらくないだろう。通常、新自由主義国家は、規制緩和を通じて金融機関の影響力を拡大しようとするが、そのさい往々にして、どんな犠牲を払ってでも金融機関を保全しその支払い能力を保持しようとするからである。こうした振る舞いが生じる理由の一つは、国家の政策の基本原理としてマネタリズムに依拠しているからである（ある種の新自由主義理論にとってはそれは正当なことなのだが）。通貨を保全しその健全性を維持することはこうした政策の中心軸である。しかし、この点から逆説的なことに、新自由主義国家は巨額の債務不履行を、たとえそれが金融機関の側の誤った決定の結果であったとしても、容認できなくなるという事態が起こる。国家は事態に介入して、「悪」貨を駆逐して「良」貨（と彼らが考えるもの）に換えなければならない。これが、通貨の健全性への信頼性を維持せよとの圧力が中央銀行にかかる理由である。国家権力はしばしば企業の救済や金融破綻の回避に用いられてきた。たとえば、一九八七～八八年にアメリカで貯蓄貸付組合危機◆が起きたさいには、およそ一五〇〇億ドルをアメリカの納税者が負担し、一九九七～九八年にヘッジファンド［巻末の基本用語解説を参照］の「ロングターム・キャピタル・マネジメント◆（LTCM）」が破綻したさいには、三五億ドルが投入された。

◆貯蓄貸付組合危機：本来は住宅用不動産の抵当貸付を手がけるアメリカの金融機関である貯蓄貸付組合（S&L）が、一九八八〇年代の規制緩和により、不動産関連融資やジャンクボンド投資を積極的に行なったが失敗し、一九八七〜八八年に経営危機に陥り、八八年だけで二二九社が倒産した。
◆ロングターム・キャピタル・マネジメント：史上最大の資金規模を誇ったヘッジファンドで、二人のノーベル賞エコノミストを抱え「ドリームチーム」と呼ばれたが、しだいにリスクの高い資金運用に偏重し、一九九八年に経営破綻、世界に衝撃を与えた。

国際的な方面で言えば、一九八二年に主要な新自由主義国家は債務軽減交渉の全権をＩＭＦと世界銀行に託した。だがその交渉の本当の意図は、世界の主要金融機関を債務不履行の危険性から守ることにあった。事実、ＩＭＦは、その力の及ぶかぎり、国際金融市場がリスクや不安定性にさらされるのを防止しようとする。こうした行動パターンは新自由主義理論にしたがうなら正当化しがたいはずである。なぜなら、投資家は原則的には自分の失敗に責任を負うべきだからだ。それゆえ、原理主義的傾向の強い新自由主義者はＩＭＦを廃止すべきだと考えている。レーガン政権の初期にはこうした選択肢がまじめに取りざたされたし、一九九八年には下院共和党がそれを再びとりあげた。一九八二年、メキシコが事実上破産し、メキシコに対する債権を保有していたニューヨーク市の主要投資銀行が莫大な損失をこうむる危険性に直面した時、レーガン政権の財務長官であったジェームズ・ベーカーはＩＭＦに新しい活躍の場を与えた。彼はＩＭＦを使ってメキシコに構造調整を押しつけ、ニューヨークの銀行家を債務不履行から守ってやったのだ。銀行や金融機関の要求を優先する一方で、債務国の生活水準を押し下げるというこうした行動パターンは、すでにニューヨーク市の債務危機の時にその先例が見られる。これは国際的文脈に即してみれば、国際銀行に借金を返済するために、貧困にあえぐ第三世界の住人から剰余を搾りとることを意味する。「何と奇妙な世界だろう」とスティグリッツは戸惑い気味に述べている――「そこでは実際、貧しい国々が最も豊かな国々を資金援助しているのだ」。一九七五年以降の「純粋な」新自由主義の実践例であるチリでも、こうしたやり口による打撃を受けて、一九八二〜八三年に国内総生産はおよそ一四％近く落ちこみ、失業率はわずか一年で二〇%にまで跳ね上がった。以上のことから、「純粋な」新自由主義化はうまくいかないのではないかという推論が成り立つはずだが、新自由主義理論はそれを一顧だにしない。その後チリは、一九八三年以降のイギリスと同様、プラグマティックな対応を余儀なくされ、妥協の余地を開拓したのだが、これは理論と実践とのギャップをさらに広げる結果となった[6]。

金融メカニズムを介して各国から剰余金を搾り取るというのは、かつての帝国のやり方である。それは、とくに世界の主要な金融中心国での階級権力の回復に大変有益であることがわかったし、必ずしも構造調整危機を引き起こす必要もなかった。たとえば、発展途上国の企業家が海外から借り入れする場合、その借り入れをまかなうのに十分な外貨準備をその国自身が持っていなければならないという条件が課せられたとしよう。そしてこの条件を満たすために、その国家がたとえば米国財務省証券に投資しなければならないとしよう。そして、借入金の利率がたとえば一二%で、担保としてワシントンの財務省に投資された債権の利率がたとえば四%だとすると、その差額は、発展途上国の犠牲にもとづいて帝国の中心地へと金融資産が流れ込む強力な回路になるだろう。

金融機関が世界のあらゆるところから剰余を吸い込んでくれるのだから、アメリカのような中心国はこれらの機関を保護し、その味方をしようとするだろう。こうした傾向は、経済の金融化を通じて中心諸国での上層階級の権力をますます強化するし、またその権力強化の表われでもある。だが、金融機関が困難に陥った時には市場に介入してこれらの機関を救済しようとする行動パターンは、新自由主義理論とはあいいれない。無謀な投資の損失は貸し手の側がこうむるべきだが、国家は貸し手に対して損失のかなりの部分を免除してやる。ところが借り手の側は、その社会的代償がいかなるものになろうと、債務の全額を返済しなければならないとされる。新自由主義理論は「貸す時は用心せよ◆」と警告するはずなのだが、実践においては「借りる時は用心せよ」になっているのだ。

◆貸す時は用心せよ（Lender, beware）：これはもともと、「買う時は用心せよ（Buyer, beware）」から来ており、買い手の自己責任を強調するものだが、同じ流れで、貸し手の自己責任を強調したものが、「Lender, beware」である。

発展途上国の経済から剰余を搾り出そうとしても、そこにはやはり限界がある。途上国は緊縮政策に締めつけられ慢性的不況に陥っていたので、債務返済は何度となく遠い将来に先送りされることになった。こうした状況下では、一定の債務整理が魅力的な選択肢に見える。これが、一九八九年のブレイディ・プラン［ブレイディは当時の米国財務長官］にもとづいてなされた措置である。▼7 金融機関の同意にもとづき、アメリカ財務省とＩＭＦによって裏書きされた割引債と交換に、巨額の債務の三五％が返済対象から免除され、その代わり残りの債務の返済が保証された（言いかえれば、債権者は一ドルあたり六五セントの債務返済を保証されたわけである）。一九九四年までに、メキシコ、ブラジル、アルゼンチン、ベネズエラ、ウルグアイなどを含むおよそ一八ヵ国が約六〇〇億ドルの債務を免除する協定に合意した。もちろん、この救済措置が経済再建のきっかけとなって、残りの債務を期限内に返済することが可能になるだろうとの期待があってのことだった。だが問題は、ＩＭＦが手を回して、このささやかな債務免除（それは銀行の余力から見れば最低限のものでしかなかった）の特典を手にしたすべての国に新自由主義的制度改革という毒薬も飲むことが義務づけられたことである。一九九五年のメキシコのペソ危機、一九九八年のブラジル危機、二〇〇一年のアルゼンチン経済の全面破綻はあまりに当然の帰結であった。

以上のことはさらに、労働市場に対する新自由主義国家の対処という重大な問題へとつながる。新自由主義国家は、国内においては資本蓄積の妨げとなるあらゆる種類の社会的連帯につねに敵対的である。したがって、「埋め込まれた自由主義」のもとで強力な力を発揮してきた自立した労働組合やその他の社会運動（たとえば大ロンドン市議会型の自治体社会主義）は、個々ばらばらの労働者の神聖な個人的自由なるものの名のもとに破壊されなければならないし、少なくとも抑制されなければならなかった。「フレキシビリティ」は労働市場に関する標語になっている。とりわけ、かなり閉鎖的で硬直した組合の行動様式を前にすると、フレキシビリティの度合いを増すことがまったく悪いとはなかなか論じにくい。それゆえ、「フレキシブルな専門化」は進歩的なものだとしてそれに強い賛意を示す左派の改良主義者も存在する。[8]たしかに、個々にはこうしたことから利益を得る労働者もいるにちがいない。だが、情報と権力の非対称性は、自由で容易な労働力移動（とりわけ国境を越えての移動）が不可能であることとあいまって、全体として労働者を不利な状況に置いている。フレキシブルな専門化はただ、よりフレキシブルな蓄積手段を確保する手っ取り早い方法として資本によって取り組まれるだけである。この二つの用語――「フレキシブルな専門化」と「フレキシブルな蓄積」――は、「フレキシブル」という言葉の持つイメージとはまったく異なった意味内容を有している。[9]それによってもたらされるのは一般に賃金の引き下げと雇用の不安定化であり、多くの場合さらに付加給付と雇用保障をも失う羽目になる。こうした傾向は新自由主義の道を歩むすべての国で容易に見て取ることができるだろう。中国、インドネシア、インド、メキシコ、バングラディッシュといった国々では、あらゆる形態の労働者組織や労働者の権利が暴力的に攻撃され、大量の未組織労働者への依存が著しく増大している。こうした状況から明らかなように、労働者に対する統制と高い搾取率の維持は新自由主義化にとってつねに不可欠なものであった。階級権力の回復ないし形成は常に労働者を犠牲にして進行するのである。

このように個々人が労働市場から手に入れることのできる資源（賃金や付加給付など）が減少する中で、新自由主義にもとづいて福祉に対するあらゆる責任が個々人に再転嫁されたことは、二重の打撃になった。福祉の給付から国家が手を引き、かつての「埋め込まれた自由主義」のもとでは必要不可欠であった医療・公教育・社会サービスなどの分野で国家の役割が縮小していくにつれて、住民のますます大きな部分が貧困化していった。[10]個人の責任を重視するシステムのせいで、社会的セーフティネットはぎりぎりの最低限にまで圧縮された。総じて個人の不幸はその人の怠慢のせいにされ、ほとんどの場合、被害者の側が責められた。

こうした社会政策の大転換の背景にあるのは、統治《ガバナンス》のあり方における重大な構造的変化である。すでに述べたように新自由主義者は民主主義に不信を持っているので、国家の意思決定を、回復途上にある――あるいは中国やロシアでは形成途上にある――階級権力のネットワークと資本蓄積のダイナミズムのうちに統合する方策を見出さなければならない。たとえば、新自由主義化にともなって、官民パートナーシップに依存する度合いが増大した（これこそ、経済発展を目標として都市開発公社などの「擬似政府機関」を立ち上げたさいに、マーガレット・サッチャーが強く打ち出した理念の一つであった）。ビジネス界と企業は、政府関係者と密接に協力するだけでなく、法案の作成や公共政策の決定、規制の枠組みの設定において（いずれも自分たちに有利になるよう）強力な役割を果たしている。閉鎖的で時に密室の会合を通じて企業家や場合によっては専門家を統治に組み込むというパターンが登場する。二〇〇二年にブッシュ政権がエネルギー政策文書を作成したさい、その審議に関わった参加者氏名の公表をチェイニー副大統領が拒否したのは、その最たる例だ。その中にエンロンのトップだったケネス・レイの名があるのは、ほぼ確実である。エンロン社〔巻末の基本用語解説を参照〕は、カリフォルニア州の電力危機を故意に深刻化させて暴利をむさぼったと非難され、その後、巨大な会計スキャンダルのさなかに破産した。政府《ガバメント》（国家権力そのもの）から統治《ガバナンス》（市民社会のキーパーソンと国家とのより広い編成構造）への重心移動は新自由主義の特色である。▼11

この点に関しては、新自由主義国家と開発主義国家の実践は広範に一致している。

新自由主義国家がつくり出す法律や規制の枠組みは、たいていは企業に有利なものであり、場合によってはエネルギー・製薬・アグリビジネスといった特定の業界に有利なものである。官民パートナーシップと呼ばれているものの多くは、とりわけ自治体レベルでのそれは、リスクの大半を「官」の側が引き受け、利益の大半は民間企業が手にするといった類のものである。さらに、必要とあらば新自由主義国家は、強権的な立法や治安戦術（たとえばデモやピケッティングの取り締まりなど）に訴えて、企業権力への集団的反抗を蹴散らし弾圧するだろう。監視や取り締まりは多岐にわたるものとなる。アメリカでは、監獄にぶち込むことが、解雇された労働者や周辺化された住民が起こす諸問題に対処する中心的な国家戦略になった。企業利益を守り、必要とあらば反抗を弾圧するため、国家の治安能力が強化される。以上のような現象のいずれも新自由主義理論と合致しないはずである。新自由主義者たちは特殊利益集団が国家を悪用したり転覆したりすることを恐れてきたが、それは、他ならぬワシントンの地〔アメリカのこと〕で現実のものとなっているのだ。そこでは、企業ロビイストの軍団（彼らの多くは、はるかに実入りの良い企業での雇用と国家での雇用とのあいだを自由に行き来する「回転ドア」を享受してきた）が、自分たちの特殊利益に合致するよう法律を事実上作成しているのである。公務員の伝統的な独立性を尊重しつづけている国もあるが、新自由主義化が進行する中でこうした状況はあらゆるところで脅かされている。国家権力と企業権力との境界はますます行き来しやすい透過性のあるものになっている。代議制民主主義のうちまだ残されている部分も金《かね》の力に圧倒されつつあり、まだ全面的にではなくても、少なくとも法律に関しては金の力によって腐敗させられているのである。

司法を利用する権利は、建前の上では平等だということになっているが、実際にはきわめて高額の費用がかかるものとなっている（過失行為に対する個人の訴訟であれ、WTO規則に違反したとしてある国がアメリカを訴える場合であれ。ちなみに後者の場合、一〇〇万ドルにまで費用が跳ね上がるが、これは、貧しい小国の年間国家予算に匹敵する）。そのせいで、司法の下す判決は、しばしば金のある側に有利になるよう偏向したものとなる。司法判断における階級的偏向は、まだ確固たるものになっていなくても、少なくとも広く蔓延している。▼12 新自由主義のもとで集団的行動のイニシアティブをとっているのが、〔かつての労働組合や左翼政党ではなく〕さまざまな権利擁護団体――選挙で選ばれたわけではなく、しかもエリートに主導されていることが多い――であるのも驚くべきことではない。たしかに、消費者保護や公民権、障害者の権利の場合には、こうした方法で実質的な成果が勝ちとられてきた。草の根の非政府組織――NGO〔非政府組織〕やGRO〔草の根組織〕――も、新自由主義のもとで大きく成長・拡大し、それにつれて、国家機構の外部にあり、かつ「市民社会」と呼ばれる別の社会的単位の内部に存在する対抗勢力を動員することこそが、対抗政治と社会変革の力の源だという信念が生じた[13]。新自由主義国家がヘゲモニーを獲得していった時代は、国家権力と対立する社会単位として位置づけられた「市民社会」という概念が対抗政治を形成する中心となっていった時代でもあった。政治社会と市民社会との統一物としての国家というグラムシ的な国家観は、市民社会こそが国家のオルタナティブであるという考え方、あるいは少なくとも国家に対抗する中心だという考え方に道を譲った。

以上のことからはっきり見て取ることができるのは、新自由主義は、国家やその特殊な諸機関（法廷や警察）を不必要なものにしたりはしないということである（一部の論者は左右を問わずそうした不必要論を唱えてきたものだが[14]）。しかしながら、国家機関とその行動様式は抜本的に再編された（とりわけ、強制と同意とのバランス、資本と民衆運動との力関係、行政・司法権力と代表制民主主義の権力とのバランスに関して）。

だが、新自由主義国家で万事うまくいくわけではない。まさにそれゆえ、この国家は過渡的ないし不安定な政治形態なのである。問題の核心は、新自由主義が掲げている公けの目標――万人の福利――とその実際の結果――階級権力の回復――とのあいだの深淵が急速に広がっていることである。しかしその点以外にも、一連のより特殊な諸矛盾が存在していることは強調しておくべきであろう。

一、新自由主義国家は、一方では、後景にしりぞいて、市場が機能するお膳立てをすることだけが期待されているが、他方では、良好なビジネス環境を積極的につくり出す主体であり、グローバル政治において一個の競争単位として行動することが想定されている。後者の役割において、新自由主義国家は一個の集合的企業として行動しなければならず、ここから、市民の忠誠心をいかに確保するのかという問題が起こってくる。ナショナリズムがその一つの明確な回答なのだが、これは新自由主義的な政策目標と深く対立する。マーガレット・サッチャーのジレンマもここにあった。なぜなら、フォークランド＝マルビナス紛争においても、より重要なことには、ヨーロッパの経済的統合に反対するキャンペーンにおいても、ナショナリズムというカードを切らなければ、再選を勝ちとることも、さらなる新自由主義改革を国内で推し進めることもできなかったからだ。ヨーロッパ連合（EU）の内部でも、また、南米共同市場《メルコスール》（ブラジルやアルゼンチンのナショナリズムが統合を妨げている）や、北米自由貿易協定（NAFTA）［巻末の基本用語解説を参照］、ASEAN（東南アジア諸国連合）でも、何度となく繰り返されているのだが、国家が一個の企業的競争単位として世界市場で効果的に機能する上で必要なナショナリズムは、より一般的には市場の自由を押し進める妨げになっているのである。

二、市場の論理を貫徹するための権威主義は、個人的自由という理念と簡単にはあいいれない。新自由主義が前者に傾けば傾くほど、後者に関する新自由主義の正統性は維持しがたくなり、その反民主主義的相貌がますます露わになる。この矛盾と平行して、個人と個人とのあいだにあるような対称性が企業と個人との権力関係においてはますますなくなっていく。「君の個人的自由を企業の権力が奪うのなら」、新自由主義の約束は無に帰すだろう。[15] このことは、職場の個人にも生活空間にいる個人にもあてはまる。自分の健康状態は自分の個人的選択と責任なのだと主張するのと、非効率で高度に官僚化されていながら高収益を誇る巨大保険会社への法外な保険料の支払いによってしか市場で医療ニーズを満たす方法がないというのとでは、まったく話が違う。市場に投入される新薬に合わせて新しい病名区分を定める力さえもこれらの保険会社にあるとなると、明らかに何かがおかしいのだ。[16] そうした事情のもとで正統性と同意を維持するのは、第2章で見たように、なおいっそう難しい綱渡りとなるのであり、事態が悪化し始めると簡単に足を滑らせて落下してしまいかねない。

三、金融システムの機能を保全することは決定的な重要性を持っているはずなのに、そのシステムを動かしている者たちの儲け本位の無責任な個人主義のせいで、投機による株価や通貨の乱高下、さまざまな金融スキャンダル、慢性的な不安定などが生み出される。ウォールストリートのスキャンダルや最近の会計スキャンダルはシステムの信頼性を傷つけ、その結果、監督機関がいくつか誕生した。しかし、国内的にも国際的にも、いつどのように介入するのかをめぐってはなお深刻な問題が残されている。たとえば国際的な自由貿易は、ゲームのグローバルなルールを必要とするし、ある種のグローバル統治《ガバナンス》（たとえばWTOによるそれ）の必要を呼び起こす。金融システムの規制緩和がなされたために、かえって、危機回避のために再規制を求める動きが活発になっているのである。[17]

四、競争こそ最も立派な美徳であるとされているにもかかわらず、現実には、少数の集権的な多国籍企業の寡占的ないし独占的でトランスナショナルな権力がますます強化されていっている。ソフトドリンクをめぐる世界的競争はコカコーラとペプシの二社に絞られ、エネルギー産業は五大多国籍企業に収斂し、少数の有力メディアがニュース報道の大半を支配している。こうしてニュースの多くは純粋なプロパガンダと化す。

五、一般市民のレベルでは、市場の自由に対する信仰とあらゆるものの商品化が実にやすやすと席巻し、社会のまとまりが崩されていっている。社会的連帯のあらゆる形態が破壊され、さらにはサッチャーが主張したように、社会という考え方そのものさえ解体され、社会秩序にぽっかり大きな穴が空いたまま放置される。価値観の崩壊《アノミー》と対決することも、またその崩壊の結果として生まれるさまざまな犯罪やポルノグラフィや他者の事実上の奴隷化などの反社会的行動を規制することも著しく困難になる。「自由」が「企業の自由」に還元されることで、ポランニーが肯定的自由と不可分に結びついているとみなしたあらゆる「否定的自由」が解き放たれる。それに対して必然的に生じる対応は何らかの社会的連帯を再構築することである。ただし、その方向性はばらばらである。たとえば、宗教や道徳への関心が復活したり、新たな形態で市民団体中心に運動を進めようとする動き（たとえば人権や市民権の問題をめぐって）が注目を浴び、さらにはより古い政治形態（ファシズム、ナショナリズム、地方主義《ローカリズム》など）も甦ってきている。純粋な新自由主義は、さまざまな権威主義的ポピュリズムやナショナリズムという形で自分自身への復讐の女神をたえず呼び起こす。以前は新自由主義の純粋な年次祭典であったダボスのお祭り騒ぎ［世界経済フォーラムのこと］の組織者シュワブとスマジャは、一九九六年という早い段階で次のように警告している。

> 経済のグローバリゼーションは新たな段階に入った。その結果に対する反発が——とりわけ産業の発達した民主主義諸国の中で——ますます高まってきており、多くの国で経済活動や社会の安定に破壊的な影響をもたらす恐れが生じている。これらの民主主義諸国には無力感と不安感が漂い、新手のポピュリスト政治家が台頭しつつあることもここから説明できる。このような状況は容易に暴動に転化しかねない。▼18

新保守主義の台頭

新自由主義国家が本来的に不安定なものであるなら、それを何に代えればいいのだろうか？　アメリカでは、この問いに対して明らかに新保守主義的な回答が現われつつある。汪暉《ワンフィ》は中国現代史を省みつつ次のように主張している。

理論面においては、「新権威主義」、「新保守主義」、「古典的自由主義」、市場急進主義、国家の現代化といったとりとめのない物語は〔……〕、すべて新自由主義の形成と何らかの形で密接な関係にあった。このように次々と用語が移り変わっていっていること（それらは相互に矛盾しさえする）は、現代中国でも現代世界全体でも、権力構造に大きな変化が生じていることを示している。[19]

これが世界規模で統治構造のより全面的な再編が始まる兆しなのかどうかは、まだ不明である。しかし、注目すべきは、中国やシンガポールのような権威主義国家の内部における新自由主義化の進行が、アメリカやイギリスといった新自由主義国家における権威主義の明らかな強化と軌を一にしているように思われることである。そこで、新自由主義国家に内在する不安定さに対する回答としての新保守主義がアメリカ国内でどのように台頭し、どのように展開されてきたかを検討しよう。

「ネオコン」は、その先行者である新自由主義者と同じように、大学（シカゴ大学の政治哲学者レオ・シュトラウスの影響が大きい）、潤沢な資金を受けたシンクタンク、あるいはまた有力雑誌（たとえば『コメンタリー』）を通じて、社会秩序に対するその独自の見解を長期にわたって育んできた。[20]　アメリカの新保守主義者は、企業の権力、民間の事業活動、階級権力の回復に賛成である。したがって、新保守主義は、エリートによる統治、民主主義への不信、市場の自由の維持といった新自由主義的政策目標と完全に一致している。だが新保守主義は、純粋な新自由主義の諸原則からは逸脱しており、二つの根本的な点で新自由主義の行動様式に変更を加えた。まず第一に、個人的利益のカオスに対する回答として秩序を重視していること、第二に、内外の危険性に直面した場合に国家を安全に保つ上で必要な社会的紐帯として、道徳を重視したことである。

　秩序を重視している点からすれば、新保守主義は単に、新自由主義が自己の本性を隠そうとして覆っていたベールがはぎ取られてその権威主義が露わになったにすぎないように見える。だがそれはやはり、新自由主義の中心的矛盾の一つに対して異なった回答を与えようとしている。サッチャーが当初言っていたように「社会などというものは存在しない。存在するのは個人だけだ」ということが本当であれば、個人的利益のカオスは秩序をあっさりと圧倒してしまうだろう。市場、競争、野放図な個人主義（個々人の希望や欲望、不安、恐れ、あるいはライフスタイルや性的習慣・指向の選択、自己表現のあり方や他人への接し方）が生み出すアナーキーは、ますます統治不能となる状況をつくり出す。それは、あらゆる連帯の絆を破壊し、社会的アナーキーやニヒリズムに近い状況をもたらすかもしれない。

　このような状況を前にすると、秩序回復のためにはある程度の強制が必要であるように見えてくる。それゆえ、新保守主義は、個人的利益のカオスに対する対抗物として軍事化の必要性を強調する。こうした理由から、彼らは、国家の保全と安定に対する国内外の脅威（現実のものであろうが想像上のものであろうが）をやたらと言いつのる。アメリカでは、このことが引き金となって「アメリカの被害妄想《パラノイア》的政治スタイル」とリチャード・ホフスタッターが言うところの事態が現われた。そこにおいては、国家はつねに内外の敵に包囲され脅かされているかのように描き出される。[21]この種の政治スタイルにはアメリカでは長い歴史がある。新保守主義は特段新しいものではなく、第二次世界大戦以降、永続的な軍事化に既得権をもつ強力な軍産複合体に安住の地を見出してきた。しかし、冷戦が終わると、アメリカの安全に対する脅威がどこから来るのかという疑問が突きつけられた。国外ではイスラム急進派と中国がその二大候補として浮上し、国内では種々の反体制運動――ウェイコで集団焼死したカルト教団ブランチ・ダビディアン◆、オクラホマ州連邦ビル爆破事件に関与した民兵運動、ロドニー・キング殴打事件につづく一九九二年のロス暴動、さらには一九九九年に起こったシアトル騒乱◆――が、強力な監視と取り締まりの対象となった。イスラム急進派の脅威は一九九〇年代に現実のものとなり、二〇〇一年の9・11事件で頂点に達した。こうしてこのイスラム急進派の脅威はついに、永続的な「テロとの戦い」を宣言するための中心的な焦点として前景に押し出され、国家の安全を保障するためには国内外の軍事化が必要であるとされるにいたった。ニューヨークの世界貿易センタービルへの二回の攻撃によって明らかとなった脅威に対して、ある一定の警察的・軍事的対応が求められたのも確かだが、新保守主義者が権力の座に返り咲いていたせいで、国内外における大規模な軍事化への転換が包括的な（overarching）――多くの人の判断では過剰に拡大した（overreaching）――対応策となってしまったのである。▼22

◆ブランチ・ダビディアン：アメリカの武装カルト教団。一九九三年、武器の不法所持容疑などにもとづくアメリカ政府の捜査に対して、同教団の指導者以下八一人がテキサス州ウェイコで一ヵ月間、教団施設に籠城。治安機関が強行突入した直後に、八一人全員が死亡した。そのほとんどが焼死であった

◆シアトル騒乱：一九九九年、アメリカのシアトルでのＷＴＯ公式閣僚会議にさいして、これに反対する社会・労働運動の活動家七万人が大規模な街頭闘争を展開。一部が暴徒化したのを理由に政府は非常事態を宣言し、デモ参加者を弾圧した。

新保守主義は、ある種の道徳的放縦（それはたいてい個人主義によって促進される）に反対する運動としてずっと以前から潜伏していた。それゆえ新保守主義は、一種の道徳的目標、一定の高次の価値観なるものを復活させようとしており、それが国家の安定した中核を構成するだろうとみなしている。こうした

可能性はある点では新自由主義理論の枠組みの中にすでにその兆しが見られた。なぜなら新自由主義理論は「介入主義的経済管理モデルの政治的土台そのものを疑問に付すことによって〔……〕道徳や正義や権力といった問題を経済学のうちに——なるほど独特な形でだが——復活させた」からである。[23] 新保守主義者がやっているのは、これらの諸問題が論じられるこの「独特な形」に変形を加えることである。彼らの目標は、新自由主義が一般にもたらす「個人的利益のカオス」の解体作用を中和することである。他方で彼らはけっして、支配階級の権力の構築ないし回復という新自由主義の政策目標からは逸脱しない。しかし、新保守主義者は、一定の体系的な道徳的価値観を中心に社会的な同意を調達することによって、支配階級の権力を正統化し、社会全体を統制しようとする。ここでただちに問題になるのは、ではいったいどのような道徳的価値観が優先されるべきなのかである。たとえば、リベラルな人権システムに訴えることは、まったく理にかなっているように見える。なぜなら、メアリー・カルドーが論じているように、人権擁護運動の目標は何といっても「単に人権を守るために介入するだけでなく、ある種の道徳的共同体を構築することでもある」からだ。[24] アメリカでは実際、「例外主義◆」の原則や公民権運動の長い歴史から、市民的権利や世界の飢餓や慈善事業などの課題をめぐって道徳的運動と宣教師的な熱意が生み出されてきた。

◆例外主義：アメリカは他の諸国と違って特別に優れた国であり、世界を導き文明化する特別の使命を持っているという考え方。

だが新保守主義者にとって今や中心的なものとなっている道徳的価値観は、一九七〇年代に形成された独特の連合の産物として見ると最もよく理解できるだろう。すなわち一方では階級権力の回復を企図しているエリート階級とビジネス界、他方では新保守主義派の選挙基盤である不満を抱いた白人労働者階級という「道徳的多数派《モラル・マジョリティ》」、この両者の連合である。その道徳的価値観の中心となっているのは、文化ナショナリズム、道徳的正しさ、キリスト教の信仰（ただし福音派のそれ）、家族の価値、胎児の生命権などであり、さらには、新しい社会運動——フェミニズム、同性愛者の権利、積極的差別是正措置《アファーマティブ・アクション》、環境主義

――への反感である。この同盟関係は、レーガン政権のもとでは主として戦術的なものであったが、クリントン政権期における国内の混乱［モニカ・ルインスキー事件のこと］のせいで、道徳的価値観の問題は二代目ブッシュの共和党にとっての最優先課題になった。今やそれは、新保守主義運動の道徳的政策目標の中核をなしている。▼25

　しかし、この新保守主義的転換をアメリカだけの例外的ないし特異な現象だとみなすとすれば、それは誤っている。たしかに、他のどの国にもないような特殊な要因がアメリカでは関わっていた。だが、アメリカの内部でこうした道徳的価値観が肯定的に受け入れられたのは、それが国民・宗教・歴史・文化的伝統などの理念に訴えたからこそであり、こうした理念は何もアメリカにかぎられたものではないのだ。この事実は、新自由主義化にともなう厄介な側面にもう一度はっきりと焦点をあてる。国家《ステイト》と国民《ネーション》との奇妙な関係がそれである。原則的に新自由主義理論は、たとえ強い国家という考えを支持するものであっても、国民には好意的ではない。新自由主義が繁栄するには、「埋め込まれた自由主義」のもとで国家と国民とを結びつけていた臍《へそ》の緒を切断しなければならなかった。これは、メキシコやフランスのようにコーポラティズム体制をとっていた国家にとくによくあてはまる。メキシコの制度的革命党（PRI）は、国家と国民の一体性を掲げて長らく支配してきたが、一九九〇年代の新自由主義改革の結果、国民の多くが国家に対立するようになり、この一体性は徐々に崩れていった。もちろん、ナショナリズムは、グローバル経済にずっとつきまとう特徴でもあり、新自由主義改革の結果として跡形もなく消えたとしたら、それこそまったくおかしなことであろう。実際にはナショナリズムは、ある程度まで新自由主義化の本来の目的と対立する形で復活したのである。ヨーロッパで強烈な反移民感情を鮮明にしたファシスト右翼政党が台頭しているのがそのいい例だ。インドネシアの経済崩壊をきっかけとして起きた民族《エスニック》ナショナリズムははるかに痛ましいものであった。それは、インドネシアの中国系住民への残酷な襲撃をもたらした。

　だが、これまで見てきたように、新自由主義国家が存続するには、ある種のナショナリズムが必要なのである。新自由主義国家は、世界市場における競争主体になることを強いられ、また、できるかぎり最高のビジネス環境を確立しようとして、ナショナリズムを動員する。有利な地位をめざすグローバルな闘争の中で、競争はつかの間の勝者と敗者をつくり出すが、このこと自体が国民的誇りやナショナル・アイデンティティ追求の源泉となりうる。国際スポーツ競技でのナショナリズムはその表われである。中国は、グローバル経済における同国の（ヘゲモニーとまでいかなくても）有利な地位を確保しようとしてナショナリズムの感情にあからさまに訴えている（この点は北京オリンピックに向けた選手強化プログラムの中でもはっきり現われている）。ナショナリズムの感情は韓国や日本でも広まっており、どちらにおいても、ナショナリズムの勃興は新自由主義の衝撃によって社会的連帯の旧来の絆が破壊されていることに対する反発とみなすことができるだろう。ＥＵを今日構成している古い国民国家（たとえばフランス）では、文化ナショナリズムの強力な潮流が跋扈している。インドでは近年、新自由主義政策が進行する中で、ヒンズー民族主義政党〔インド人民党〕が躍進を遂げたが、その躍進に道徳的支えを与えたのは宗教と文化ナショナリズムであった。イラン革命では道徳的価値観が錦の御旗となり、その後、権威主義へと転換していったが、それでも――〔西欧における〕野放図な市場的個人主義の退廃《デカダンス》をしきりに攻撃してきたにもかかわらず――市場にもとづいた政策を完全には放棄できなかった。シンガポールや日本のような国々でも、人々はアメリカ流の「退廃した」個人主義や無定型な多文化主義（と彼らのみなすもの）に対するある種の道徳的優越感を長い間抱いてきたが、そうした優越感の背後にあるのも同じような発想であろう。シンガポールのケースはとりわけ教訓的である。シンガポールは、市場における新自由主義と、厳罰をともなう権威主義的で強圧的な国家権力とを結合させているが、他方で、マレーシア連邦からの分離独立後、四方を囲まれた島国的都市国家のナショナリズム的理念、儒教的価値観、最近では、現在の国際貿易上の地位に見合った独特のコスモポリタン的倫理にもとづいて、道徳的連帯感を掻き立てようとしている[26]。イギリスのケースはとくに興味深い。マーガレット・サッチャーは、フォークランド＝マルビナス紛争を通じて、またヨーロッパに敵対的な姿勢をとることで、ナショナリズムの感情を掻き立て、それを新自由主義的プロジェクトの遂行に利用した。だが、彼女のナショナリズムにあって重要な位置を占めていたのは、「連合王国」という概念ではなく、むしろイングランドと〔その守護神〕聖ジョージという概念であり、それゆえスコットランドとウェールズには敵対的であった。

たしかに、新自由主義がある種のナショナリズムと戯れる危険性はあるのだが、獰猛な新保守主義がナショナルな道徳的目標を抱き込むことの方がはるかに危険である。多くの国が、一方では厳格で強圧的な手段に訴える姿勢をとりつつ、他方ではそれぞれが自分で優越していると思い込んでいる独自の道徳的価値観を信奉している。そうした国々が世界を舞台に競争しているという構図は、けっして安心して見ていられる光景ではない。新自由主義の諸矛盾に対する解決策であるように見えたものが、逆にそれ自身が問題をはらんだものへと容易に転化する。ロシアのウラジーミル・プーチンや中国共産党が行使しているようなあからさまに権威主義的な権力、あるいは少なくとも新保守主義的な権力が――異なった社会構成体にきわめて異なった形で根拠を置いているにもかかわらず――各地に広がっている。この事実は、これらの権力が、競争するだけでなくおそらくは激しく争いあいさえするナショナリズムへと堕落する危険性を浮かび上がらせている。避けがたい過程が進行しているのだとしても、それは、国民性の相違なるものに帰せられる永遠の真理から生じているのではなく、新保守主義的転換から生じている。したがって破滅的な結果を避けるためには、新自由主義の諸矛盾に対する新保守主義的回答を拒否しなければならない。しかしながら、そのためには、何らかのオルタナティブが存在していなければならない。だが、この問題についてはは後で述べることにしよう。

[原注]

▼1　Chang, *Globalisation*; B. Jessop, 'Liberalism, Neoliberalism, and Urban Governance: A State-Theoretical Perspective', *Antipode*, 34/3 (2002), 452-72; N. Poulantzas, *State Power Socialism*, trans. P. Camiller (London: Verso, 1978)［邦訳：ニコス・プーランツァス『国家・権力・社会主義』田中正人・柳内隆訳、ユニテ社、一九八四年］; S. Clarke (ed.), *The State Debate* (London: Macmillan, 1991); S. Haggard and R. Kaufman (eds.), *The Politics of Economic Adjustment: International Constraints, Distributive Conflicts and the State* (Princeton: Princeton University Press, 1992); R. Nozick, *Anarchy, State and Utopia* (New York: Basic Books, 1977)［邦訳：ロバート・ノージック『アナーキー・国家・ユートピア──国家の正当性とその限界』嶋津格訳、木鐸社、一九九二年］。

▼2　Stiglitz, *The Roaring Nineties*［邦訳：スティグリッツ『人間が幸福になる経済とは何か』］。スティグリッツは、非対称性が市場のビヘイビアと結果にどのような影響を与えるかに関する研究により、ノーベル賞を受賞した。

▼3　以下を参照。Harvey, *Condition of Postmodernity*［邦訳：ハーヴェイ『ポストモダニティの条件』］; Harvey, *The Limits to Capital* (Oxford: Basil Blackwell, 1982)［邦訳：D・ハーヴェイ『空間編成の経済理論──資本の限界』上下巻、松石勝彦・水岡不二雄訳、大明堂、一九八九〜一九九〇年］。

▼4　P. Evans, *Embedded Autonomy: States and Industrial Transformation* (Princeton: Princeton University Press, 1995); R. Wade, *Governing the Market* (Princeton: Princeton University Press, 1992)［邦訳：ロバート・ウェード『東アジア資本主義の政治経済学──輸出立国と市場誘動政策』長尾伸一他訳、抄訳、同文舘出版、二〇〇〇年］; M. Woo Cummings (ed.), *The Developmental State* (Ithaca, NY: Cornell University Press, 1999).

▼5　J. Henderson, 'Uneven Crises: Institutional Foundation of East Asian Turmoil', *Economy and Society*, 28/3 (1999), 327-68.

▼6　Stiglitz, *The Roaring Nineties*, 227［邦訳：スティグリッツ『人間が幸福になる経済とは何か』二八〇頁］; P. Hall, *Governing the Economy*; Fourcade-Gourinchas and Babb, 'The Rebirth of the Liberal Creed'.

▼7　I. Vasquez, 'The Brady Plan and Market-Based Solutions to Debt Crises', *The Cato Journal*, 16/2 (online).

▼8　M. Piore and C. Sable, *The Second Industrial Divide: Possibilities for Prosperity* (New York: Basic Books, 1986)［邦訳：マイケル・ピオリ、チャールズ・セーブル『第二の産業分水嶺』山之内靖・永易浩一・石田あつみ訳、筑摩書房、一九九三年］。

▼9　以下を参照。Harvey, *Condition of Postmodernity*［邦訳：ハーヴェイ『ポストモダニティの条件』］。

▼10　V. Navarro (ed.), *The Political Economy of Social Inequalities: Consequences for Health and the Quality of Life*

(Amityville, NY: Baywood, 2002).

▼11　P. McCarney and R. Stren, *Governance on the Ground: Innovations and Discontinuities in the Cities of the Developing World* (Princeton: Woodrow Wilson Center Press, 2003); A. Dixit, *Lawlessness and Economics: Alternative Modes of Governance* (Princeton: Princeton University Press, 2004).

▼12　R. Miliband, *The State in Capitalist Society* (New York: Basic Books, 1969) ［邦訳：ラルフ・ミリバンド『現代資本主義国家論――西欧権力体系の一分析』田口富久治訳、未来社、一九七〇年］。

▼13　N. Rosenblum and R. Post (eds.), *Civil Society and Government* (Princeton: Princeton University Press, 2001); S. Chambers and W. Kymlicka (eds.), *Alternative Conceptions of Civil Society* (Princeton: Princeton University Press, 2001).

▼14　K. Ohmae, *The End of the Nation State: The Rise of the Regional Economies* (New York: Touchstone Press, 1996) ［邦訳：大前研一『地域国家論――新しい繁栄を求めて』山岡洋一・仁平和夫訳、講談社、一九九五年］。

▼15　Court, *Corporateering*.

▼16　D. Healy, *Let Them Eat Prozac: The Unhealthy Relationship Between the Pharmaceutical Industry and Depression* (New York: New York University Press, 2004) ［邦訳：デイヴィッド・ヒーリー『抗うつ薬の功罪――SSRI論争と訴訟』谷垣暁美訳、みすず書房、二〇〇五年］。

▼17　W. Bello, N. Bullard, and K. Malhotra (eds.), *Global Finance: New Thinking on Regulating Speculative Markets* (London: Zed Books, 2000).

▼18　K. Schwab and C. Smadia, cited in D. Harvey, *Spaces of Hope* (Edinburgh: Edinburgh University Press, 2000), 70.

▼19　H. Wang ［汪暉］, *China's New Order: Society, Politics and Economy in Transition* (Cambridge, Mass.: Harvard University Press, 2003), 44. ［邦訳：汪暉『思想空間としての現代中国』村田雄二郎・砂山幸雄・小野寺史郎訳、岩波書店、二〇〇六年、六六～六七頁］。

▼20　J. Mann, *The Rise of the Vulcans: The History of Bush's War Cabinet* (New York: Viking Books, 2004) ［邦訳：ジェームズ・マン『ウルカヌスの群像――ブッシュ政権とイラク戦争』渡辺昭夫監訳、共同通信社、二〇〇四年］; S. Drury, *Leo Strauss and the American Right* (New York: Palgrave Macmillan, 1999).

▼21　R. Hofstadter, *The Paranoid Style in American Politics and Other Essays* (Cambridge, Mass.: Harvard University Press, 1996 edn.).

▼22　Harvey, *The New Imperialism*, ch. 5 ［邦訳：ハーヴェイ『ニュー・インペリアリズム』第五章］。

▼23　Chang, *Globalisation*, 31.

▼24 M. Kaldor, *New and Old Wars: Organized Violence in a Global Era* (Cambridge: Polity, 1999), 130［邦訳：メアリー・カルドー『新戦争論──グローバル時代の組織的暴力』山本武彦・渡部正樹訳、岩波書店、二〇〇三年、二一四頁］。

▼25 Frank, *What's the Matter with Kansas.*

▼26 Lee Kuan Yew, *From Third World to First: The Singapore Story, 1965-2000* (New York: HarperCollins, 2000)［邦訳：リー・クアンユー『リー・クアンユー回顧録──ザ・シンガポール・ストーリー』下巻、小牧利寿訳、日本経済新聞社、二〇〇〇年］。

第4章

地理的不均等発展

カルロス・サリナス・デ・ゴルタリ

カルロス・メネム

新自由主義化のムービングマップ

一九七〇年以降に新自由主義化が世界中に広がっていく様子を描いたムービングマップを作成しようとしても困難だろう。そもそも、多くの国が新自由主義への転換を実行したといっても、その大半は部分的なものであった。あちらの国では労働市場により大きなフレキシビリティを導入し、こちらの国では金融活動の規制を緩和してマネタリズムを受け入れ、別の国では国有部門の民営化を進めるといった具合だ。さまざまな危機（たとえばソ連の崩壊）をきっかけとして全面的な変動があった後には、新自由主義の不快な面が明らかになるにつれて、ゆるやかな逆転が起こりうるだろう。加えて、上層階級が自分たちの権力を回復ないし確立しようと闘っていたとしても、政権の担い手が変わったり、また、影響力を行使するための種々の機関があちらこちらで強化されたり弱体化したりするにつれて、あらゆる種類の紆余曲折が起きるだろう。したがって、何らかのムービングマップを作成したとしたら、それはつねに、地理的不均等発展の目まぐるしい変化を示すことだろう。こうした動きを追跡することは、各地域での転換がどのようにより一般的な動向と関連しているかを理解するのに必要である。▼[1]

さまざまな領域《テリトリー》（国家、地域、都市）が最良の経済開発モデルや最高のビジネス環境の提供をめぐって競争することは、一九五〇年代、一九六〇年代にはさほど重要なことではなかった。この種の競争は、一九七〇年以降に確立されたより流動的で自由な貿易関係の中で強化されていった。こうして、全体としての新自由主義化は、地理的不均等発展のメカニズムを通じてますます推進されるようになっていった。すなわち、成功した国家や地域は、自分たちに続くよう残りのものに圧力をかけた。段階飛躍的《リープ・フロッギング》な技術革新によって、あれこれの国家（日本、ドイツ、台湾、アメリカ、中国）や地域（シリコンバレー、バイエルン、サード・イタリア◆、インドのバンガロール、中国の珠江《じゅこう》デルタ地帯）が、あるいは都市（ボストン、サンフランシスコ、上海、ミュンヘン）さえもが、資本蓄積の先頭に立った。しかし、このような競争上の優位はたいてい短命なものであり、グローバル資本主義のうちに極度に不安定な要素を持ち込むものであった。とはいえ、新自由主義化への強力な衝撃が少数の主要な震源地から発したこと、さらには、そのような流れがその場所から仕組まれさえしたのも事実である。

◆サード・イタリア：戦後、高度に産業が集積したイタリア北西部のエミリア＝ロマーニャ州を中心とした地域を指し、伝統的な北部イタリアでも南部イタリアでもないという意味で「第三（サード）のイタリア」と呼ばれた。

イギリスとアメリカが新自由主義化を先導してきたのは明らかである。だが、どちらの国も、新自由主義への転換が問題なしに進んだわけではない。サッチャーは公営住宅や公益事業を民営化したが、無償の国民医療制度や公教育といった中核的公共サービスはほぼ手つかずのままであった。一九六〇年代のアメリカにおける「ケインズ主義的妥協」は、ヨーロッパの社会民主主義諸国の成果にはほど遠いものだった。したがって、レーガンへの反対もあまり戦闘的なものではなかった。いずれにせよレーガンは冷戦に夢中だった。彼は、アメリカ南・西部における自分の支持基盤たる選挙多数派の特殊利害のために、赤字国債で資金を賄われた軍拡競争（「軍事ケインズ主義」）を開始した。こうしたことは新自由主義理論とは明らかに一致しないのだが、連邦政府の増大する財政赤字は、福祉プログラムを骨抜きにするという新自由主義的目標の安易な口実にはなったのである。

病にかかった経済を治療するというあらゆる美辞麗句にもかかわらず、イギリスもアメリカも一九八〇年代に高度な経済的パフォーマンスを実現したわけではないし、このことは、新自由主義が資本家の願望をかなえるものではなかったことを示唆していた。たしかにインフレは抑えられ金利は下がったが、これは高い失業率（レーガン時代のアメリカで平均七・五％、サッチャーのイギリスで平均一〇％以上）という犠牲を払って得られたものであった。公的福祉とインフラ整備への支出削減は、多くの人々の生活の質を落とした。こうしたことの結果として、所得の不平等の拡大と低成長とが同居するという厄介な事態が生じた。一九八〇年代初頭には、強制的な新自由主義化の第一波がラテンアメリカを襲ったが、その帰結はたいていの場合、経済的停滞と政治的混乱という、まるまる「失われた一〇年」であった。

実際のところ、一九八〇年代にグローバル経済における競争の推進力となったのは、日本であり、東アジアの「タイガー・エコノミー」◆であり、西ドイツであった。これらの諸国が全面的な新自由主義改革を経ることもなく経済的に成功を収めたのだから、新自由主義化が経済停滞に対する有効な処方箋として世界で進行したのだと主張するのは難しい。たしかに、これらの国の中央銀行は総じて、マネタリスト的方針に従っていた（西ドイツの連邦銀行《ブンデスバンク》がとりわけ熱心に追求したのは、インフレと闘うことであった）。また、貿易障壁の段階的縮小は競争圧力を生み、新自由主義におおむね抵抗してきた国であっても、「忍《クリ》び寄る《ーピング》新自由主義化」と呼ばれる目に見えぬ過程が進行していた。たとえば、ヨーロッパ連合（ＥＵ）の内部機構に広範に新自由主義的な制度的枠組みを設けた一九九一年のマーストリヒト条約［巻末の基本用語解説を参照］は、イギリスなど新自由主義改革に取り組んできた国からの圧力がなければ不可能であっただろう。しかし、西ドイツ国内では、労働組合は引きつづき強力であったし、社会的保護のシステムは機能していたし、賃金は比較的高水準を維持していた。こうした状況が技術革新を刺激したことから、西ドイツは一九八〇年代の国際競争で優位な立場を保持することができた（ただしそれは技術誘発型の失業をも引き起こした）。

輸出主導型の成長のおかげで、同国は世界のリーダーとして前面に躍りでた。日本では、自立した組合運動が弱体であるか存在せず、労働搾取率も高かったが、技術革新への政府の積極的な投資と、企業と銀行との緊密な関係（西ドイツでも適切だと証明された仕組み）のおかげで、イギリスとアメリカのシェアを大きく食う形で一九八〇年代に驚くほどの輸出主導型成長を果たすことができた。このように、これらの国での成長は新自由主義化に依拠したものではなかった。もっとも、グローバルな貿易と市場のより大きな開放があったおかげで、日本、西ドイツ、アジアの「虎《タイガー》」が、激化する国際競争の中でも輸出主導型のサクセスストーリーをより容易に演じることができたのだというように、新自由主義化を浅薄な意味で解すのなら話は別だが。一九八〇年代末までは、強力な新自由主義路線をとっていた国々は依然として経済的困難にあった。それゆえ、西ドイツとアジアの蓄積「体制《レジーム》」こそが模倣すべきものであると結論づけるのは難しくなかった。したがって、多くのヨーロッパ諸国は新自由主義改革に抵抗し、西ドイツ・モデルを受け入れた。アジアでは日本モデルが、まずは「四人組」（韓国、台湾、香港、シンガポール）によって、その次に、タイ、マレーシア、インドネシア、フィリピンによって広く模倣された。

◆タイガー・エコノミー：香港・シンガポール・台湾・韓国を筆頭とする東アジア・東南アジアの新興工業諸国。

しかしながら、西ドイツと日本のモデルは、階級権力の回復を推進するものではなかった。一九八〇年代をつうじて、イギリスやとりわけアメリカで見られた社会的不平等の拡大は、〔西ドイツと日本の場合には〕食い止められていた。アメリカとイギリスでは成長率は低く、労働者の生活水準は大きく下がったが、上層階級の生活は上昇しはじめていた。たとえば、アメリカにおける最高経営責任者（ＣＥＯ）の報酬は、ヨーロッパにおける同種の地位にいる者たちの羨望の的になりつつあった。イギリスでは、新たに形成された一群の金融企業が巨大な富を蓄積しはじめていた。最上位のエリート集団に階級権力を回復させることがなすべき課題だとすれば、新自由主義こそまさにその答えだった。それゆえ、ある国が新自由主義化に突き進むかどうかは、階級的力関係（西ドイツやスウェーデンの強力な組合組織は新自由主義化を一定抑えた）と資本家階級の国家依存度（これは台湾や韓国では非常に強い）に左右されたのである。

階級権力を変容させ回復させる手段は、一九八〇年代に徐々にだが不均等に整えられ、一九九〇年代に強化されていった。この点では四つの要因が決定的に重要であった。まず第一に、一九七〇年代を起点とする金融自由化への転換が一九九〇年代に加速したことである。海外直接投資と間接投資が資本主義世界のいたる所で急速に増加した。しかし、それは、たいていはビジネス環境が良好であるかどうかに応じて不均等に広がった（図4－1参照）。金融市場は国際的にイノベーションと規制緩和の強力な波に洗われた。各国の金融市場は、以前と比べてはるかに重要な調整手段となっただけでなく、富を調達し集中する強力な手段にもなった。すなわち、それは階級権力を回復する秘められた特殊な手段となったのである。一九八〇年代には西ドイツと日本の経済成長に大きく貢献していた緊密な企業・銀行関係は掘りくずされ、それに代わって企業と金融市場（証券取引所）とがますます強力に結びつくようになった。この方面では、イギリスとアメリカに優位性があった。一九九〇年代になると、日本経済は投機的な土地・不動産市場の崩壊をきっかけとして急落し、銀行部門は破綻寸前の状態に陥った。ドイツの性急な再統一は社会的混乱をもたらし、ドイツ人がかつて享受していた技術的優位は消えさり、生き残るためにも自国の社会民主主義的伝統にいっそう深刻に挑戦しなければならなくなった。

第二に、資本の地理的移動性が増大したことである。これは部分的に、輸送・通信コストの急激な縮小という平凡だが決定的な事実によって促された。関税、為替管理、あるいはもっと単純に国境での待ち時間（ヨーロッパでのその解消は劇的効果をもたらした）などといった、資本や商品の運動に対する人為的障壁がしだいに縮小していったことも重要な役割を果たした。かなりの不均等性もあったが（たとえば日本市場はかなり強く保護されたままだった）、一般的には、一九九五年発効の世界貿易機構（WTO）協定

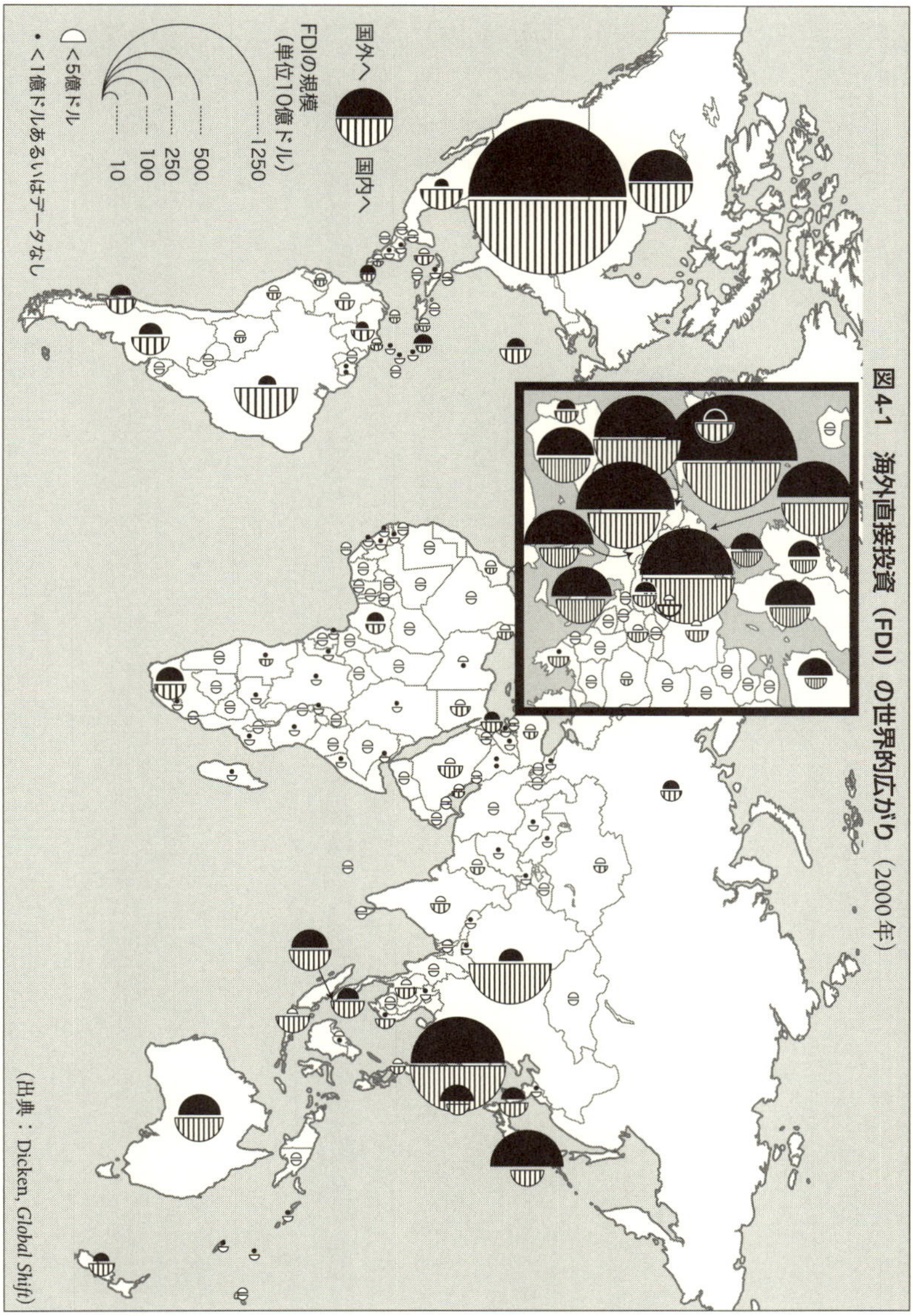

図4-1　海外直接投資（FDI）の世界的広がり（2000年）

（出典：Dicken, *Global Shift*）

（その年のうちに一〇〇ヵ国以上が署名した）にまとめられた一連の国際的合意によって、貿易諸条件の平準化が強力に進展した。各国が資本の移動（何よりもアメリカ、ヨーロッパ、日本からのそれ）により広く開放されたことが大きな圧力となって、どの国も、競争で成功を収める決定的な条件として自国のビジネス環境の質に関心を向けざるをえなくなった。そして国際通貨基金（ＩＭＦ）と世界銀行によってますます新自由主義化の度合いが良好なビジネス環境を測る基準とされていったために、あらゆる国家で新自由主義改革の採用に向けた圧力はますます高まっていった。[2]

　第三に、クリントン政権時代にアメリカの経済政策を支配するにいたった「ウォールストリート－財務省－ＩＭＦ」複合体が、説得や欺瞞によって、あるいはＩＭＦに管理された構造調整プログラムの強制によって、多くの発展途上国に新自由主義路線を採用させることができたことである。[3]さらにアメリカは、自国の巨大な消費市場への参入優遇というニンジンを使って（場合によっては二国間貿易協定を通じて）、新自由主義的方針に沿った経済改革を他国に飲ませることができた。これらの政策は、一九九〇年代にアメリカで好況をもたらす一因となった。アメリカは、いわゆる「ニューエコノミー」の台頭を支えた技術革新の波に乗っていた。そのため、アメリカのやり方こそが解決策であるかのように見えたし、これらの政策こそが模倣に値するものであるかのように見えた。だが、同国での相対的な完全雇用は、社会的保護の削減という状況（医療保険を持たない人々の数は急増した）のもとでの低賃金水準によって達成されたものであった。労働市場におけるフレキシビリティの増大と福祉給付の削減（「われわれのよく知る福祉」に対するクリントンの徹底的見直し）は、アメリカに利益をもたらしはじめ、イギリスを除く大半のヨーロッパ諸国や日本で一般的だった相対的に硬直的な労働市場に競争圧力をかけていった。しかしながら、アメリカの成功の真の秘密は、他国での金融・企業活動（直接投資と間接投資の両方）から高収益を自国に汲み上げたことであった。他国からのこうした剰余金の流入こそがかなりの程度、一九九〇年代にアメリカで実現された豊かさの基盤であった（図1－8／図1－9参照）[4]。

最後に第四に、マネタリズムと新自由主義という新たな経済的正統理論の世界的波及がますます強力なイデオロギー的影響を及ぼしたことである。早くも一九八二年に、ケインズ経済学はＩＭＦと世界銀行の敷地内から一掃された。世界のエコノミストの大半は、アメリカの研究大学の経済学部で教育されてきた。ところが八〇年代末までにこれらの学部の大部分がそろって、経済政策の第一目標として完全雇用や社会的保護よりもインフレ抑制と健全財政に力点をおく新自由主義的政策目標にあからさまに忠実となった。

これらすべての要素が、一九九〇年代半ばのいわゆる「ワシントン・コンセンサス」のうちにまとめられた[5]。そこでは、アメリカとイギリスの新自由主義モデルがグローバルな諸問題に対する解決策だとされた。新自由主義の道をとらせるために、日本やヨーロッパにさえ（世界の他の部分に関しては言うまでもない）、かなりの圧力がかけられた。こうしてクリントンは、そしてその次にはブレアが、中道左派の出身であるにもかかわらず、国内外での新自由主義の確立に最も大きな貢献を果たしたのである。ＷＴＯの形成はこうした制度的流れの頂点であった（ただし、北米自由貿易協定の創設や、これに先立つヨーロッパでのマーストリヒト条約の調印も、一定の地域内での重要な制度的調整策であった）。ＷＴＯは計画にのっとって、グローバルな経済的相互関係に新自由主義的な基準とルールを設定した。だが、その主な目的は、制約なき資本移動に可能なかぎり多くの国を開放することであった（もっとも、重要な「国益」の保護に関する留保条項はあったが）。というのも、これこそが、アメリカの金融権力のみならずヨーロッパや日本の金融権力にとってさえも、他国から剰余金を取り立てるための土台だったからだ。

予算の制約性を強調していたことや、一九九〇年代までにはほぼ終息していたインフレとの闘いを継続する必要性を重視していた点を除けば、これらはいずれも新自由主義理論と合致するものではなかった。もちろん、国の安全保障に対する配慮はつねにあったし、それゆえ、純粋な形での新自由主義理論を適用しようしても、そうした試みは必然的に拒否されただろう。ベルリンの壁の崩壊と冷戦の終結は、帝国主義的対抗関係に途方もない地政学的変動を引き起こした。だからといって、世界各地で、とりわけ中東のような重要資源を押さえている地域や著しく社会的・政治的に不安定な地域（たとえばバルカン諸国）で、権力と影響力を追求する主要大国間の地政学的対立が終わることはなかったし、時に破局的な結果につながる場合すらあった。とはいえ、この地政学的変動は、冷戦の前線基地であった日本と東アジア諸国経済に対するアメリカの支援と関与を縮小させた。一九八九年以前に韓国や台湾がアメリカから得ていたような経済的援助を、一九九〇年代のインドネシアやタイは手にすることができなかった。しかし、新自由主義的な制度的枠組みの内部でさえ、たとえばＩＭＦやＧ７の活動のように、特定の利益を追求するために特定の大国ないし大国集団が動員する剝き出しの権力の中心としては機能しても、新自由主義的機関としてはあまり機能しなかったような要素が少なからず存在した。ＩＭＦに対する新自由主義派の理論的批判は消えることがなかった。人為的に円高ドル安をつくり出した一九八五年のプラザ合意や、一九九〇年代に日本を不況から救おうとその後間もなく結ばれた逆プラザ合意などといった、為替相場への協調介入体制は、国際金融市場を安定化させようとする計画的介入の実例であった。▼[6]

　金融危機は、ある地域を震源地にするとともに、次から次へと伝染していくものでもあった。一九八〇年代の債務危機はメキシコに限られたものではなく、世界的な広がりを持っていた（図４－２参照）。▼[7] それから一九九〇年代には、相互に関連した一連の金融危機が二度にわたって起こり、不均等な新自由主義化という否定的傷跡を残した。第一のものは、一九九五年にメキシコを襲った「テキーラ危機」［メキシコ通貨危機］であり、これはただちに周囲に広がり、ブラジルとアルゼンチンに破滅的な影響をもたらした。しかし、この反響は、チリ、フィリピン、タイ、ポーランドでもある程度見られた。こうした特定の伝染経路がなぜ生じたのか、その正確な理由を説明するのは難しい。なぜなら、金融市場での投機的運動と期待は、必ずし

図4-2　1982〜1985年の国際債務危機

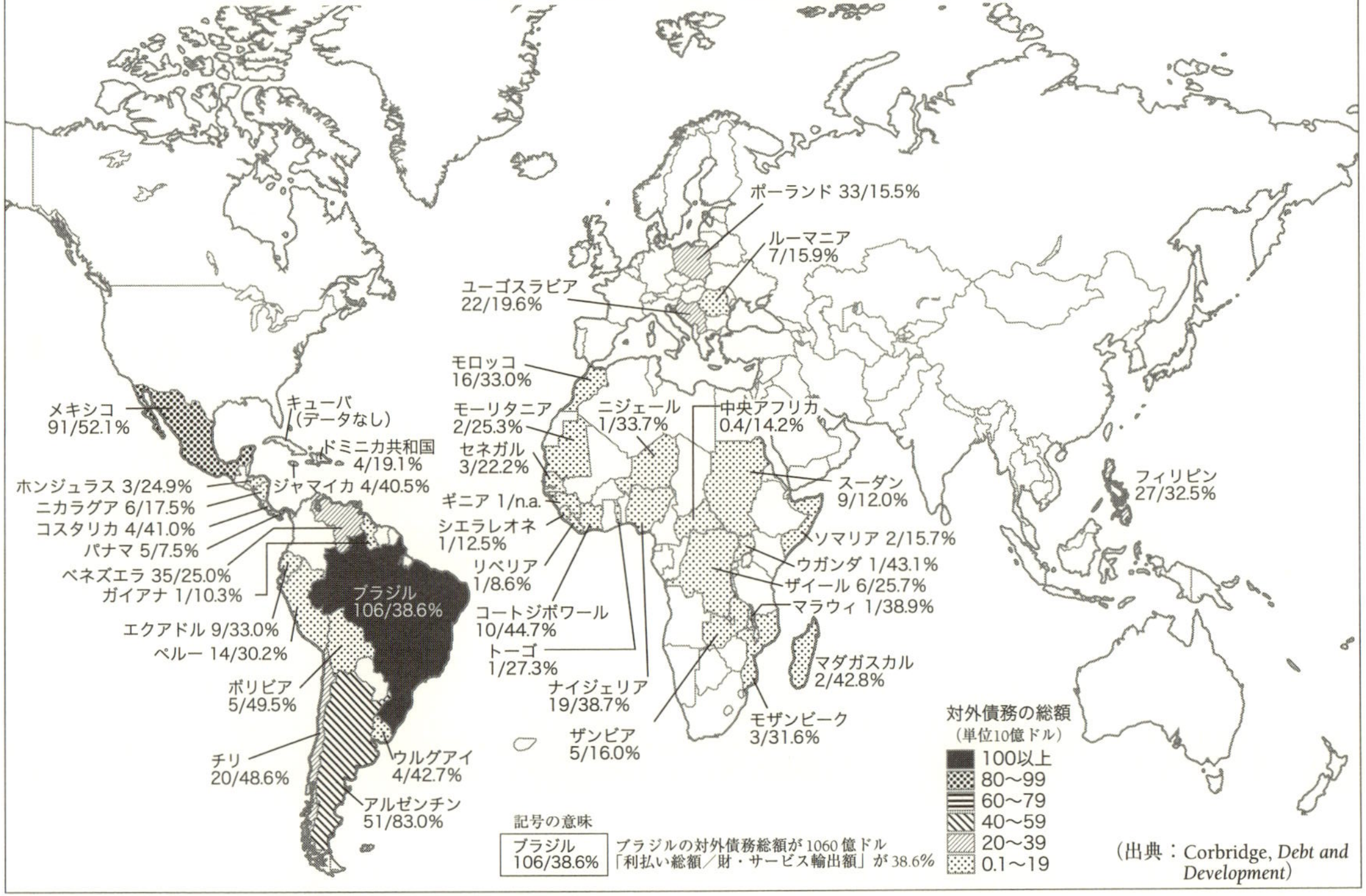
ポーランド 33/15.5%
ルーマニア 7/15.9%
ユーゴスラビア 22/19.6%
モロッコ 16/33.0%
メキシコ 91/52.1%
キューバ (データなし)
モーリタニア 2/25.3%
ニジェール 1/33.7%
中央アフリカ 0.4/14.2%
ドミニカ共和国 4/19.1%
セネガル 3/22.2%
スーダン 9/12.0%
フィリピン 27/32.5%
ホンジュラス 3/24.9%
ジャマイカ 4/40.5%
ギニア 1/n.a.
ニカラグア 6/17.5%
コスタリカ 4/41.0%
シエラレオネ 1/12.5%
ソマリア 2/15.7%
パナマ 5/7.5%
ベネズエラ 35/25.0%
リベリア 1/8.6%
ウガンダ 1/43.1%
ガイアナ 1/10.3%
ブラジル 106/38.6%
ザイール 6/25.7%
コートジボワール 10/44.7%
マラウィ 1/38.9%
エクアドル 9/33.0%
ペルー 14/30.2%
トーゴ 1/27.3%
マダガスカル 2/42.8%
ボリビア 5/49.5%
ナイジェリア 19/38.7%
モザンビーク 3/31.6%
ザンビア 5/16.0%
チリ 20/48.6%
ウルグアイ 4/42.7%
アルゼンチン 51/83.0%
記号の意味
ブラジル 106/38.6%
ブラジルの対外債務総額が1060億ドル
「利払い総額／財・サービス輸出額」が38.6%
対外債務の総額
(単位10億ドル)
100以上
80〜99
60〜79
40〜59
20〜39
0.1〜19

（出典：Corbridge, *Debt and Development*）

も確固たる事実にもとづくものではないからだ。だが、無秩序な金融化は明らかに、伝染性の危機という深刻な危険性をもたらした。投資家の「群集心理」（下落直前の通貨にしがみつく最後の者には誰もなりたくない）は、期待の自己成就◆をもたらすかもしれない。こうした行動は、攻撃的な形で表わされる場合もあれば、防衛的な形で表わされる場合もある。通貨投機家が、一九九三年七月に欧州為替相場メカニズム（ERM）◆の緩和をヨーロッパ各国に強制した時、彼らは何十億も儲けたのであり、その年の一〇月にジョージ・ソロスはイギリスがERMの限度内でポンドを維持しきれないと見込んで、約一〇億ドルをたった二週間で稼ぎだした。

◆期待の自己成就：ある期待をもった経済主体の行動が、結果的に期待どおりの状況をもたらすこと。
◆欧州為替相場メカニズム（ERM）：ヨーロッパ圏内における通貨の統合を目標として一九七九年に設立された欧州通貨制度（EMS）にもとづいて、EC加盟国の為替相場を一定の変動幅に抑えるために各国の中央銀行に無制限の市場介入を義務づけたもの。

さらに広範囲にわたった金融危機の第二の波はタイを震源地とするものであった。それは一九九七年、投機的不動産市場の崩壊につづくタイ・バーツの暴落をきっかけとして起こった。この危機は、まずはインドネシア、マレーシア、フィリピンに、次に、香港、台湾、シンガポール、韓国に伝染した。その後、エストニアとロシアが激烈な危機に見舞われ、まもなくブラジルが崩壊し、アルゼンチンに深刻な長期的影響をもたらした。オーストラリア、ニュージーランド、トルコさえも影響を受けた。アメリカだけは免れたようだが、この国でさえも、ヘッジファンドの「ロングターム・キャピタル・マネジメント」（ノーベル賞を受賞したエコノミストを二人も重要顧問として雇っていた）がイタリアの為替動向を読み誤り、救済のために三五億ドルもの金額が投入されなければならなかった。

開発主義国家によって推進された「東アジア蓄積体制《レジーム》」全体が、一九九七〜九八年に過酷な試練を受けた。これによる社会的影響は破滅的なものであった。

この危機が進行するにつれて、失業率は急上昇し、国内総生産（GDP）は急落、銀行は閉鎖された。失業率は、韓国で四倍、タイで三倍、インドネシアで一〇倍になった。インドネシアでは、一九九七年の就労男性の約一五％が一九九八年八月までに職を失っており、経済的荒廃は中心地ジャワ島の都市部でとくにひどかった。韓国では都市貧民層がほぼ三倍に増え、全人口の約四分の一が貧困状態に陥った。インドネシアでは貧困層が倍増した。〔……〕一九九八年のGDPは、インドネシアで一三・一％、韓国で六・七％、タイで一〇・八％減少した。この危機の三年後のGDPでも、危機以前に比べて、インドネシアで七・五％、タイでは二・三％低かった。[8]

インドネシアのGDPが急落し、失業者が急増すると、IMFが介入し、食料品と灯油への補助金を廃止するなどの緊縮政策を要求した。その後の暴動と暴力は、「この国の社会的紐帯をばらばらに引き裂いた」。資本家階級――その大半が中国系住民であった――は、破局の責任があるとして各地で非難された。最富裕層の中国系ビジネス・エリートたちはさっさとシンガポールに逃げ去ったが、残された少数派の中国系住民は、民族ナショナリズムが社会的崩壊のスケープゴートを求めてその醜い頭をもたげる中で、殺害と財産襲撃という復讐の波に飲みこまれていった。[9]

この危機についてのIMFとアメリカ財務省の標準的説明は、あまりにも国家介入が多すぎたことと、政府とビジネス界との腐敗した癒着関係が存在したからだというものだった（「利権資本主義《クローニー・キャピタリズム》」）。それゆえ、さらなる新自由主義化がその答えであるとされた。こうした説明に応じる形で財務省とIMFは対処したが、その結果は惨憺たるものだった。これとは別種の見方によれば、金融に対する規制が拙速に緩和されたことや、野放図な投機的証券投資に対する適度な規制と管理を構築することができなかったことこそが、問題の核心であった。こうした見方の根拠となる証拠は確固としたものだ。すなわち、資本市場を開放していなかった国々――シンガポール、台湾、中国――の方が、タイ、インドネシア、マレーシア、フィリピンといった市場開放していた国よりも、危機の影響をこうむる度合いは少なかった。さらに、IMFを無視して資本取引規制を設けた国――マレーシア――の方が急速に回復した。[10] 同様に韓国も、工業・金融分野の再編に関するIMFの勧告を拒絶してから、急速な経済回復を果たした。IMFとアメリカ財務省が新自由主義化を主張しつづける理由は、一見したところ謎である。これについて被害者の側では陰謀論的な回答を提起する者がますます増えている。

IMFはまず、投機的《ホット》な短期資本に市場を開放せよとアジア諸国に迫った。これらの国々が市場を開放すると、資金は殺到したが、またたくまに流出してしまった。するとIMFは、金利の引き上げと財政の引き締めを実行すべきだと述べ、深刻な景気後退を引き起こした。資産価値が急落した国々に対して、IMFはその資産を格安で売却するよう迫った。〔……〕この資産売却を実行したのは、当該国から自分たちの資本を引き上げて危機を引き起こしたまさにその同じ金融機関であった。かくしてこれらの銀行は、当初アジア各国に資金を引き入れたときに巨額の手数料を手に入れたのと同じく、今度は問題企業を売却したり分割したりする業務から巨額の手数料を獲得したのである。[11]

こうした陰謀論的な見方が生じる背景には、ニューヨークを拠点にしたヘッジファンドの活動が不明朗でほとんど謎に包まれていることがある。ヨーロッパ各国がERMの指針にとどまりきれないと踏んだソロスやその他の投機家たちが、これらの政府を犠牲に何十億も荒稼ぎできたのなら、銀行からの何兆ドルもの借入資金で武装したヘッジファンドが、東アジア・東南アジアの各国政府ばかりか、グローバル資本主義における一部の最も成功した企業に対してまでも、わずかばかりの業績悪化の折に流動性資金を提供するのを拒絶するという単純な方法で攻撃しようと画策したのではないのか？　その帰結としてウォールストリートに流れ込んだ剰余金は莫大なものとなり、アメリカの国内貯蓄率が急落するのと同時に株価が高騰した。また、ある地域の至る所で破綻が宣言されてから、海外直接投資の波が戻ってきて、十分やっていける企業や企業の一部（大宇《テウ》の場合）を二束三文で買収することができた。スティグリッツは陰謀論的見解に反対して、「もっと単純な」説明を主張する。すなわち、IMFは単に「西側金融界の利益とイデオロギーを体現していた」のだと。[12] だが、彼はヘッジファンドの役割を無視している。しかも、スティグリッツは社会的不平等の拡大が新自由主義化の副産物だと繰り返し嘆いているが、その副産物がそもそも新自由主義化の存在理由《レゾンデートル》であったかもしれないという考えは浮かびもしないようだ。

新自由主義化の最前線

メキシコ

制度的革命党（PRI）は、一九二九年から二〇〇〇年のビセンテ・フォックスの大統領当選までメキシコの単独支配与党であった。同党が構築したコーポラティズム国家は、組織化、取りこみ、買収を巧みに実行し、必要な場合には、メキシコ革命の基盤をなした労働者、農民、中産階級などによる反対運動を弾圧した。制度的革命党は国家主導型の近代化を追求し、その経済発展モデルは輸入代替と活発な対米輸出を中心とするものであった。大規模な独占的公有部門◆が、輸送、エネルギー、公益事業、あるいは若干の基幹産業（たとえば鉄鋼）に出現した。マキーラ計画にもとづく統制された外資導入は一九六五年に始まったが、この計画は、主にアメリカ資本に対してメキシコ国境地域での生産活動を許可し、関税や商品流通規制といった障壁によって妨げられることなく安価な労働力の利用を認めるものであった。一九五〇年代と一九六〇年代の比較的力強い経済発展にもかかわらず、成長の恩恵はあまり行き渡らなかった。メキシコは「埋め込まれた自由主義」の好例というわけではなかったが、反抗的集団（農民、労働者、中産階級）に対する断続的な買収策が、ある程度の所得の再分配を実現した。一九六八年に、社会的不平等に抗議する学生運動を暴力的に弾圧したことは、制度的革命党の正統性を脅かす苦い後遺症となった。だが、階級的力関係は一九七〇年代に変わりはじめた。ビジネス界はその自立的立場を強め、外国資本とのつながりを深めた。

◆マキーラ計画：一九六五年、メキシコ政府は工業化や外貨獲得のためにアメリカとの国境一帯に「マキラドーラ」と呼ばれる保税加工区（関税が免除された工場地区）を設け、積極的に外資導入をはかった。そうした工業化計画を「マキーラ計画」といい、それにもとづいて建てられた工場を「マキーラ工場」という。

一九七〇年代の世界規模の危機はメキシコに痛撃を与えた。制度的革命党の対応は、破産しかけた民間企業を接収し、公共部門を拡充するというものであり、そこでの雇用を維持することで、労働者階級の動揺の兆しに歯止めをかけようとした。一九七〇年から一九八〇年にかけて、公有企業の数もその従業員数も二倍以上に膨れ上がった。だが、こうした企業は赤字を抱えており、それを補塡するためにメキシコ政府は借金をしなければならなかった。その願いをかなえたのが、投資先を求めるオイルダラーでだぶついたニューヨークの投資銀行であった。メキシコで油田が発見されたので、この融資は魅力的な賭けに思われた。メキシコの対外債務は、一九七二年に六八億ドルだったのが、一九八二年までには五八〇億ドルにまで増大した。[13]

そこへやってきたのが、ボルカーの高金利政策、メキシコ製品に対する需要を減少させるアメリカの景気後退、石油価格の暴落であった。メキシコの国家歳入は落ちこみ、債務利子の支払い額は急増した。一九八二年八月、ついにメキシコは破産を宣言した。メキシコ・ペソの切り下げを予想してすでに始まっていた巨額の資本逃避は加速し、ポルティーリョ大統領は緊急処置として銀行を国有化した。[14] ビジネス・エリートや銀行家は反対した。わずか数ヵ月後に大統領職を引き継いだデラマドリは、政治的選択を迫られた。彼はビジネス界の側についた。これは不可避だと言う者がいるかもしれないが、制度的革命党の政治権力からすれば必ずしもそうとは言えなかった。デラマドリは改革志向で、制度的革命党の伝統的な政治構造にあまり深く組み込まれておらず、国内外の資本家階級と緊密な関係をもっていた。ジェームズ・ベーカーによってまとめられたIMF、世界銀行、アメリカ財務省の新たな連合体は、メキシコを苦境から救うと称してさらなる圧力をデラマドリにかけた。これらの機関は、予算の緊縮を主張するだけにとどまらなかった。それらは初めて広範な新自由主義改革を要求した。民営化、外国人投資家にとってより有利になるような金融システムの再編、外国資本への国内市場の開放、関税障壁の縮小、よりフレキシブルな労働市場の構築などである。一九八四年、世界銀行は、その歴史上初めて、新自由主義的構造改革の見返りとして特定の国への融資を実施した。その後、デラマドリは、「関税と貿易に関する一般協定（GATT）」に加盟し緊縮政策を実行することによって、グローバル経済にメキシコを開放した。その影響は苦痛に満ちたものだった。

一九八三年から一九八八年にかけて、メキシコ人一人あたりの国民所得は、年五％の割合で減少した。労働者の実質賃金は、四〇％から五〇％も下落した。一九六〇年代には年三〜四％程度で推移していたインフレは、一九七六年以降、一〇％台半ばにまで上昇し、年によっては一〇〇％を越えることもあった。〔……〕同時に、政府の財政問題と同国の支配的経済モデルの再編のせいで、公共財に対する国家支出は削減された。食料品への補助金は、メキシコ住民の最貧困層部分に限られ、公教育と医療の質は停滞したか悪化した。[15]

その結果、たとえば一九八五年のメキシコシティの財源は「枯渇し、首都における重要な都市サービスへの支出は激減した。その削減率は、輸送部門で一二%、上水道部門で二五%、医療部門で一八%、ゴミ収集部門で二六%にものぼった」。[16] メキシコシティはラテンアメリカでも比較的平穏な都市の一つだったが、その後の犯罪の急増によって、一〇年のうちに最も危険な都市の一つに変貌してしまった。これは、一〇年前にニューヨーク市で起きたことの再現であった。もっとも、メキシコの場合の方が多くの点ではるかに破壊的であったが。最近、象徴的な出来事だが、メキシコシティは元ニューヨーク市長のジュリアーニのコンサルティング会社と何百万ドルもの契約を交わし、犯罪に対処する方法を伝授してもらうことになった。

デラマドリの考えによれば、債務地獄から抜け出す一つの方法は、公共企業体を売却し、その売却益を債務返済にあてることであった。しかし、民営化に向けた最初の措置はためらいがちで、比較的小規模なものだった。民営化は労働協約の全面的再編を意味しており、必然的に労働紛争を引き起こした。一九八〇年代後半になると激烈な労働争議が勃発したが、結局政府によって容赦なく弾圧された。組織労働者への攻撃は、一九八八年にデラマドリの後任となったサリナス大統領のもとでいっそう激しくなった。何人もの労働運動指導者が不正行為をしたとして投獄され、新しく就任したより従順な指導者たちが、PRI支配下の主要労働団体に配置された。ストライキを粉砕するために軍隊が一度ならず動員され、独立した組織労働者の力は、そもそもたいしたものではなかったにせよ、至る所で弱体化させられた。サリナスは民営化の過程を加速し体系化した。彼はアメリカで教育を受けており、アメリカで教育されたエコノミス

図4-3　メキシコの主要なマキーラ地帯における雇用（2000年）

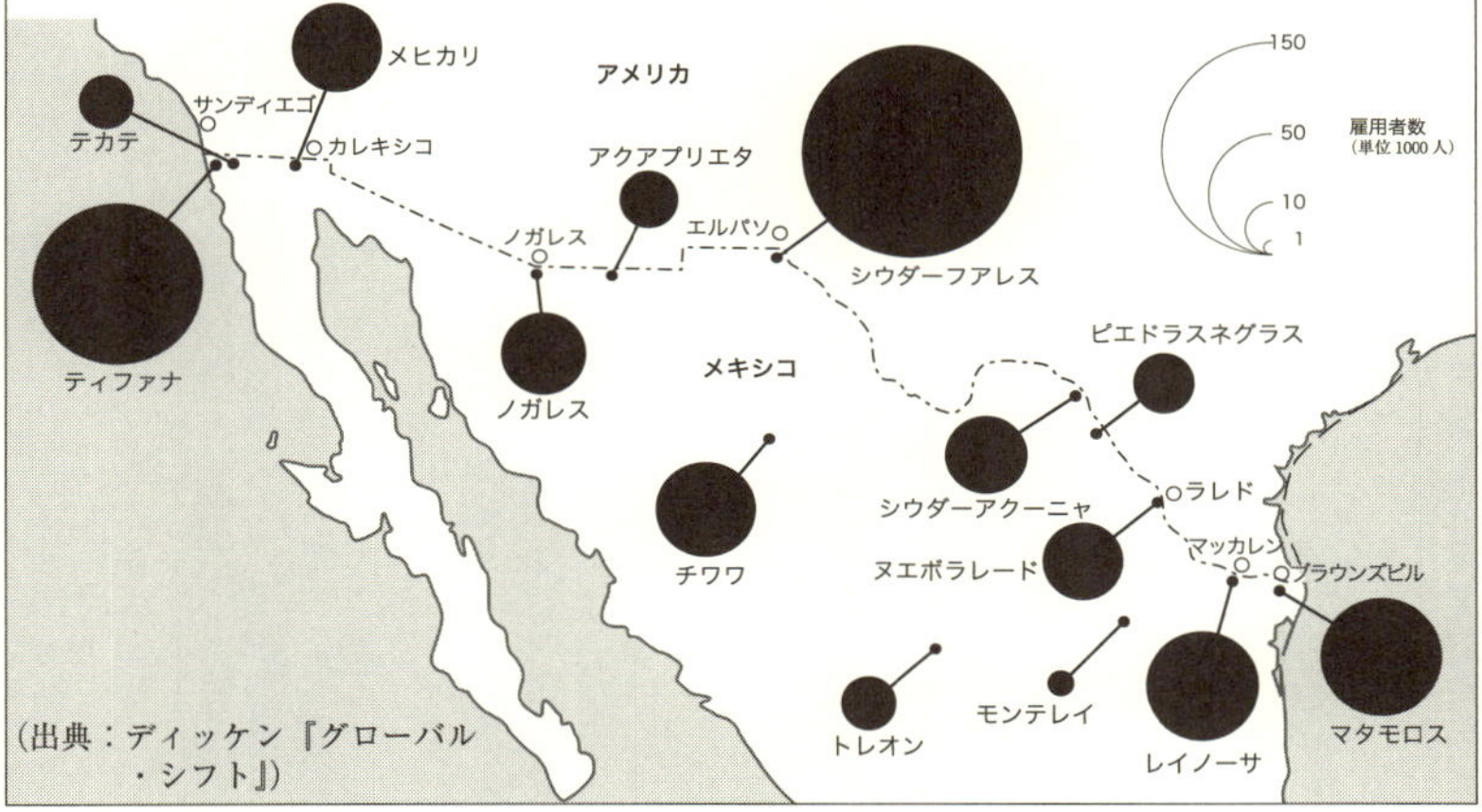

（出典：ディッケン『グローバル・シフト』）

トに助言を求めた。[17] 彼の経済発展プログラムは、新自由主義的正統理論に近い言葉で表明された。

海外直接投資と競争になおいっそうメキシコを開放することは、サリナスの改革プログラムの決定的要素の一つになった。マキーラ計画は北の国境に沿って急速に拡張され、メキシコの産業・雇用構造の根幹を構成するものとなった（図4－3参照）。彼は、北米自由貿易協定（NAFTA）へと結実する一連の対米交渉を開始し、成功裏に終わらせた。民営化は急速に進行した。公有部門の雇用は、一九八八年から一九九四年にかけて半減した。国有企業の数は、一九八二年には一一〇〇社もあったのに、二〇〇〇年までにわずか二〇〇社にまで削減された。[18] 外国企業による所有を奨励するために、民営化の条件はますます緩和された。一九八二年に急いで国有化された銀行は、一九九〇年には再び民営化された。サリナスはNAFTAを遵守するために、農民セクターと農業全般も外国との競争に開放しなければならなくなった。そこで彼は、長らくPRIの重要な支持基盤の一つをなしてきた農民の力に攻撃を加えざるをえなくなった。メキシコ革命に由来する一九一七年憲法は、先住民の法的権利を保護し、この権利を土地の集団的保有と集団的利用を認めたエヒード制のうちに具体化していた。一九九一年にサリナス政権は、エヒード所有地の私有化を許可・奨励する法改正案を可決し、外国企業による所有にそれらの土地を開放した。エヒードが先住民の集団的生活保障の基盤になってきたのだから、メキシコ政府はこの保障に対する自らの責任を実質的に放棄したのだ。それに続いて輸入障壁を縮小したことは、さらなる一撃となった。なぜなら、効率的だが巨額の助成金も受けているアメリカ合衆国のアグリビジネスから安価な輸入品が入ることで、トウモロコシやその他の農産物価格が押し下げられ、最も効率的で裕福なメキシコ農民しか太刀打ちできなくなってしまったからである。無数の農民が飢餓線上に追いやられ、土地から離れることを余儀なくされ、ただでさえ過密であった都市に失業者の群れをあふれさせた。こうした都市では、いわゆるインフォーマル経済（たとえば露天商）が飛躍的に成長した。しかしながら、エヒード改革への抵抗も広範囲に及び、さまざまな農民集団が、一九九四年にチアパスで勃発したサパティスタ［巻末の基本用語解説を参照］の反乱を支援した。▼19

一九八九年に部分的債務免除を目的とするブレイディ・プランとして知られる協定に署名したため、メキシコは、より徹底した新自由主義化というＩＭＦの毒薬を、結局のところは自発的に飲まざるをえなくなった。その帰結が一九九五年の「テキーラ危機」であった。これは、一九八二年の危機と同様に、アメリカ連邦準備制度理事会の金利引き上げにより引き起こされた。テキーラ危機によって投機圧力がペソにかかり、ペソは切り下げられた。問題は、メキシコがテキーラ危機以前から、外国からの投資を促進するためにドル建ての短期国債（「テソボノス」と呼ばれる）を盛んに発行していて、ペソ切り下げ後、その返済に十分なドルを用意できなくなったことであった。アメリカ議会は支援を拒否したが、クリントンは行政権を行使し、四七五億ドルの総合救済策をまとめあげた。彼が懸念していたのは、アメリカにおけるメキシコ向け輸出産業で雇用が失われ、不法移民が増大することであり、とりわけ新自由主義化とＮＡＦ

TAの正統性が失われることであった。その後、ペソ切り下げの副産物として、アメリカ資本がメキシコに押し寄せ、あらゆる種類の資産を二束三文で買収してまわった。一九九〇年には、民営化されたメキシコの銀行のうち、わずか一行だけが外国企業の所有だったのに、二〇〇〇年までに三〇行のうち二四行が外国企業の所有するところとなった。それゆえ、外国の資本家階級がメキシコから剰余金を引き出したとしても、それを止めることはできなくなった。さらに、外国との競争も問題になりつつあった。メキシコは二〇〇〇年以降、マキーラ地帯での雇用を大量に失った。なぜなら、低賃金労働を求める外国企業にとって、中国の方がはるかに安価で好ましい立地条件になったからだ。[20]

こうしたことのすべてが、わけても民営化が、メキシコ国内の富の集中に及ぼした影響は目を見張るものであった。

一九九四年、『フォーブス』誌の世界の最富裕者リストから明らかになったのは、メキシコの経済的再編が二四人もの億万長者を生んだことである。これらの人びとのうち少なくとも一七人が民営化計画に参入し、銀行、製鉄所、精糖所、ホテル、レストラン、化学工場、電気通信企業を買収し、あるいは、港湾、民間の有料ハイウェイ、携帯電話、長距離電話といった、新規に民営化された経済部門での営業権を買いとったのである。[21]

メキシコで最も裕福な人物であるカルロス・スリムは、『フォーブス』誌の長者番付リストの二四番目に位置しており、メキシコの大企業上位二五社のうち四社を支配していた。彼の事業はメキシコの国境を越え、スリムは、ラテンアメリカ全土のみならずアメリカの電気通信事業においてもメジャープレイヤーになった。携帯電話サービスに対する彼の戦略は有名だ。人口稠密で豊かな市場は獲得・独占し、人口希薄で貧しい市場にはサービスをそもそも提供しないというものだ。二〇〇五年までにメキシコは、億万長者の数の点で、サウジアラビアより多い世界第九位の国になった。これを階級権力の回復と呼ぶべきか新たな創出と呼ぶべきかは、議論の余地がある。はっきりしているのは、労働者や農民への攻撃、住民の生活水準への攻撃がメキシコで成功したことだ。労働者・農民の取り分は著しく減少したのに対して、メキシコの内部でも外部でも、富が、金融的・法的権力機構に支えられた少数の有力者の手に蓄積されたのである。

アルゼンチンの崩壊

アルゼンチンは、軍事独裁政権の長い時代からようやく抜け出した。〔一九七六年にクーデターで成立した〕軍事独裁政権は、巨額の債務を抱え、腐敗した権威主義的コーポラティズム体制と緊密に結びついていた。民主化は困難ではあったが、一九九二年にカルロス・メネムが政権についた。メネムはペロン主義者◆ではあったが、経済の自由化に着手した。それは、一部にはアメリカに取り入るためであったが、「汚い戦争」◆の暴露によって面目を失っていたので、国際社会の信頼を回復するためでもあった。メネムは、外国貿易と資本移動にアルゼンチンを開放し、労働市場により大きなフレキシビリティを導入し、国有企業と社会保障を民営化し、インフレ抑制と外国人投資家の安全を守るためにアルゼンチン・ペソの為替レートをドルに連動《ペッグ》させた。エリートが新たな富を蓄積するために民営化を利用する一方、失業率は上昇し、賃金には圧縮圧力がかけられた。資金が同国に殺到し、一九九二年から好景気となったが、それも「テキーラ危機」がメキシコから飛び火するまでのことだった。

◆ペロン主義者：アルゼンチン正義党の党員・支持者のこと。同党は、一九四〇～五〇年代に政権を率いたファン・ペロンにより創設され、軍備拡張・外国資本の排除・労組との協調政策などをとり、アルゼンチンのポピュリズム運動の代表的政党と言われる。

◆汚い戦争：一九七六年から一九八三年にかけて起きた、アルゼンチン軍事独裁政権による国内反対勢力への投獄・誘拐・暗殺などといった、一連の秘密弾圧事件。

数週間もすると、アルゼンチンの銀行は預金の一八％を失った。一九九〇年下半期から一九九四年下半期まで年平均八％で成長した経済は、急激な景気後退に陥った。国内総生産（ＧＤＰ）は、一九九四年の第四・四半期から一九九六年の第一・四半期までに、七・六％縮小した。〔……〕政府の利子負担は、一九九四年から一九九六年までに五〇％以上も増加した。大量の資本流出と外貨準備高の縮小が起こった。▼22

失業率は一八％に跳ね上がった。アルゼンチン・ペソは明らかに過大評価されていたが、ドル・ペッグ制の維持にこだわったために、ペソ切り下げを（メキシコの状況とは対照的に）実行することができなかった。その後、外資の流入にもとづく短期の経済回復が見られたが、それも、一九九七～九八年のアジア経済危機の影響がロシアに、次いで隣国ブラジルに広がるまでのことだった。こうした状況と、国内財政を赤字に追いこんだ高金利政策によって、耐えがたい圧力がアルゼンチン・ペソにかかった。国内外の資本は、ペソ切り下げを予想して国外に避難しはじめた。外貨準備高が急速に枯渇する一方で、一九九五年から二〇〇一年九月にかけてアルゼンチンの債務は二倍以上に膨れ上がった。債務に対する利払いは、二〇〇〇年には九五億ドルに急上昇した。ＩＭＦはドル・ペッグ制を支持し、インフレにつながることを恐れてペソ切り下げに断固反対した（ロシアとブラジルでもＩＭＦは同じことをしたが、スティグリッツの判断では、両国とも惨憺たる結果をもたらした）。他方で、ＩＭＦは、史上二番目に高額となる六〇億ドルもの融資を行なうことで、アルゼンチンを救済しようとした。
しかし、これでも資本の流出を止めることはできなかった。二〇〇一年にアルゼンチンの銀行は、その預金の一七%以上（一四五億ドル）を失った。おそらく、二〇億ドルもの金額が一一月三〇日のたった一日で失われた。アルゼンチンが財政不均衡を改善しなかったという理由で、ＩＭＦは緊急融資を拒否した。アルゼンチンは債務不履行に陥った。政府は一二月一日、銀行からの預金引き出しを週二五〇ドルに制限し、一〇〇〇ドル以上のすべての外国口座取引を規制した。それにつづいて起きた暴動によって二七人が死亡し、〔二〇〇〇年にメネムの後継となった〕デラルア大統領は、その経済政策を立案した経済財政大臣ドミンゴ・カバリョとともに辞任した。二〇〇二年一月六日、ドゥアルデ新大統領は、ドル・ペッグ制を放棄し、ペソを切り下げた。しかし、同時に三〇〇〇ドル以上の預金口座をすべて凍結することを決定し、これによってドル預金もペソと同様の扱いを受けるようになった。かくして、貯蓄額はかつてのおよそ三分の一の価値にまで減少した。預金者から銀行の手に、さらには銀行をつうじて政治的・経済的エリートの手に、一六〇億ドルもの購買力が移転された。社会的騒乱をもたらしたという意味で、その結果は甚大で長期に及んだ。失業率はうなぎ上りに増大し、所得は急落した。遊休状態の工場は戦闘的労働者に占拠され、彼らの手で操業された。何とか生きていくためのよりよい共同の手段を求めて、住民連帯委員会がいくつも設立された。ピケテロス（路上占拠者）は交通網を遮断し、重要な政治的諸要求を掲げて街頭に繰り出した。[23]
ドゥアルデの後継者として新たに選出されたポピュリストのキルチネル大統領は、銀行、外国人投資家、ＩＭＦを全面的に嫌悪する世論に直面して、ＩＭＦを無視せざるをえず、八八〇億ドルの債務履行を停止し、憤慨する債権者に対して、まずは一ドルあたり二五セントの割合での債務の支払いを提案した。[24]興味深いのは、キルチネルの経済政策チームには、アメリカでしか教育を受けていないエコノミストが一人もいなかったことである。国内で教育を受けた彼らは、対外債務の返済は重要だが、アルゼンチンの生活水準の崩壊を引き起こしてはならないという「異端」の見解を採用した。二〇〇四年になって、とくにペソ切り下げに助けられた製造業部門で回復の徴候が見えてからは、アルゼンチンが抱える大問題は、ブラジルとの激烈な競争に対処することであり、近い将来における中国との競争に備えることであった。中国は、WTOのルールに従ってアルゼンチン市場に自由に参入できたからである。

新自由主義化に関するアルゼンチンの波瀾万丈の経験から、新自由主義理論がいかに実践とほとんど関係がないかがきわめて明瞭となる。新自由主義的なルードヴィヒ・フォン・ミーゼス研究所の一員が指摘したように、アルゼンチンで起きたこの「資産収奪デフレ」◆は、その犠牲となったアルゼンチン国民によってまったく的確にも「政治的エリート集団による銀行強盗」だと解釈された。[25] あるいは、ヴェルトメイアーとペトラスが好む特徴づけによれば、このエピソード全体が「新しい帝国主義」の悪臭がする——「新しい帝国主義、すなわち、経済の略奪、不平等のとてつもない拡大、経済停滞とそれに続く深刻で持続的な不況、アルゼンチン史上最悪の富の集中とその結果としての大多数の住民の窮乏化」[26]。

◆資産収奪デフレ：ハイパーインフレを抑制するために、政府が一般市民の預金引き出しを制限したり禁止したりしてマネーサプライを収縮させようとする強行的なデフレ政策。預金を引き出せないので、その間にインフレが進行すると、財産が実質的に大きく目減りすることになる。

韓国

韓国は一九五〇～五三年の朝鮮戦争から生まれた。同国は当初、経済的・地政学的な緊張地域に位置する荒廃した国であった。経済的転機となったのはおおむね、朴正熙《パクチョンヒ》将軍が政権に就いた一九六一年の軍事クーデターの頃だとされている。一人あたりの国民所得は、一九六〇年に一〇〇ドル未満だったのが、今や一万二〇〇〇ドル以上に達している。この驚くべき経済的成果は、開発主義国家であったからこそ可能となった絶好の事例としてしばしば取り上げられている。しかし、韓国には当初から二つの地政学的利点があった。第一に、この国は冷戦の最前線に位置していたがゆえに、アメリカは積極的に軍事的・経済的支援を――とりわけ最初の時期には――行なう姿勢にあった。しかし第二に、あまり明らかになってないことだが、日本との旧植民地関係は韓国に多様な利益をもたらした。たとえば、日本の経済的・軍事的組織戦略に通じることができたこと（朴は日本の陸軍士官学校で訓練を受けていた）や、外国市場に進出するにあたって日本の積極的支援を受けられたことなどである。

一九六〇年の韓国は、基本的にまだ農業国であった。朴正煕《パクチヨンヒ》の独裁的支配のもとで、韓国政府は工業化に着手した。資本家階級は弱体ではあったが、取るに足りない存在ではなかった。朴はビジネス界の主要な指導者たちを汚職で逮捕したが、その後、彼らと和解した。彼は国家の官僚機構を改編し、日本の成功モデルにならって経済企画庁を設立し、信用配分を掌握するために銀行を国有化した。次に朴は、形成途上の産業資本家集団の事業意欲と投資戦略に依拠し、その過程でこれらの集団が富を蓄積することを奨励した。[27] 一九六〇年代初頭になると、産業資本家たちは輸出を指向するようになった。というのも、日本がアメリカ市場に自国の半製品を再輸出するための海外拠点として韓国の産業資本家を利用するようになったからである。日本との合弁事業が盛んになった。韓国企業はこれらの事業を利用して、技術力を身につけ、外国市場での経験を培った。韓国政府は輸出主導型戦略を支援するために、国内の貯蓄を動員し、成功した企業には報酬を与え、財閥《チエボル》（現代《ヒヨンデ》、大宇《テウ》、サムソンなどの大規模企業集団）にこれらの企業を統合するよう奨励した。そのために財閥に対して種々の便宜を図った。より容易に信用を受けられるようにすること、税を優遇すること、必要な生産投入物の調達に便宜を図ること、労働者を統制すること、海外市場（とりわけアメリカ市場）への参入機会を獲得する手助けをしてやること、などである。いくつかの財《チエ》閥《ボル》は、鉄鋼、造船、石油化学製品、電子機器、自動車、機械類を重視した重工業発展戦略の支援を受けて、その目標を転換し、一九七〇年代中頃以降、これらの産業分野における有数の世界企業になった。これらの財閥《チエボル》は、ますます裕福になっていく国内資本家階級の権力の中枢にもなった。その規模も資金も増大した（一九八〇年代中頃までに、三大財閥《チエボル》は国民生産の三分の一を占めるようになった）。それにつれて、財閥《チエボル》と政府との関係も変わった。一九八〇年代中頃までに、財閥《チエボル》は「その権力と影響力を行使し、政府の大規模な規制機関の解体に向けた系統的な取り組みに着手し、着実に成功を収めていった」。韓国の資本家階級は、国際貿易で安定した地位を確立したことや独自に信用を獲得することが可能になったことをふまえて、もはや政府に依存しなくなり、彼ら独特の新自由主義化を指向しはじめた。[▼28]

この独特の新自由主義化は、政府による規制的統制の撤廃を求める一方で、自分たちの特権に関しては保護を継続するというものであった。たしかに銀行は民営化されたが、財閥《チエボル》指導部と国家とを結びつけていた閉鎖的でしばしば腐敗をともなった権力の癒着はあまりに緊密で、その解体はきわめて困難であることがわかった。それゆえ、韓国の民営化された各銀行は結局、融資にあたって、何らかの健全な投資理由からだけでなく、政治的なえこひいきにももとづいていた。韓国ビジネス界も貿易関係と資本移動の自由化を要求し（これは一九八六年のウルグアイ・ラウンドで国外からも強制されていた）、かくして余剰資本を自由に海外投資できるようになった（図4－4）。韓国資本は、安くてより従順な労働力を利用した海外現地生産を追求した。その結果、東アジアと東南アジアの大部分ばかりか、ラテンアメリカや南アフリカにまで達する、韓国人所有の下請ネットワークを通じて、劣悪な労働慣行の輸出が始まった。一九八五年に円高になると、日本は、タイ、インドネシア、マレーシアなどで、低コストの海外現地生産に切り替えた。このことは、世界市場への中国の参入とあいまって、域内競争を激化させた。中国は、低付加価値生産部門（たとえば繊維製品部門）で韓国（およびアジア地域の他国）にまず挑戦したが、まもなく付加価値度の序列を昇っていった。韓国側の対抗策は、直接投資をつうじて生産工程を中国に移転することであった。このことは、韓国企業のためにはなったかもしれないが、韓国内の雇用のためにはならなかった。

一九八〇年代後半における輸出ブームが過ぎ去ると、韓国産業はこの競争に敗北し、一九九〇年以降、輸出市場の喪失と収益性の激減に見舞われた。財閥《チエボル》は借り入れに頼り、外国銀行に依存していった。韓国ビジネス界は、その負債資本比率◆を極度に高め、したがって、金利が少しでも急騰するとたちまち大打撃を受ける体質になっていった。[29] また国内では、力を伸ばす組織労働者に対処しなければならなかった。大規模な工業化は大規模なプロレタリア化と都市化をも引き起こし、このことは労働団体に有利に働いた。当初、自立した組合組織は厳しく弾圧された。しかし、一九七九年に朴《パク》が自分の政権の情報部門責任者によって暗殺され、それにつづいて一九八〇年に光州で独裁に抗議する市民が容赦なく虐殺されたことから、学生、市民、労働者による大規模な民主化運動が勃発した。民主化は一九八七年に形式的には達成された。労働組合がその後も続いた抑圧政策に抗してその力を強めるにつれて、賃金は上昇した。雇用者はよりフレキシブルな労働市場を望んだが、その後のどの政権もその実現が困難であることをさとった。一九九五年における韓国民主労働組合総連盟（民主労総）の結成と合法化は、高まる組織労働者の力を確固たるものにした。[30]

◆負債資本比率：企業の負債を自己資本で割ったもの。借り入れへの依存度を示す。

一九九〇年代において資本を統制する韓国政府の能力は弱化の一途をたどったが、一九九七〜九八年の危機によっていっそう悪化した。外国資本はこれまでも、伝統的に保護されてきた国内市場へのより容易な参入と金融自由化の進展とを求めてずっと政府に働きかけていた。国際貿易構造と金融構造の変容は、一九九〇年代初頭にこの方面での一定の成功を可能にした。クリントンは韓国のOECD加盟を支持する見返りに、金融自由化を強力に推進することを求めた。しかし、危機が勃発する前から、当時何千人もの

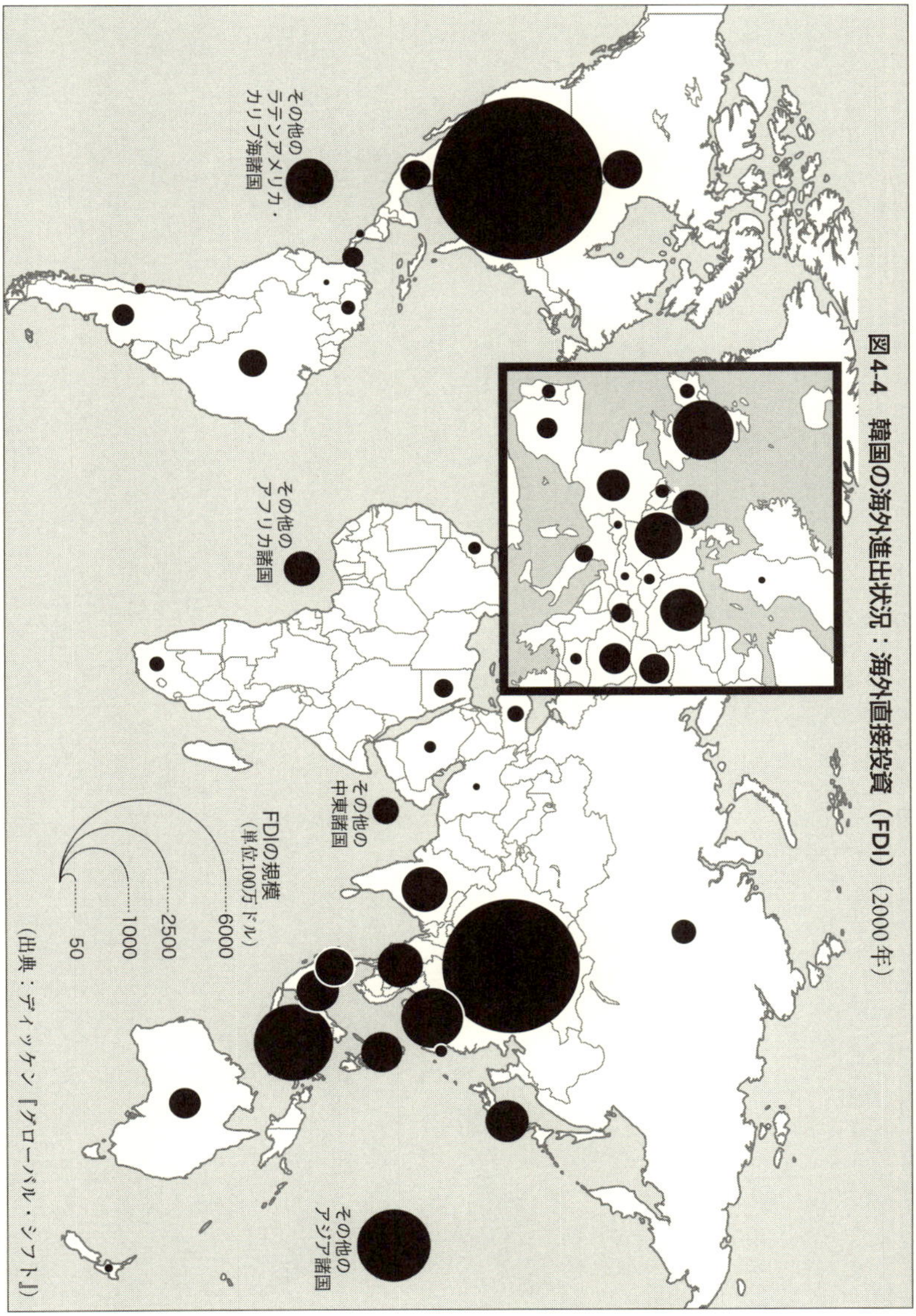

図4-4　韓国の海外進出状況：海外直接投資（FDI）（2000年）

（出典：ディッケン『グローバル・シフト』）

労働者を解雇しようとした財閥《チエボル》に対する労働争議が頻発し、組合弾圧政策への抗議が起きていた。一九九七年三月に、韓国政府は新しい労働法を可決し、はるかに高度なフレキシビリティを労使関係に導入するとともに、解雇をきわめて巧妙に容認するに至った。[31] しかしながら、財閥《チエボル》の多くは、ますます疑念を募らせる海外の貸し手や、膨大な不良債権をすでに抱えこんでいた国内銀行にかなりの負債を負っていた。政府の保有する外貨準備高はまったく不十分であり、何もできないに等しかった。通貨危機の勃発前の一九九七年前半に、韓信《ハンシン》工営や韓宝《ハンボ》鉄鋼といったいくつかの財閥《チエボル》が破産を宣言していた。通貨危機が起きると、外資系の銀行は韓国から資金を引き上げ、さらに多くの財閥《チエボル》だけでなく、韓国そのものも破産寸前に追いこまれた。[32]

アメリカは財政支援を提供する理由を見出せず（冷戦は終わっていた）、その代わり、ウォールストリートの命令に従った。ウォールストリートは、金儲けという彼ら独自の理由から、金融自由化を長らく要求してきた。スティグリッツは、アメリカの国益がウォールストリートの狭い経済的利益の犠牲になっていると指摘している。[33] アジア危機が起きると、韓国は自国通貨を守るために金利を上げるようＩＭＦに勧告され、それに応じたことで国内経済をなおいっそう深刻な不況に突き落とした。これによって、負債資本比率の高い企業の多くが破産せざるをえなくなった。ただちに、失業率の上昇、賃金の低下、財閥《チエボル》のさらなる破産が起こった（大宇《テウ》は倒産し、現代《ヒヨンデ》はその瀬戸際になった）。韓国政府はＩＭＦとアメリカに支援を要請した。五五〇億ドルの緊急支援と引きかえに、韓国政府は、金融サービスを外国人所有に開放し外国企業による事業活動を自由化することに同意した。だが、こうした救済《ベールアウト》条件には説得力がなかったため、その一〇日後、債務不履行が目前に迫って、別の合意が取り決められなければならなかった。この合意により、貸し手側の各銀行は、将来の歳入の一部を優先的に自分たちへの返済に確保することと引き換えに韓国の債務の返済繰り延べに合意した（「債権者引き入れ《ベールイン》」◆）。これは、ニューヨーク市における解決策を彷彿とさせるものである。結局、「韓国は、大小さまざまな企業の破産と不況に苦しんだ。この不況で、国民所得は七％減少し、平均賃金は一〇％下がり、失業率はおよそ九％に上昇した」。[34]

◆債権者引き入れ《ベールイン》：国家やＩＭＦなどの公的セクターが緊急支援金を供出することで債務者を債務から救い出すことを「ベールアウト」（もともとは飛行機からの緊急脱出のこと）というが、それとは反対に民間セクターの債権者を債務返済計画に引き入れ、債務返済の繰り延べや新規貸し付けなどに同意させることで債務問題を解決するやり方を「ベールイン」という。

以上のことから、二つの教訓を引き出すことができる。第一に、「韓国がその最も過酷な経験から学んだことは、自分たちの金融破綻の際にアメリカ合衆国はその偏狭な自己利益を追求することの方を選ぶということだった」。第二に、アメリカは今では、もっぱらウォールストリートと金融資本の言葉でその自己利益を定義していたということである。[35] 実際、「ウォールストリート－財務省－ＩＭＦ」複合体が韓国に対して行なったことは、一九七〇年代中頃に投資銀行家がニューヨーク市に対して行なったことの再現であった。その後の韓国経済の回復（その理由の一部は、労働者の闘争が以前ほど激しくなくなったことに加えて、経済再編に関するＩＭＦの勧告を無視したことである）は、ただちにウォールストリートの金庫に流れこむ剰余金を増大させ、かくしてアメリカにおけるエリート階級の集中された権力を増大させた。悪名をとどろかせていた海外の「ハゲタカ資本」が画策した合併・買収（Ｍ＆Ａ）の波に乗じて外国資本が入り込んでくると、財閥《チエボル》勢力は粉砕されるか再編されていった。韓国資本は国家とグローバル市場の双方に対する関係性を変えつつあるので、韓国内の階級構造は流動的で不安定である。しかし資料によれば、その背後では、所得の不平等化と窮乏化が、危機のさなかでも危機が去った後も絶えず進行していた。雇用の非正規化と労働の「フレキシブル化」の進展（それはとりわけ女性に悪影響をもたらした）は、労働運動や地域社会運動に対する政府の度重なる弾圧によっても後押しされている。これは、最貧困層に対する新たな階級的攻撃を告げるものであり、ここからは韓国内外の階級権力の蓄積という当然の帰結が予測しうるだけである。

スウェーデン

西側世界で一九七〇年代に資本の権力が民主的な形で最も脅かされたのは、おそらくスウェーデンであろう。一九三〇年代以降、社会民主党によって統治されていたスウェーデンの階級的力関係は、強力な中央集権的労働組合を中心にずっと安定した状態を保っていた。この労働組合は、賃率、付加給付、労働条件などをめぐって、同国の資本家階級と直接に団体交渉を行なってきた。政治的には、スウェーデン型福祉国家は、累進課税を実施し行き届いた福祉サービスの給付を通じて所得の不平等と貧困を削減する「再分配型社会主義」という理念を中核として構築されてきた。資本家階級は少数ではあったが、きわめて強力だった。他の社会民主主義国家や経済統制国家とは異なり、スウェーデンは、交通運輸部門と公益事業部門は別として、経済の管制高地の国有化を控えてきた。多くの中小企業が存在していた一方で、ごく少数の大企業ファミリーが不釣合いに多量の生産手段を所有していた。

ほとんどすべての先進資本主義国と同じく、一九六〇年代後半になると労働争議が急増し、それは、資本の権力を抑制し労働者の力を職場の内部にまで拡張する一連の規制改革へと結実した。資本家階級を最も脅かした提案は、レーン＝メイドナー計画で、企業の利潤に二〇％の税金をかけ、その資金を組合の管理する労働者基金に入れて、そこから企業間に再投資するというものだった。これが実施されれば、私的所有の意義は確実に弱まり、労働者代表によって運営される集団的所有に高められたかもしれなかった。これは、「神聖なる私的所有への正面攻撃」であった。買い取り条件がいかに気前のよいものであろうと、資本家階級は独自の階級としては徐々に消滅する恐れがあった。そこでこの階級は反撃に出た。[36]

一九七〇年代中頃から、スウェーデン雇用者連盟は（明らかにアメリカの雇用者団体を見習って）その構成員を増やし、巨額の活動資金を動かすようになった。そして、プロパガンダ活動を開始し、行きすぎた規制に反対し、経済の自由化、課税負担の軽減、行きすぎた福祉国家政策（彼らの見方によればそれこそが不景気の原因であった）を後退させることなどを訴えた。しかし、一九七六年、中道右派の保守党が、三〇年代以降初めて社会民主党に代わって政権に就いても、雇用者側の提案にもとづいて行動することができなかった。労働組合はきわめて強力で、一般市民も雇用者側の考えを受け入れていなかった。ロックアウトによる労働組合との直接対決や賃金交渉での協力拒否が功を奏さなかったことがはっきりすると、雇用者は、コーポラティズム国家の社会的諸制度と直接対決することよりも、その弱体化をめざして動きだした。一九八三年、雇用者側は中央団体交渉への参加を拒否した。これ以降、賃金と付加給付をめぐる交渉は企業ごとに進めなければならなくなった。雇用者側は、一部の組合を説得して何とかこれに同調させることに成功し、労働者の集団的力に深刻な打撃を与えた。

しかし、最も効果があったのは、雇用者集団によって遂行されたプロパガンダ運動だった。彼らは、ノーベル経済学賞に対して自分たちが持っている影響力を利用し、スウェーデン人の経済的思考のうちに新自由主義的な見方を確立しようとした。知識人と専門家たちはスウェーデン国家の厳格な普遍主義や高課税政策に対して以前から強い不満を抱いていたが、個人の自由と解放を賛美するレトリックが台頭したことでその不満はますます昂進していった。こうした議論はメディア全体に大きな反響を巻き起こし、世論の中でますます大きな潮流となっていった。とりわけ、雇用者側のシンクタンクであるビジネス政策研究センター（SNS）は、アメリカの全米経済研究所（NBER）と同じように、経済の構造と展望に関する本格的研究に資金を提供し、政策担当エリートや市民に向けて、福祉国家が経済停滞の根本原因だと「科学的に」繰り返し繰り返し証明した。[37]

新自由主義への本格的転換が始まったのは、一九九一年に保守党政権が成立してからのことであるが、こうした方向性はすでに、経済停滞からの活路を見出すようますます強く迫られていた社会民主党の手で部分的には準備されていた。新自由主義的政策目標が社会民主党によって部分的にであれ実施に移されたことは、SNSの分析が説得力のあるものとして受け入れられたことを示唆している。今や理念を見失ったのは、右翼よりもむしろ左翼であった。組合は、賃金を抑制すれば利潤が増えて投資が促進されると説得され、賃金抑制を受け入れてしまった。銀行業務の規制緩和（これは信用配分や住宅市場の分野に古典的な投機的バブルをもたらした）と最富裕層の減税（これも投資を促すとされた）は、一九八〇年代後半にはすでに実施に移されていた。つねに保守党の影響下にあった中央銀行はついにその使命を、完全雇用の維持よりもインフレとの闘いに切り替えた。一九九一年における石油価格の急騰につづいて、株や不動産価格の投機的バブルが崩壊したことは、資本逃避と国内における企業倒産をもたらし、スウェーデン政府にかなりの損害を与えた。この崩壊の責任は反射的に福祉国家の非効率性にあるとされ、政権に返り咲いた保守党は、福祉国家の全面的民営化というスウェーデン商工会議所の構想した計画に共感を示すようになった。

マーク・ブライスの見解では、提案されたこの改革案は、スウェーデンの事情にまったくそぐわないものであった。彼の議論によれば、問題は「鍵をかけられた認識◆」にあった。つまり、新自由主義的正統理論の命ずる解決方法以外は考えられなくなっていたということである。「人材や理念のこの同質性こそが、ビジネス界の政治化とあいまって、これらの新たな着想を政策目標に押し上げ、ついにはスウェーデン型リベラリズムの変質をもたらしたのである」。その実際の帰結は深刻な不況であり、生産は縮小し、失業率は二年で倍増した。保守党政権は市民の信頼を失い、新自由主義改革の継続には別種の方策が必要とされた。その解決策が、EUへ加盟することであった。この動きの意図するところは「おそらくビジネス界と保守党によってはっきりと理解されていた。すなわち、EUの経済思想とその機構を利用して、国内の改革では実現できなかった課題を国際的な同調圧力で実現させようとする一つの試みだということを」。一九九三～九四年におけるEUへの加盟作業の中で、スウェーデン政府は、失業との闘いや社会的賃金の上昇のために維持してきた手段の多くを奪われた[38]。この結果、一九九四年に社会民主党が政権を奪回しても、「完全雇用や公正な所得分配よりも、財政赤字削減、インフレ抑制、均衡財政」といった新自由主義的プログラムの方が「マクロ経済政策の基軸になった[39]」。年金や福祉給付の民営化は不可避だと認められた。ブライスはこのことを「経路依存性」の一例として解釈している。すなわち、何らかの意思決定へと至るある特定の論理が、支配的な思想によって拍車をかけられ、他のいっさいの可能性を押し流しているのである。「埋め込まれた自由主義」は侵食された。だが、完全に解体されたわけではなかった。スウェーデン市民は、いまだ自国の福祉制度に強い愛着を抱いていた。不平等は確かに広がったが、アメリカやイギリスで見られるほどではなかった。貧困水準は低いままだし、社会的給付の水準は高く維持されていた。スウェーデンの事態は「限定された新自由主義化」と呼びうるものであり、同国における種々の社会的指標がおおむね高い水準に維持されていることはその表われである。

◆鍵をかけられた認識：鍵をかけられた檻の中にいるように、人々の認識が一定の閉じられた枠内でのみ機能し、その枠内で見えるものしか見えない状態。

地理的不均等発展のダイナミズム

ここに集められた種々の証拠が示唆しているのは、不均等な新自由主義化が、外部のヘゲモニー権力（たとえばアメリカ）によって強制されたものであるだけでなく、それと同じぐらいに、国や地域やさらには大都市の間でさえ何らかの統治モデルをめぐって分岐とイノベーションと競争（時に独占的なそれ）

が生じたことの結果であるということである。よりきめ細かく分析すれば、個々の事例において多くの諸要因が新自由主義化の度合いに影響を与えたことがわかる。新自由主義化において作用した諸力を分析したこれまでの伝統的なアプローチが焦点を当ててきたのは、種々の新自由主義思想の一定の組み合わせが与えた影響力であり（イギリスとチリの事例でとくに顕著だ）、さまざまなタイプの金融危機に対応する必要性であり（メキシコと韓国の場合）、グローバル市場における競争力を強化しようとしてよりプラグマティックに国家機構の改革に取り組んだことであった（フランスと中国の場合）。これらはいずれもそれなりに重要な諸要因ではある。だが、階級的諸力が作用している可能性が何ら検討されていないのは、まったく驚くべきことだ。たとえば、その時々における支配的思想がある特定の支配階級の思想であるかもしれないという可能性さえ考慮されていない。シンクタンクへの投資、テクノクラートの教育、メディア支配など、ビジネス・エリートや金融界の側が思想とイデオロギーの創出に大規模に関与しているという圧倒的な証拠があっても、そうなのだ。金融危機が資本のストライキ◆や資本逃避や金融投機によって引き起こされた可能性や、あるいは金融危機が「略奪による蓄積」を促進するために人為的に画策された可能性は、あまりにも陰謀論的だとして頭から退けられている。あれこれの通貨に対していっせいに投機攻撃がかけられていることを疑わせる形跡が無数に存在しているというのにである。どうやら、新自由主義化の地理的に不均等で複雑な軌道を解釈するにあたっては、もう少し広範な分析枠組みが必要なようだ。

◆資本のストライキ：投資家がいっせいに投資を控えるなどの行動を取ること。

それぞれの国の具体的な文脈や社会的諸制度に対して一定の注意が払われなければならない。なぜなら、シンガポールからメキシコ、モザンビーク、スウェーデン、イギリスに至るまで、これらの諸要因は多岐にわたっており、その結果、新自由主義への転換が容易になるかどうかも異なってきたからだ。南アフリカの事例はとりわけ複雑である。この国はアパルトヘイト崩壊後、さまざまな希望に燃えて再興されたのだが、グローバル経済への再統合に必死になったあげく、ＩＭＦと世界銀行に説得されたり強制されたりして、新自由主義的方針を受け入れた。そのあまりに当然の帰結として、今や経済的アパルトヘイトが、以前から存在している人種的アパルトヘイトを広範に強化している。▼40 また、絶えず変化する国内の階級的力関係も重要な決定要素であった。組織労働者が何とかその力を維持しているか、あるいは新たに力を獲得している（韓国の場合）度合いに応じて、新自由主義化は頑強な障害物にぶつかったし、それを克服できない場合もあった。組織労働者の力を弱体化させたり（イギリス、アメリカ）、それとの対決を回避したり（スウェーデン）、それを暴力的に破壊すること（チリ）は、新自由主義化の必要な前提条件である。さらに、アメリカやスウェーデンの事例に見られるように、新自由主義化はしばしば、ビジネス界と企業が権力や自立性や結束力を高めてきたかどうか、あるいは階級として国家権力に圧力をかけることができるかどうかにかかっている。こうした圧力行使を最も容易にする手段は、直接的には、金融機関、市場のビヘイビア、資本のストライキ、資本逃避であり、間接的には、選挙への影響力行使、ロビー活動、贈収賄や不正行為である。あるいはもっと巧妙に、経済についての考え方を支配することもその一手段である。新自由主義が一般市民の常識的理解の中に組み込まれるようになるかどうかは、社会的連帯の力への信頼がどれだけあるか、集団的な社会的責任・社会福祉の伝統がどれほどの重みを有しているかによって大きく変わってくる。したがって、民衆の常識の基礎にある文化的・政治的伝統といったものは、個人的自由や自由市場による決定という理念が社会秩序の他の形態に代わってどれほど政治的に受け入れられるかの度合いに一定の相違をもたらす役割を果たしてきたのである。

しかし、新自由主義化の最も興味深い一面はおそらく、国内の発展力学と国外の諸力との複雑な相互作用であろう。後者の要因が優勢だと合理的に解釈される場合もあるかもしれないが、たいていの場合、こうした関係性ははるかに入り組んでいてあいまいなものである。チリでは結局、クーデターの開始にあたってアメリカの支援を求めたのはチリの上層階級であったし、また――アメリカで教育されたテクノクラートの助言にもとづいていたとはいえ――新自由主義的再編をその後の進路として受け入れたのも彼らであった。スウェーデンでも、難航していた国内の新自由主義的政策目標を遂行するためにEUへの加盟を利用しようとしたのは、スウェーデンの雇用者であった。IMFの最も厳格な再編プログラムでさえも、誰かからの支持が国内にわずかでもなくては、進みそうにない。ある国で何らかの階級勢力が全力で追求している目標であっても、それを実際に遂行した責任がIMFだけにあるように見えることもある。だがIMFの勧告を拒否できた成功例もあるし、この場合、「ウォールストリート－財務省－IMF」複合体が言われているほどには全能ではないことが示されている。崩壊（旧ソヴィエト連邦や中央ヨーロッパ）、内戦（モザンビーク、セネガル、ニカラグア）、社会の荒廃（フィリピン）などのために、国内の権力構造が空洞化したり、国内の社会的諸制度が完全な混乱に陥ったりする場合でもないかぎり、外国勢力が新自由主義的再編を意のままに操っているのを目にすることはない。しかも、こうした場合、新自由主義的再編の成功率も低下する傾向にある。というのも、強力な国家、強固な市場、法的諸機関などが存在しなければ、新自由主義は機能できないからである。

同じく、「良好なビジネス環境」をつくって地理的に移動の自由な資本を引き寄せたり定着させたりするというあらゆる国家に課せられた責務が、とりわけ先進資本主義国（たとえばフランス）で一定の役割を果たしたことも、疑う余地のない事実であろう。だが、ここで奇妙なのは、世界銀行の二〇〇四年度版『世界開発報告』[41]でもそうなのだが、新自由主義化と良好なビジネス環境とがあまりにもしばしば同一視されていることだ。新自由主義化が、近年のインドネシアやアルゼンチンで見られたような社会的騒乱や政治的不安定さを引き起こしているのなら、また、不況をもたらしたり国内市場の成長を制約したりするのなら、新自由主義化は投資を促しているというよりも、それを撥《は》ねつけていると言う方が、明らかにたやすかろう。[42] たとえばフレキシブルな労働市場や金融自由化のような新自由主義政策の一部が完璧に実施された場合でさえ、移動の自由な資本を引き寄せるのにそれだけで十分かどうかはわからない。しかもその上、どんな種類の資本が引き寄せられるのかという、はるかに深刻な問題がある。高付加価値産業を引きつけるような堅実な社会的諸制度やインフラ整備だけでなく、投機熱も、証券投資を目的とした資本をたやすく引き寄せることができる。「ハゲタカ資本」を引き寄せることが、価値のある事業とはとうてい思われないが、実際には、スティグリッツなどの評論家が率直に認めているように、これこそ新自由主義化があまりに頻繁に実現してきたことなのだ。

地政学的な位置という付随的な事情も一定の役割を果たしてきた。冷戦の前線国家としての韓国の位置は、当初はその開発主義に対するアメリカの保護をもたらした。アフリカにおける前線国家というモザンビークの位置は、同国を内戦へと導いた。なぜなら、社会主義を建設しようとするモザンビーク解放戦線の試みを阻止しようと、南アフリカが内戦を挑発したからである。この内戦の結果、モザンビークは巨額の債務を抱え、新自由主義的再編を指向するＩＭＦの格好の餌食になった。[43] 中米地域やチリをはじめとする各地でアメリカによって支援された反革命政府が成立したが、これもしばしば同じような結果をもたらした。各国の特殊な地理的位置さえも一定の役割を果たしてきた。たとえば、メキシコがアメリカと国境を接していて、とりわけその圧力の影響を受けやすいといったような場合がそれである。また、アメリカが共産主義の脅威を防ぐ必要がなくなったという事実は、新自由主義的再編が各地で大規模な失業や社会的騒乱を引き起こしても、アメリカがそれを気にかける必要がなくなったことを意味している。ベトナム戦争中ずっとアメリカを支持してきた忠実なタイ国民には大いに気の毒なことに、タイが苦境に陥った時に救いの手は差し伸べられなかった。それどころか、アメリカの金融機関も他国の金融機関と同じく舌なめずりするハゲタカ資本の一部として振る舞ったのである。

しかし、不均等な新自由主義化のこうした複雑な歴史のうちには一つの厳然たる事実が存在する。それは、社会的不平等が拡大し、社会の最も不幸な人々が緊縮政策の寒風や周辺化の進行という陰鬱な運命にさらされてきた――たとえばインドネシア、メキシコ、イギリスなどで――という普遍的傾向が見られることである。こうした傾向は国によっては社会政策で緩和されることもあったが、他方で、社会のもう一方の極に与えた効果はまったく絶大なものであった。今日、富や権力は、資本主義の上層部に途方もなく集中しており、これは一九二〇年代以降初めて見られる事態なのだ。世界の主要な金融センターへの剰余金の流入量は実に驚くべきものだ。しかし、さらに驚くべきは、このすべてを新自由主義化の単なる副産物――たとえ場合によっては不幸な副産物だとされていても――とみなす傾向が存在することである。このこと〔富や権力の集中〕こそが新自由主義化の本質であり、その根本的核心であったかもしれないという考えは――ただその可能性だけでも――思いつきもしないようだ。新自由主義理論の真髄の一つは、自立、自由、選択、権利などの聞こえのいい言葉に満ちた善意の仮面を提供し、剝き出しの階級権力の各国および国際的な――とりわけグローバル資本主義の主要な金融中心国における――回復と再構築がもたらす悲惨な現実を隠蔽することなのである。

【原注】

▼1 Peck, 'Geography and Public Policy'.

▼2 World Bank, *World Development Report 2005: A Better Investment Climate for Everyone* (New York: Oxford University Press, 2004)［邦訳：世界銀行編『投資環境の改善』田村勝省訳、シュプリンガー・フェアラーク東京、二〇〇五年］。

▼3 Gowan, *The Global Gamble*.

▼4 Duménil and Lévy, 'The Economics of US Imperialism'.

▼5 Stiglitz, *The Roaring Nineties*［邦訳：スティグリッツ『人間が幸福になる経済とは何か』］。

▼6 R. Brenner, *The Boom and the Bubble: The US in the World Economy* (London: Verso, 2002)［邦訳：ロバート・ブレナ

ー『ブームとバブル――世界経済のなかのアメリカ』石倉雅男・渡辺雅男訳、こぶし書房、二〇〇五年〕。

▼7 S. Corbridge, *Debt and Development* (Oxford: Blackwell, 1993).

▼8 Stiglitz, *Globalization and its Discontents*, 97〔邦訳：スティグリッツ『世界を不幸にしたグローバリズムの正体』一四六～一四七頁〕。

▼9 Chua, *World on Fire*〔邦訳：チュア『富の独裁者』〕。

▼10 Henderson, 'Uneven Crises'; Stiglitz, *Globalization and its Discontents*, 99〔邦訳：スティグリッツ『世界を不幸にしたグローバリズムの正体』一四九頁〕。後者はこの見解に同意している。「資本取引の自由化こそが、この危機を招いた唯一の最重要要因であった」。

▼11 Stiglitz, *Globalization and its Discontents*, 129-30〔邦訳：スティグリッツ『世界を不幸にしたグローバリズムの正体』一九〇～一九一頁〕。

▼12 Ibid.〔邦訳：同書〕。

▼13 Vasquez, 'The Brady Plan'.

▼14 D. MacLeod, *Downsizing the State: Privatization and the Limits of Neoliberal Reform in Mexico* (University Park: Pennsylvania University Press, 2004).

▼15 C. Lomnitz-Adler, 'The Depreciation of Life During Mexico City's Transition into "The Crisis"', in J. Schneider and I. Susser (eds.), *Wounded Cities* (New York: Berg, 2004) 47-70.

▼16 D. Davis, *Urban Leviathan: Mexico City in the Twentieth Century* (Philadelphia: Temple University Press, 1994).

▼17 MacLeod, *Downsizing the State*, 90-4.

▼18 Ibid. 71.

▼19 J. Nash, *Mayan Visions: The Quest for Autonomy in an Age of Globalization* (New York: Routledge, 2001).

▼20 J. Forero, 'As China Gallops, Mexico Sees Factory Jobs Slip Away', *New York Times*, 3 Sept. 2003, A3.「低コストの工場とアメリカ合衆国への輸出力の点で長らく王者であったメキシコ〔……〕は、中国とその何億人もの低賃金労働者によって急速にその地位を追われた。〔……〕メキシコ政府の発表によれば、二〇〇一年以降、累計で、三七〇〇のマキラドーラのうちの五〇〇区域が閉鎖され、二一万八〇〇〇人が職を失った」。最近の報告によれば、各産業がより効率的でフレキシブルなものになり、米国の近接地域を利用して小売業者の在庫を最小限に抑える安定配送を確保することができるようになってから、マキーラ地帯の雇用は回復しつつあるとのことである。次を参照。E. Malkin, 'A Boom Along the Border', *New York Times*, 26 Aug. 2004, W1 and W7.

▼21 MacLeod, *Downsizing the State*, 99-100; Chua, *World on Fire*, 61-3［邦訳：チュア『富の独裁者』九四〜九八頁］。同書はカルロス・スリムの活動を簡潔に紹介している。

▼22 S. Sharabura, 'What Happened in Argentina?', *Chicago Business Online*, 28 May 2002, http://www.chibus.com/news/2002/05/28/Worldview.

▼23 J. Petras and H. Veltmeyer, *System in Crisis: The Dynamics of Free Market Capitalism* (London: Zed Books, 2003), 87-110.

▼24 S. Soederberg, *Contesting Global Governance in the South: Debt, Class, and the New Common Sense in Managing Globalisation* (London: Pluto Press, 2005).

▼25 J. Salerno, 'Confiscatory Deflation: The Case of Argentina', Ludwig von Mises Institute, http://www.mises.org/story/890.

▼26 Petras and Veltmeyer, *System in Crisis*, 86.

▼27 V. Chibber, *Locked in Place: State-Building and Late Industrialization in India* (Princeton: Princeton University Press, 2003).

▼28 Ibid. 245.

▼29 R. Wade and F. Veneroso, 'The Asian Crisis: The High Debt Model versus the Wall Street-Treasury-IMF Complex', *New Left Review*, 228 (1998), 3-23.

▼30 M. Woo-Cumings, *South Korean Anti-Americanism*, Japan Policy Research Institute Working Paper 93 (July 2003) [http://www.jpri.org/publications/workingpapers/wp93.html].

▼31 Ibid. 5.

▼32 Stiglitz, *Globalization and its Discontents*［邦訳：スティグリッツ『世界を不幸にしたグローバリズムの正体』］。

▼33 Ibid. 130［邦訳：同書、一九一頁］。

▼34 Woo-Cumings, *South Korean Anti-Americanism*, 4.

▼35 Stiglitz, *Globalization and its Discontents*, 130, 206-7［邦訳：スティグリッツ『世界を不幸にしたグローバリズムの正体』、一九一頁、二九四〜二九六頁］。

▼36 Blyth, *Great Transformations*, 205.

▼37 Ibid. 238-42.

▼38 Ibid. 229-30.

▼39　Ibid. 231-3.

▼40　P. Bond, *Elite Transition: From Apartheid to Neoliberalism in South Africa* (London: Pluto Press, 2000); id., *Against Global Apartheid: South Africa Meets the World Bank, the IMF and International Finance* (London: Zed Books, 2003)

▼41　World Bank, *World Development Report 2005*〔邦訳：世界銀行編『投資環境の改善』〕。

▼42　Stiglitz, *Globalization and its Discontents*〔邦訳：スティグリッツ『世界を不幸にしたグローバリズムの正体』〕。同書はしばしばこの点に立ち戻っている。

▼43　J. Mittelman, *The Globalization Syndrome: Transformation and Resistance* (Princeton: Princeton University Press, 2000), 90-106〔邦訳：ジェームズ・ミッテルマン『グローバル化シンドローム——変容と抵抗』田口富久治他訳、法政大学出版局、二〇〇二年、一一七〜一三九頁〕。

第5章

「中国的特色のある」新自由主義

鄧小平

一九七六年の毛沢東の死が招いた政治の不安定と数年間にわたる経済停滞という二重の困難に直面して、一九七八年一二月、鄧小平率いる中国指導部は経済改革計画を発表した。鄧小平が初めから隠れ「走資派」（文化大革命中に毛沢東にそう呼ばれていたように）であったのか、それとも、改革は単に、周辺の東アジアと東南アジアで台頭する資本主義的発展の波に抗して中国の経済的安全を確保しその威信を高めるための必死の方策にすぎなかったのか、確かなことは知るよしもない。この改革はたまたま、イギリスとアメリカが新自由主義的解決策へと転換したのとちょうど同じ時に起こった。そしてこの符合は、世界史的な意義を持つめぐり合わせだと考えざるをえない。その結果、中国では、権威主義的な中央集権的統制と絡み合いながら新自由主義的な諸要素がますます組み込まれていく独特の市場経済が構築された。権威主義と資本主義市場とが両立可能なことは、すでにチリや韓国や台湾やシンガポールなどではっきりと立証済みである。

中国の長期的な目標である平等主義は放棄されなかったが、鄧小平は、生産性を向上させて経済成長を引き起こすためには、個人と地域のイニシアティブを解き放つことが必要だと主張した。当然、ある程度の不平等が生じるのは避けがたいが、それは甘んじて受け入れる必要があるとみなされた。「小康」――すべての市民に一定のゆとりを提供する理想社会という概念――というスローガンのもとで、鄧小平は、農業、工業、科学技術、国防の「四つの現代化」に重点を置いた。この改革は、中国経済の内部で市場の力を発揮させようとするものであった。国有企業間で競争を刺激し、それによってイノベーションと成長が起こるだろうという考えであった。市場価格制が導入されたが、政治と経済の権限を各地域・各地方に速やかに委譲したことに比べれば、おそらくはるかに重要性の劣るものであった。後者の政策はとりわけ有効なものであることがわかった。北京の因習的な中央権力との対決を避けつつ、地方のイニシアティブでもって新しい社会秩序への道を切り開くことができたからである。また何らかの革新的実験が失敗しても、一地方のこととしてあっさり無視することができた。この取り組みを強化するために、中国は、国家による厳しい統制のもとではあったが、自国の市場を外国貿易と外国投資に開放し、こうして世界市場からの中国の孤立に終止符を打った。最初のうち実験には限定が課され、主に、香港に近くて、なお都合がいいことに北京から遠く離れていた広東省で行なわれた。外国へのこうした開放の狙いの一つは技術移転をもたらすことであった（そのため、外国資本と中国のパートナーとの合弁事業が重視された）。もう一つの狙いは、十分な外貨準備を手に入れて、経済成長の内的ダイナミズムを強化するのに必要な諸手段を購入することであった▼1。

　もし同じ時期に先進資本主義諸国で世界市場のあり方をめぐる重要だが一見この動きと無関係に見える転換が起きなかったならば、これらの改革は、われわれが現在付与しているような重要性を帯びることはなかったろうし、その後における中国の並外れた経済発展が実現することもなかったろう。一九八〇年代に国際貿易に関する新自由主義政策の力がしだいに増幅していき、世界全体を市場と金融の強力な諸力に開放した。そうすることによってそれは、中国が世界市場へと騒々しく参入し組み込まれていく空間を切り開いた。これはブレトンウッズ体制のもとではとうてい不可能なことであった。一九八〇年以降、中国はグローバルな経済大国として華々しく登場するようになったが、それは、先進資本主義世界の新自由主義的転換の意図せざる結果でもあったのである。

国内の変遷

こう言ったからといって、中国それ自身の内部における改革の動きの紆余曲折した道筋の重要性を軽視するわけではない。というのも、階級関係や私的所有や、その他、一般に資本主義経済の成長の基礎となっている社会的諸制度が同時に変化しなければ、市場といえどもほとんど経済を転換させることはできないからである（中国は何よりもこのことを学ばなければならなかったし、ある程度はいまだに学んでいる最中である）。この道筋に沿った発展は何度となく途切れ、しばしば緊張と危機に彩られていた。その際、外部からの衝撃が、あるいは外部からの脅威さえもが一定の役割を果たした。そのいっさいが、状況に適応しながらの意識的な計画の結果だったのか（鄧小平が「石を探って河を渡る」◆と言ったように）、それとも、鄧小平の市場改革の当初の前提から生じた冷徹な論理が共産党の政治家たちの背後で作用した結果だったのか、それは疑いもなく長期にわたって議論の対象となるだろう。[2]

◆石を探って河を渡る：足元の石を確認しながら川を渡るように、試行錯誤と学習を繰り返しながら慎重に大事業を行なうこと。

間違いなく言えるのは、中国が、後の一九九〇年代に国際通貨基金（ＩＭＦ）と世界銀行、「ワシントン・コンセンサス」によって、ロシアと中欧に押しつけられたような性急な民営化という「ショック療法」の道をとらなかったおかげで、これらの諸国を襲った経済的崩壊をかろうじて避けることができたということである。中国は、「中国的特色のある社会主義」――今日ではむしろ「中国的特色のある民営化」だと呼ぶ人もいるだろうが――に向けた独自の道を歩むことによって、国家によって操作された市場経済を構築し、二〇年以上にわたってめざましい経済成長（毎年平均一〇％近い成長率）を達成するとともに、人口のかなりの部分の生活水準を向上させた。[3] しかし改革はまた、環境の悪化と社会的不平等をもたらし、ついには、居心地の悪いことに資本家階級の権力の再構築にも似た事態をも招くにいたったのである。

この変化全体がたどった道筋の大まかな見取り図なくして、その詳細を理解することは困難である。権力の排他的独占を維持する決意を固めている共産党内部での不可解な権力闘争によって覆い隠されているために、その政治力学を見抜くのは難しい。党大会で承認された重要な決定が、改革の進路の各段階を準備する。しかしながら、共産党が、その足元で資本家の階級権力が積極的に再構築されるのを安易に認めてきた可能性は低いだろう。共産党が経済改革に取り組んだのは、富を蓄え、技術力を向上するためであり、そうすることで、国内の反対世論をよりうまく管理し、国外の攻撃から国を守り、急速に発展する東アジアと東南アジアにおける直接的な地政学的利害圏域に自国の影響力を確保するためであったのは、ほぼ間違いない。経済発展は、それ自体が目的というよりも、こうした目的のための手段とみなされていたのである。さらに、発展が実際にたどった経路は、中国国内で資本家階級のいかなる結束した権力ブロックの形成をも防ぐという狙いに沿っているように思われる。海外直接投資（ＦＤＩ）に大きく依存しているために（これは日本や韓国がとった戦略とはまったく異なった経済発展戦略である）、資本家階級の所有権力は国内に及ぶことはなく（表５－１）、少なくとも中国の場合には、国家による統制が多少なりとも容易になっている。[4] 国外からの証券投資に対して設けた障壁は、国際金融資本が中国政府を左右する力を効果的に制限している。国有銀行による以外の金融調達形態――たとえば株式市場や資本市場――を積極的に許可しないことによって、資本が国家権力と渡り合うための主要な武器の一つを奪っている。同様に、各企業の経営自主権を自由化しつつも国家所有構造を温存しようとする長年の努力も、資本家階級の形成を抑制する試みの一種とみなすことができよう。

しかし共産党は、数多くのやっかいなジレンマにも直面せざるをえなかった。華僑が外国との重要な結びつきをもたらし、一九九七年に中国に返還された香港は、すでに資本主義的路線に沿った社会構造を有

表5-1　外資導入の規模：対外借款、海外直接投資（FDI）、現物貸付◆

（1979～2002年）

	合計額（単位：億ドル）				外資導入額全体に占める割合（単位：%）		
	総計	対外借款	実質FDI流入額	現物貸付	対外借款	実質FDI流入額	現物貸付
1979-1982	124.57	106.90	11.66	6.01	85.82	9.36	4.82
1983	19.81	10.65	6.36	2.80	53.76	32.10	14.13
1984	27.05	12.86	12.58	1.61	47.54	46.51	5.95
1985	46.45	26.88	16.61	2.96	57.87	35.76	6.37
1986	72.57	50.14	18.74	3.69	69.09	25.82	5.08
1987	84.52	58.05	23.14	3.33	68.68	27.38	3.94
1988	102.27	64.87	31.94	5.46	63.43	31.23	5.34
1989	100.59	62.86	33.92	3.81	62.49	33.72	3.79
1990	102.89	65.34	34.87	2.68	63.50	33.89	2.60
1991	115.55	68.88	43.66	3.01	59.61	37.78	2.60
1992	192.03	79.11	110.07	2.85	41.20	57.32	1.48
1993	389.60	111.89	275.15	2.56	28.72	70.62	0.66
1994	432.13	92.67	337.67	1.79	21.44	78.14	0.41
1995	481.33	103.27	375.21	2.85	21.46	77.95	0.59
1996	548.04	126.69	417.26	4.09	23.12	76.14	0.75
1997	587.51	120.21	452.57	14.73	20.46	77.03	2.51
1998	579.36	110.00	454.63	14.72	18.99	78.47	2.54
1999	526.6	102.12	403.19	15.18	19.4	76.6	2.88
2000	594.5	100	407.1	17.71	16.8	68.5	2.98
2001	496.8	—	468.8	18.4	—	94.4	3.7
2002	550.1	—	527.4	21.3	—	95.9	3.87

◆現物貸付：対外借款および直接投資と並ぶ外資導入方法で、基本的に生産設備や原材料などの現物商品がリースや補償貿易、委託加工といった契約形態で貸し付けられる。

（出典：Huang, 'Is China Playing by the Rules?'）

していた。中国はこの両者と妥協する必要があったし、もちろん、二〇〇一年に加入した世界貿易機構（WTO）が定める国際貿易の新自由主義的ルールにも縛られた。自由化を求める政治的な要求も出現しはじめた。労働者の抗議は一九八六年に表面化した。これらの労働者に共感するとともに、自由の拡大という独自の要求をも掲げた学生運動は、一九八九年に頂点に達した。経済の新自由主義化と平行して進んだ政治領域での恐るべき緊張は、ついには天安門事件における学生の大虐殺へと結びついた。鄧小平は、共産党の改革派の希望に反して暴力による断固たる措置をとったが、これは、経済の新自由主義化が人権、市民的・民主的権利の分野での進歩をともなうものではないことをよく示している。鄧小平の分派は、政治的な抑圧を行ないつつも、生き残るために新自由主義的な改革をさらに押し進める必要があった。この点について汪暉は次のように総括している。

> 通貨政策が主な管理手段となった。外国為替レートが大幅に整理され、単一レートに向かった。輸出と貿易が、競争と損益責任の引き受けというメカニズムを通じて運用されるようになった。「二重の」価格制（価格双軌制）の範囲が縮小した。上海と浦東の開発特区は完全に開放され、さまざまな地方の開発特区も軌道に乗った。▼5

外国への開放が経済発展にどのような成果をもたらしているのかを自分の目で確かめるために、一九九二年、年老いた鄧小平は中国南部を視察し（南巡）、十分満足していると述べた。彼は「豊かになるのはいいことだ」と語り、さらにこうつけ加えた――「ネズミを捕るのであれば、赤猫［後に「白猫」として流布］でも黒猫でもかまわない」。いまだ共産党の注意深い監視のもとではあるが、中国全体が市場の力と外国資本に開放された。社会的騒乱を未然に防ぐために、都市部では消費民主主義が促進された。それと同時に、時として共産党の手に負えないように見えるほど、市場にもとづく経済成長が加速した。

一九七八年に鄧小平が改革開放路線を開始した時、中国の重要産業のほとんどすべてが公有部門に属していた。国有企業（SOE）が経済の主要部門を支配していた。大方の意見では、それらはまずまずの利益をあげていた。国有企業は、労働者の雇用を保障するだけでなく、広範な福利厚生と年金給付（それは「鉄飯碗《アイアン・ライスボール》」と称され、国家によって保障された基本的生活水準を意味している）を提供していた。さらに、省や市、地方の行政組織の統制のもとで、多様な公有企業が存在していた。農業部門は人民公社制度によって組織されていたが、この制度が生産性の点で遅れており、改革の必要が大きいことは、衆目の一致するところであった。福祉制度と社会的給付はこれらの各部門に内部化されており、均等なものではなかった。農村住民は最も保障されておらず、戸口《フコウ》制度◆によって都市住民から切り離されていた。この制度によって、都市住民には多くの福祉給付と権利が与えられた反面、農村住民にはそれが与えられなかった。この制度はまた、農村から都市への大規模な移住を阻止する役にも立った。各部門は地域ごとにまとめられた国家計画制に統合されており、その中で、生産目標が割り当てられ、計画にしたがって資源が配分された。国有の諸銀行は主として貯金を預ける機関として存在し、国家予算の枠外で投資のための資金を供給した。

◆戸口制度：農村住民の居住地を制限するために一九五八年に導入された戸籍制度。その生まれた場所に応じて農村戸口と都市戸口に分けられ、都市に住めるのは都市戸口を持つ者だけとされた。農村戸口を放棄して都市に流入すると各種の社会保障が受けられず、種々の社会問題を引き起こした。

国有企業は長い間、経済の国家統制の安定的な中核であり続けた。それが提供する雇用保障と付加給付は――時が経つにつれ削減されていったとはいえ――長年にわたって国民の重要部分に社会的セーフティネットを保障してきた。だが、農業人民公社が解体され、個別化された「個人責任制」に移行したことで、国有企業の周囲により開かれた市場経済が創出された。郷鎮企業◆が人民公社の有していた資産からつくられ、これが、企業家精神、フレキシブルな労働慣行、開かれた市場競争の中心になった。完全な民営部門は当初、小規模生産や商業、サービス業でのみ認められ、賃労働者の雇用には制限が課せられていた（時が経つにつれしだいに緩和されたが）。さらに外国資本が流入し、一九九〇年代にその勢いを増した。それは当初は合弁事業と一定の地域に制限されていたが、結局は、不均等とはいえ、全国的に拡大していった。国有銀行システムは一九八〇年代を通じて拡大し、しだいに中央国家に代わって、国有企業や郷鎮企業、民間部門に融資するようになった。これらのさまざまな部門は、互いに無関係に発達したわけではない。郷鎮企業が最初の資金を農業部門から調達し、市場に最終生産物を供給したり国有企業に中間投入物を供給したりした。外国資本は時が経つにつれしだいに郷鎮企業や国有企業に食い込み、直接的にも（所有者という形で）、間接的にも（株主という形で）、民間部門の重要性が増した。国有企業の収益性が下がっていき、銀行からわずかな資金しか調達できなくなった。市場部門が力と重要性を増すとともに、経済全体が新自由主義的な構造に近づいていった。▼[6]

◆郷鎮企業：人民公社解体後に設立された村営・町営の企業のこと。郷も鎮も村や町を意味する下位の行政単位。業種は農業・工業・商業・建設業・交通運輸・飲食業など多岐にわたり、中国経済の中心を担うようになった。

では、各部門が時とともにどのように発展したのかをそれぞれ見ておこう。農業においては、農民は一九八〇年代初頭に、「個人責任制」のもとで、人民公社の土地を利用する権利を与えられた。彼らはまず余剰（人民公社の目標を超えた分）を、国家統制価格ではなく自由市場価格で売ることができた。一九八〇年代の終わりにはすでに、人民公社は完全に解体していた。農民は公式には土地を所有することはできなかったが、土地を賃借りし、人を雇い、生産物を市場価格で売ることができた（二重価格制は事実上崩壊していた）。その結果、農村の収入は年一四％という驚異的な割合で増加し、同様に生産高も一九七八年から一九八四年にかけて急上昇した。その後、一部の特別地域や生産部門をのぞいて、農村の収入は停滞し、実質的には減少しさえした（とくに一九九五年以降）。農村と都市の収入格差は顕著に広がった。一九八五年に平均年収がちょうど八〇ドルであった都市の収入は、二〇〇四年には一〇〇〇ドルを突破したのに対し、同時期の農村の収入は約五〇ドルから約三〇〇ドルに増えたにすぎない。さらに、以前は人民公社の内部で確立されていた集団的社会権が――当時から脆弱であったかもしれないが――失われ、農民は教育や医療などの受益者負担という重荷を背負う羽目になった。これは大半の都市定住民には当てはまらなかっただけでなく、都市の不動産法が都市住民に不動産の所有権を付与した一九九五年以降、都市住民はむしろ優遇されていた。なぜなら、都市住民は資産価値をあてにして投機を行なうことができるようになったからである。いくつかの推計によると、今では都市と農村の実質所得の格差は、世界の他のどの国よりも大きい[7]。

どこか他の場所で仕事を見つけざるをえなくなった農村からの移住者――その多くは若い女性であり、不法でかつ居住権もなかった――が都市に押し寄せ、巨大な労働予備軍（法的身分のあいまいな「流動的」過剰人口）を形成した。今や中国は「世界史上最大級の大移動の真っ只中」にあり、「アメリカや近代西欧世界の形を変えたあの大規模な人口移動もかすむほどである」。公式統計によると、中国には「都市で仕事をするために一時的あるいは永久に農村部を離れた移住労働者が一億一四〇〇万人おり」、政府の専門家によると、「その数は二〇二〇年までには三億人になり、最終的には五億人に達すると予想されている」。上海だけで「三〇〇万人の移住労働者をかかえている」。ちなみに、一八二〇年から一九三〇年までにアメリカに移住したアイルランド移民が全部で四五〇万人にのぼるだろうと考えられている[8]」。この労働力は超過搾取にさらされており、都市住民の賃金を押し下げている。しかし都市化の流れを押しとどめるのは難しく、年一五％程度の割合で都市化は進行している。農村部門には発展のダイナミズムが欠けているため、どんな問題でも都市で解決されるか、さもなくばまったく解決されないだろう、という見解が今では広く受け入れられている。農村地域への送金は、今では農村の住民が生きていくための不可欠な要素となっている。農村部門の悲惨な状態とそれが生み出している不安定は、今日、中国政府が直面している最も深刻な問題の一つである。▼9

人民公社が解体した時、それ以前の政治的および行政管理的権限は、一九八二年一二月の憲法改正のもとで新設された郷鎮政府に引き継がれた。これらの政府は、後の法律によって、人民公社の産業資産を所有できるようになり、それらを郷鎮企業に再編した。中央国家の統制から解放され、地方の行政府は概して企業家的なスタンスをとった。当初は農村の収入が増えたために、郷鎮企業へと再投資できる蓄えができた。地域にもよるが、外国資本（とくに香港から、あるいは華僑を通じて）との合弁事業も盛んになった。郷鎮企業は、上海などの大都市周辺の農村や、外資向けに解放されていた広東省などの地域でとくに活発であった。改革開放時代の最初の一五年間、郷鎮企業は経済発展のとてつもない活力源となった。一九九五年の時点ですでに郷鎮企業は一億二八〇〇万人を雇用していた（表5－2参照）。その中心には草の根のさまざまな実験があり、改革を正当化する根拠を提供するものとして機能した。▼10 郷鎮企業がやってみて成功したものは何でも、その後、国家の政策の基礎になりえた。そしてとくに成功したのは、輸出向けの消費財を生産する軽工業であり、それは急激な発展を遂げることができた。こうして中国は輸出主導型の工業化の道をたどることになったのである。しかしながら、政府が発展は輸出主導型であるべきとの考えを表明したのは、ようやく一九八七年になってからのことであった。

だが、そもそもこの郷鎮企業とはいったい何であるのか、これに関する説明は実にさまざまである。ある者は証拠を示して、「名前以外は完全に」民営事業であり、農村や移住労働者――とりわけ若い女性――をきわめて安く搾取し、何の規制も及ばないところで操業している、としている。郷鎮企業はしばし

表5-2　中国の雇用構造の変化（1980～2002年）（単位：100万人）

	1980	1990	1995	2000	2002
合計	423.6	647.5	680.7	720.9	737.4
都市部	105.3	170.4	190.4	231.5	247.8
公有	80.2	103.5	112.6	81.0	71.6
（うち国有）	67.0	73.0	76.4	43.9	35.3
集団	24.3	35.5	31.5	15.0	11.2
合弁	0	1.0	3.7	13.4	18.3
外資	0	0.7	5.1	6.4	7.6
私営	0.8	6.7	20.6	34	42.7
その他	0	23.1	16.9	81.6	96.4
農村部	318.4	477.1	490.3	489.3	489.6
郷鎮	30.0	92.7	128.6	128.2	132.9
私営		1.1	4.7	11.4	14.1
自営		14.9	30.5	29.3	24.7
農民	288.4	368.4	326.4	320.4	317.9

（出典：Prasad, *China's Growth and Integration into the World Economy*, table 8.1）

ばみじめなほど安い賃金しか支払わず、いかなる付加給付も法的保護も提供しなかった。しかし、法的保護を提供するだけでなく限定的な福利厚生と年金給付も出す郷鎮企業もあった。過渡期の混乱の中で、あらゆる種類の格差が出現し、それはしばしば各地域や各地方で独特の現われ方をした。[11]

一九八〇年代の間に、中国の驚異的な成長率の原動力がほとんど国有企業部門の外部から発していることが明らかになった。文化大革命の時代には、国有企業はその労働者に対して雇用保障と社会的保護を与えていた。しかし一九八三年に、国有企業は、いかなる社会的保護もなく雇用期間に定めのある「契約労働者」を雇うことができるようになった。[12]また国有企業には、所有者たる国家からの大幅な経営自主権が与えられた。経営者は、それが生み出した利潤の一定の割合を保持し、目標以上に生産した分の余剰を自由市場価格で売ることができた。自由市場価格は公定価格よりもはるかに高かったために、結局短命に終わった厄介な二重価格制を生み出した。これらのインセンティブにもかかわらず、国有企業は成功しなかった。その多くは負債を抱え、中央政府か国有銀行による支援を受けざるをえなかった。国有銀行は、国有企業に有利な条件で貸付を行なうように奨励されていた。これは、後になって国有企業に対する不良債権額が幾何級数的に増大した時に、銀行に深刻な問題を突きつけることになった。国有企業部門をもっと改革すべきだという圧力が高まった。それゆえ一九九三年に中央政府は、「大中規模の国有企業を対象として、有限会社か株式会社に転換する」ことを決めた。有限会社は「二人から五〇人の株主」を擁し、株式会社は「五〇人以上の株主を擁し、公開株を発行することができた」。一年後には、はるかに大規模な企業化計画が発表された。最も重要な国有企業以外のすべての国有企業は、名目上は全従業員が株式購入権をもっている「株式協同組合」へと転換されることになった。国有企業の民営化ないし株式会社化のさらなる波は、一九九〇年代後半に起こった。国有企業は一九九〇年には製造業の雇用の四〇%を占めていたが、二〇〇二年にはすでにその割合はわずか一四%にまで落ち込んだ。最も最近の措置では、郷鎮企業と国有企業のどちらに関しても外国人による全面的な所有権が認められるようになった。[13]

海外直接投資は一九八〇年代にきわめて複雑な結果をもたらした。当初それは、南部沿海地方の四つの経済特区へと向けられた。これらの経済特区の「最初の目標は、外貨獲得のために輸出品を生産することであった。それはまた、外国の専門技術や経営技術を習得するための社会的・経済的な実験室としての役割も果たした。経済特区は、免税期間《タックス・ホリデー》の設定や利潤の早期本国送金の保障、インフラ設備の整備など、外国の投資家を引きつけるためのさまざまなインセンティブを提示した」[14]。しかし、自動車や工業製品などの分野で中国の国内市場を植民地化しようとする外国企業の当初のもくろみは、あまりうまくいかなかった。フォルクスワーゲンやフォード社は（かろうじて）生き残ったが、ゼネラルモーターズ（GM）は一九九〇年代初めに撤退した。最初の頃にははっきりとした成功を収めた唯一の分野は、労働集約型の輸出品部門であった。一九九〇年代初めに行なわれた海外直接投資の三分の二以上（そして生き残った事業の大部分）は、華僑（とくに香港や台湾の出身者）によって組織されていた。資本主義企業に対する法的保護が弱かったため、インフォーマルな地域関係と信用のネットワークが重要になり、それらを利用する特権的地位を有していたのが華僑だったからである。[15]

次に中国政府は外国投資に対して、「経済開放区」だけでなく、いくつかの「沿海開放都市」を指定した（図5－1）。一九九五年以後、政府は事実上、あらゆる種類の海外直接投資を全国で開放した。一九九七～九八年に製造業部門のいくつかの郷鎮企業を襲った倒産の波は、主要な都市中心部の多くの国有企業にも及び、重大な転機となった。その後、価格競争メカニズムが、中央政府から地域への権限委譲に代わって経済再編を推進するプロセスの中核となった。その結果、多くの国有企業が壊滅的な、あるいは少なくとも相当のダメージを受け、失業が急増した。相当大規模な労働紛争の報告があふれ（これについては後述する）、中国政府は政権を維持するために、巨大な過剰労働力を吸収しなければならないという問題に直面した。[16] 海外直接投資の流入をいっそう拡大することは重要かもしれないが、それだけに頼って問題を解決することはできなかった。

一九九八年以降、中国は、国債で調達した資金を、物的インフラを一変させる巨大プロジェクトに投資することによって、この問題を部分的に解決しようとした。それ自身すでに巨大な三峡ダム計画よりもはるかに大がかりな（少なくとも六〇〇億ドルを要する）プロジェクト、すなわち揚子江の水を黄河に引く計画◆が企てられている。都市化のめざましい進展（一九九二年以降、少なくとも四二の都市が人口一〇〇万人を突破した）は、固定資本の莫大な投資を必要とした。主要都市では新たな地下鉄網と幹線道路が建設されており、内陸部と経済の活発な沿海部とを結ぶ八五〇〇マイルの新しい鉄道が計画されている。そこには、上海－北京間、そしてチベットをも結ぶ高速鉄道が含まれている。オリンピックの開催は北京に

図5-1　1980年代の中国における海外投資への開放状況

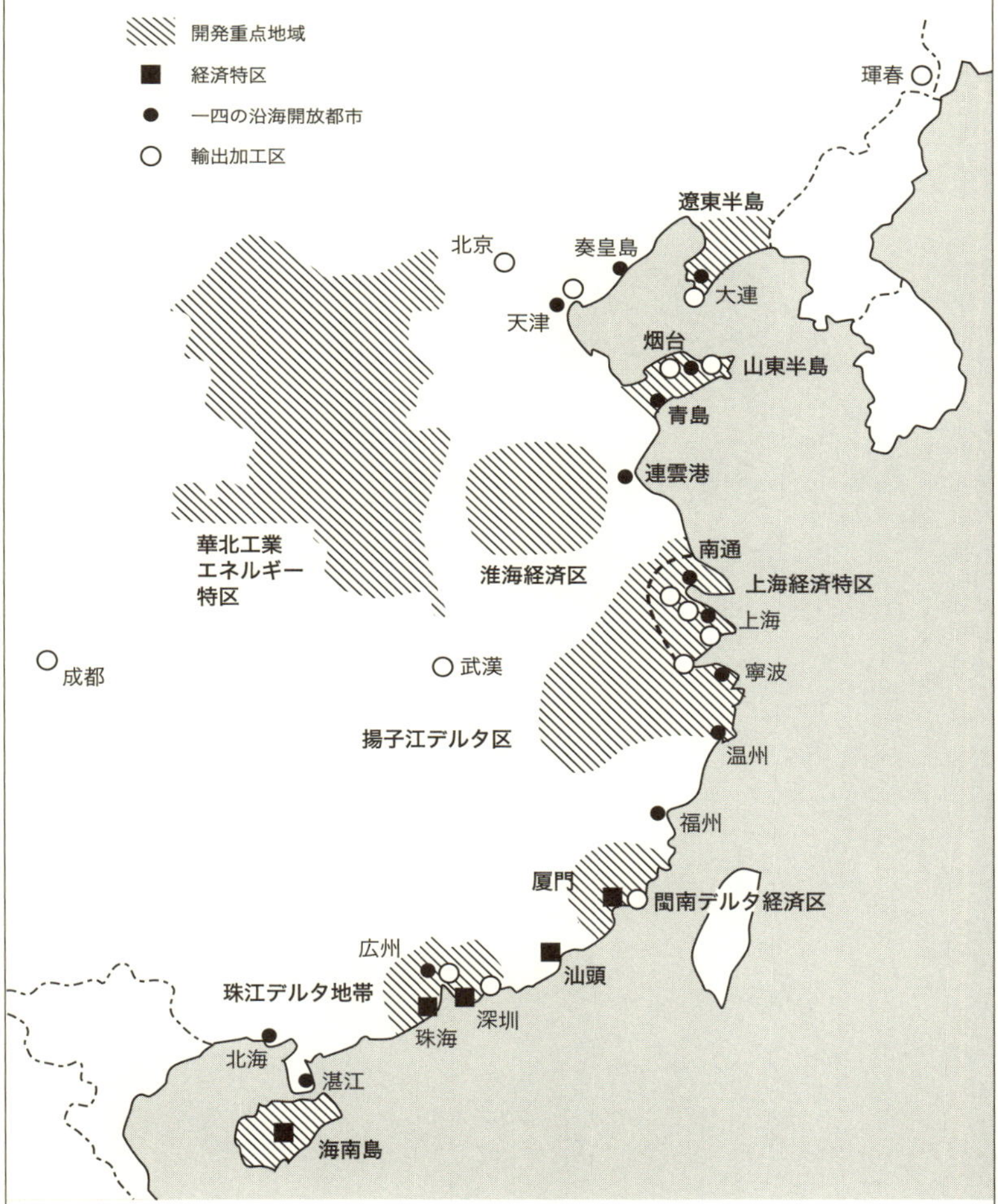

（出典：ディッケン『グローバル・シフト』）

おける大規模投資を刺激している。「また中国は、アメリカよりも広範囲にわたる全国高速道路網をわずか一五年で建設しようとしている。他方、実質上すべての大都市が、大規模な空港を建設中であるか、すでに建設を完了している」。最新の推計によると、中国では「一万五〇〇〇以上のハイウェイ事業が進行中であり、国の道路を一六万二〇〇〇キロメートル延長する予定である。これは地球の赤道四周分に等しい」[17]。この事業の総規模は、アメリカが一九五〇〜六〇年代に企てた州際高速道路網の建設よりもはるかに大きなものであり、今後何年にもわたって過剰資本と過剰労働力とを吸収する可能性をもっている。しかしながら、それは借金財政にもとづいている（古典的なケインズ主義スタイルである）。また、それは大きなリスクをもはらんでいる。もし投資に費やされた価値が順調に還流してこないならば、たちまち国家の財政危機が起こるだろう。

◆揚子江の水を黄河に引く計画：水不足の解消を目的とした「南水北調計画」と呼ばれる大計画で、一九九八年に提起され、二〇〇二年末から着工されている。

急激な都市化は、農村部から都市へと集まってくる巨大な労働予備軍を吸収する一つの方策を提供している。たとえば、香港のすぐ北にある東莞《トンガン》は、二〇年ちょっとの間に、単なる一つの町から、七〇〇万人の大都市へと爆発的に拡大した。しかし、「市の職員は、年率二三％の経済成長率に満足していない。彼らがつくり上げようとしているのは、三〇万人の技術者と研究者を引きつけるまったく新しい巨大郊外都市であり、いわば新中国の前衛である」[18]。そこはまた、世界最大のものになる予定のショッピングモールの建設地でもある（これをつくるのはある中国人億万長者で、アムステルダム、パリ、ローマ、ベネチア、エジプト、カリブ海、カリフォルニアをモデルとして、本物と見分けがつかないほど——とその億万長者は言う——細部にこだわってつくられる七区域からなるそうだ）。

このような一連の新しい都市は激烈な都市間競争に巻き込まれている。たとえば、珠江《じゅこう》デルタ地帯では、

「各都市はその近隣地域に需要を上回る過剰建設をすることによって」、できるだけ多くの事業を獲得しようとしている。「この結果しばしば重複が起こる。一九九〇年代後半には、半径一〇〇キロメートルの範囲に五つの国際空港がつくられた。同様のブームは港や橋についても始まりつつある」[19]。省や市は、そうした投資を抑制しようとする中央政府に抵抗している。その理由の一つは、省や市は不動産開発の権利を売ることによって、自分たちの計画に独自に資金供給できるからである。

各都市はまた、熱狂的な不動産開発や不動産投機の場にもなった。

「カジノ的メンタリティ」が国土を席巻した一九九〇年代の初めから半ばにかけて、銀行をはじめとする金融機関は、中国全土で大規模な不動産開発に対して無分別な融資を行なった。最高級のオフィス、贅をつくした大邸宅、仰々しい別荘やアパートが、北京や上海や深圳《しんせん》のような主要大都市だけでなく、農村や海辺のもっと小さな町の多くにも突如として出現した。〔……〕いわゆる「上海バブル」は、このかつてのくすんだ都市を、世界で最も魅惑的なメトロポリスに変えた。上海は一九九五年終わりには、一〇〇〇の超高層ビル、およそ一〇〇の五つ星ホテル、約一三五〇万平方フィートのオフィス空間――これは一九九四年の二七〇万平方フィートの五倍である――、ニューヨーク市よりも速く物件が次々と入る「ホットな」不動産市場を誇る都市となった。〔……〕一九九六年後半までにバブルは崩壊した。その主な原因は、効率の悪い資源配分と過剰設備投資であった[20]。

しかし、好況は一九九〇年代末にさらに勢いを増して再開し、二〇〇四年には主要都市の市場で過剰建設の噂が起こった[21]。

以上のことの背後にあったのは、国有銀行が大部分を占める中国の銀行システムが大きな金融上の役割を果たしていたことであった。この部門は一九八五年以降、急速に拡大した。たとえば一九九三年にはすでに、国営銀行の支店数は、「六万七八五店舗から一四万三七九六店舗へと増加し、従業員数は九七万三三五五人から一八九万三九五七人へと増加した。同時期、預金額は四二七三億元（五一六億ドル）から二兆三〇〇〇億元に増加し、総貸付額は五九〇五億元から二兆六〇〇〇億元へと増加した」[22]。その間に、銀行の支払額は政府の歳出の五倍になった。破産しかけている国有企業に大金が投じられ、明らかに銀行が「とくに不安定な不動産と建設部門において、『資産バブル』を生み出す主導的な役割を演じた」。不良債権が問題となり、最終的には中央政府は「不良債権を清算するために」、一九八七年にアメリカが預金貸付組合を救済するために使ったのとほとんど同じくらいの金額（この時のアメリカの救済措置の費用は、「一二三八億ドルの公的資金と金融機関から追加的に集めた二九一億ドルの預金保険料であった」）を費やす必要があった。たとえば二〇〇三年に中国は、二つの大きな政府系銀行に外貨準備金四五〇億ドルを注入したことを明らかにした。これは、「六年足らずの間に銀行システムに対してなされた三番目に大きな救済措置であった」[23]。とはいえ、金融資産の不良債権が中国の国内総生産（GDP）の三五％を占めるかもしれないとしても、GDPの三〇〇％以上に達するアメリカの連邦政府および消費者の突出した巨額債務と比べると色あせるのだが[24]。

一つの重要な点で中国は明らかに日本から学んだ。科学技術の現代化は――軍事目的であれ民生目的であれ――研究開発の一定の明確な戦略と密接に結びついていなければならないということだ。これらの分野に対する中国の投資はかなり大きい。アメリカが大いにいらだつことには、中国は今では、商業衛星を供給するサービスを提供するまでになっている。しかし、一九九〇年代後半以降、外国企業は多くの研究開発活動の拠点を中国へ移転させはじめた。マイクロソフト、オラクル社、モトローラ、ジーメンス、IBM、インテルなどがこぞって、中国に研究所を設立した。その理由は、中国は「科学技術の市場としてますます重要性と洗練の度合いを増している」からであり、「熟達した安上がりな科学者の大きな宝庫であり、同国の消費者はまだ比較的貧しいが豊かになりつつあり、新しい科学技術に熱心だからである」[25]。今では、英国石油会社（BP）やGMなどの巨大企業を含む二〇〇以上の外国の大企業が、研究活動のかなりの部分を中国で展開している。これらの企業は、中国の現地企業が自社の技術やデザインを違法に剽窃しているとみなしており、しばしば不平を述べている。しかし、中国政府が事態の介入に乗り気でなく、またこの問題をあまり強く主張しすぎると、世界最大の市場での活動を困難にする力を中国政府が持っているために、これに対して外国企業はほとんど何もできない。そして、これまで活発であったのは欧米企業だけではない。日本と韓国は、高い技術をもつ低賃金労働者を利用するために中国の大規模な「研究都市」に投資している。以上のことから、中国はハイテク部門の事業にとってきわめて魅力的な立地になっている[26]。インドのハイテク企業までもが、事業の一部を中国に移転させた方が安上がりだと考えている。現地のハイテク部門もまた多くの地域で離陸《テイクオフ》に成功した。たとえば深圳《しんせん》ではこうだ。「シリコンバレーを彷彿とさせるような大理石とガラスのしゃれた建物が多数立ち並ぶこのますます拡張しつつある区域には、華為《ファウエイ》社を通信設備事業における中国初の一大国際企業に押し上げるために働いている一万人もの技術者が居住している」。一九九〇年代後半に開始された「華為《ファウエイ》社の大規模投資は、アジア、中東、ロシアにおける販売網を確立するものであった。華為《ファウエイ》社は今では四〇ヵ国で商品を販売しており、その価格はしばしば競合他社の三分の一も安い」[27]。また、パソコンの販売と生産の分野において、中国系企業は今では非常に重要な地位を占めるにいたっている。

対外関係の変遷

外国貿易は、一九七八年の中国の国民総生産（GNP）のわずか七％を占めるにすぎなかったが、一九九〇年代の初頭にはその割合は四〇％に急上昇し、その後もこの水準を保っている。同時期、世界貿易に占める中国のシェアは四倍になった。二〇〇二年の時点ですでに、中国の国内総生産（GDP）の四〇％以上が海外直接投資によるものだった（その半分が製造業である）。その時までに中国は、発展途上国の中で最大の海外直接投資受け入れ国になっており、多国籍企業は中国市場を開拓して利益を上げてきた。GMは、一九九〇年代初頭に中国での事業に失敗して撤退したが、九〇年代の終わりに中国市場に再進出し、二〇〇三年には、アメリカ国内での事業よりもはるかに大きな利益を中国での事業であげていると発表した[▼28]。

輸出主導型の発展戦略は見事に成功したかのように思われた。しかしこれは、一九七八年にはまったく予想されていないものだった。鄧小平は、毛沢東の自力更生政策と決別する姿勢を示したが、外国への最初の開放は試験的なものであり、広東の経済特区に制限されていた。広東の実験の成功に注目した共産党が、成長は輸出に主導されるということを受け入れたのは、ようやく一九八七年になってからのことであった。さらに、一九九二年の鄧小平の「南巡」後に初めて、中央政府は、外国貿易と海外直接投資への開放を全力で支援した[▼29]。たとえば一九九四年に、二重為替相場（公式レートと市場レート）が、公式レートの五〇％切り下げによって廃止された。この切り下げは国内に多少のインフレ局面を誘発したが、これによって、貿易と資本流入がいちじるしく拡大する道を準備し、中国は今では世界で最もダイナミックで最も成功した経済としての地位を固めた。このことが新自由主義化の将来にとってどのような意味を持っているかはまだ未知数である。なぜなら、それは競争的な地理的不均等発展を通じて絶えず変化する傾向があるからである。

鄧小平の戦略が当初成功を収めることができたのは香港のコネクションのおかげであった。アジアの「タイガー・エコノミー」の先頭グループの一つである香港は、すでに資本のダイナミズムの重要な一中心地であった。国家計画制にかなり頼っている他のアジア諸国（シンガポール、台湾、韓国）とは異なり、香港は国家による大した指導もなく、より無秩序で企業主導的な方法で発展した。都合の良いことに、香港は、重要な世界的コネクションをすでに有していた華僑の拠点であった。香港の製造業は、労働集約型の低付加価値路線で発展した（筆頭は繊維産業）。しかし、一九七〇年代末にはすでに、外国との厳しい競争と深刻な労働力不足に苦しんでいた。ちょうど国境を挟んで中国側にある広東には、低賃金の労働者が豊富に存在していた。それゆえ、鄧小平の開放は思いがけない幸運となった。香港資本はこの機会を捉えた。彼らは、国境を越えて中国とつながる多くの秘密のコネクションを活用して、中国がすでに行なっていたあらゆる外国貿易の仲介役として機能するとともに、グローバル経済へと通じる彼らの市場販売網を通じて、中国製品をやすやすと流通させることができた。

一九九〇年代半ばになっても、中国における海外直接投資の約三分の二は、香港を通じて行なわれていた。その一部は、外国資本のより多様な源泉を仲介する香港ビジネス界の手腕によるものであったが、いずれにせよ香港に近接しているという幸運な事実が全体としての中国の経済発展にとって決定的であったことは疑いない。たとえば、深圳《しんせん》の都市部に省政府が設定した経済開発特区は、一九八〇年代初めにはうまくいっていなかった。香港の資本家を引きつけたのは、農村地域に新たにつくられた郷鎮企業であった。郷鎮企業が仕事をし、香港資本が機械や投入物や販路を提供した。こうした事業スタイルがいったん確立すると、他の外国資本家もそれを模倣した（とくに台湾資本は開放後の上海を中心にこうした事業方法を展開した）。海外直接投資の出資国は、一九九〇年代にはるかに多様なものとなり、アメリカの企業だけでなく、日本と韓国も、中国を海外生産の拠点として大々的に利用するようになった。

一九九〇年代半ばにはすでに、中国の巨大な国内市場が、外国資本にとってますます魅力的なものになっていることが明らかになった。生まれたばかりの成長しつつある中産階級の購買力を有しているのが人口のわずか一〇％にすぎないとしても、一〇億人以上の人口の一〇％は十分巨大な国内市場を構成するであろう。ショッピングセンターやハイウェイや「豪華な」マイホームばかりでなく、自動車、携帯電話、DVD、テレビ、洗濯機を彼らに供給するために、競争戦が展開された。自動車の月間生産量は、一九九三年の約二万台から徐々に増えて、二〇〇一年にはちょうど五万台を突破した。しかしその後、二〇〇四年半ばには、月産約二五万台にまで急上昇した。制度の不安定さや、国の政策の変わりやすさ、過剰設備投資の明らかな危険性が存在したにもかかわらず、将来の国内市場の急速な発展を期待して、外国投資が——ウォルマートやマクドナルドから、コンピュータ・チップの生産まであらゆるものについて——中国へ殺到した[30]。

海外直接投資に大きく依存している点は、日本や韓国と比べて、中国のケースの特殊性である。その結果、中国の資本主義はあまり統合されていない。新しい交通手段に莫大な投資が行なわれてきたが、国内の各地域間の取引はあまり発展していない。広東省などの地方の場合、中国の他の地域とよりも外国との取引の方がはるかに多い。昨今、企業合併の動きが猛烈に進み、各省の間に地方間の提携を生み出そうと国家主導の努力がなされているにもかかわらず、資本が中国のある地域から別の地域へと移動することは容易なことではない[31]。したがって、海外直接投資への依存が減るのは、中国の国内において資源配分と資本間の提携が改善される場合のみだろう[32]。

中国の対外貿易関係は時とともに変化してきたが、とりわけこの四年間の変化は顕著であった。二〇〇一年にWTOに加入したことがそれに大いに関係しているが、他方で中国国内における経済発展の激しいダイナミズムと国際的な競争構造の転換によって、貿易関係の大規模な再編が不可避となった。一九八〇年代には、グローバル市場における中国の位置は主として低付加価値生産によるものであり、国際市場で安い繊維製品やおもちゃやプラスチック製品を大量に売っていた。かつての毛沢東主義的政策のおかげで、中国は、エネルギーと多くの原材料（中国は世界最大の綿花生産国の一つである）を自給することができた。それゆえ中国にとって必要だったのは、機械や技術を輸入し市場にアクセスすることだけであった（都合のよいことに香港の厚意があった）。中国には、安い労働力を利用することができるという大きな競争上の優位性があった。繊維産業における時給は、一九九〇年代末の中国で三〇セントであり、これに対して、メキシコと韓国は二・七五ドル、香港と台湾は五ドル前後、アメリカは一〇ドル以上であった[33]。しかしながら、最初の段階において中国の生産はたいてい台湾と香港の商業資本に対して従属的な地位にあった。これらの商業資本はグローバル市場へのアクセス経路を掌握しており、貿易で得られた利益の最大部分をかすめとるとともに、郷鎮企業や国有企業を買収するかそこに投資することによって、生産の後方統合をしだいに達成していった。珠江《じゅこう》デルタ地帯では、四万人もの労働者を雇う生産施設もめずらしくない。さらに低賃金は資本節約型の技術革新を可能にしている。生産性の高いアメリカの工場は、高価なオートメーションを用いているが、「中国の工場はこの過程を逆転させて、生産過程から資本を引き上げ、より多くの労働をそこに再導入している」。必要な投下資本量が三分の一ほど少ないのが普通である。「より低い賃金とより少ない資本の組み合わせによって、おおむね、アメリカの工場の水準を上回る資本収益をあげている[34]」。

中国は、賃労働に関してこのような途方もない優位性を持っているおかげで、低付加価値生産部門（たとえば繊維）において、メキシコやインドネシア、ベトナム、タイといった他の低賃金諸国を向こうに回して互角に競争することができるのである。アメリカ市場における消費財の主要供給国として中国がメキシコに追いついた時、メキシコはわずか二年間で二〇万人の雇用を失った（NAFTAがあったにもかかわらず）。一九九〇年代、中国は生産の付加価値度の序列を昇りはじめ、電子機器や工作機械などの分野で、韓国や日本、台湾、マレーシア、シンガポールなどと競争しはじめた。こうしたことが起こった理由の一つは、これらの国の企業が、中国の大学システムが大量に生み出している低賃金で高度な技術をもった労働者の巨大な予備軍を活用するために生産を中国に移転しようと決めたからである。当初、最も多くの資本が流入したのは台湾からであった。今では一〇〇万人もの台湾人企業家と技術者が中国に移り住んで働いていると考えられており、それにともなって高い生産能力も中国にもたらされた。韓国からの流入も大きかった（図4－4参照）。韓国の電子機器会社の事業展開は今では実質的に中国でなされている。たとえば二〇〇三年九月にサムソン電子は、パソコン製造業務を、すでに二五億ドルを投資した中国に全面移転し、「販売子会社を一〇、生産会社を二六つくり、トータルで四万二〇〇〇人を雇用する」と発表した。[35]日本の生産の中国へのアウトソーシングは、日本における製造業の雇用を、一九九二年の一五七〇万人から二〇〇一年には一三一〇万人へと減少させる一因となった。また日本企業は中国へと移転するために、マレーシアやタイその他から撤退しはじめた。日本企業は現在では中国に膨大な投資を行なっており、「日中貿易の半分以上が、日本企業同士の取引である」。[36]アメリカでもそうなのだが、企業は繁栄しているが、その本国は苦境にあえいでいるわけである。中国は、アメリカから奪った雇用よりも多くの雇用を日本や韓国、メキシコその他から奪い取った。国内的にも、また国際貿易上の地位においても中国のめざましい成長は、日本の長期にわたる景気後退や、東アジアの他の諸国や東南アジアにおける成長の遅れ、輸出の停滞、周期的な危機と軌を一にしていた。多くの国に及ぼすこうした否定的な競争上の影響は、おそらく時とともにますます深刻になるだろう。[37]

中国の劇的な成長は、他方で、原料やエネルギーに関して外国への依存度を高めた。二〇〇三年に、中国は「世界の石炭生産量の三〇%、世界の鋼鉄の三六%、世界のセメントの五五%[38]」を消費していた。中国は一九九〇年の相対的な自給状況から、二〇〇三年にはアメリカにつぐ第二の石油輸入大国になっていた。中国のエネルギー会社は、カスピ海盆地の石油への足がかりを得ようとし、中東の石油供給を安定的に利用するためにサウジアラビアとの交渉を開始した。中国がスーダンやイランのエネルギー資源に目をつけたことで、この両領域でアメリカとの軋轢が生じた。ロシアの石油をめぐっては、日本と競いあった。中国が金属の新しい供給源を探していた一九九〇年代に、オーストラリアからの輸入は四倍になった。銅、スズ、鉄鉱石、白金、アルミニウムといった戦略上重要な金属がどうしても必要だったために、中国は急いでチリやブラジル、インドネシア、マレーシア、その他の多くの国と契約を結んだ。農産物や材木については、どこからでも輸入しようとしたし（ブラジルとアルゼンチンからの大豆の大量購入は、両国の経済を新たに活気づける一因となった）、中国のくず鉄需要はきわめて大きかったので世界中のくず鉄価格を高騰させるほどであった。アメリカの製造業までもが、中国の大型土木機械（キャタピラー社）とタービン（ゼネラルエレクトリック）に対する需要から利益を得た。アジアの対中輸出もまた驚くほどのスピードで伸びた。今や中国は、韓国にとって最大の輸出相手国であり、日本の輸出市場ではアメリカのライバルである。貿易関係の急激な方向転換は、台湾のケースに最もよく示されている。二〇〇一年に中国は台湾の最大の（主に中間工業製品の）輸出相手国としてアメリカと肩を並べたが、二〇〇四年の終わりには、台湾の対中輸出は対アメリカの二倍になっていた[39]。

中国は事実上、巨大でグローバルな影響力をもった地域覇権国《ヘゲモン》として、東アジアと東南アジア全体に君臨している。中国は、この地域およびその外部において帝国的伝統を再び唱えることもためらわない。アルゼンチンが、細々と続いている土着の織物、靴、皮革の各産業（それらは二〇〇四年に復活しはじめた）が中国製の安価な輸入品によって破壊されているとの懸念を表明した時、中国は、そのような産業は滅びるにまかせ、急激に発展している中国市場に原料や農産物を輸出することに専念しさえすればよい、と忠告した。これこそまさに、一九世紀にイギリスがインド帝国に対して振る舞った時のやり方そのものであり、そのことをアルゼンチンがわからないわけはなかった。それにもかかわらず、中国で進行中の大規模なインフラ投資は、世界経済の大部分を牽引してきた。逆に、二〇〇四年に中国の成長が鈍化したために、「あらゆる国の商品市場と金融市場が混乱をきたした。ニッケルの価格は一五年来の高値から急落し、銅は八年来の高値から暴落した。オーストラリアやカナダ、ニュージーランドのような商品主導型経済の通貨も打撃をこうむった。そして、アジアの他の輸出主導型経済の市場は、タイの生ゴム、ベトナムの米、マレーシアのスズのみならず、台湾の半導体、韓国の鋼棒の輸入をも、中国が減らすのではないかと恐れおののいた[40]」。

資本蓄積がうまくいった場合には必ず起こることであるが、国内で蓄積された剰余が国外のはけ口を必要とする時期がすでに中国にも訪れている。一つの道は、アメリカの国債に投資することであり、そうすることで中国製品のための市場を下支えしつつ、元をドルの価値に連動《ペッグ》し続けることであった。しかし、中国の商社は長年にわたりグローバルに活動してきており、一九九〇年代半ば以来きわだってその活動の範囲と領域を拡大した。中国のビジネス界はまた、外国市場におけるその地位を確固たるものにするために海外での投資を積極的に行なっている。今では中国のテレビは、ヨーロッパ市場に確実に参入するためにハンガリーで組み立てられ、アメリカに確実に参入するためにノースカロライナ州で組み立てられている。ある中国の自動車会社は、マレーシアで自動車を組み立て、最終的にはそこに工場を建設する計画である。自国の観光需要の高まりに応えるために、中国企業は太平洋地域の観光事業にまで投資している[41]。

しかし一つの点で、中国は新自由主義の典型からはっきりと外れている。中国は莫大な過剰労働力を抱えており、社会的・政治的な安定を実現するためには、この過剰労働力を吸収するか、あるいは暴力をもって抑圧するしかない。前者に関しては、国債で資金を調達して、インフラと固定資本形成の事業を大規模に行なうしかない（二〇〇三年には固定資本投資が二五％も増大した）。固定資本（とくに建造環境◆を構成するそれ）の過剰蓄積という深刻な危機の恐れがある。生産能力の過剰を示す兆候は多々あり（たとえば自動車生産や電子機器）、都市部の投資においては好況と不況の循環がすでに発生している。しかし以上のことは、中国政府が、正統的な新自由主義から離れて、ケインズ主義国家のように振る舞うことを必要としている。求められているのは、資本取引規制と為替管理を維持することである。これは、ＩＭＦ、ＷＴＯ、アメリカ財務省のグローバルなルールと一致しない。中国はこれらのルールをＷＴＯ加入の過渡的条件として免除されているが、それを永遠に続けることはできない。中国元は、透過な国境を越え香港や台湾を経由してグローバル経済へと拡散しているため、資本移動規制を実行することはますます困難になりつつある。次のことを思い起こすのも無駄ではなかろう。ケインズ主義的な戦後のブレトンウッズ体制全体を解体させた条件の一つは、ユーロダラー市場が形成され、米ドルがアメリカの通貨当局の統制を逃れたことであった[42]。すでに中国はこの問題を繰り返す道を進んでおり、中国のケインズ主義も同様に脅かされている。

◆建造環境：経済地理学の用語で、工場やオフィスビル、倉庫、上下水道、鉄道・道路・港湾、住宅・学校・病院など、土地に埋め込まれた建造物群によって構成された人工的環境のこと。とくに生産に関しては、固定資本のうち物的インフラに投資される部分を指す。

中国の銀行システムは、国有企業の赤字を補填する中心に位置しているが、その貸付の半分が不良債権であるために、今のところグローバルな金融システムへの統合に抵抗することができないでいる。幸いなことに中国は、すでに見たように、銀行の立て直しに用いることのできる国際収支黒字を有している。しかしこの点に実はもう一つの紛糾の源がある。なぜなら、中国がそうするためには、アメリカに対して国際収支黒字を積み重ねるしかないからである。こうして奇妙な共生関係が生まれている。中国は、日本や台湾をはじめとするアジア諸国の他の中央銀行といっしょになって、アメリカ国債に投資し、そのおかげでアメリカはうまい具合にそれらの国の余剰生産物を消費することができる。しかし、そのせいでアメリカは、アジア諸国の中央銀行の気まぐれな動きによってダメージを受けやすい体質になっている。反対に中国の経済的ダイナミズムは、アメリカの財政金融政策の人質になっている。アメリカは現在、ある種ケインズ主義的に振る舞いながら、すなわち、巨額の財政赤字と消費者債務を増やし続けながら、他方で他のすべての国に対しては新自由主義的ルールに従わなければならないと主張している。これは持続不可能な立場であり、今ではアメリカの多くの有力者が、アメリカは大きな金融危機の嵐に突っ込みつつあると指摘している。[43] そうなれば、中国は、労働者の吸収政策からあからさまな弾圧政策へと転換することを余儀なくされるだろう。このような戦術が成功するかどうかは、一九八九年の天安門事件でそうだったように、階級的力関係と、それらの諸力に対して共産党がどのような立場をとるかに決定的に左右されるだろう。[44]

階級権力の再構築？

二〇〇四年六月九日、王某《ワン》氏が、北京のダイムラー・クライスラー社から九〇万ドルもするマイバッハの超高級セダンを購入した。この種の高級車市場は、見たところかなりの活況を呈している。推測では、「少数の中国人ファミリーが並外れた富を蓄積している」[45]。自動車のステータスのもっと下の序列では、中国は今ではメルセデスベンツ車の世界最大の市場である。誰かが、どこかで、何らかの方法で大金持ちになっているようだ。

中国は世界で最も急速に成長している経済の一つかもしれないが、同時に、最も不平等な社会の一つとなった（図5－2）。成長の恩恵は「主に都市住民と政府職員、共産党幹部に与えられた。過去五年間に都市富裕層と農村貧困層との収入格差がひどく広がったので、中国の社会的分裂をアフリカの最貧諸国と比較する批判的研究もある」[46]。社会的不平等は文化大革命時代にもけっして根絶されなかった。都市と農村との格差は、法に書き込まれてさえいた。しかし汪暉によれば、改革とともに「この構造的不平等は急速にさまざまな階級、社会階層、地方の間の収入格差へと形を変え、社会の急速な二極分化を招いた」[47]。社会的不平等をはかるジニ係数などの公式の基準から確認されるのは、中国がこの二〇年のうちに、最も貧しく最も平等主義的な社会の一つから、慢性的な不平等への道をたどってきたことである。農村と都市の収入格差（戸口《フコウ》制度によって固定されている）は、急速に拡大してきた。豊かな都市住民がＢＭＷに乗っている一方で、村の農民は週に一回、肉を口にできれば運がよいといった具合である。さらに著しく目立ってきたのは、農村部でも都市部でもその内部における不平等の拡大である。また地方間の不平等も深刻化している。南部沿海地区のいくつかの都市が最も発展しており、内陸部および北部の「斜陽地帯《ラストベルト》」は、離陸に失敗するか、あるいはもがき苦しんでいる[48]。

　階級権力の再構築を不確かながらも示しているのは、社会的不平等の拡大だけである。前者の点に関する証拠は、概して事例的なものであり、けっして確定的なものではない。しかしながら、社会階層の底辺の状況から見ていって推論を進めることはできる。「一九七八年の中国には一億二〇〇〇万人の労働者がいた。二〇〇〇年には労働者は二億七〇〇〇万人になっていた。都市に移住して長期の賃金労働に従事した七〇〇〇万人の農民を加えると、中国の労働者階級は今では三億五〇〇〇万人近くに達する」[49]。この中の「一億人以上」が、今では非公有部門に雇用されており、公式の分類で賃金労働者とされている。公有

図5-2　中国の収入の不平等の拡大――農村（上）と都市（下）
（1985～2000年）

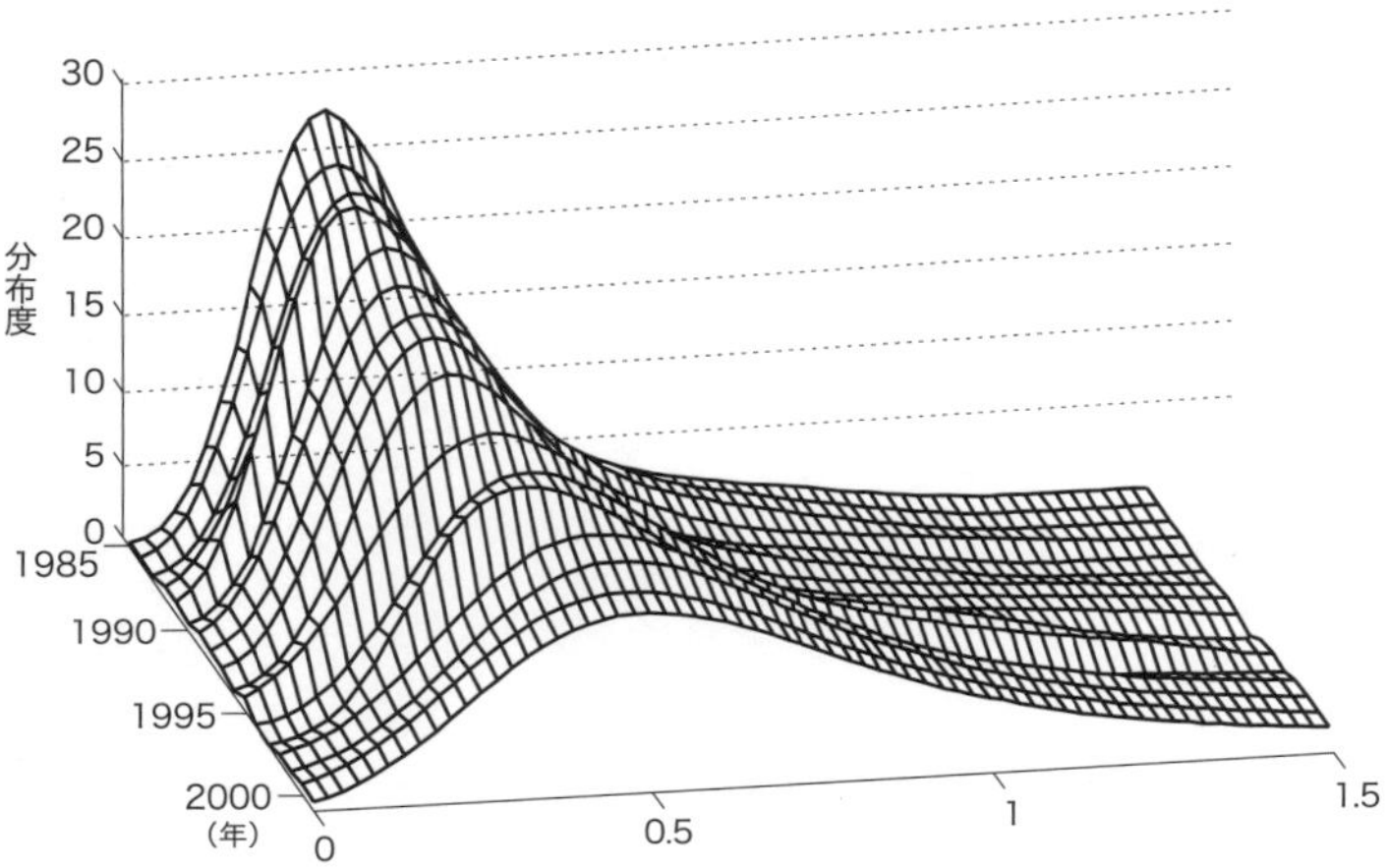

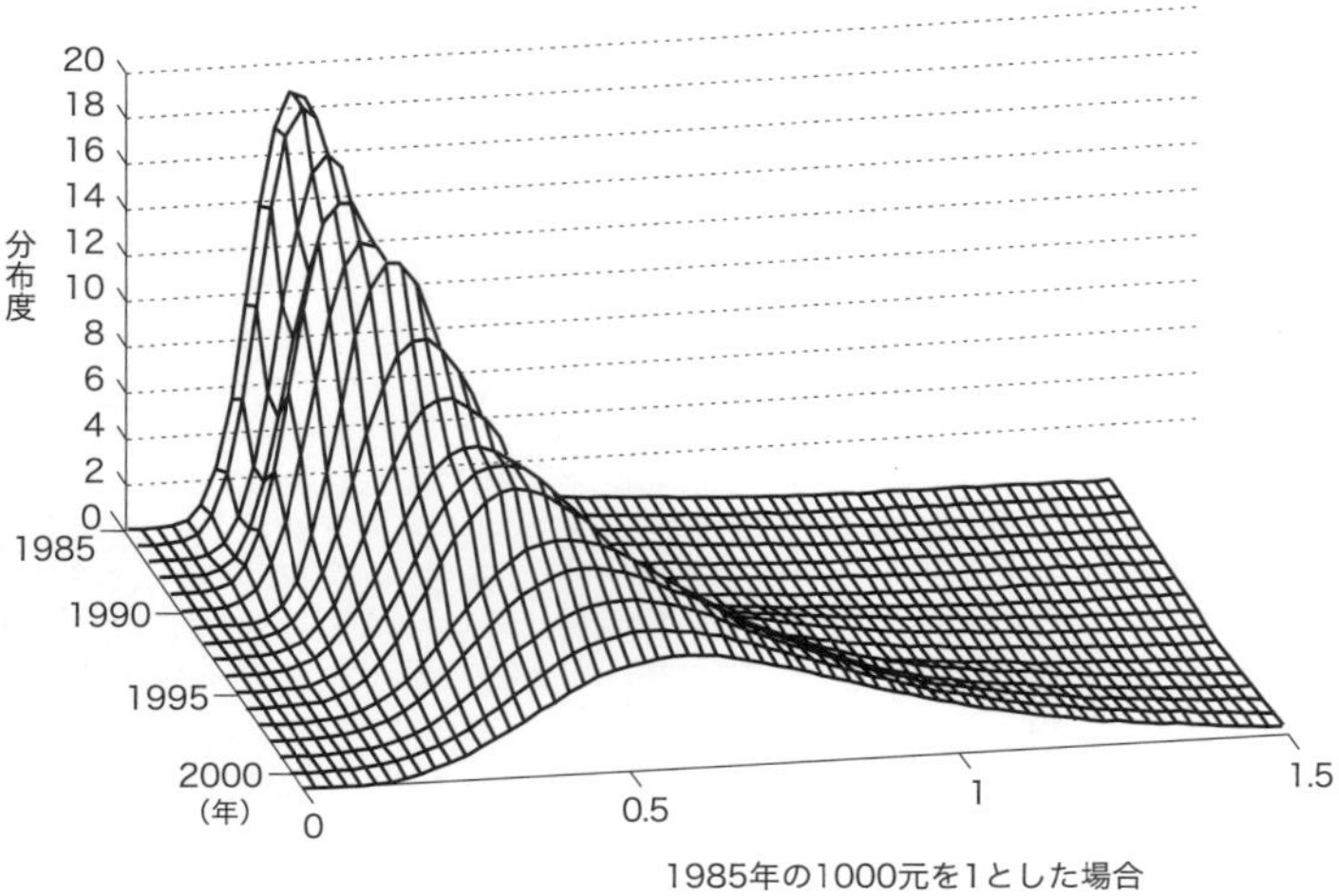

（出典：Wu and Perloff, *China's Income Distribution Over Time*）

部門（国有企業と郷鎮企業）にまだ雇用されている者の大部分も、実質的には賃金労働者の身分である。したがって、中国では大規模なプロレタリア化が進行中であり、その過程は私有化・民営化の諸段階によって画されるとともに、労働市場により大きなフレキシビリティを押しつけるためにとられた諸措置（そこには、公共企業体の側が福利厚生と年金支払い義務をしだいに放棄していくことも含まれる）によっても画されている。政府も公共サービスを「骨抜きに」してきた。中国労工観察《チャイナ・レイバーウォッチ》によれば、「農村の自治体は豊かな地域からほとんど何の支援も得ていない。学校や病院、道路建設、はては警察に関してさえ、その資金を調達するために、農民に課税し、際限なく料金を取り立てている」。前方では九％もの高い成長が轟音をたてて進んでいる一方で、取り残された後方では貧困が日増しに悪化している。一九九八年から二〇〇二年にかけて、二七〇〇万人の労働者が国有企業から解雇され、国有企業の数は二六万二〇〇〇から一五万九〇〇〇へと激減した。さらに驚くべきは、過去一〇年ほどの間に、中国における製造業の雇用の純減が約一五〇〇万人に達することである。[50] 新自由主義が、搾取しやすく相対的に無力な大量の労働力の存在を一つの要件にしているとすれば、中国には間違いなく新自由主義経済――ただし「中国的特色をもった」それ――としての資格がある。

社会階級のもう一方の極における富の蓄積については、話はもっと複雑である。それは一部には、かつて共同で保有されていた権利と資産のあからさまな領有、汚職、水面下の策略などが組み合わさることで進行したようである。地方自治体が、その再編戦略の一環として企業の株を経営陣に譲渡したため、多くの経営者は「さまざまな手段を通じて一夜にして何千万元という価値の株を保有するようになり、大金持ちの新しい集団を形成した」。国有企業が株式会社に再編された時、「かなりの割合の株が経営者に与えられ」、彼らは、時に平均的な労働者の一〇〇倍もの年俸を受けとった。[51] 一九九三年に株式会社になった青《チン》島《タオ》ビールの上級経営者たちは、もうかる事業の株の大きな一部を保有するようになっただけでなく（青島《チンタオ》ビールは、多くの地方ビール工場を買収することによって、全国的展開を強めるとともにその寡占力を増している)、自分たちに経営者としての多額の給与を支払うようになったのである。共産党員・政府職員・民間企業家と銀行との間の特権的な関係もまた重要な役割を果たしている。新たに民営化された事業の株を大量に譲渡された経営者は、銀行(あるいは友人)から融資を受け、残りの株を労働者から(時には、たとえば解雇をちらつかせて強制的に)買い占めることができる。多くの銀行融資が不良債権化しているために、新しい所有者は倒産するまで会社をとことん利用するか(その途中で会社の資産を私物化する)、あるいは破産を宣言することなく借金を破棄する方法を見つけだそうとする(中国では破産法が整備されていない)。ひどく搾取されている労働者の犠牲にもとづいて四五〇億ドルもの外貨を確保しつつ、銀行を救済するために大量の不良債権をその外貨で補塡してやることは、間違った投資を清算しているというよりも、下層階級から上層階級へと富を再分配していると言うべきだろう。悪辣な経営者たちは、新たに民営化された企業とその資産に対する支配権をやすやすと獲得し、それを使って自分たちの私腹を肥やすことができるのである。

国内の土着の資本もまた、富の形成にますます重要な役割を果たしている。合弁事業を通じて技術移転が行なわれてきた二〇年以上の歳月からしっかり利益を得つつ、大量の熟練労働を利用し、管理能力を蓄積し、何よりも企業家的野心に満ちた「アニマル・スピリット(血気、活力)」を動力源とすることで、多くの中国企業は今では、国内市場のみならず国際舞台でも、外国のライバル会社と互角に競争することのできる地位にある。そしてこれはもはや低付加価値部門だけにあてはまることではない。たとえば、今では世界第八位のコンピュータメーカーになったある企業は、政府の資金援助を受けた中国人科学者集団によって一九八四年に設立されたものである。一九九〇年代の終わりまでに、それは販売業者から製造業者になり、中国市場で最大のシェアを占めるにいたった。それは今ではレノボ(聯想)と呼ばれているが、現在、他の巨大企業と激しく競争して互角に渡り合っており、さらにグローバル市場へのアクセスをより有利なものにするために今やＩＢＭのパソコン部門を手中に収めている。この取引（それはまた、コンピュータ事業における台湾の地位を危うくするものでもある）によって、ＩＢＭは中国のソフトウェア市場に確固とした足がかりを得ることができると同時に、中国に基盤をもちグローバルに展開する巨大企業がコンピュータ産業に誕生することになる。[52]中国政府はレノボのような大企業の株式を保有する一方で、それらの企業の経営自主権を認めており、そのおかげで、企業幹部への富の集中を可能にする「所有と報酬のシステム」が保証されており、その集中たるや、世界のあらゆる中で見出せるものに十分匹敵するものなのである。

不動産開発、とりわけ大都市とその周辺、および輸出開発特区におけるそれは、少数者の手中に莫大な富を集めるためのもう一つの特権的な道である。小作農は土地の所有権を持っていなかったために簡単に土地を奪い取られ、その土地は金儲けになる都市商業地へと転用された。農民たちは農村に何の生活基盤も持たないまま放置されたため、土地から離れて労働市場に参入することを余儀なくされた。農民に与えられた補償は通常、その後政府職員から開発業者の手に渡った土地の価値のほんの一部であった。七〇〇〇万人もの農民が、過去一〇年間にこのようにして土地を失ったと推測される。たとえば人民公社の指導者たちは、共同の土地と資産に対する自分たちの事実上の所有権を自明の前提として外国の投資家や開発業者たちと交渉した。これらの権利は、後になると、個人としての彼らに属すると確認された。事実上、少数者の利益のために「共有地の囲い込み」が行なわれたのである。汪暉によれば、過渡期の混乱の中で「かなりの量の国有財産が、『合法的』ないし非合法的に、一握りの少数者の経済的利益になる形で譲渡された」。[53]土地・不動産市場への投機は、所有権の明確な体系がない場合でさえ、とりわけ都市部で盛んに行なわれた。耕作地の喪失がきわめて深刻になったので、中央政府は一九九八年に、より合理的な土地利用計画が実施されるまでの間、財産の転換に対してモラトリアムを行なう必要があった。しかし損害はすでに甚大であった。金銭的価値のある土地がかき集められ、すでに開発業者は（銀行との特権的な関係を利用して）なすべき仕事をなし、少数者の手に莫大な富が蓄積された。小規模であっても、生産よりも不動産投機の方がより大きな富を生んだ。[54] 九〇万ドルの自動車を買った件《くだん》の人物（一九六頁参照）が不動産によって財をなしたことは実に示唆的である。

しばしば有利な条件で与えられる貸付を利用して行なわれる資産価値への投機もまた、一定の役割を果たした。これは、北京や上海、深圳《しんせん》、東莞などの大都市およびその周辺の都市部の不動産において、とりわけ目立っている。利益――それはごく短い好況期間でも莫大な額にのぼった――は概して投機家の懐に入り、暴落時の損失は主として銀行が負った。これらの分野のすべてにおいて（そこには、法外な規模に達する不正行為の秘められた分野も含まれる）、しばしば有力な共産党指導者や政府職員が率先して資産を横領し、そのことによって彼らは、国家権力の代理人から、独立した裕福なビジネスマンへと変貌した。彼らは、この新たに獲得された富を、必要とあらば香港経由で国外に持ち出すことによって守り通すことができた。

主要な都市中心部では消費文化の波が押し寄せた。そこでは、不平等の拡大に加えて、ゲートとフェンスで守られた金持ち用高級住宅街（「ビバリーヒルズをもじって」ベバリーヒルズなどと呼ばれている）と華々しい特権的な消費エリアがそのきわだった特徴をなしている。すなわちレストラン、ナイトクラブ、ショッピングモール、そして多くの都市ではテーマパークなどである。ポストモダン文化も本格的に上海に上陸した。そこでは、あらゆる上辺だけの欧米化が花盛りである。いたるところで若い女性は自らのセクシュアリティと美貌を用いて商売をし、さまざまな文化装置（ミスワールド・コンテストから鳴り物入りの大型絵画展に至るまで）は、ニューヨーク、ロンドン、パリを誇張したような――パロディとまで言えるほどの——都市風景を驚くべきスピードでつくり出している。誰もが、より高い地位をめざしてダーウィン主義的闘争に明け暮れ、他人の欲望に振り回されている。こうして、今では「青春飯碗《チンチュンファンワン》」◆が「鉄《テ》飯碗《ファンワン》」に取って代わっている。このことがジェンダー面に与えた影響はとくに顕著である。「沿海部の都市では、女性は、空前の所得を稼いだり専門職に従事する機会がいちじるしく広がる一方で、製造業における相対的な低賃金産業や、レストラン・家内サービス・売春といった地位の低いサービス部門の仕事にも直面させられている」[55]。

◆青春飯碗：「鉄飯碗」がすべての人に最低限の生活保障を与えることを象徴しているのに対して、「青春飯碗」は一部の者が豊かな生活を享受する競争と進取を象徴している。

富をかき集めるもう一つの源泉は、労働力の超過搾取、とりわけ農村部から移住してきた若年女性労働者に対する超過搾取から生じている。中国の賃金水準はきわめて低く、労働条件の規制は不十分で、専制的かつ搾取的である。そのひどさと来たら、マルクスが大昔に、産業革命の初期段階のイギリスにおける工場労働や家内労働の過酷な状況を痛烈に記述する中で集めた叙述をも恥じ入らせるほどである。さらに不当なのは賃金と年金の不払いである。S・K・リーはこう報告している。

> 瀋陽東北重工業地帯の中心部では、一九九六年から二〇〇一年の間に、被雇用者の二三・一%が賃金の未払いを経験し、退職者の二六・四%が年金の未払いを経験している。国全体で、賃金不払いの経験のある労働者の総数は、一九九三年の二六〇万人から二〇〇〇年の一四〇〇万人に増大した。問題は、退職者や解雇された労働者を多く抱える古く破綻した産業地域だけに限られない。政府の調査によれば、国のほぼ一億人の移住労働者の七二・五%に賃金不払いの経験があった。不払い賃金の総額は、約一二〇億ドル（約一〇〇〇億元）と見積もられた。その七〇%は建設業界であった[56]。

外国の民間企業による資本蓄積のかなりの部分が無償労働から生じている。その結果、多くの分野で労働者の激しい抗議が巻き起こっている。中国の労働者は、近代化と経済成長の代償の一部として、長時間労働、過酷な労働条件、低賃金をやむなく受け入れているように見えても、賃金と年金の不払いとなると問題は別である。この点をめぐって中央政府に対する請願や不満は昨今ますます高まっており、政府が適切な対処を怠ったことで労働者の直接行動を招いた。[57] 北東部の都市、遼陽では二〇〇二年に、約二〇の工場の三万人以上の労働者が数日間にわたって抗議行動を行なったが、これは「天安門事件以来この種のデモとしては最大のもの」であった。中国北部の佳木斯《チャムス》では、一万四〇〇〇人を雇用していた繊維工場が突然閉鎖されて、町の人口の約八〇%が失業し、生活水準は週二〇ドル以下になった。請願に回答がないまま数ヵ月が経ち、ついに直接行動が勃発した。「ある時には、退職者が、町に通じる主要幹線道路でスクラムを組んで立ちはだかり、交通を全面ストップさせた。またある時には、解雇された数千人の繊維労働者が線路に座り込んで、電車の運行を混乱させた。一二月後半には、経営難のパルプ工場からやってきた労働者が、佳木斯《チャムス》唯一の滑走路の上に丸太棒のように横たわって、飛行機の着陸を妨害した」[58]。警察の資料によると、二〇〇三年には「約三〇〇〇万人が抗議に参加した」。最近までこの種の労使紛争に対しては、それを孤立させ、分断し、組織させず、明らかに過少に報告することによって、何とかうまく処理してきた。しかし、最近の報告からは、より大規模な労使紛争が勃発していることがわかる。たとえば安徽《あんき》省では、「最近、約一万人の繊維労働者と退職者が、年金支払額が削減されたこと、医療保険がなく労災補償が整備されていないことに抗議した」。東莞では、四万二〇〇〇人を雇用する台湾人所有の製靴会社ステラ・インターナショナル社が、「今春、ストライキに直面し、それは暴力化した。一時は五〇〇人以上の労働者が暴れて工場施設を略奪し、ステラ社の幹部が一人重傷を負った。警察が工場に入り、指導者を一斉検挙した[59]」。

あらゆる種類の抗議形態が存在し、「その多くは暴力的であるが、ここ数ヵ月の間に全国でより頻繁に生じるようになっている」。農村部で起こっている土地収用をめぐっても中国全土で暴動と抗議が勃発した。こうした動きから大衆運動が発生することになるのかどうか、予測は難しい。しかし共産党は明らかに秩序崩壊の可能性を恐れており、起こりうるどんな全般的な社会運動の拡大をも未然に防ぐために、党の権力と警察力を動員している。政治的主体のあり方に関するリーの結論がここで興味をひく。彼女の指摘するところでは、政府も移住労働者もともに労働者階級という言葉を拒否しており、「階級というのは自分たちの集団的経験を構成するものとしてはあまりに漠然とした枠組みであるとして退けている」。彼らはまた自分たちを、個人的な法的諸権利を持った、「資本主義的近代に関する諸理論において通常想定されているような契約上および法律上の抽象的労働主体」ともみなしていない。そうではなく、彼らはたいていの場合、伝統的な毛沢東主義的大衆概念に訴えている。それによれば、大衆は「労働者、農民、インテリゲンチャ、民族ブルジョアジーからなっており、その利害は、相互においても、また国家に対しても調和的なものである」。こうして、労働者は「道徳的な訴えにもとづいて国家の保護を求め、国家によって統治されている人々に対する国家自身の指導と責任を強化するよう求めることができる[60]」。それゆえ、いかなる大衆運動もその目的としているのは、中央政府が、外国資本家や私的利益集団や地方当局に対抗してその革命的使命にもとづいて行動するようになってくれることなのである。

現在の中国政府がそのような道徳的主張にもとづいて行動し、それによって自己の正統性を維持することができるのか、あるいはそうする気があるのか、これはまったくもって不確かである。暴力的な工場ストライキを指導したとして裁判にかけられた一人の労働者の弁護に立ったある著名な弁護士は、次のように述べた。革命以前は「共産党は労働者の味方であり、資本家の搾取と闘っていた。ところが今日では共産党は、冷血な資本家といっしょに肩を並べて労働者と闘っている」[61]。たしかに、一方では共産党の諸政策のいくつかの側面は資本家階級の形成を阻止することを意図したものであったが、他方では共産党は中国労働者の大規模なプロレタリア化を受け入れてもきたのである。つまり、「鉄飯碗」を割り、社会的保護を骨抜きにし、受益者負担を押しつけ、フレキシブルな労働市場体制《レジーム》をつくり出し、かつて共同で保有されていた資産の私有化を推進してきたのである。共産党は、資本主義企業が形成され自由に活動できる社会体制を生み出した。そうすることによって急速な成長を達成し、多くの貧困を多少なりとも解消してきた。しかし同時に、共産党は、社会の上層に巨大な富が集中するのを受け入れた。さらに、企業家内部で党員の割合が増加している（一九九三年の一三・一％から二〇〇〇年には一九・八％に上昇）。しかし、これが党への資本主義的企業家の流入を反映しているのか、それとも、多くの党員が、その特権を利用して怪しげな手段によって資本家になったということなのか、断言するのは難しい。いずれにしてもこれは、アメリカでごく一般的に見られる政党とビジネス・エリートとの統合が進展していることの表われである。他方で、労働者と党組織との結びつきは緊張をはらむようになってきている[62]。こうした党内部の構造転換が、メキシコの制度的革命党（ＰＲＩ）を完全な新自由主義へと向かわせたのと同じ種類のテクノクラートの台頭を強化することになるのかどうかは、まだ未知数である。しかし、「大衆」自らが（共産党を通じてではなく）独自の形態で自分自身の階級権力の回復を目指すということを、考慮から外してしまうわけにもいかない。というのは、共産党は今では一致して彼ら大衆に対立し、その独占された暴力を用いて反対行動を鎮圧し、農民を土地から追い出し、民主化要求だけでなく分配の公正というささやかな要求の高まりをも抑圧する姿勢をはっきりと固めているからである。こう結論することができるだろう。中国は明らかに新自由主義化と階級権力の再構築の方向に向かって進んできた。たしかに、そこには「はっきりとした中国的特色」が見られる。しかしながら、中国で権威主義体制が強化され、ナショナリズムへの訴えが頻繁になされ、帝国主義的傾向が一定復活してきていることから、中国が、まったく違った方向からではあるが、今日アメリカで強力に席巻している新保守主義的潮流との合流に向かいつつあるのではないか、と。これは未来にとってあまり良い兆しではない。

［原注］

▼1 N. Lardy, *China's Unfinished Economic Revolution* (Washington, DC: Brookings Institution, 1998); S.-M. Li and W.-S. Tang, *China's Regions, Polity and Economy* (Hong Kong: Chinese University Press, 2000).

▼2 ハート＝ランズベルグとバーケットほど強固にではないが、私は後者の解釈にやや傾いている。ここでは彼らの仕事にきわめて多くを負っている。次の論文を参照。M. Hart-Landsberg and P. Burkett, *China and Socialism: Market Reforms and Class Struggle* (New York, 2004; =*Monthly Review*, 56/3).

▼3 L. Cao, 'Chinese Privatization: Between Plan and Market', *Law and Contemporary Problems*, 63/13 (2000), 13-62.

▼4 この点を強調しているのは、Y. Huangである。Y. Huang, 'Is China Playing by the Rules?', *Congressional-Executive Commission on China*, http://www.cecc.gov/pages/hearings/092403/huang.php.

▼5 Wang, *China's New Order*, 66.

▼6 D. Hale and L. Hale, 'China Takes Off', *Foreign Affairs*, 82/6 (2003), 36-53.

▼7 J. Kahn and J. Yardley, 'Amid China's Boom, No Helping Hand for Young Qingming', *New York Times*, 1 Aug. 2004, A1 and A6.

▼8 J. Yardley, 'In a Tidal Wave, China's Masses Pour from Farm to City', *New York Times*, Sept. 12, 2004, Week in Review, 6.

▼9 Kahn and Yardley, 'Amid China's Boom'.

▼10 C. Stevenson, *Reforming State-Owned Enterprises: Past Lessons for Current Problems* (Washington, DC: George Washington University), http://www.gwu.edu/~ylowrey/stevensonc.html.

▼11 Hart-Landsberg and Burkett, *China and Socialism*, 35; Li and Tang, *China's Regions*.

▼12 Hart-Landsberg and Burkett, *China and Socialism*, 38.

▼13 See ibid., and Global Policy Forum, *Newsletter* 'China's Privatization', http://www.globalpolicy.org.socecon/ffd/fdi/2003/1112chinaprivatization.

▶14 Li and Tang, *China's Regions*, ch. 6.

▶15 Ibid. 82.

▶16 China Labor Watch, 'Mainland China Jobless Situation Grim, Minister Says', http://www.chinalaborwatch.org/en/web/article.php?article_id=50043, 18 Nov. 2004.

▶17 J. Kahn, 'China Gambles on Big Projects for its Stability', *New York Times*, 13 Jan. 2003, A1 and A8; K. Bradsher, 'Chinese Builders Buy Abroad', *New York Times*, 2 Dec. 2003, W1 and W7; T. Fishman, 'The Chinese Century', *New York Times Magazine*, 4 July 2004, 24-51.

▶18 H. French, 'New Boomtowns Change Path of China's Growth', *New York Times*, 28 July 2004, A1 and A8.

▶19 K. Bradsher, 'Big China Trade Brings Port War', *International Herald Tribune*, 27Jan. 2003, 12.

▶20 S. Sharma, 'Stability Amidst Turmoil: China and the Asian Financial Crisis', *Asia Quarterly* (Winter 2000), www.fas.harvard.edu/~asiactr/haq/200001/0001a006.htm.

▶21 Hale and Hale, 'China Takes Off', 40.

▶22 H. Liu, 'China: Banking on Bank Reform', *Asia Times Online*, atimes.com, 1 June 2002.

▶23 K. Bradsher, 'A Heated Chinese Economy Piles up Debt', *New York Times*, 4 Sept. 2003, A1 and C4; K. Bradsher, 'China Announces New Bailout of Big Banks', *New York Times*, 7 Jan. 2004, C1.

▶24 Liu, 'China: Banking on Bank Reform'.

▶25 C. Buckley, 'Let a Thousand Ideas Flower: China Is a New Hotbed of Research', *New York Times*, 13 Sept. 2004, C1 and C4.

▶26 J. Warner, 'Why the World's Economy is Stuck on a Fast Boat to China', *The Independent*, Jan. 24, 2004, 23.

▶27 C. Buckley, 'Rapid Growth of China's Huawei Has its High-Tech Rivals on Guard', *New York Times*, 6 Oct. 2003, C1 and C3.

▶28 K. Bradsher, 'GM To Speed Up Expansion in China: An Annual Goal of 1.3 Million Cars', *New York Times*, 8 June 2004, W1 and W7.

▶29 Z. Zhang, *Whither China? Intellectual Politics in Contemporary China* (Durham, NC: Duke University Press, 2001).

▶30 K. Bradsher, 'China's Factories Aim to Fill Garages Around the World', *New York Times*, 2 Nov. 2003, International Section, 8; id., 'GM To Speed Up Expansion in China'; id., 'Is China The Next Bubble?', *New York Times*, 18 Jan. 2004, sect. 3, 1 and 4.

▶31 K. Bradsher, 'Chinese Provinces Form Regional Power Bloc', *New York Times*, 2 June 2004, W1 and W7.

▶32 H. Yasheng and T. Khanna 'Can India Overtake China?', *China Now Magazine*, 3 Apr. 2004, www.chinanowmag.com/business/business.htm.

▶33 P. Dicken, *Global Shift: Reshaping the Global Economic Map in the 21st Century*, 4th edn. (New York: Guilford Press, 2003), 332. [邦訳：ピーター・ディッケン『グローバル・シフト』下、宮町良広監訳、古今書院、二〇〇一年、三七九頁]。

▶34 T. Hout and J. Lebretton, 'The Real Contest Between America and China', *The Wall Street Journal on Line*, 16 Sept. 2003; 興味深いことに、これはまさに、マルクスが、一九世紀におけるアメリカとイギリスとの技術の応用の違いについて主張していることである。*Capital* (New York: International Publishers, 1967), I. 371-2 [邦訳：『資本論』第一巻、大月書店、一九六八年、五一三頁]。

▶35 See Hart-Landsberg and Burkett, *China and Socialism*, 94-5; K. Brooke, 'Korea Feeling Pressure as China Grows', *New York Times*, 8 Jan. 2003, W1 and W7.

▶36 J. Belson, 'Japanese Capital and Jobs Flowing to China', *New York Times*, 17 Feb. 2004, C1 and C4.

▶37 以下を参照。Forero, 'As China Gallops'.

▶38 K. Bradsher, 'China Reports Economic Growth of 9.1% in 2003', *New York Times*, 20 Feb. 2004, W1 and W7.

▶39 K. Bradsher, 'Taiwan Watches its Economy Slip to China', *New York Times*, 13 Dec. 2004, C7.

▶40 W. Arnold, 'BHP Billiton Remains Upbeat Over Bet on China's Growth', *New York Times*, 8 June 2004, W1 and W7.

▶41 M. Landler, 'Hungary Eager and Uneasy Over New Status', *New York Times*, 5 Mar. 2004, W1 and W7; K. Bradsher, 'Chinese Automaker Plans Assembly Line in Malaysia', *New York Times*, 19 Oct. 2004, W1 and W7.

▶42 K. Bradsher, 'China's Strange Hybrid Economy', *New York Times*, 21 Dec. 2003, C5.

▶43 ボルカーの言葉をボンドが引用している。P. Bond, 'US and Global Economic Volatility: Theoretical, Empirical and Political Considerations', paper presented to the Empire Seminar, York University, Nov. 2004.

▶44 Wang, *China's New Order*; T. Fishman, *China Inc.: How the Rise of the Next Superpower Challenges America and the World* (New York: Scribner, 2005). [邦訳：テッド・C・フィッシュマン『中国がアメリカを超える日』仙名紀訳、ランダムハウス講談社、二〇〇六年]。

▶45 K. Bradsher, 'Now, a Great Leap Forward in Luxury', *New York Times*, 10 June 2004, C1 and C6.

▶46 X. Wu and J. Perloff, *China's Income Distribution Over Time: Reasons for Rising Inequality*, CUDARE Working Papers 977 (Berkeley: University of California at Berkeley, 2004).

▶47 Wang, *China's New Order*.

▶48 L. Wei, *Regional Development in China* (New York: Routledge/Curzon, 2000).

▶49 L. Shi, 'Current Conditions of China's Working Class', *China Study Group*, 3 Nov. 2003, http://www.chinastudygroup.org/index.php?action=article&type.

▶50 China Labor Watch, 'Mainland China Jobless Situation Grim'.

▶51 Shi, 'Current Conditions of China's Working Class'.

▶52 D. Barboza, 'An Unknown Giant Flexes its Muscles', *New York Times*, 4 Dec. 2004, C1 and C3; S. Lohr, 'IBM's Sale of PC Unit Is a Bridge Between Companies and Cultures', *New York Times*, 8 Dec. 2004, A1 and C4; S. Lohr, 'IBM Sought a China Partnership, Not Just a Sale', *New York Times*, 13 Dec. 2004, C1 and C6.

▶53 Wang, *China's New Order*; J. Yardley, 'Farmers Being Moved Aside by China's Real Estate Boom', *New York Times*, 8 Dec. 2004, A1 and A16.

▶54 C. Cartier, 'Zone Fever. The Arable Land Debate and Real Estate Speculation: China's Evolving Land Use Regime and its Geographical Contradictions', *Journal of Contemporary China*, 10 (2001), 455-69; Z. Zhang, *Strangers in the City: Reconfigurations of Space, Power, and Social Networks within China's Floating Population* (Stanford: Stanford University Press, 2001).

▶55 C. Cartier, 'Symbolic City/Regions and Gendered Identity Formation in South China', *Provincial China*, 8/1 (2003), 60-77; Z. Zhang, 'Mediating Time: The "Rice Bowl of Youth" in Fin-de-Siècle Urban China', *Public Culture*, 12/1 (2000), 93-113.

▶56 S. K. Lee, 'Made In China: Labor as a Political Force?', panel statement, 2004 Mansfield conference, University of Montana, Missoula, 18-20 Apr. 2004.

▶57 Ibid.; J. Yardley, 'Chinese Appeal to Beijing to Resolve Local Complaints', *New York Times*, 8 Mar. 2004, A3.

▶58 E. Rosenthal, 'Workers Plight Brings New Militancy in China', *New York Times*, 10 Mar. 2003, A8.

▶59 E. Cody, 'Workers in China Shed Passivity: Spate of Walkouts Shakes Factories', *Washington Post*, 27 Nov. 2004, A01; A. Cheng 'Labor Unrest is Growing in China', *International Herald Tribune Online*, Oct. 27, 2004; Yardley, 'Farmers Being Moved Aside'.

▶60 Lee, 'Made In China'.

▶61 以下の文献に引用されている。Cody, 'Workers in China Shed Passivity'; また『チャイナ・レイバー・ブレティン』の各号も参照せよ。

▼62 Cody, 'Workers in China'.

第6章

審判を受ける新自由主義

ルパート・マードック

ジョージ・ソロス

二〇〇一年から始まった世界的な景気後退の時期に世界経済を支えてきた二つの原動力はアメリカと中国であった。皮肉なことに、新自由主義のルールが支配していると思われていた世界で、両国はともにケインズ主義国家のように振る舞っていた。アメリカは、その軍国主義と消費主義を膨大な財政赤字によって賄い、他方の中国は、銀行に不良債権を抱えながら、国債で資金を調達して、インフラと固定資本に莫大な投資を行なっていた。むろん筋金入りの新自由主義者は、景気後退は新自由主義化が不十分ないし不完全であることの証拠であると主張するだろうし、その際、国際通貨基金（IMF）による一連の活動と、ワシントンの高給取りのロビイスト集団が自分たちの特殊利益のためにアメリカの予算編成過程をいつもねじ曲げていることを、その証拠として提示することができるかもしれない。しかし彼らの主張は証明不可能であり、彼らはそう主張する際、著名な経済理論家たちの長年の先例にならっているにすぎない。この種の経済理論家たちは、すべての人が自分たちの教科書の教えに従って行動してくれさえすれば万事うまくいくのだ、と論じるのである。[1]

しかしこのパラドクスについてはもっと不吉な解釈がある。新自由主義化は、誤った理論に夢中になった一例にすぎないという主張（エコノミストのスティグリッツには失礼ながら）や、偽りのユートピアを無分別に追求している一事例にすぎないという主張（保守的な政治哲学者ジョン・グレイ[2]には失礼ながら）を放棄するならば――そうしなければならないと私は信じているのだが――、残るのは、一方で資本主義を維持することと、他方で支配階級の権力を回復ないし再構築することとのあいだに一定の緊張関係が存在するという事実である。この二つの目標があからさまに矛盾する地点に達するならば、現在のブッシュ政権がどちらの側に傾きつつあるのかは、それが企業と金持ちのための減税を熱心に追求していることを考えれば、疑問の余地はない。さらに、自らの無謀な経済政策を一要因としてグローバルな金融危機が起こった暁には、アメリカ政府は自国民に福祉を提供するいかなる義務もかなぐり捨て、社会的騒乱を鎮圧しグローバルな規律を強要するために必要となる軍事力と警察力だけは増強し続けるようになるだろう。今後五年間に深刻な金融危機が起きる可能性が高いというポール・ボルカーのような人々の警告に注意深く耳を傾けるならば、資本家階級内部でより穏健な声が広まるかもしれない。[3] しかし、これが意味しているのはせいぜい、過去三〇年間にわたって資本家階級の上層に蓄積されてきた特権や権力を、いくらか元の水準に戻すということであろう。資本主義の歴史において、同様の厳しい選択が生じた時期はこれまでにもあったが――念頭にあるのは一八七三年や一九二〇年代のことである――、それらはあまり良い前例ではない。上層階級は自分たちの所有権の神聖不可侵性にあくまでも固執し、特権と権力を一部でも放棄するぐらいなら体制を崩壊させる方を選んだからである。その際、彼らは自分たちの利害を忘れてはいなかった。というのも、彼らがうまく立ち回ることのできる立場にいるならば、残りの者たちが無残にも大洪水へと呑み込まれていくのを尻目に、優秀な破産専門弁護士のように崩壊から利益を得ることができるからである。彼らのうちの一部の者はにっちもさっちもいかなくなってウォールストリートにある高層ビルの窓から飛び降りるかもしれないが、それは一般的な現象ではない。彼らが唯一恐れているのは、収奪や革命的暴力でもって自分たちを脅かす政治運動である。彼らが保持している優秀な軍事機構（軍産複合体のおかげだ）が自分たちの富と権力を守ってくれるだろうと期待することはできるが、その機構がイラクの地で容易に平和を回復することができないでいるのを見ると躊躇するはずである。しかし支配階級が権力を一部でも自ら手放すことはまずないし、今度はそうするだろうと信じる理由もまったくない。

逆説的だが、資本家階級の権力そのものよりも、むしろ労働者階級の強力な社会民主主義運動の方が、資本主義を救い出すことができるかもしれない。これは、極左的な立場をとる人々にとっては反革命的な結論に聞こえるかもしれないが、普通の人々の利益にそれなりにかなっている。なぜなら、資本主義の危機が進行して、苦しみ、飢え、そして死ぬことさえあるのは、上層階級よりも普通の民衆だからである（インドネシアやアルゼンチンを見よ）。支配エリートの愛好する政策が「わが亡き後に洪水よ来たれ」だとすると、その洪水の波に呑み込まれるのは弱者や疑いを知らぬ者たちである。エリートはちゃっかり方舟《はこぶね》を準備して、少なくともしばらくの間は、無事に生きのびることができる。

新自由主義化のバランスシート

先に述べたのは理論的な推論にすぎない。しかし、新自由主義化の歴史的・地理的な記録を吟味して、それが、現在われわれを脅かしている政治的・経済的病に対する万能薬となりうるような力を秘めているのかどうかを調べることはできるし、それは有益だろう。では、新自由主義化は資本蓄積の促進にどの程度成功したのだろうか？　その実際の成果はまったくみじめなものである。世界全体の成長率は、一九六〇年代には三・五％程度であり、波乱の一九七〇年代でも二・四％に落ちたにすぎない。しかし、つづく一九八〇年代と一九九〇年代の成長率は、一・四％と一・一％であった（二〇〇〇年以降はかろうじて一％に達する程度）。この数字は、新自由主義化が全世界の成長を促進することに概して失敗していることを示している（図６－１）。[4]旧ソ連諸国や新自由主義の「ショック療法」に従った中欧諸国の場合、損害は破局的であった。一九九〇年代、ロシアの一人あたりの国民所得は、毎年三・五％の割合で低下した。人口のかなりの部分が貧困に陥り、その結果、男性の平均寿命は五年も短くなった。ウクライナの経験も

図6-1　世界の成長率（1年ごとの平均と10年ごとの平均）（1960～2003年）

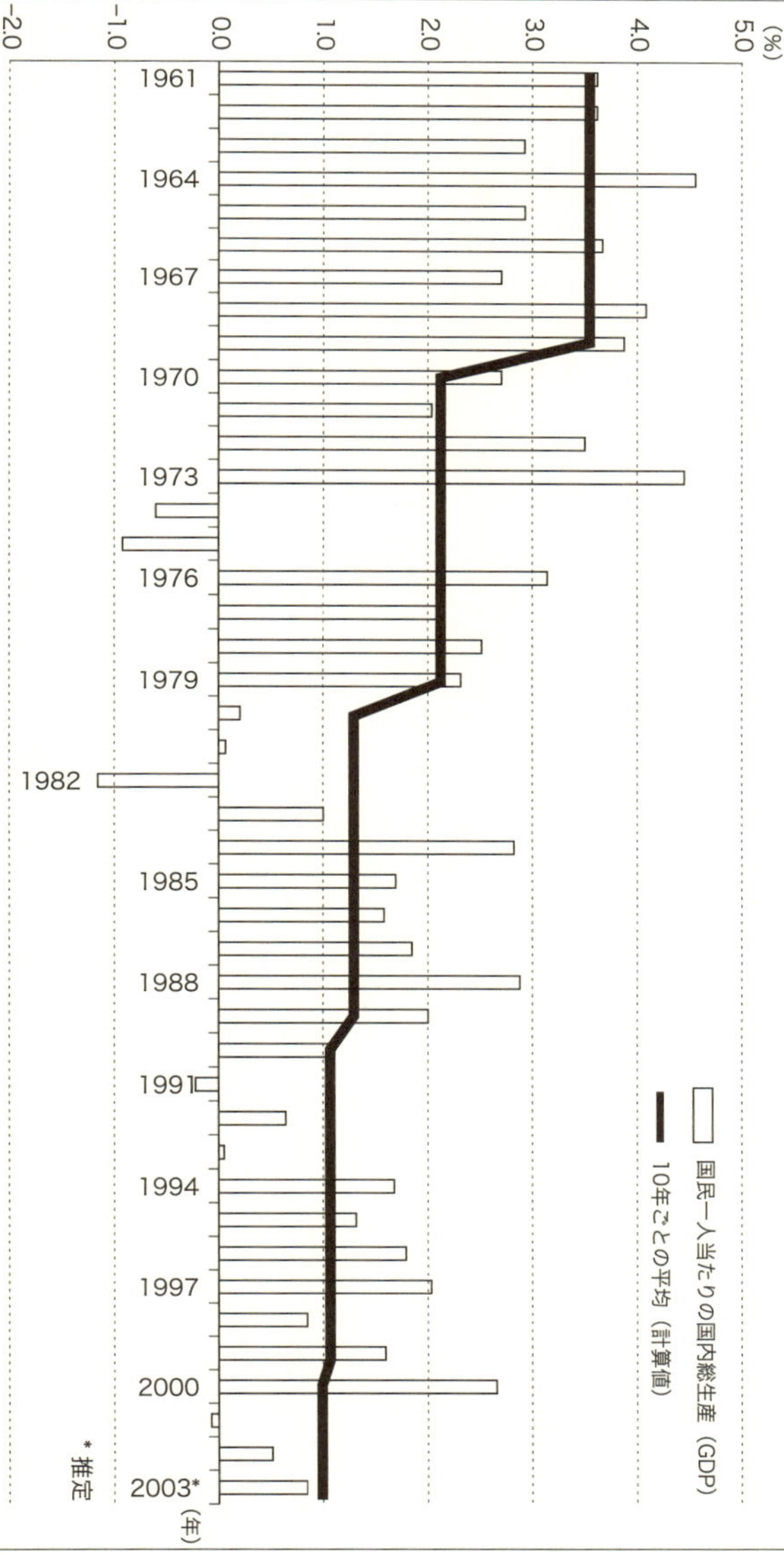

（出典：World Commission on the Social Dimension of Globalization, *A Fair Globalization*）

同様であった。ＩＭＦの勧告を無視したポーランドだけが目立った向上を示した。ラテンアメリカの大部分では、新自由主義化は、停滞（一九八〇年代の「失われた一〇年」）か、あるいは急激な成長後の経済崩壊（アルゼンチン）を引き起こした。アフリカでは新自由主義化は好ましい変化をまったくもたらさなかった。東アジアと東南アジアだけが、そしてある程度は今やそれらにならうインドでも、新自由主義化は一定の経済成長と結びついている。そこでは、あまり新自由主義的ではない開発主義国家が非常に重要な役割を果たした。中国の成長（毎年約一〇％）とロシアの衰退（毎年マイナス三・五％）とは著しく対照的である。世界中で非正規雇用が急増しており（推計によると、一九八〇年代にはラテンアメリカの労働力人口の二九％がそうであったが、一九九〇年代には四四％に増加した）、健康水準、平均寿命、乳児死亡率などのほとんどすべての国際指標が、一九六〇年代以降、生活水準の改善ではなく悪化を指し示している。とはいえ、世界人口に占める貧困層の割合は低下しているが、しかしこれはほとんどもっぱらインドと中国における改善によるものである。▼[5] 新自由主義化がその系統的な成果を誇れるのは、せいぜいインフレの縮小と抑制に関してだけである。

　言うまでもなく比較にはつねに不快な面がつきまとう。新自由主義化の場合にはとくにそうだ。たとえば「限定された新自由主義化」の路線をとったスウェーデンは、長期にわたる新自由主義化を経験したイギリスよりもはるかによい結果を残している。スウェーデンの方が、一人当たりの国民所得は高く、インフレ率は低く、他国との経常収支は良好で、競争上の地位やビジネス環境の指標もすべてにおいて優っている。ＱＯＬ（生活の質）の指標も高い。平均寿命は、イギリスの世界第二九位に比べて、スウェーデンは世界第三位である。貧困率は、スウェーデンが六・三％であるのに対して、イギリスは一五・七％である。他方、スウェーデンの人口の最も豊かな一〇％は、最も貧しい一〇％の六・二倍の収入を得ているが、イギリスではその数字は一三・六倍である。非識字率はスウェーデンの方が低く、階層移動性◆はスウェーデ

ンの方が高い。▼6

◆階層移動性：ここでは、現在の社会的階層よりも上の階層に移動する可能性のこと。

この種の事実が広く知られるようになれば、新自由主義化と新自由主義的グローバリゼーションに対する賞賛がかなり弱まることになるのは間違いない。だとすれば、グローバリゼーションを通じた新自由主義化が「唯一の選択肢」であり、それは非常にうまくいっている、と思い込んでいる人がこんなに多いのは、なぜだろうか？　目につくのは二つの理由だ。第一に、地理的不均等発展の度合いがより激しくかつ不安定になったため、ある地域が他の地域を犠牲にして（少なくともしばらくの間）めざましく発展することができたことである。たとえば一九八〇年代が、主に日本とアジアの「虎《タイガー》」、西ドイツの時代だったとすれば、そして一九九〇年代がアメリカとイギリスの時代だったとすれば、次にどこかが「成功」をおさめるだろうという事実が、新自由主義化は成長を促進し生活水準を高めることに概して失敗しているという事実を曖昧にしたのである。第二に、理論としての新自由主義化ではなく実際のプロセスとしての新自由主義化は、上層階級の観点からは大成功だったことである。それは支配エリートの手に階級権力を回復させ（アメリカと、ある程度はイギリスの場合のように。図1－3参照）、あるいは資本家階級が形成される条件を生み出した（中国、インド、ロシアその他の場合のように）。メディアは上層階級集団に支配されているため、各国が経済的に失敗したのは競争がないからである（それゆえ、いっそうの新自由主義改革が必要だ）という神話を宣伝することができた。ある領域内で社会的不平等が拡大しても、競争力をもたらし成長を促進する企業家的なリスクとイノベーションを奨励するために必要であると解釈された。下層階級の状況が悪化したとすれば、それは彼らが個人的・文化的な理由で、自分の人的資本を（熱心な教育、プロテスタント的労働倫理の獲得、労働規律とフレキシビリティへの服従などによって）高めることができなかったからであるとされた。要するに、個々の問題が起こったのは、競争力がなかったから、あるいは個人的・文化的・政治的な不手際からだ、というわけである。ダーウィン主義的な新自由主義世界においては、適者だけが生存すべきであり現に生存しているのだ、という議論になることだろう。

もちろん、新自由主義化のもとで経済の重心が何度もめざましく移り変わっており、それによって見かけ上は途方もないダイナミズムがもたらされている。金融と金融サービスが台頭したのと平行して、金融企業の収益構造が著しく変化し（図6－2）、大企業（たとえばゼネラルモーターズ）がこの二つの機能を融合させる傾向が生じた。これらの部門の雇用は著しく拡大した。しかし、これがどれだけ生産的であったのかという肝心の問題がある。金融事業の大部分は、結局のところ〔生産への投資に向かうのではなく〕金融それ自身の中をぐるぐる回っているにすぎない。投機的な利益が絶え間なく追求され、それが得られるかぎり、あらゆるパターンの権力移動が生じるだろう。金融と指揮機能の集中するいわゆる世界都市は、こうした活動を遂行するための高層の摩天楼や何百万平方フィートものオフィス空間を備えた富と特権の華々しい島になった。この摩天楼の中では、フロア間の取引が莫大な架空の富を生んでいる。さらに、投機的な都市不動産市場が資本蓄積の主要な原動力となった。マンハッタン、東京、ロンドン、パリ、フランクフルト、香港、そして今では上海の、急速に発展する高層ビル群は、驚嘆すべき眺めである。

これにともなって起こったのが、情報技術の途方もない爆発的発展である。一九七〇年前後におけるこの分野への投資は、製造業と物的インフラのそれぞれへの投資額の二五％であった。しかし、二〇〇〇年には、ＩＴが全投資の約四五％を占め、他方、製造業や物的インフラへの投資の割合は相対的に低下した。▼7 一九九〇年代においては、これは新たな情報経済の出現を告げ知らせるものであると考えられていた。しかしそれは実際には、生産とインフラ整備から市場主導の金融化——それこそ新自由主義化の特質だったのだが——によって必要とされる領域へと技術が変容していく途上における不幸な先入観にすぎなかった。情報技術は、新自由主義にとって特別重要な技術である。投機活動にとっても、また市場契約数を短期間

図6-2　金融資本のヘゲモニー：
アメリカの金融企業とそれ以外の企業の純資産と利潤率（1960～2001年）

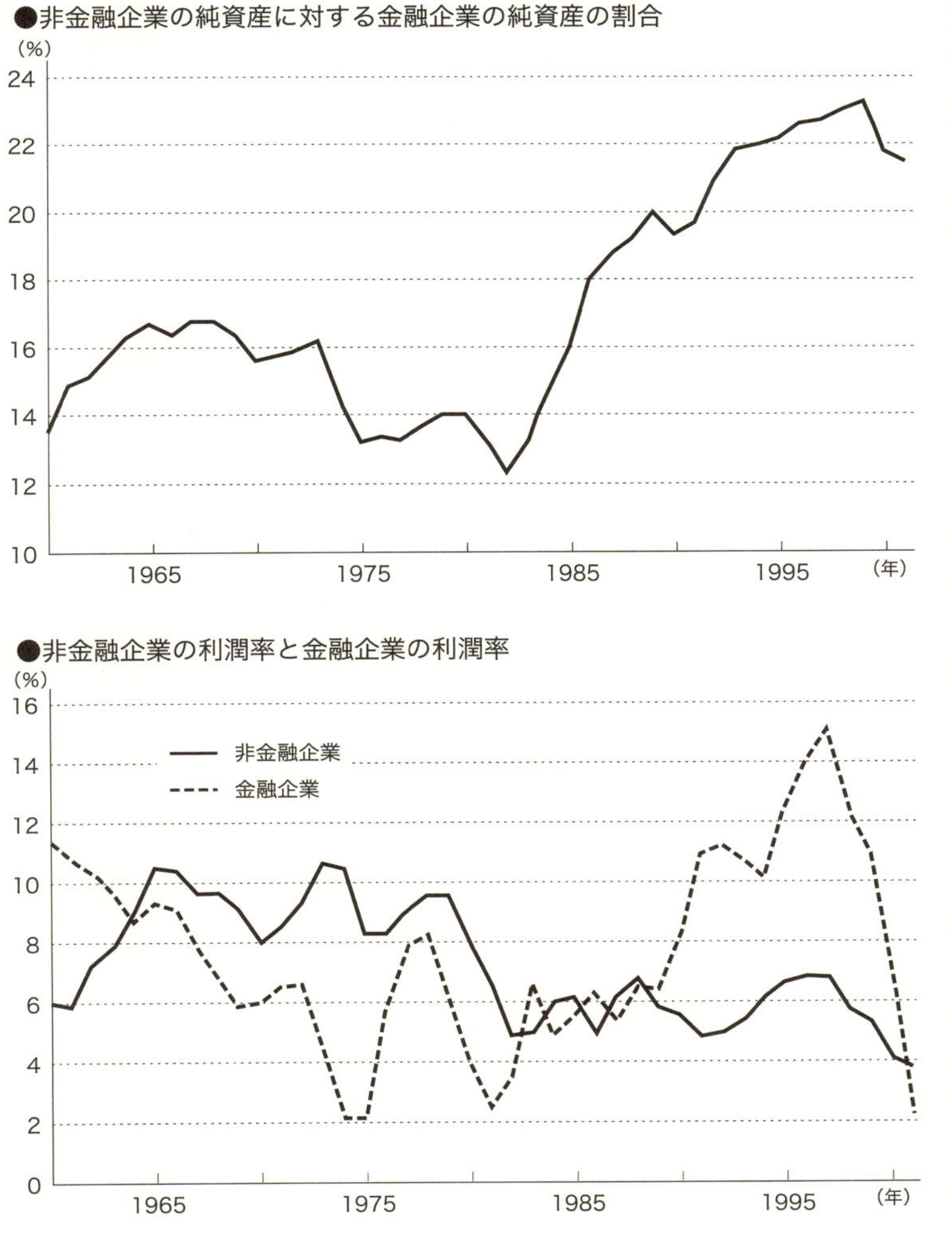

（出典：Duménil and Lévy, *Capital Resurgent*, 111, 134. Reproduced courtesy Harvard University Press）

で最大化する上でも、それは生産の改良よりもはるかに有用である。興味深いことに、利益を上げた主な生産部門は、新興の文化産業（映画、ビデオ、テレビゲーム、音楽、広告、絵画展）であった。それはITをイノベーションや新製品のマーケティングの基盤として利用する。これらの新部門をとりまく誇大宣伝は、基本的な物的・社会的インフラへの投資の失敗から注意をそらした。以上のすべてにともなったのが、「グローバリゼーション」に関する誇大宣伝であり、これまでとはまるで異なる完全に統合されたグローバル経済が構築されつつあるかのような主張がそれである。[8]

しかしながら、新自由主義化の主たる実績は、富と収入を生んだことではなく再分配したことであった。これを実現する基本的なメカニズムについては、私は別の機会に「略奪による蓄積」という表題で説明したことがある。[9] この言葉が意味しているのは、マルクスが資本主義勃興期における「原始的」ないし「本源的」と呼んだ蓄積行為の継続と拡大である。それには次のものが含まれる。土地の商品化・私有化と農民の強制排除（前述したメキシコと中国のケースを参照せよ。後者の場合、この間七〇〇〇万人もの農民が追い出されたと考えられている）。さまざまな形態の所有権（共同所有、集団的所有、公的所有など）を排他的な私的所有に転換すること（その最も壮大な実例は中国である）。共有地《コモンズ》への権利を抑圧すること。労働力の商品化。非資本主義的な（土着の）生産・消費形態の抑圧。資産（天然資源を含む）の植民地的・新植民地主義的・帝国主義的領有。交換と課税の貨幣化、とりわけ土地の貨幣化。奴隷貿易と人身売買（これはとくに性産業で続いている）。高利貸し、国債、そして中でも最も破壊的で、「略奪による蓄積」の抜本的手段としての信用制度の利用。これらのプロセスを支え推進する上で決定的な役割を果たしているのが、合法性の定義と暴力とを独占している国家である。今日われわれはこのメカニズムの一覧に次のような多種多様なテクニックをつけ加えることができるだろう。特許や知的所有権から使用料《レント》を引き出すこと、何世代にもわたる階級闘争を通じて勝ち取られたさまざまな形態の共有財産（たとえば、公的年金、有給休暇、教育と医療に対する権利など）を縮小ないし廃止すること、である。たとえば、あらゆる公的年金受給権をすべて民営化する計画は（その先駆は独裁下のチリであった）、アメリカの共和党が長年追求してきた重要目標の一つである。

「略奪による蓄積」を構成する主要な特徴は次の四つである。

一、私有化と商品化

これまで公共の資産であったものを企業のものにしたり、商品化したり、私有化したりすることは、新自由主義的プロジェクトの顕著な特徴であった。その主要目標は、今まで収益計算があてはまらないとみなされていた領域で、資本蓄積のための新たな領域を開拓することであった。あらゆる種類の公益事業（水道、電気通信、交通運輸）、社会福祉給付（公共住宅、教育、医療、年金）、公共機関（大学、研究所、刑務所）、戦争さえも（一例は、イラクで米軍とともに活動していた民間契約の「軍隊」である）、資本主義世界の隅々で、またそれを越えて（たとえば中国）、ある程度まで民営化されてきた。世界貿易機構（WTO）内部でいわゆる貿易関連知的所有権（TRIPS）協定を通じて確立された知的所有権は、遺伝物質や原種子を含むありとあらゆる種類の生産物を私的所有物として規定している。それゆえ、これらの遺伝物質の開発に決定的な役割を果たした当の人々から、使用料《レント》を徴収するということになりかねない。生《バ》物資源の略奪《イオパイラシー》がはびこっており、世界の備蓄する遺伝子資源が、少数の大手製薬会社の金儲けのために略奪されていっている。地球の環境公共財《コモンズ》（土地、空気、水）の汚染が進み、生息環境《ハビタット》の破壊もますます進行しているが――これは資本集約型の農業以外のあらゆる農業生産を不可能にしている――、これもまた、あらゆる形態での自然の全面的商品化から生じている。知的創造性や文化様式や歴史を商品化すること（観光事業を通じて行なわれる）は、大規模な略奪を必然的にともなっている（音楽産業は、草の根の文化と創造性の領有と搾取で悪名高い）。過去と同様、しばしば国家権力が、一般民衆の意思に反してでも、このようなプロセスを強制するために行使される。労働者を保護し環境悪化を防止するための規制枠組みが後退していくにともなって、さまざまな権利が失われていった。長年にわたる激しい階級闘争を通じて勝ち取られた共有財産（公的年金、福祉、国民医療の権利）は私的領域へと返還されたが、これは、しばしば住民の広範な政治的意志に反して行なわれたあらゆる略奪政策の中でも最悪のものの一つであった。これらのプロセスはみな、資産を、公共的で一般民衆的な領域から私的で階級特権的な領域へと移転させることに他ならない。▼10

二、金融化

一九八〇年以降に始まった金融化の強力な波は、その投機的・略奪的スタイルの点できわだっていた。国際市場における金融取引の一日の総出来高は、一九八三年には二三億ドルであったが、二〇〇一年にはすでに一三〇〇億ドルにのぼっていた。二〇〇一年の年間総取引高は約四〇兆ドルになるが、国際貿易と生産的投資フローを支えるのに必要な総額、推定八〇〇〇億ドルと比べるならその巨大さがわかるだろう。▼11規制緩和によって、金融システムは、投機、略奪、詐欺、窃盗を通じた再分配活動の中心の一つとなった。組織的な株価操作、ネズミ講型投資詐欺《ポンジー・スキーム》◆、インフレによる大規模な資産破壊、合併・買収（M&A）を通じた資産の強奪、先進資本主義諸国でさえ全国民が債務奴隷に追い込まれるほどの額の債務を支払わせること、そして言うまでもなく、会社ぐるみの詐欺行為や信用と株価操作による資産の略奪（年金基金の横領と、株価暴落や企業倒産によるその多くの破壊）。これらすべてが、資本主義的金融システムの中心的な特徴となった。金融システム内部で価値をすくい取る方法は無数に存在する。金融ブローカー〔証券会社など〕は一回の取引ごとに手数料をとるので、顧客の取引口座上で頻繁に売買取引をさせることによって――その取引が顧客の口座の資金を実際に増やしているかどうかにかかわらず――ブローカーは収入を最大限に増やすことができる（「過当取引」として知られている操作）。株式取引の出来高の高さは、市場への信頼性というよりも過当取引を反映しているだけかもしれない。株価が重視されるようになったのは、経営者への自社株購入権《ストックオプション》という報酬制度を通じて、資本の所有者と経営者の利害が結びついたからである。これは今日では周知のように、多数の人々を犠牲にして、少数の人々に巨大な富をもたらすような市場操作を招いた。エンロンの劇的な崩壊は、多くの人々から生計と年金の権利を奪い取る全般的なプロセスを象徴している。それだけでなく、ヘッジファンドをはじめとする巨大金融資本の諸機関によって行なわれた投機的な売り崩し◆にも注目する必要がある。なぜなら、たとえ彼らが「リスクの拡散」という積極的利益をもたらしているとみなされていたとしても、これは実際にはグローバルな舞台での「略奪による蓄積」の最先端をなしているからである。▼12

◆ネズミ講型投資詐欺：高利殖の投資対象を考え出し、投資家をネズミ講式に勧誘し、先に投資した者が後から投資した者の資金を財源にして高利回りの配分を受けとる方式。ピラミッドの底辺に近づくほどリスクが大きくなり、最終的に破綻する。この方式を編み出した詐欺師チャールズ・ポンジーの名前にちなんで、「ポンジー・スキーム」と呼ばれる。

◆売り崩し：株価や通貨を人為的に暴落させるためにヘッジファンドや投機家がいっせいに特定の通貨や株を売りに出し、十分下がったところで買い戻して、短期間に巨万の富を得る手法。ジョージ・ソロスが一九九二年に英ポンドに対してしかけて大もうけし、一九九七～九八年のアジア通貨危機でもこの手法が用いられた。

三、**危機管理とその操作**

多くの新自由主義的金融操作の特徴となっているのは、このように投機的でしばしば詐欺的なあぶく《フロス》◆であるが、そうした水準を越えて、「略奪による蓄積」の主要手段として「債務の罠」から生じるより根深いプロセスも存在する。▼13 危機が世界レベルでつくり出され管理され操作されており、これは、貧しい諸国から豊かな諸国へと富を再分配する芸術的手法にまで進化してきた。本書の第四章では、ボルカーによる金利引き上げがメキシコに与えた影響について例証しておいた。アメリカは、グローバルな資本蓄積の軌道を保つために「救済措置」を組織する崇高なリーダーとしての役割を自認しつつ、メキシコ経済を略奪することに向けて道を掃き清めた。「ウォールストリート－財務省－IMF」複合体は、これをあらゆる所で実行し、その手法にすっかり熟達するようになった。連邦準備制度理事会のグリーンスパンは、一九九〇年代に何度か、ボルカーと同じ戦術を展開した。個々の国の債務危機は一九六〇年代にはめったになかったが、一九八〇年代と一九九〇年代には頻繁に発生するようになった。途上国が無傷ですむことはまずなかった。そして場合によっては、ラテンアメリカのように、そのような危機がその地域特有の風土病のようなものにさえなった。これらの債務危機は、システムを合理化して資産を再分配するために画策され管理されコントロールされた。一九八〇年以来、「マーシャルプラン◆五〇回分以上に相当する額（四・六兆ドル以上）が周辺諸国の人々から中心諸国の債権者たちに送られた」と見積もられている。「何と奇妙な世界だろう」とスティグリッツは嘆いている――「そこでは実際、貧しい国々が最も豊かな国々を資金援助しているのだ」。さらにまた、新自由主義者が「資産収奪デフレ」と呼ぶものも、略奪による蓄積に他ならない。ウェードとヴェネロソは、一九九七～九八年のアジア危機について書いている次のような文言は、この本質を的確に捉えている。

◆あぶく：バブル（泡）経済を構成する個々の金融投機的行為を指す。あるいは、バブルと表現できるほど広範で大規模な投機熱は存在していないが、一部に一定の投機的傾向が見られる場合にもこの用語が用いられる。
◆マーシャルプラン：第二次世界大戦後に、米国によって実施されたヨーロッパ復興計画。一九四七年にアメリカ国務長官のジョージ・マーシャルによって計画され、時価にして一二五億ドル、現在の価値で約八〇〇億ドル相当の援助（無償および貸付）が実施された。

金融危機はつねに、自分の資産を無傷で守れて信用創造しうる立場にある人々へと、所有権と力を移転させてきた。アジア危機も例外ではない。〔……〕欧米と日本の企業が一番大もうけしたのは間違いない。通貨の大幅下落、ＩＭＦが押しつける金融自由化、ＩＭＦが促進する回復という組み合わせは、過去五〇年間に世界中で行なわれた、国内の所有者から外国の所有者への平時の資産移転としては最大のものを推し進めるものであるかもしれない。一九八〇年代のラテンアメリカの、あるいは一九九四年以後のメキシコの、国内からアメリカの所有者への資産移転さえ小さく見えるほどである。アンドリュー・メロン〔一九二一〜三二年にアメリカ財務長官〕のものだとされる言葉が思い出される。曰く、「不況においては、資産はその本来の所有者のもとに返る」▼14。

以上のプロセスは、さらなる蓄積に好都合なように過剰労働力を生み出すために意図的に引き起こされる失業と正確にアナロジーすることができるだろう。価値のある資産が利用されなくなり、その価値を失う。流動性資金を有する資本家が、そこに新しい命を吹き込むことを選択するまで資産は利用されないまま放置される。しかし危険なのは、危機が制御不能になって全体に広がることや、そうした危機を引き起こしたシステムに対する反乱が起こることである。国家介入や国際機関の最重要機能の一つは、「略奪による蓄積」が全面的崩壊や民衆反乱（インドネシアやアルゼンチンで起こったような反乱）を引き起こさないように、危機や通貨下落をコントロールすることである。「ウォールストリート－財務省－ＩＭＦ」複合体によって管理される構造調整プログラムは前者の方に注意を払う。他方、民衆反乱が起きないようにするのが、餌食にされた国の買弁国家機関の仕事である（これは帝国主義大国の軍事援助にも支えられている）。しかし、メキシコで決起したサパティスタや、無数の反ＩＭＦ暴動、シアトルやジェノヴァその他の地で始まったいわゆる「反グローバリゼーション」運動に示されているように、民衆反乱の兆しはいたるところに存在する。

四、国家による再分配

国家はいったん新自由主義化すると、上層階級から下層階級へという「埋め込まれた自由主義」時代の流れを逆転させるような再分配政策の主要な担い手になる。まず第一に国家は、私有化計画を遂行することによって、また社会的賃金を支える国家支出を削減することによって、この再分配を遂行する。私有化が下層階級の得になるように見える時も、長期的な結果はマイナスでありうる。たとえば、イギリスの公営住宅を私有化するというサッチャーの計画は、一見すると下層階級への贈り物に思えた。下層階級の人々は、比較的安い出費で賃貸住宅から持家へと移ることができ、価値のある資産を手にして、富を増やすことができたからである。しかし、いったん払い下げが終わると、とくに優良な都市部では住宅投機が広まり、低所得層は買収されたり強要されたりしてロンドンなどの大都市の周辺部へ引っ越すことになり、かつての労働者階級の居住地域は激しい中産階級化《ジエントリフイケーシヨン》の中心になった。手頃な住宅が都市部から失われたため、ホームレスになる者や、長距離通勤する低賃金サービス業従事者が生まれた。一九九〇年代のメキシコのエヒードの私有化は、多くの農村住民を土地から追い払い、職探しのために都市へと移住することを強いて、メキシコ農民の将来に対して同様の影響を及ぼした。中国政府は、少数のエリートへの資産譲渡を許可し、大多数の人々に損害を与え、発生した抗議を暴力で鎮圧した。報道によると、三五万世帯（一〇〇万人）もの人々が、北京旧市街の大部分で都市再開発をするために退去させられており、これもまた先に述べたイギリスやメキシコでの事態と同じ結果をもたらしている。アメリカでは、歳入危機に陥っている自治体は、課税基盤を強化することにつながる高所得者層向けの商業開発に利用できるよう土地を開放することを目的として、今では頻繁に土地収用権を行使し、十分立派な住宅に住む低所得層（いや中所得層さえ）の不動産所有者をも退去させている（ニューヨーク州では現在このような事例が六〇以上もある[▼15]）。

また新自由主義国家は、所得や賃金よりも投資に有利なように税制を改正し、税制の逆進性を助長し（たとえば売上税）、受益者負担を押しつけ（いま中国農村部で広まっている）、企業に対しておびただしい種類の補助金や優遇税制を提供して、富と所得の再分配を遂行している。アメリカの法人税率は着実に下がっており、ブッシュの再選は、税負担のさらなる軽減を期待する企業トップによって笑顔で迎えられた。アメリカで現在、連邦・州・地域などさまざまなレベルで存在する企業向け福祉《コーポレート・ウエルフェア》プログラムは、公共の資金を企業の利益になる方向へと大規模に振り向けることに他ならない（直接的にはアグリビジネスへの補助金の場合のように、間接的には軍需産業部門の場合のように）。そのメカニズムは、住宅ローン金利に対する減税がアメリカにおいては高所得者の持家層と建設業界への補助金として機能するのとほとんど同じである。国民に対する監視と警察による取り締まりが強化されていること、そして――アメリカの場合には――住民の中の厄介者の投獄が増大していることは、社会の管理統制の強化といういっそう不吉な方向への転換を示している。「監獄－産業」複合体は、個人向けセキュリティサービスと並んで、アメリカ経済で繁盛している部門である。発展途上国では「略奪による蓄積」に対する反対がより強力なものになる可能性が存在するため、新自由主義国家の役割は、対抗運動に対して――低度の戦争とまで言えるような――激しい弾圧を遂行することである（コロンビアの場合のように今日では多くの対抗運動が、アメリカの軍事援助や支援を得るために、ご都合主義的に「麻薬取引」とか「テロリスト運動」などと呼ばれている）。メキシコのサパティスタやブラジルの「土地なき農民の運動◆」のような他の運動もまた、取り込みと周辺化との組み合わせを通じて、国家権力によって封じ込められている[▼16]。

◆土地なき農民の運動：ブラジルのラティフンディウム（大土地所有制）に対して農地改革を押し進める、小農民と土地なき農民（農業労働者）による運動。

あらゆるものの商品化

市場とそのシグナルがあらゆるものの配分を最も適正に決定できると想定することは、あらゆるものが原則的に商品として扱われうると想定することである。種々のプロセスやモノや社会関係に対する所有権が存在し、それらに価格をつけることができ、合法的な契約にしたがって取引することができる、というのが商品化に内在する想定である。市場は、人間のあらゆる行動にとっての適切な指針——つまり倫理——として機能すると想定されている。もちろん実際問題としては、あらゆる社会は、商品化が始まる所と終わる所に境界を設けている。この境界がどこに設けられるかは、議論のある問題である。特定の薬物は違法だと考えられている。性を売買することはアメリカのほとんどの州で禁止されているが、合法化して非犯罪化しているところや、産業として国家が管理しているところさえある。ポルノグラフィはアメリカの法律では言論の自由の一形態として広く保護されているが、これについても、特定の形態のもの（主に児童に関するもの）は限界を越えているとみなされている。アメリカでは、良心と名誉は売ることができないということになっているので、あたかも政治家による利益誘導や市場での金儲けという通常の行為と容易に区別できるかのように、「汚職」を告発するという奇妙な習慣が存在する。セクシュアリティや文化や歴史や遺産の商品化、美しい風景や癒しとしての自然の商品化、あるいは、たとえば骨董品や芸術のように独創的なもの、真正のもの、唯一のものから独占的に使用料《レント》を引き出すこと——これらはすべて、実際には商品としてつくられたわけではないものに価格をつけることに他ならない。[17] 商品化は適切なのか（たとえば宗教行事や宗教シンボルの商品化）、あるいは誰が所有権を行使したり料金を得るべきなのか

（たとえば、アステカ遺跡の利用権やアボリジニー芸術の売買などをめぐって）、これらについては、しばしば意見の相違が存在する。

新自由主義化は明らかに、商品化の境界線を押し広げ、合法的な契約の範囲を大いに拡張した。新自由主義者はたいていの場合、うつろいやすさや短期的な契約を賞賛する（多くのポストモダン理論がそうしているように）。たとえば婚姻は、神聖で壊れることのない契りというよりも、短期的な契約上の取り決めだとみなされている。新自由主義者と新保守主義者との分かれ目は、一つには、このラインをどこに引くかをめぐる違いを反映している。新保守主義者は概して、彼らが社会秩序の解体や不道徳だとみなすものの責任は、大企業の資本家たち（ルパート・マードックのような）ではなくて、「リベラル」や「ハリウッド」、さらには「ポストモダニスト」にあると非難する。だが実際には、資本家たちこそが、時にわいせつとさえ言える性的なあらゆるものを世界に押しつけることで、新保守主義が非難する多くの害悪の大半を生み出しており、しかも、彼らはつねに、その終わりなき利益追求において長期的な約束よりも短期的な約束の方を大いに好むと公言しているのだ。

しかしここには、単に、何らかの大切な物やある特殊な儀式を、あるいは社会生活の特定の側面を、金勘定や短期契約から守ろうとすること以上の、はるかに深い論点がある。なぜなら、自由主義理論および新自由主義理論の中心に位置しているのは、土地と労働と貨幣のための統一した市場を構築することの必要性であるが、カール・ポランニーが指摘したように、それらは「明らかに商品ではない」からである。「労働や土地や貨幣を商品として描くのは、まったくの擬制なのである」。資本主義はこのような擬制がなければ機能しないが、同時にその背後に複雑な現実があることを認識しそこなうと、甚大な損害がもたらされる。ポランニーは、有名な一節の中で、このことを次のように述べている。

市場メカニズムに、人間の運命とその自然環境の唯一の支配者となることを許せば、いやそれどころか、購買力の量と使途とについてそれを許すだけでも、社会はいずれ破壊されてしまうことになるだろう。なぜなら、いわゆる「労働力」商品は、たまたまこの特殊な商品の担い手となっている人間個々人にも影響を及ぼさずには無理強いできないし、見境なく使ったり、また使わないままにしておくことさえできないからである。つけ加えれば、人間の労働力を処理する場合、このシステムは、労働力というレッテルの貼ってある肉体的、心理的、道徳的実在としての「人間」を処理することになるのである。文化的諸制度という保護の覆いが取り去られれば、人間は社会に生身をさらす結果になり、やがては滅びてしまうであろう。人間は、悪徳、堕落、犯罪、飢餓という激しい社会的混乱の犠牲となって死滅するだろう。自然は個々の元素に分解され、近隣地域と風景は汚され、河川は汚染され、軍事的安全は脅かされ、食料、原料の生産力は破壊されるだろう。最後に、市場による購買力管理は企業を周期的に破産させることになるだろう。なぜなら、貨幣の不足と過多は企業にとっては未開社会での洪水や干魃と同じくらいの災難であろうから。[18]

グローバルな信用制度の内部における擬制資本のこの「洪水と干魃《かんばつ》」を通じて与えられた損害は、インドネシアであろうと、アルゼンチンやメキシコ、さらにはアメリカであろうと、ポランニーの最後の論点をあまりにもよく立証している。しかし労働と土地についての彼の命題はさらに展開する価値がある。

諸個人が労働市場に参入するのは、固有の人格を持つ者としてであり、社会関係のネットワークに埋め込まれ多様な形で社会化された個人としてであり、ある特性（姿形やジェンダーなど）によって区別できる身体性を持った存在としてであり、多様な技能（「人的資本」と呼ばれることがある）や嗜好（「文化資本」と呼ばれることがある）を蓄積した個人としてであり、また、夢や欲望、野心、希望、疑い、恐れをもつ生きた人間としてである。しかし資本家にとっては、そのような個人も一つの生産要素にすぎない。もっとも、雇用者は労働者に対して、強健な身体、技能、フレキシビリティ、従順さなど、仕事に適合した一定の資質を要求するため、生産要素と言っても画一的な要素ではない。労働者は契約によって雇用されるが、新自由主義の理論設定からして、フレキシビリティを最大化するために短期契約が選好される。歴史的に雇用者は、労働要員《プール》内部の差異を利用して分割統治を行なってきた。こうして分断的労働市場が出現し、人種、エスニシティ、ジェンダー、宗教の区別が、雇用者の利益になるように、しばしば露骨にあるいは密かに利用された。反対に労働者は、自分たちを取りまく社会的ネットワークを利用して、特定の職種を特権的に獲得するかもしれない。彼らは概して技能を独占しようとするし、集団的行動やしかるべき機関［労働組合など］の形成を通じて、自分たちの利益を守るために労働市場を規制しようとする。この点では労働者は、ポランニーの言う「文化的諸制度という保護の覆い」を構築しているにすぎない。

　新自由主義化は、「埋め込まれた自由主義」によって可能とされ時には育まれもしたこの保護の覆いをはぎ取ろうとする。労働者に対する総攻撃は二面的なものであった。各国内では、労働組合をはじめとする労働者階級の諸機関の力が押さえ込まれ解体される（必要とあらば暴力によって）。フレキシブルな労働市場が確立される。国家は社会福祉の給付から手を引き、雇用構造の再編を技術的に誘導する。それによって労働力の大きな部分を過剰労働力にして、労働に対する資本の支配が市場において完成する。そして個人化され相対的に無力にされた労働者は、資本家の個々の要望にもとづく短期契約しかない労働市場に直面する。終身在職権《テニュア》の保障は過去のものになる（たとえばサッチャーは大学でそれを廃止した）。「個人責任制」（鄧小平の言葉はなんと的確であったことか！）が、以前は雇用者や国家の義務であった社会的保護（年金、医療、労災補償）に取って代わる。その代わりに諸個人は市場で社会的保護を商品として購入する。それゆえ個人の安全保障は個人的選択の問題にされるが、この選択は、リスクのある金融市場に埋め込まれた金融商品に手が届くかどうかに縛られているのである。

攻撃の第二の方面は、労働市場の空間的・時間的調整を変容させることである。あまりにも多くの人々が、最も安く最も従順な労働供給を見出すための「底辺へ向かう競争」に巻き込まれていく一方で、資本は地理的移動性をもつので、地理的移動性に制限のある労働力をグローバルに支配することが可能となる。移住が制限されているため、同じ場所で働かざるをえない労働力は豊富に存在する。こうした障壁から逃れるには、違法な移住（これは容易に搾取される労働力を生み出す）か、短期契約によるしかない。たとえばメキシコの労働者は、短期契約によってカリフォルニアのアグリビジネスで働くことができるが、彼らは、病気になるやいなや（さらには浴びた農薬が原因で死亡した時でさえ）、メキシコへと情け容赦なく送り返される。

新自由主義化のもとでは、「使い捨て労働者」が世界的規模で労働者の典型《プロトタイプ》として現われる。[19] 世界中の苦汗工場《スウエットショップ》で働いている労働者の、ぞっとするようなひどい労働条件と専制的状況についての話が満ちあふれている。中国では、農村出身の若い女性労働者の労働条件は、まったくひどいものである。「耐えられないほどの長時間労働、標準以下の貧困な食事、狭苦しい寄宿舎、殴ったり性的に虐待するサディスティックな経営者、支払いが数ヵ月遅れたり時にはまったく支払われない給料」[20]。インドネシアでは二人の若い女性が、シンガポールを拠点にしているリーバイ・ストラウス社［Levi's（リーバイス）で有名なアメリカのジーンズメーカー］の下請け会社で働いた経験を、次のように詳しく話した。

私たちは、いつも当然のように侮辱されています。上司は、怒っている時には、女性を犬とか豚とか売女とか呼びます。私たちはそれに口答えせず我慢強く耐えなければいけません。私たちは規定では朝の七時から三時まで働くことになっていますが（日給は二ドル未満）、しばしば残業させられ、ときには九時まで残業します。急ぎの注文がある時にはとくにそうです。どんなに疲れていても、家に帰ることは許されません。二〇〇ルピー（一〇セント）の割増しをもらえることはあります。〔……〕私たちは住んでいるところから歩いて工場に行きます。工場の中はとても暑く、屋根は金属製です。すべての労働者に十分なスペースがなく、とても窮屈です。そこでは二〇〇人以上が働いていて、そのほとんどが女性ですが、トイレは工場全体で一つしかありません。〔……〕仕事から家に帰ってくると、他に何もする力も残ってなくて、食べて寝るだけです。[21]

似たような話は、メキシコのマキーラ工場や、ホンジュラス、南アフリカ、マレーシア、タイの台湾資本・韓国資本の製造工場にもある。健康に対する危険性や、さまざまな有害物質にさらされること、作業中の死亡事故などが、規制されることも注目を浴びることもなく日々起こっている。上海では、ある繊維工場で「倉庫に閉じ込められた六一人の労働者が焼死した」事件が起こったが、その工場を経営する台湾人事業家は、二年間の執行猶予という「寛大な」判決を受けた。その理由は、彼が「改悛の情を示しており」「火事のあと協力的だった」からであった。[22]

この種の非人間的で健康を破壊する危険な仕事の重荷を背負わされているのは、大部分が女性であり、時には子どもである。[23]新自由主義化の社会的帰結は本当に無残である。「略奪による蓄積」は総じて、世帯内の生産と売買のシステム内部で、あるいはまた伝統的な社会構造の内部で女性が持っていたかもしれないあらゆる力を掘りくずし、あらゆるものを男性中心の商品・金融市場の中に置き直す。発展途上国の伝統的な家父長制的支配からの女性の解放がたどる道の途上にあるのは、非人間的な工場労働かセクシュアリティを売る仕事、すなわち、ホステスやウェイトレスといった相対的にましな仕事から性売買（現代の全産業の中でも最も儲かっているものの一つであり、そこでは相当数の人が奴隷状態にある）にいたるまでの仕事である。先進資本主義国における社会的保護の喪失は、とくに下層階級の女性に不利益をもたらした。そして、ソヴィエト・ブロックの旧共産主義諸国の多くでは、新自由主義化による女性の権利の喪失はまったく壊滅的である。

それでは、かつてはささやかながらも一定の尊厳と支えを与えてくれた集団的制度が破壊された後で、フレキシブルな労働市場と短期契約、慢性的な不安定雇用、社会的保護の喪失、健康を破壊する労働という世界において、使い捨て労働者——とりわけ女性——は、いったいどうやって社会的にも精神的にも生きていくことができるのだろうか？　たしかに労働市場におけるフレキシビリティの増大が利益になった人もいる。それが物質的な利益につながらない場合であっても、比較的容易に、そして家父長制や家族という伝統的な社会的束縛から自由に仕事を変えることができるという権利だけでも、無形の利益をもたらす。労働市場をうまく切り抜けていくことができる人々にとっては、資本主義的消費文化の世界の中に一見豊富な見返りが存在するように見える。だが不幸なことに、その文化がいかに壮麗で華やかで魅惑的であろうとも、それはいたずらに欲望をもてあそぶだけで、ショッピングモールで得られる貧しいアイデンティティや、美貌（女性の場合）と物の所有がもたらすステータスの渇望以上の満足をけっして与えることはない。「われ買う、ゆえにわれあり」という信条と所有的個人主義とが一体になって、表面上は刺激的だが奥底では空虚な、偽りの満足の世界をつくり出している。

しかし、仕事を失った人々や、今では世界の使い捨て労働者の大半に危険な逃げ場を与えてくれる広大なインフォーマル経済から抜け出そうとして果たせない人々にとっては、話はまったく異なっている。およそ二〇億人もの人々が一日二ドル未満の生活に追いやられているというのに、資本主義的消費文化のあざけるような世界、金融サービスで稼ぎ出される莫大なボーナス、新自由主義化と民営化と個人責任の解放的な潜在力を云々する自己満足的な議論は、残酷な冗談のようにしか思えない。貧しい中国農村部から豊かなアメリカにいたるまで、医療保障が失われ、あらゆる種類の受益者負担がますます押しつけられることによって、貧しい者たちの経済的負担はいちじるしく増大している。[24]

新自由主義化は、労働は他のいかなるものとも同じ商品であると強調することによって、社会秩序における労働者・女性・先住民集団の位置づけを変えた。生きた民主主義的諸制度という保護の覆いをはぎ取られ、あらゆる種類の社会的解体に脅かされた使い捨て労働者は、社会的連帯を構築し集団的意志を表明するための別の制度的諸形態を頼みとせざるをえない。ギャングや犯罪集団、麻薬売買のネットワーク、地域マフィア、スラム街のボスから、コミュニティ、草の根組織や非政府組織、そして現世的カルトや宗教的セクトにいたるまで、あらゆるものがその対象となる。これらは、国家権力や政党やその他の制度的諸形態が集団的営為や社会的きずなの中心としては積極的に放逐され、あるいは単に衰退していった、その後に残された真空を代わりに埋める社会的諸形態である。宗教へのはっきりとした転換が見られることは、この点で興味深い。法輪功の台頭については言うまでもなく、中国の見捨てられた農村部で宗教的セクトが突然台頭し増殖しているという話は、この傾向を例証している。[25]ラテンアメリカの新自由主義化のもとで急速に発展している混沌としたインフォーマル経済において、福音主義への改宗が急速に広まっていることや、アフリカや中東の大部分で偏狭な宗教セクト主義や原理主義が復活したり、場合によっては新たにつくられ、それが政治を左右していることは、社会的連帯の意味あるメカニズムを構築することの必要性を証明している。アメリカで原理主義的な福音派キリスト教が広まっていることは、雇用不安の蔓延、他の形態での社会的連帯の喪失、資本主義的消費文化の虚しさと何らかの結びつきがある。トマス・フランクの説明では、カンザス州で宗教右派が活発になったのは一九八〇年代終わりになってからのことであり、つまり、新自由主義的再編と産業の衰退が一〇年かそれ以上続いてからのことであった。[26]このような関係はこじつけに見えるかもしれない。しかし、もしポランニーが正しく、労働を商品として扱うことが社会的解体につながるのであれば、そのような脅威から身を守るために、異なった社会的ネットワークの再建へと動く可能性はますます高まるだろう。

環境の悪化

短期契約の論理を環境の利用に押しつけたことは、破壊的な結果をもたらした。幸いなことにこの問題については、新自由主義陣営内部でも見解はいくぶん分かれている。レーガンは環境について一顧だにせず、ある時には樹木が大気汚染の主な原因だと断言したほどであったが、サッチャーはこの問題に真剣に取り組んだ。南極大陸周辺のオゾンホール拡大の原因であるフロンガスの利用を制限するというモントリオール議定書の交渉では、サッチャーは主要な役割を果たした。彼女は、二酸化炭素排出の増大からくる地球温暖化の危機について真剣に考えた。環境問題に対する彼女の取り組みは、もちろん完全に公平無私なものではなかった。炭鉱閉鎖と炭鉱労働組合の破壊は、一部は環境という論拠で正当化されたからである。

それゆえ新自由主義国家は、環境に関しては、地理的に不均等で時間的に不安定であった（誰が国家権力を握っているのかによる。アメリカでとくに反動的だったのは、レーガン政権とジョージ・W・ブッシュ政権の時代である）。さらに環境運動が一九七〇年代から重要性を増してきた。それは、時と場所によるが、しばしば規制力を発揮した。そして場合によっては資本主義企業は、効率性の向上と環境パフォーマンスの改善とが矛盾しないことを発見した。それにもかかわらず、環境面における新自由主義化の帰結の全般的なバランスシートは十中八九マイナスである。環境悪化のコストを含めた人類の福利についての指標をつくろうとする、議論は分かれるが真面目な試みによれば、一九七〇年頃から、その指標はますます悪化する傾向にある。そして新自由主義の原理を無制限に適用したせいで環境が悪化したという個別的実例は、このような一般論を支持するほど十分に存在する。一九七〇年から熱帯雨林の破壊が加速したことは、気候変動と生物多様性の喪失に重大な影響を与えている周知の例である。また、新自由主義化の時代は、近年の地球で最も速く生物種が大量に絶滅した時代でもある。[27]もしわれわれが、地球を人類にとって住むのに適さない惑星にするほどに地球環境、とくにその気候を一変させる危険地帯に入りつつあるとすれば、これ以上、新自由主義の倫理を信奉し新自由主義化を実践しつづけることは、ほとんど致命的であることが必ずやわかるだろう。環境問題に対するブッシュ政権のアプローチは、通常、科学的証拠を疑問視して何もしない（ただし環境関係の科学調査の財源削減だけは行なった）というものである。しかし、ブッシュ自身の調査チームの報告によれば、人類が地球温暖化に対して与えている影響は、一九七〇年以降急激に高まっている。ペンタゴンも、地球温暖化は長期的にはテロリズム以上にアメリカの安全に対する深刻な脅威になるかもしれないと論じている。[28]興味深いことに、ここ数年の二酸化炭素排出量の増大の二大原因国は、グローバル経済の原動力であるアメリカと中国であった（中国の排出量はこの一〇年間で四五％増えた）。アメリカでは、工業と住宅建設の分野でエネルギー効率の実質的な改善があった。この場合、浪費は主に、郊外と準郊外に無秩序に広がった住宅地でのエネルギーの大量消費を刺激しつづける消費主義と、もっと燃費の良い車があるにもかかわらずガソリンを大量に食うＳＵＶ車の購入を好む文化に由来する。アメリカが輸入石油への依存を強めたことは明らかに、地政学的に重大な問題をはらんでいる。中国の場合、急速な工業化と自動車購買熱とが、エネルギー消費に向けた圧力を二倍にしている。中国は、一九八〇年代後半の石油自給国から、アメリカに次ぐ世界第二の石油輸入国になった。中国は、自国の石油供給を安定化させるために、スーダン、中央アジア、中東で足場を得ようと争っており、ここでも地政学的問題は深刻である。しかし中国にはまた、硫黄含有率の高いかなり低質な石炭が大量に埋蔵されている。これを用いて行なう発電は、とくに地球温暖化に影響する重大な環境問題を引き起こしている。さらに、日常的に電圧制限と停電を引き起こす深刻な電力不足に中国経済が現在悩まされていることを考えると、不効率で「環境を汚す」発電所を閉鎖せよとの中央政府の命令に地方自治体が従う動機は皆無である。ここ一〇年間、北京のような大都市で、主に自転車に代わって自動車の所有と利用が驚くばかりに増大しているが、それは、世界で最も大気汚染がひどい二〇都市のうち一六都市が中国にあるという不名誉をもたらした。[29] 地球温暖化に対する同種の影響も明らかである。急速な工業化にあっては常に見られることだが、環境への影響を考慮しないために、いたるところで有害な影響がもたらされつつある。河川はひどく汚染され、水道水は発がん性のある危険な化学物質に満ちており、公衆衛生の整備は貧弱で（SARS問題や鳥インフルエンザに示されている）、土地資源を拙速に市街地に転用し、大規模な水力発電プロジェクトを立てている（たとえば揚子江流域）。これらすべてが実にさまざまな環境問題を引き起こしており、中央政府は今ようやくこれらの環境問題に注意を向け始めたところである。しかし、以上のような問題に直面しているのは中国だけではない。インドの急激な成長も、環境に大きな負荷をかけるような変化をもたらしている。この負荷は、天然資源開発への圧力の高まりと消費の拡大とに由来している。

天然資源の開発に関しては、新自由主義化の実績は惨憺たるものである。その理由は明白だろう。短期の契約関係が好まれるため、すべての生産者は、契約期間中に搾り取れるだけのものをすべて搾り取ろうとする圧力にさらされている。契約とオプションが更新される可能性がある場合でも、その間に他の資源が見つかるかもしれないので不確実性は常に存在する。天然資源開発のありうる最長の時間枠は、固定資産減価率の時間枠（つまり約二五年）であるが、ほとんどの契約はそれよりはるかに短い。一般に資源の枯渇は単線的に進むと思われている。しかし今では、生態系の多くが、その自然な再生能力が働かなくなる一定の限界点を越えると突然崩壊することが明らかになっている。漁業資源――カリフォルニア沖のイワシ（サーディン）、ニューファンドランド沖のタラ、チリアンシーバス［チリやアルゼンチンの沖合に生息する大型魚］――は、「最適」速度での資源開発が何の前兆もなく突然崩壊する典型例である。[30]

それほど劇的ではないが同じくらい有害なのは、森林資源の事例である。新自由主義が私有化に固執するために、貴重な生息環境《ハビタット》や生物多様性――とくに熱帯雨林のそれ――を守るための森林管理の原則について、国際的な協定を結ぶことが困難になっている。豊富な森林資源を有している貧しい国々に対し、輸出を増大させて外国人の所有と利権を許可せよとの圧力をかけることは、最小限の森林保護さえも破壊することを意味する。私有化後のチリにおける森林資源の乱獲が格好の例である。しかし、ＩＭＦによって管理された構造調整プログラムは、さらに悪い影響を及ぼした。緊縮政策が強要されたため、貧しい国々が森林管理に投じる予算が削減されることになった。これら諸国が受けている圧力はそれだけではない。森林を私有化し、その開発を外国の材木業者に短期契約で開放するよう迫られている。負債を返済するために外貨を獲得しなければならないという圧力のもとでは、短期の開発利権をできるだけ多く外国企業に与えようとする誘惑が存在する。さらに悪いことには、ＩＭＦに押しつけられた緊縮政策と失業に襲われた時、あぶれた住民は土地に生計の手段を求め、見境のない森林伐採に走るかもしれない。焼き畑農法が好まれるため、土地を持たない農民が、森林伐採業者といっしょになって、手っ取り早く森林資源を大規模に破壊する可能性もある。これは、ブラジル、インドネシア、いくつかのアフリカ諸国で起こった。[31] 一九九七～九八年のインドネシアで、労働市場から何百万人もの仕事を奪った金融危機の最中に、スマトラで大規模な森林火災が猛威をふるい（それは、スハルト系のある裕福な華僑の実業家が経営していた森林伐採事業が原因していた）、巨大な煙の幕が数ヵ月にわたって東南アジア全域を包んだのは、けっして偶然ではない。バランスのとれた適度な環境利用が実現されうるのは、国家およびその他の集団が新自由主義のルールとそれを支える階級勢力に立ち向かう決意を固める場合のみであり、そしてこれは実際に何度も起こったことである。

権利の両義性

新自由主義化は、それ自身の内部に広範な対抗文化を生み出してきた。しかしこの反対潮流は、新自由主義の基本命題の多くを受け入れがちである。それは内部矛盾に焦点を当てる。たとえば、個人の権利や自由の問題を真剣に取り上げて、政治的・経済的・階級的な権力の権威主義的性格やそれが繰り返し恣意的に行使されることに異を唱える。それは、すべての人々の生活水準を改善するという新自由主義のレトリックを取り上げ、その観点から新自由主義化は失敗していると非難する。たとえば、典型的な新自由主義の文書である、WTOの条約本文の最初の段落を見てみよう。WTOの目的は次のものであるとされている。

生活水準を高め、完全雇用および高い実質所得と有効需要を実現するとともにこれらを着実に増大させ、物品とサービスの生産と貿易を拡大すること、他方において、経済発展の水準が異なるそれぞれの締約国のニーズと関心に沿って環境を保護および保全し、そのための手段を拡充することに努めつつ、持続可能な開発の目的に沿って世界の資源を最適な形で利用するよう考慮することである。[32]

実現する見込みのない同様の希望は、世界銀行の声明（「貧困の減少がわれわれの第一目標である」）にも見出される。この声明は、階級権力の回復ないし創出を支えているというその現実の行為とも、また貧困化と環境悪化という観点からみたその結果とも、容易には合致しない。

人権侵害という観点からの対抗運動の台頭は、一九八〇年以来めざましくなっている。デヴィッド・チャンドラーによれば、『フォーリン・アフェアーズ』のような有名誌が、人権をテーマとする記事を載せたことは、それ以前にはまったくないことだった[33]。人権問題は一九八〇年から目だつようになり、一九八九年の天安門事件と冷戦終結から、明らかに急に注目されるようになった。これは新自由主義化とはっきり軌を一にしており、この二つの動きは互いに深く関係している。たしかに、個人こそが政治的・経済的生活の根本要素であるとして新自由主義が個人に固執していることは、個人的権利にもとづいた運動に拍車をかけるものだ。しかし、実質をともなう開かれた民主主義的統治構造を創出ないし再創出するのではなく、そうした個人の諸権利に焦点を当てることでは、対抗運動は、新自由主義の枠組みを脱した方法を構築することはできないだろう。新自由主義は個人を前面に押し立てることで、平等・民主主義・社会的連帯に対する社会民主主義的な問題関心を後景に押しやっている。さらに、こうした対抗運動はしばしば訴訟に訴えることで、議会の権力よりも司法や行政の権力に訴えるという新自由主義の傾向を受け入れている。しかし法的手段に訴えるのは費用も時間もかかるし、司法がたいてい有している階級的忠誠を考えると、いずれにせよ法廷は支配階級の利益の方に大きく傾いている。法の決定は、平等や社会的公正〔正義〕の権利よりも、私的所有権や利潤原理に味方する傾向にある。チャンドラーの結論はこうである――「リベラル・エリートたちが、権限をもった個人の方に焦点を当て、話を聞いて決定を下してくれる裁判官のもとに自分たちの問題をもっていくのは、普通の人々と政治プロセスに対する彼らの幻滅のゆえである[34]」。

　ほとんどの貧しい人々には自分の権利を追求するための財力がないため、こうした理念を表現することができるのは、権利擁護団体《アドボケイト・グループ》の形成を通じてでしかない。権利擁護団体とNGOの台頭は、より一般的には権利言説《ライツ・ディスコース》の台頭と同じく、新自由主義への転換と同時に起こり、一九八〇年前後からますます顕著になっていった。NGOは多くの場合、国家が社会福祉の供与から手を引いたことによって取り残された社会的空白部分に進出している。これはＮＧＯによる民営化に等しい。場合によっては、これは国家が社会福祉の供与から手を引くのを促進しさえした。その結果、ＮＧＯは「グローバルな新自由主義のトロイの木馬」として機能している。[35]さらには、ＮＧＯは本質的に民主主義的な機関というわけではない。それは、どんなに善意で進歩的なものであろうと、傾向としてエリート主義的であり、説明責任を果たさず（資金提供者《ドナー》に対しては別だが）、当然ながら、それが保護や援助を与えようとする人々とは隔たりがある。しばしば自らの目的を隠しており、国家権力や階級権力と直接交渉したり影響力を行使する方を好む。依頼人を代表するよりも、しばしば依頼人をコントロールする。自分で話せない人々に代わって話しているとか、そうした人々の利害を明確にしているとさえ主張し、そう思い込む（あたかもそうした人々が自分自身ではそうできないかのように）。しかし彼らの立場は常に正統であるとはかぎらない。たとえば、何らかの団体が普遍的な人権の問題として、生産における児童労働の禁止を訴えるのに成功する時、その労働が家族の生活に不可欠であるような経済にとって害になるかもしれない。また経済的に可能な選択肢がなくなり、代わりに子どもたちは売春をさせられるかもしれない（すると、また別の権利擁護団体がその根絶を追求することになる）。「権利の主張《ライツ・トーク》◆」で前提とされている普遍性や、ＮＧＯと権利擁護団体がのめり込んでいる普遍的な原理は、地域の特殊性や、商品化と新自由主義化の圧力のもとでの政治的・経済的な日々の実践とは容易には合致しない。[36]

◆権利の主張：ハーバード大学の右派の法学教授メアリー・グレンドンの著作『ライツ・トーク——政治的言説の貧困化』（一九九三年）でキーワードとなっている用語。アメリカ社会で近年、各市民が自分たちの権利を声高に主張する現象が昂じて、政治的議論が貧困化しているという文脈で使われる。

しかし、とくにこうした特殊な対抗文化が近年これほどの魅力を獲得したことには、もう一つ理由がある。「略奪による蓄積」は、工業と農業における賃労働の拡大による蓄積とはきわめて異なった一連の行動パターンをともなう。後者は、一九五〇〜六〇年代の資本の蓄積過程を特徴づけていたが、それは「埋め込まれた自由主義」へと帰結した対抗文化を出現させた（たとえば労働組合や労働者政党に埋め込まれた対抗文化）。それに対して、「略奪による蓄積」は断片化され個別化されている――こちらでは私有化、あちらでは環境悪化、はたまた債務による金融危機といった具合だ。普遍的な原理に訴えることなくして、これらの特殊で個別なもののすべてに抵抗するのは困難である。略奪は権利の喪失をともなう。そこで、人権、尊厳、持続可能なエコロジー的実践、環境権などの普遍主義的なレトリックに転じることが、対抗政治を統一する基盤となる。

だが、このような権利の普遍主義に訴えることは、諸刃の剣である。心中では進歩的な目的をもってそうした普遍主義が用いられる場合もあるし、それは可能である。アムネスティ・インターナショナルや「国境なき医師団」などに最も見事に代表されている伝統は、たんなる新自由主義的思考の付属物として片づけることはできない。そうするにはヒューマニズムの全歴史（欧米のもの――典型的に自由主義的なそれ――から非欧米世界の多様なバージョンにいたるまで）はあまりにも複雑である。しかし、権利言説《ライツ・ディスコース》の多くに見られる限定的な目的（アムネスティの場合、最近まで、経済的権利ではなく市民的・政治的権利にもっぱら焦点を当てていた）は、新自由主義の枠組みの内部にあまりに容易に取り込まれやすい。普遍主義はとりわけ、気候変動、オゾンホール、生息環境《ハビタット》の破壊による生物多様性の喪失などのグローバルな問題に関してはうまく機能するように思われる。しかし、世界には多様な政治・経済的な環境や文化的慣行が見られることを考えると、人権の分野での普遍主義の帰結はいっそう問題含みである。さらに、人権問題は（バーソロミューとブレークスピアの辛辣な特徴づけを用いれば）[37]「帝国の剣」として実に容易に取り込まれてきた。たとえば、アメリカのいわゆる「タカ派リベラル」は、人権問題に訴えることによって、コソボ、東ティモール、ハイチ、そしてとりわけアフガニスタンやイラクに対する帝国主義的介入を正当化してきた。彼らは、軍事的ヒューマニズムを正当化し、それが、アメリカのような「独りよがりの帝国主義的大国によって一国的に追求されているときでさえ、自由、人権、民主主義の擁護という美名のもとに」そうしてきたのである。[38] より一般的には、「今日の人権にもとづく人道主義《ヒューマニタリアニズム》の根源には、発展途上世界の国内問題に欧米諸国が介入することを支持するというコンセンサスが、一九七〇年代以来広まったことがある」というチャンドラーの結論に同意しないのは難しい。そのさい鍵となっている認識は、「国際機関、国際法廷と国内法廷、NGO、倫理委員会などは、選挙で選ばれた政府よりも民衆の要求をよく代表しているということである。政府および選挙で選出された代議士たちは疑惑の目で見られているが、それはまさに、彼らが何よりも自分の選挙区の支持者に責任を負っているからであり、それゆえ、『特殊』利益をもっているとみなされ、倫理的な原理にもとづいて行動することはないとみなされているからなのだ」。[39] 国内的にもやはりこの影響は有害である。つまり、「司法や、選挙を経ていない特別対策委員会、倫理委員会といった諸機関の意思決定役割の拡大を正統化することによって、公共の政治的議論を狭めてしまう」。政治を衰弱させる影響もありうる。「個人の孤立やわれわれのアトム化した社会の受動性に挑戦するどころか、人権による規制はこうした分断状況を制度化するだけだ」。さらに悪いことには、「人権をめぐる倫理的議論が提示する、社会に関する卑俗化された見方は、あらゆるエリート主義的理論と同様、統治階級の自信をかえって維持する役割を果たす」。[40]

こうした批判を踏まえると、普遍的なものに訴えることすべてに逃れがたい欠陥があるから慎もうとか、権利に言及することすべてが、市場にもとづく抽象的倫理の受け入れがたい押しつけであり、階級権力の回復のための仮面であるから捨ててしまおうといった誘惑にかられる。どちらの命題も真剣に考えるに値するが、私の考えでは、権利という分野を新自由主義のヘゲモニーにゆだねてしまっては元も子もない。権利の普遍的要素や何の権利に訴えるべきなのかをめぐって争うだけでなく、権利の普個々の状況でどのような普遍的要素や何の権利に訴えるべきなのかをめぐって争うだけでなく、権利の普遍的原理や概念をいかにして構築すべきなのかをめぐっても、争うべきである。独特の政治的・経済的な諸実践の組み合わせとしての新自由主義と、道徳的・政治的正統性の倫理的基盤としてのある種の普遍的権利にますます訴えることとの間に、重大な結びつきが捏造されていることに、われわれは警戒しなければならない。ブレマーの命令は、一定の権利概念をイラクに押しつけているが、同時にイラクの自決権を侵害してもいる。マルクスの有名な言葉にあるように、「権利と権利とのあいだでは、力がことを決する」[41]。階級権力の回復が特定の権利群を必然的に押しつけるのであれば、その押しつけに対する抵抗は、まったく異なった諸権利を求める闘争を必要とするだろう。

たとえば、権利としての公正〔正義〕が持っている積極的な意味は、政治運動を強力に刺激する原動力となった。不正義に対する闘争はしばしば、社会変革を求める運動を活気づけた。アメリカの公民権運動の勇気づけられる歴史は、その見事な一例である。もちろん問題は、われわれが訴えることのできる正義の概念が無数にあることである。しかし分析すれば、特定の支配的な社会的プロセスが、正義や権利についての特定の概念をもたらし、それに依拠していることがわかるだろう。この特殊な諸権利に挑戦することは、それを内蔵している社会的プロセスに挑戦することを意味する。逆に、権利や正義に関する支配的概念から別の概念へと忠誠の対象を切り替えていくことなくして、社会をある支配的な社会的プロセス（たとえば市場交換を通じた資本蓄積）から別のプロセス（たとえば政治的民主主義や集団的行動）へと切り替えることは不可能であろう。特定の権利や正義を理想化する試みには常に困難がつきまとうが、それは、概念と社会的プロセスとのこうした結びつきを隠してしまうからである。権利概念や正義概念の社会的意味は、社会的プロセスとの関係という現実の世界に立ち返った場合に初めて見出されるのである[42]。

新自由主義のケースを考えてみよう。諸権利は、二つの支配的な権力論理の周囲に集まっている――国家の領土的論理と、資本の論理である[43]。権利を普遍的なものにしようとどれだけ願っても、それを執行するには国家が必要である。もし政治権力にその意志がなければ、権利という観念は空虚なままである。それゆえ権利は市民の資格《シチズンシップ》から派生し、それに条件づけられる。それゆえ、法の及ぶ範囲には国境があることが問題となる。これは諸刃の剣である。このことから、国籍のない人々や不法移民にとってのさまざまな難しい問題が発生する。誰が「市民」で誰がそうでないのかが、一定の国境をともなって初めて特殊な存在となる国家の、その内部における包摂と排除の原理を決める重大な争点となる。権利に関して国家がどのように主権を行使するのかは、それ自体議論のある争点ではあるが、その主権には、新自由主義的な資本蓄積に埋め込まれたグローバルなルールによって限定が課せられている（中国が悟りつつあるように）。それにもかかわらず、正統化された形態の暴力を独占する国民国家はホッブズ流にそれ独自の一連の権利群を定めており、国民国家に対する国際条約による縛りは概して緩い。一例としてアメリカは、国際舞台では「人道に対する罪」として定義されるような行為を犯しても、それに対する責任を問われないという権利を主張しており、同時に、自国民との関係ではその権威を否定しているその同じ法廷の前で、外国の戦争犯罪人を法に照らして処断するべきだと主張している。

　新自由主義のもとで生きるということは、資本蓄積に必要な一定の権利群を受け入れ服従するということを意味する。それゆえわれわれは、私的所有という個々人の不可譲の権利（企業は法の前では個人として定義されていることを想起してほしい）や利潤原理が、考えうるあらゆる他の不可譲の権利概念に優先するような社会に生きている。この権利体制《レジーム》の擁護者は、それが奨励する「ブルジョア的美徳」がなければ世界のすべての人の生活水準が悪化するだろうとまことしやかに主張する。彼らの言う美徳には次のものが含まれる。個人の責任と義務。国家の不干渉（これはしばしば、この権利体制を、国家内部で定義される他の諸権利に厳しく対立させる）。市場における機会の平等と法の前での機会の平等。イニシアティブと企業努力に対する報酬。自己とその所有物に対する尊重。契約と交換の自由で広範な選択を許容すること。こうした権利体系は、自分自身の身体の私的所有権（それによって、自分が尊厳や敬意をもって扱われる権利や、奴隷のように身体的に強制されない権利だけでなく、自分の労働力を売る契約を自由に行なう権利も根拠づけられる）や、思想・表現・言論の自由の権利にまで拡張される時、一段と説得的に見える。これらの派生的な諸権利には訴える力がある。われわれの多くはそれらに大きく依存している。しかしわれわれがそうしている一方で、貧しい人々は豊かな人のテーブルからこぼれ落ちるパンくずで生きているのである。

哲学的議論によって、この新自由主義的な権利体制が不正だと説得することは、私にはできそうもない。しかし、この権利体制への反論はきわめてシンプルだ。それを受け入れることは、それによる社会的・エコロジー的・政治的帰結がどのようなものであろうとも、終わりなき資本蓄積と経済成長という体制のもとで生きる他に道はないと認めることである。逆に、終わりなき資本蓄積が含意するのは、新自由主義的な権利体制が暴力によって（チリやイラクのように）、帝国主義的実践によって（WTO、IMF、世界銀行など）、あるいは必要とあらば本源的蓄積（中国やロシアのように）を通じて、地理的に世界中に拡大しなければならないということである。どんな手段を講じてでも、私的所有権という不可譲の権利と利潤原理とが普遍的に確立されるだろう。これこそ、ブッシュが、アメリカは自由の領域を世界中に広げることに専心すると言った時に意味していたことなのである。

しかし、われわれに利用できる権利はこれだけではない。国連憲章に述べられている自由主義的な権利概念の中にさえ、言論と表現の自由、教育と経済保障の権利、組合を組織する権利などの派生的権利が存在する。これらの権利を執行するならば、新自由主義に対する重大な挑戦を提起することになろう。これらの派生的権利を根本的権利とし、基本的な私的所有権や利潤原理を派生的なものにすることができれば、政治や経済の実践において大きな意義をもつ革命を実現することができるだろう。さらに、われわれが依拠することのできるまったく異なった権利概念も存在する——たとえば、地球の公共財《コモンズ》を平等に享受する権利や、基本的な食料保障を享受する権利である。「同等な権利と権利とのあいだでは、力がことを決する」。適切な権利概念をめぐる、さらには自由そのものの概念をめぐる政治闘争こそが、オルタナティブを探求する中で舞台の中心に進み出ることになるだろう。

【原注】

▼1 Marx, *Theories of Surplus Value*, pt. 2, (London: Lawrence & Wishart, 1969), 200［邦訳：『剰余価値学説史』第二巻、大月書店］。

▼2 J. Gray, *False Dawn: The Illusions of Global Capitalism* (London: Granta Press, 1998)［邦訳：ジョン・グレイ『グローバリズムという妄想』石塚雅彦訳、日本経済新聞社、一九九九年］。

▼3 Bond, 'US and Global Economic Volatility'.

▼4 二つの最良の公式評価は次の文献に見られる。World Commission on the Social Dimension of Globalization, *A Fair Globalization: Creating Opportunities for All* (Geneva, International Labour Office, 2004)［邦訳：グローバリゼーションの社会的側面に関する世界委員会編『公正なグローバル化——すべての人々に機会を創り出す』ＩＬＯ駐日事務所監訳、International Labour Office' 二〇〇四年］; United Nations Development Program, *Human Development Report*, 1999; *Human Development Report*, 2003［邦訳：国連開発計画編『グローバリゼーションと人間開発——人間開発報告書』］。

▼5 M. Weisbrot, D. Baker, E. Kraev, and J. Chen, 'The Scorecard on Globalization 1980-2000: Its Consequences for Economic and Social Well-Being', in V. Navarro and C. Muntaner, *Political and Economic Determinants of Population Health and Well-Being* (Amityville, NY: Baywood, 2004) 91-114.

▼6 G. Monbiot, 'Punitive– and It Works', *Guardian*, 11 Jan. 2005, online edition.

▼7 Henwood, *After the New Economy*; Duménil and Lévy, *Capital Resurgent*, fig. 17. 1.

▼8 グローバリゼーションについての文献は膨大である。私自身の見解は以下の文献で詳しく述べられている。Harvey, *Spaces of Hope*.

▼9 Harvey, *New Imperialism*, ch. 4.

▼10 M. Derthick and P. Quirk, *The Politics of Deregulation* (Washington, DC: Brookings Institution Press, 1985); W.

Megginson and J. Netter, 'From State to Market: A Survey of Empirical Studies of Privatization', *Journal of Economic Literature* (2001), online.

▼11　Dicken, *Global Shift*, ch. 13.

▼12　デリバティブを通じてリスクを拡散し主導権をとることの重要性については、パニッチとギンディンが強調している。Panitch and Gindin, 'Finance and American Empire'［邦訳：パニッチ&ギンディン『アメリカ帝国主義と金融』］; S. Soederberg, 'The New International Financial Architecture: Imposed Leadership and "Emerging Markets"', *Socialist Register* (2002), 175-92.

▼13　Corbridge, *Debt and Development*; S. George, *A Fate Worse Than Debt* (New York: Grove Press, 1988)［邦訳：スーザン・ジョージ『債務危機の真実――なぜ第三世界は貧しいのか』向壽一訳、朝日新聞社、一九八九年］。

▼14　E. Toussaint, *Your Money or Your Life: The Tyranny of Global Finance* (London: Pluto Press, 2003); Stiglitz, *The Roaring Nineties*, 225［邦訳：スティグリッツ『人間が幸福になる経済とは何か』、二八〇頁］; Wade and Veneroso, 'The Asian Crisis', 21.

▼15　J. Farah, 'Brute Tyranny in China', WorldNetDaily.com, posted 15 Mar. 2004; I. Peterson, 'As Land Goes To Revitalization, There Go the Old Neighbors', *New York Times*, 30 Jan. 2005, 29 and 32.

▼16　J. Holloway and E. Pelaez, *Zapatista: Reinventing Revolution* (London: Pluto, 1998); J. Stedile, 'Brazil's Landless Battalions', in T. Mertes (ed.), *A Movement of Movements* (London: Verso, 2004).

▼17　D. Harvey, 'The Art of Rent: Globalization, Monopoly and the Commodification of Culture', *Socialist Register* (2002), 93-110.

▼18　Polanyi, *The Great Transformation*, 73.［邦訳：ポラニー『大転換』、九七〜九八頁］。

▼19　K. Bales, *Disposable People: New Slavery in the Global Economy* (Berkeley: University of California Press, 2000)［邦訳：ケビン・ベイルズ『グローバル経済と現代奴隷制』大和田英子訳、凱風社、二〇〇二年］; M. Wright, 'The Dialectics of Still Life: Murder, Women and the Maquiladoras', *Public Culture*, 11 (1999), 453-74.

▼20　A. Ross, *Low Pay High Profile: The Global Push for Fair Labor* (New York: The New Press, 2004), 124.

▼21　J. Seabrook, *In the Cities of the South: Scenes from a Developing World* (London: Verso, 1996), 103.

▼22　J. Sommer, 'A Dragon Let Loose on the Land: And Shanghai is at the Epicenter of China's Economic Boom', *Japan Times*, 26 Oct. 1994, 3.

▼23　C. K. Lee, *Gender and the South China Miracle* (Berkeley: University of California Press, 1998); C. Cartier, *Globalizing*

South China (Oxford: Basil Blackwell, 2001). とくに第六章を見よ。

▶24 こうしたグローバルな影響については、ナヴァロによって詳しく論じられている。Navarro, *The Political Economy of Social Inequalities*; Navarro and Muntaner, *Political and Economic Determinants*.

▶25 J. Kahn, 'Violence Taints Religion's Solace for China's Poor', *New York Times*, 25 Nov. 2004, A1 and A24.

▶26 Frank, *What's the Matter with Kansas*.

▶27 N. Myers, *Ultimate Security: The Environmental Basis of Political Stability* (New York: Norton, 1993); id., *The Primary Resource: Tropical Forests and Our Future/ Updated for the 1990s* (New York: Norton, 1993); M. Novacek (ed.), *The Biodiversity Crisis: Losing What Counts* (New York: American Museum of Natural History, 2001).

▶28 Climate Change Science Program, 'Our Changing Planet: The US Climate Change Science Program for Fiscal Years 2004 and 2005', http://www.usgcrp.gov/usgcrp/Library/ocp2004-5; M. Townsend and P. Harris, 'Now the Pentagon Tells Bush: Climate Change Will Destroy Us', *Observer*, 22 Feb. 2004, online.

▶29 K. Bradsher, 'China's Boom Adds to Global Warming', *New York Times*, 22 Oct. 2003, A1 and A8; J. Yardley, 'Rivers Run Black, and Chinese Die of Cancer', *New York Times*, 12 Sept. 2004, A1 and A17; D. Murphy, 'Chinese Province: Stinking, Filthy, Rich', *Wall Street Journal*, 27 Oct. 2004, B2H.

▶30 Petras and Veltmeyer, *System in Crisis*, ch. 6.

▶31 American Lands Alliance, 'IMF Policies Lead to Global Deforestation', http://americanlands.org/imfreport.htm.

▶32 D. Rodrik, *The Global Governance of Trade: As If Development Really Mattered* (New York, United Nations Development Program, 2001), 9.

▶33 D. Chandler, *From Kosovo to Kabul: Human Rights and International Intervention* (London: Pluto Press, 2002), 89.

▶34 Ibid. 230.

▶35 T. Wallace, 'NGO Dilemmas: Trojan Horses for Global Neoliberalism?', *Socialist Register* (2003), 202-19. ＮＧＯの役割については、より一般的な以下の文献を見よ。M. Edwards and D. Hulme (eds.), *Non-Governmental Organisations: Performance and Accountability* (London: Earthscan, 1995).

▶36 L. Gill, *Teetering on the Rim* (New York: Columbia University Press, 2000); J. Cowan, M.-B. Dembour, and R. Wilson (eds.), *Culture and Rights: Anthropological Perspectives* (Cambridge: Cambridge University Press, 2001).

▶37 A. Bartholomew and J. Breakspear, 'Human Rights as Swords of Empire', *Socialist Register* (London: Merlin Press, 2003), 124-45.

▼38 Ibid. 126.

▼39 Chandler, *From Kosovo to Kabul*, 27, 218.

▼40 Ibid. 235.

▼41 Marx, *Capital*, I. 225［邦訳：『資本論』第一巻、三〇五頁］。

▼42 D. Harvey, 'The Right to the City', in R. Scholar (ed.), *Divided Cities: Oxford Amnesty Lectures 2003* (Oxford, Oxford University Press, forthcoming).

▼43 Harvey, *The New Imperialism*, ch. 2.［邦訳：ハーヴェイ『ニュー・インペリアリズム』第二章］。

第**7**章

自由の展望

第６回 世界社会フォーラム（2006年、ベネズエラ・カラカス）

フランクリン・ルーズベルト大統領は、一九三五年の年頭教書演説の中で、一九三〇年代の大不況の経済的・社会的諸問題は、市場の行きすぎた自由に起因するという見解を明快に述べた。曰く、アメリカ人は「行きすぎた利益により蓄財することで、法外な私的権力をつくりあげるという発想をきっぱりやめなければならない」。貧しき人は自由人ではない。いずれの場所においても——と彼は論じる——社会的公正は彼方にある理想ではなく、明確な目標になった。国家と市民社会が果たすべき最優先の義務は、貧困や飢餓の根絶にその力を活用しその資源を振り向けることであり、生活の保障を与え、大規模な災害や生活の紆余曲折から保護し、ちゃんとした住宅を保障することである。[1] 欠乏からの自由は、後に〔一九四一年〕彼が未来の政治的ビジョンに据えた四つの基本的自由◆の一つである。こうした幅広い自由概念は、ブッシュ大統領の政治レトリックの中核に据えられた実に狭隘な新自由主義的自由とは対照的である。ブッシュはこう論じる。われわれが抱えるさまざまな問題に対する唯一の対処法は、国家が私企業への規制をやめ、社会福祉から手を引き、市場の自由と市場倫理をよりいっそう普遍化することである、と。このように、「ただ自由企業を擁護するだけのもの」へと新自由主義的な堕落を遂げた自由の概念は、カール・ポランニーの指摘によれば「所得・余暇・安全を高める必要がない人にとっては自由の充足を意味するが、財産所有者の権力からの避難場所を手に入れるために民主的な権利を利用せんとむなしい試みをするかもしれない人にとっては、ほんのわずかの自由しか意味」しない。[2]

◆四つの基本的自由：欠乏からの自由のほかは、言論の自由、信仰の自由、恐怖からの自由である。

アメリカのみならずあらゆるところで現在公けに流布されている言説の貧しさには驚かされるのだが、それは、いくつかの異なった自由概念のどれが今日の時代にふさわしいのかについての真剣な討論がまったくなされていないからである。アメリカの一般市民が、自由の名の下にほとんど何でも受け入れてしまいがちであるというのが事実だとすれば、その言葉が意味するところをより深く調べなければならない。残念ながら、現在提出されているのは、純粋な新自由主義路線をとるものか（過度な民主主義が個人の自由に対する重大な脅威であることを余すところなく立証しようとする政治評論家のファリード・ザカリアのように）、あるいは、支配的な新自由主義の風向きにあまりにぴったりと帆を合わせすぎて新自由主義の論理に対する有効な代案をほとんど出せないかのいずれかである。遺憾ながらこのことはアマルティア・センにもあてはまる（彼はようやく、そしてまったく当然ながらノーベル経済学賞を受賞した。だがそれは、ノーベル賞審査委員会の議長を長年務めていた新自由主義派の銀行家がやめさせられた後のことであった）。センの『自由と経済開発』が、昨今の議論にきわめて貴重な貢献をしたことは疑いない。だが、残念ながらそれは、重要な社会的・政治的権利を自由市場の相互作用のとばりで覆ってしまった。[3] センとしては、自由主義タイプの市場なしには他のどんな自由もうまく機能しないと言いたいようである。アメリカ市民のかなりの部分は、ブッシュとその共和党の仲間たちが推進しようとしている特殊な新自由主義的自由こそが自由そのものであるということを、ある程度受け入れているようだ。こうした自由はイラクでは死活的な価値があり、「地球上の最も偉大な権力である」アメリカにはこれを世界中に普及させる「義務」があると語られる。イラク国家の新自由主義的再建を遂行したポール・ブレマーに、誉れ高い大統領自由勲章が授与されたことは、これらのアメリカ市民が何を支持しているのかについて多くのことを語っている。

ルーズベルトのまったく理にかなった自由概念は、現在の基準からするとかなりラディカルな響きを持っている。このことは、なぜ今の民主党が、ブッシュがかくも敬愛する狭隘な企業家的自由概念に対する対抗軸としてこうした自由概念をはっきりと打ち出さないのかを説明する役に立つかもしれない。ルーズベルトの構想は、ヒューマニズム思想の連綿と続く系譜にはっきりと位置づけられるものである。たとえばカール・マルクスも空腹は自由を生み出さないという恐ろしくラディカルな見解を抱いていた。彼は「自由の王国は、実際、窮乏と外的合目的性とによって規定された労働がなくなるところではじめてはじまる」と述べ、念を押すように、自由はそれゆえ「本来の物質的生産の領域の彼岸にある」とつけ加えているのである。マルクスは、われわれは自然との物質代謝の関係、あるいは人間相互の社会的諸関係からはけっして自由にはなれないが、少なくとも人類の個体的・類的潜在力の自由な探求が現実の可能性になるような社会秩序の建設を目指すことはできるということを、十分に理解していた。[4] マルクスの自由についての基準と、アダム・スミスが『道徳感情論』の中で述べている自由の基準にもとづくなら、新自由主義化が惨憺たる大失敗であるとみなされることは間違いない。市場制度の外部に取り残され打ち捨てられた人々――社会的保護や支えとなる社会制度を奪われた使い捨て労働者の膨大な貯水池――にとって、新自由主義化から得ることができるのは、貧困、飢餓、疾病、絶望だけである。彼らの唯一の希望は、小商品生産者として、あるいは、インフォーマルな（物や労働力の）売り手として、あるいは、物乞いしたり盗みを働いたり金持ちのテーブルから力ずくでパンを奪い取ったりするちんけな略奪者として、あるいは、ドラッグ、銃、女、その他、需要のある非合法品なら何でも扱う幅広い違法取引の売人として、市場制度の船に何とかしがみつくことだけである。それは、政治ジャーナリストのロバート・キャプランの影響力のある論考「アナーキーの到来」[5] のような論文では、被害者の側が責められるマルサス的世界として描き出されている。キャプランの脳裏には、新自由主義化や「略奪による蓄積」が自分の描き出す状況と何か関係しているのではないかという発想は浮かびもしない。国際通貨基金（ＩＭＦ）の構造調整と新自由主義改革を契機に、ニューヨーク、メキシコシティ、ヨハネスブルク、ブエノスアイレス、その他多くの大都市に犯罪の波が押し寄せ、反ＩＭＦ暴動が記録的な数にのぼったことは、キャプランの注意を間違いなく引いたはずなのにだ▼6。富の天秤のもう一方の皿の上では、市場の容赦ない論理とその要求に骨の髄まで組み込まれた人々がいる。彼らにとってはもはや、市場化された「つくりものの」冒険やレジャーやスペクタクルの外部に解放の可能性を探求する時間的・空間的余地などほとんどない。自己表現する存在として生きるのではなく、市場と資本蓄積の単なる付属物として生きることを余儀なくされるならば、市場活動の恐るべき論理とその空虚な激しさの前に自由の王国は萎縮してしまうだろう。

市場システムの内部でも外部でも、新自由主義化の課す市場倫理とその実践を公然ないし隠然と拒否する多様な対抗文化が登場してきているが、以上の文脈を踏まえるならこのことの意味をより深く理解することができるだろう。たとえばアメリカ国内では、全国各地で環境保護運動が政治的課題とエコロジー的課題とを結びつける対抗的構想を推進するために熱心に活動している。また、若者の間には新しいアナキズム運動が台頭してきており、その一翼――「原始回帰派《プリミティビスト》」――は、文明の勃興以前の狩猟採集の段階に戻ること、つまり事実上人類史をもう一度やりなおすことに人類の唯一の希望があると確信している。また、アナキスト・グループの「クライム・シンク」のような運動やデリック・ジェンセン◆のような著作家に影響を受けた人々は、資本主義的市場の論理に組み込まれたあらゆる痕跡を自分自身から取り除こうとしている▼7。また、新自由主義化が進行する資本主義の中心部でさえも、たとえば自前の「地域通貨」をもつ地域経済取引システム（ＬＥＴＳ）をつくりあげることで、相互扶助の世界を目指そうとする人々がいる。こうした世俗的潮流の宗教的バージョンが、アメリカからブラジル、さらには中国農村部にいたるまで各地で隆盛を誇っており、とくに中国農村部では驚くほどの速さで宗教セクトが台頭しているとの報道がある▼8。そして多くの既存の宗派、すなわち福音派キリスト教徒、ワッハーブ派イスラム◆、仏教と儒教の一部が、きわめて反市場的な、そしてはっきりと反新自由主義的な立場を説いている。さらに、新自由主義的実践のいくつかの側面、とりわけ「略奪による蓄積」に反対して闘っている多くの社会運動が存在する。メキシコのサパティスタ革命運動のように略奪的新自由主義に抵抗する運動や、ブラジルの「土地なき農民の運動」やアルゼンチンの工場占拠を率いた人々のように、これまでアクセスを阻まれていた資源を利用する権利を主張する運動などがそうである。新自由主義化を公然と批判する中道左派連合が政権を獲得し、ラテンアメリカの至るところにその影響力を押し広げようとしている。インドで左翼の支持を受けた国民会議派が大方の予想に反して勝利し、二〇〇四年に政権に返り咲いたこともその証左である。新自由主義化に対するオルタナティブを望む声はいたるところにあふれている。[9]

◆デリック・ジェンセン：アメリカ先住民の文化から学ぶことを説くラディカルな環境派知識人。
◆ワッハーブ派イスラム：コーランの教えを忠実に守ろうとする復古主義・純化主義的なイスラム教の宗派。サウジアラビアの国教であり、同国出身のオサマ・ビンラディンも同派の信徒であったとされる。

　新自由主義的な命題や処方箋の有効性に対する不満の表われは、支配層の政策グループ内部にさえ見出せる。かつては新自由主義に熱中していた人々（たとえばエコノミストのジェフリー・サックスやジョセフ・スティグリッツ、ポール・クルーグマン）や実際に関与していた人々（たとえばジョージ・ソロス）が、今では批判派に転じ、ある種の修正ケインズ主義への回帰やグローバルな諸問題の解決策としてのより「制度的」なアプローチ（グローバル統治《ガバナンス》に対するよりまともな規制のシステムから、投資家の向こう見ずな投機をより厳重に監督することにいたるまでありとあらゆるものがそこに含まれる）を提唱するにまでいたっている。[10]最近では、グローバル統治の改革については、単なる主張にとどまらず大きな見取り図が示されている。[11]グローバル統治の基礎としてのコスモポリタン的倫理（「一人を傷つけることは万人を傷つけることだ」）への学術的・制度的関心が再び起こっており、過度に単純化された普遍主義であるという点で問題があるとはいえ、まったく利点がないわけでもない。▼12 二〇〇〇年のミレニアム・サミットで一八九ヵ国の首脳がやったように、各国首脳が貧困、非識字、疾病の速やかな根絶のための共同の取り組みを敬虔に表明するために定期的に集まるのは、確かに意欲の表われだろう。だが、たとえば非識字の根絶という公約は、新自由主義世界ではほとんどすべての国で国民総生産に占める公教育の割合が実質的かつ持続的に低下しているという状況のもとでは、虚しく響く。

この種の目標は、新自由主義が立脚し新自由主義化のプロセスがその強化に大いに貢献してきた根本的な権力基盤に挑戦することなしには実現することはできない。これは、国家が福祉給付から手を引いていく過程を逆転させるだけではなく、金融資本の圧倒的権力と対峙することをも意味する。ケインズは、配当や利子に寄生して暮らす「金利生活者《クーポン・クリッパー》」を軽蔑し、彼が言うところの「金利生活者の安楽死」を、一定の経済的公正を実現するためだけではなく、資本主義につきものの周期的恐慌による破壊を回避するための必要条件とみなした。一九四五年以後に構築されたケインズ主義的妥協と「埋め込まれた自由主義」の長所は、こうした目標を一定実現する役割を果たしたことである。それとは対照的に、新自由主義化の時代が到来すると、金利生活者の役割は賛美され、金持ちの税金は軽減され、賃金や給与よりも配当や投機による利益の方が優先され、地理的に封じ込められていたとはいえ途方もない規模の金融危機が解き放たれ、国から国へと伝わって雇用とライフチャンスに破滅的な影響をもたらしている。〔貧困の根絶といった〕敬虔な目標を実現する唯一の道は、金融権力と対決し、これまで構築されてきた階級的特権を撤廃していくことである。だが、そんなことをする大国が現われる徴候はどこにも見られない。

一方でケインズ主義への回帰に関しては、私が以前に指摘したように、ブッシュ政権は累進的に増大する財政赤字を延々と未来に先送りすることを是認する姿勢をとることで、すべての人々にきわめて困難な問題を突きつけた。しかしながら、伝統的なケインズ主義の処方箋とは対照的に、この場合の再分配とは、貧困層や中産階級を犠牲にして、さらには一般株主（年金基金を含む）と言うまでもなく将来世代を犠牲にして、大企業とその裕福な最高経営責任者（CEO）、金融・法律アドバイザーがたっぷり儲けるというものである。伝統的ケインズ主義がこのように改ざんされ、転倒させられうるという事実もけっしてわれわれを驚かせはしない。というのも、これまでも見てきたように、新自由主義理論とそのレトリック（とりわけ自由と解放に関する政治的レトリック）が何よりも、エリート階級の権力の維持・再建・回復に帰着する諸実践を覆い隠すものとして機能してきたことを示す証拠がたっぷり存在するからだ。だからこそオルタナティブの探求は、われわれの置かれた時間と場所の現実をしっかりと踏まえつつも、この階級権力と市場倫理が定義する準拠枠の外部に向かうべきなのだ。そしてこの現実は、新自由主義秩序そのものの中心部に重大な危機の可能性が存在することを示している。

新自由主義の終焉？

新自由主義化が国内の経済と政治に引き起こす諸矛盾は、金融危機を経ることなしに封じ込めることはできない。これまでのところは、局地的には損害を出したが世界的には対処可能であることがわかった。この危機に対処できるかどうかは、言うまでもなく新自由主義の理論から事実上離れるかどうかにかかっている。グローバル経済の二つの主要推進国（アメリカと中国）の財政赤字が天井知らずに膨んでいるという端的な事実は、新自由主義が、資本蓄積の将来を保障する有効な理論的指針としては実際には役立たずであるか、少なくとも困難を強いられていることを示す重大な徴候である。だが、このことは、新自由主義が、エリート階級の権力の回復ないし創出を支えるためのレトリックとして引き続き利用されることを妨げないだろう。しかし、現在のように収入や富の不平等が一九二九年の大恐慌直前のレベルにまで接近したら、経済的不均衡は構造的危機をもたらしかねない慢性的なものになる。残念ながら、何らかの蓄積体制《レジーム》が平和的に解消されることはめったにない。「埋め込まれた自由主義」は、第二次世界大戦と大恐慌の荒廃の中から誕生した。一九七〇年代の蓄積危機の真っ只中から生まれた新自由主義化は、「埋め込まれた自由主義」が使い果たされたあげくにその胎内から発生した。それはカール・マルクスの「暴力はつねに歴史の助産婦である」という見解を裏づけるに十分な暴力をともなった。現在アメリカでは新保守主義という権威主義的選択肢が台頭している。国外におけるイラクへの凶暴な攻撃や国内における拘禁政策は、アメリカの支配エリートの側が、国際秩序と国内秩序を自分たちの利益に合致するよう再構築しようと決意を新たにしたことの表われである。だからわれわれは、新自由主義体制の危機が起こるのかどうか、起こるとすればそれがどのように展開されるのかを入念に検討しなければならない。

　金融危機が起こると、たいていの場合、国民経済全体が強力な金融権力による略奪のえじきとなるが、その金融危機を特徴づけているのは一般に慢性的な経済的不均衡である。その典型的な徴候は、国内の財政赤字が膨れ上がって制御不能になっていること、国際収支危機、通貨価値の急激な下落、不動産市場および金融市場における国内資産価値の乱高下、インフレの昂進、賃金の下落をともなう失業率の上昇、資本逃避である。現在のアメリカは、これらの主要な七つの指標の中で最初の三つのスコアの高さが際立ち、四つ目に関しても深刻な懸念がある。現在の「雇用なき景気回復」と賃金の停滞は、六つ目の問題が頭をもたげはじめていることを示している。アメリカ以外の国々でこれだけの指標があてはまれば、ほぼ間違いなくＩＭＦの介入が必要だとされるだろう（ＩＭＦのエコノミストたちは、連邦準備制度理事会の前議長ボルカーと現議長グリーンスパン［二〇〇五年退任］と同じく、口をそろえて、アメリカの経済的不均衡がグローバルな安定性を脅かしているとの不満を表明している）▼[13]。だが、ＩＭＦを支配しているのはアメリカなのだから、これはまさにアメリカが自分で自分を規律づけることを意味し、そのようなことは起こりそうもない。グローバル市場はこの規律づけを行なうだろうか（新自由主義理論によるならそうなるはずだ）、そしてもしそうするとすれば、それはどのようになされ、どのような影響を及ぼすのか。これは重大な問題である。

　アメリカが一夜にして二〇〇一年のアルゼンチンのようになるとは考えにくいが、まったくありえないわけではない。そうなれば、アメリカ一国のみならずグローバル資本主義が破局的なダメージを受けることになるだろう。資本家階級を構成しているほとんどすべての者、および資本主義のグローバルな管理者たちはみなこの事実を十分認識しているから、他の諸国は今のところアメリカの浪費的な経済を支えつづけるために進んで（時にはしぶしぶ）十分な貸し付けを与えている。しかしながら、アメリカへの民間資本の流入は――ドルの価値下落のおかげで割安になっている資産の買い占めを除けば――かなり減少してきており、そしてアメリカ株式会社〔アメリカ国家のこと〕は、世界の――とりわけ日本や中国の――中央銀行にますます所有されるようになっている。アメリカは依然としてそれらの国の主要な輸出市場であるから、アメリカの支援から手を引くことは自国経済を破壊することになる。しかし、このシステムには一定の限界がある。ウォールストリートの金融資産の三分の一近く、そして米国財務省証券のほぼ半分が、すでに外国人に所有されている。そしてアメリカの配当や利子が外国の所有者へと流出する量は、今や国内の企業や投資家が外国から得る対外収益とほぼ等しく、わずかに上回る場合さえあった（図7－1）。この差額は、アメリカの借入が増えれば増えるほど、ますますアメリカにとってマイナスになるだろう。今や外国からの借入高は、一日二〇億ドルに届かんばかりになっている。しかも、もしアメリカが金利を引き上げれば（ある程度までそうせざるをえないのだが）、一九七九年にボルカーが金利を引き上げたあとにメキシコで起こったようなことが、現実の問題として起こるかもしれない。アメリカはまもなく、他国からもたらされたよりもはるかに大きな債務利子を払わなければならなくなる▼14。このようなアメリカからの富の流出は

図7-1　グローバルな資本と所有の流れにおけるアメリカ合衆国の地位低下
（1969〜2002年）
上：アメリカの資本流入と資本流出
下：外国の所有割合の推移

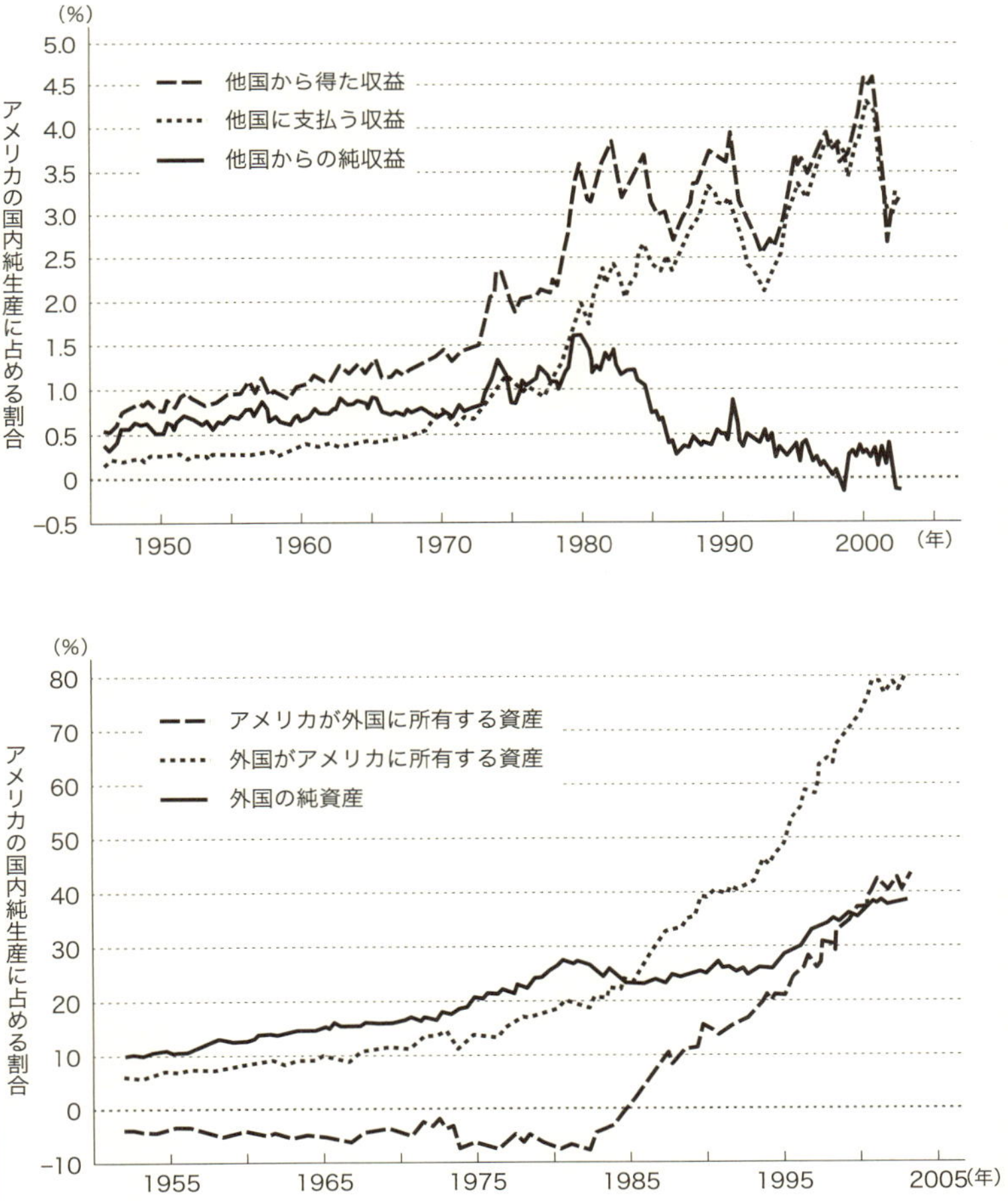

（出典：Duménil and Lévy, "The Ecconomics of US Imperialism"）

国内では歓迎されないだろう。一九四五年以降、アメリカの社会的安定を支えてきた借金による果てしない消費主義の拡大が停止を余儀なくされるだろう。

だが、この不均衡はブッシュ政権にとって大した問題ではないようだ。現在の経常収支赤字がたとえ問題だとしても、他国の人々が米国製の商品を購入することで容易に対処できるという（まるでこうした商品が容易に入手可能で、十分安価であるかのように、そしてまるで米国製の商品に多くの外国製の部品が入っていないかのような）趣旨の傲慢な発言からしてそう判断せざるをえない。だが、もしこれが本当だとすればウォルマートは商売あがったりだろう。ブッシュは、財政赤字は国内における各種のプログラムをカットすることで増税しないでも十分対処できると言う（まるで自由に改廃できるプログラムがたくさんあるかのようだ）。チェイニー副大統領の「レーガンはわれわれに、財政赤字は大した問題ではないことを教えてくれた」という発言は不安を掻き立てるものだ。というのも、レーガンは、赤字の急増は公的支出の強引な削減に通じることや、金持ちの懐を潤しながら大衆の生活水準を乱暴に引き下げることは、財政金融の混乱と危機の渦中でこそ最もうまくやり遂げられることも教えてくれたからである。さらに次のような全般的な問い、すなわち、「一九七〇年後半以来の、破滅的なデフレ、インフレ、資本逃避、構造調整という次々と押し寄せる波の中で、国から国へと波及していった無数の金融危機から実際に利益を得たのは、いったい誰なのか」という問いをたてるなら、現在のアメリカ政府が、あらゆる危険な徴候があるにもかかわらず財政金融危機の回避にあまり熱心に取り組まない理由がただちに理解できるだろう。支配エリートは、財政と金融の破綻を契機にこれまで以上の権力が得られるのを期待しているのかもしれない。

アメリカの経済は、もしかしたら現在の経済的不均衡をうまく乗り切り（一九四五年の後にかなりの程度そうできたように）、自ら招いた諸問題を自分なりのやり方で解決する方法を開発するかもしれない。

そのような方向を示すいくつかのかすかな徴候がある。だが現在の政策は、せいぜいのところ、きっと何かいいことが起こるにちがいないという楽天的な信条をもとにしているようだ。何しろ多くのアメリカ企業のリーダーたちは、エンロンのような一見不死身の企業が破綻するまでは自分自身の空想世界の中でやっていこうとしていたのだから。これはアメリカ株式会社が陥る運命かもしれないし、現在のリーダーたちの空想的な発言に対し、アメリカの利益を憂えている者たちはみな困惑しているにちがいない。アメリカの支配エリートには、グローバルな財政金融危機をうまく乗り切ることができるし、それを全面的な国内支配という政策目標に利用できるという計算があるのかもしれない。だがこうした計算がとんでもない誤りであることが明らかになるかもしれない。その結果、他の経済地域（アジアが拠点になるだろう）へのヘゲモニーの移行が急速に進むと同時に、支配エリートの国内外での支配能力が掘りくずされるかもしれない。

最も差し迫った問題は、いったいどのような類の危機が、アメリカを取り巻く状況を打開する上で最も役に立つのか、である。そのシナリオのパターンはどのような政策を選択するかに実際にかかっている。一連の選択肢を提示する上で重要なのは、アメリカがこの二〇年間というもの何度となく深刻な金融問題に直面してきたことを想起することだ。一九八七年の株式市場の崩壊は、ほぼ三〇％の資産価値を消失せしめ、そして一九九〇年代後半のニューエコノミーバブル崩壊後の株価暴落では、元の水準に回復するまでに八兆ドル以上の金融資産が失われた。一九八七年の銀行と貯蓄貸付組合の破綻は、救済にほぼ二〇〇〇億ドルが費やされ、その年のうちに事態は、連邦預金保険公社（ＦＤＩＣ）総裁ウィリアム・アイザックスが「アメリカは銀行国有化の方向に向かっているかもしれない」と警告を発するまでに悪化した。そして、「ロングターム・キャピタル・マネジメント」やオレンジ郡◆など、投機に失敗した会社や機関の大規模な破綻や破産が起こり、それに続いて驚くべき不正会計の真っ只中で二〇〇一〜〇二年にはいくつかの大企業が倒産した。これは、一般市民に多大な犠牲を強いただけでなく、新自由主義的金融化の多くがいかに危うく虚偽に満ちているかを明らかにした。そうした脆弱性はけっしてアメリカだけに限らない。中国を含む多くの国々は金融の不安定性と不確実性に直面している。たとえば発展途上国の債務は、「一九八〇年の五八〇〇億ドルから二〇〇二年の二兆四〇〇〇億ドルに増大し、その多くは返済不能である。二〇〇二年には、海外開発援助が三七〇億ドルであるのに対して、債務への利払いだけで三四〇〇億ドルの流出超であった」[15]。債務の利払いが外国からの収益を上回る場合もある。だからアルゼンチンのようないくつかの国が債権者たちに対してきわめて反抗的な姿勢を見せているのも無理はない。

◆オレンジ郡：カリフォルニア州のオレンジ郡は、デリバティブに大規模な投資を行ない、一九九四年に財政破綻に陥った。

では、アメリカ側の二つの最悪のシナリオを検討してみよう。短期的に爆発するハイパーインフレが未払いの対外債務や消費者債務を消し去ってしまうというのが一つの道である。そうすればアメリカは、著しく価値が下落したドルで日本や中国や他の国々に債務を返済することができる。このような「インフレ誘発による資産収奪」は、他国にはおよそ受け入れがたいものだろう（もっとも、ポトマック川［アメリカの首都を流れる川］に砲艦を派遣するのは実行可能な選択肢ではないから、たいしたことはできないだろうが）。またハイパーインフレは、アメリカ国内の貯蓄や年金などの多くのものにも壊滅的な打撃を与える。それはボルカーやグリーンスパンが大筋で従ってきたマネタリズムの路線を覆してしまうことにもなる。けれども、マネタリズムからの転換（新自由主義の事実上の死亡宣告）がほんのわずかでも察知されると、どの国の中央銀行もほぼ間違いなく大量のドル売りに走るだろうから、アメリカの金融機関だけでは対処できない資本逃避危機を尚早に誘発してしまうだろう。米ドルは国際準備通貨としての信用を完全に失い、その支配的な金融力に由来する種々の特権（たとえば基軸通貨発行権《シニョレッジ》――世界通貨を印刷する権力）を今後すべて失うはめになるだろう。その衣鉢を継ぐのは、ヨーロッパか東アジア、あるいはその両方の地域であろう

〔世界各国の中央銀行はすでに、ユーロの準備高を増やすことを重視する姿勢を見せている〕。より緩やかにインフレに回帰するのも一つの手である。インフレは、マネタリストが描くような本質的な悪ではない十分な証拠があるし、サッチャーの新自由主義化路線におけるプラグマティックな段階で示されたように、目標を定めて緩やかに金融緩和をすることはそれなりに有効である。

もう一つの選択肢は、一九八九年以降の日本が経験したような長期的なデフレを、アメリカが容認することである。これは他の経済主体――中国とおそらくはインドがその最有力候補だろう――が、ダイナミズムの低下による停滞を克服することができない場合には世界的に深刻な問題を引き起こす。しかし、これまで見てきたように、この中国という選択肢には経済的・政治的理由からかなり問題がある。中国の国内不均衡は深刻である。主にそれは、あまりにも多すぎる飛行場からあまりに多すぎる自動車工場に至るまでありとあらゆるものの過剰生産能力〔過剰設備〕という形で現われている。ましてやアメリカの消費市場が長期的に冷え込んだあかつきには、この過剰生産能力はなおさら顕在化するだろう。他方で中国が現在抱えている未払いの負債〈銀行の不良債権の形態をとっている〉は、アメリカほど莫大な規模ではない。だが中国の場合には、経済に劣らぬ危険要因が政治の側に存在する。とはいえアジアの経済複合体の途方もないダイナミズムは、今後も資本蓄積を十分に促進するかもしれない。もっとも、それはほぼ間違いなく、環境の質に対しても、グローバル秩序の親玉であるこれまでのアメリカの地位に対しても、恐るべき有害な効果を与えることになるだろうが。アメリカがそのへゲモニー的地位からおとなしく降りるかどうかについてはまだ未知数である。だが、十中八九アメリカは、ほとんどすべての重要な政治的・経済的権力の領域でその支配的地位が衰退しても、軍事的支配力だけは維持するだろう。イラクでそうしたように、アメリカが政治的・経済的な目的のために軍事的優位性を実際に行使しようとするかどうかは、アメリカ国内の力関係に決定的に規定されることになるだろう。

アメリカが長期デフレを国内で吸収するのはきわめて困難だろう。連邦政府や金融機関の債務問題をエリート階級の富を脅かすことなく解決しようとするならば、アルゼンチンが経験したような「資産収奪デフレ」(これは新自由主義とはまったく合致しない)が唯一の選択肢になるだろう(一九八〇年代末のアメリカの貯蓄貸付組合危機にその兆しを見出すことができる。当時、多くの預金者は自分たちの預金を引き出せなかった)。既存の重要な公的プログラム(たとえば社会保障やメディケア◆)、年金の受給権、資産価値(とくに不動産や貯蓄)が最初に犠牲になるだろう。さらにこうした状況下で、民衆の同意が確実にほころびはじめるだろう。その不満の表明がどれくらい広くかつ深くなされるか、そしてそれに対してどのような対処がなされるのかが、大きな問題となるであろう。

◆メディケア：主に六五歳以上を対象とするアメリカ政府の公的医療保険制度。

その際、新保守主義的な権威主義を強化することが、ありうる答えの一つとして登場するだろう。第三章で論じたように、新保守主義派は、非対称的な「市場の自由」の構築に向けた新自由主義的動きを支えるとともに、その権威的、ヒエラルキー的な、さらには軍事的な手段さえ用いて法と秩序を維持することで新自由主義に内在する反民主主義的傾向をあからさまにする。私は『ニュー・インペリアリズム』という著作の中で、国外の軍事化と国内の軍事化とが必ず歩調をあわせて進むというハンナ・アーレントの命題を検討した。そして9・11以降に長期にわたって計画され正当化された新保守主義派の国際的な冒険主義は、石油資源の支配をつうじたグローバル・ヘゲモニーの地政学的維持という戦略に関係しているとともに、アメリカ国内の非常に厄介で分裂した政治状況に対する内的統制を強化することにも関係しているという結論を下した。国内外における恐怖と不安は、政治的目的のためにあまりにも易々と利用された――ブッシュの再選の際にもこれは大いに役立った。▼16

だが、新保守主義派はまた、ナショナリズムへの訴えを核心とするより高い道徳的目標を前面に押し出すが、このナショナリズムは——第三章で論じたように——新自由主義化とはずっと緊張関係にあった。しかしながら、アメリカのナショナリズムには二つの側面がある。一方で、アメリカが地上の最も偉大な国になることは（できれば野球からオリンピックにいたるまですべてのことで一番になることも）、神から授けられた（そして宗教上のお祈りにも示されている）「明白なる運命《マニユフエスト・デイステイニー》」◆であると想定されている。そして、自由、解放、進歩の灯台たるアメリカは、これまでもこれからもあまねく賛美され、模倣するに値するものとされる。つまり誰もが、アメリカに住みたいし、アメリカ人みたいになりたいというわけだ。だからこそ、アメリカは慈悲深くかつ寛大にも、アメリカナイゼーションとあらゆるアメリカ的価値の恩恵を授けるために、他国にその資源や価値観と文化を惜しげもなく与える。だが他方で、アメリカのナショナリズムには、外部から侵入する敵や邪悪な力の恐るべき脅威に自分たちがさらされているという被害《パラ》妄想《ノイア》的な暗い側面もある。恐怖の対象は、外国人、移民、よそから来た扇動者、そして現在は言うまでもなく「テロリスト」である。一九二〇年代のアナキストに対する弾圧、一九五〇年代の共産主義者やそのシンパをターゲットにしたマッカーシズム、ベトナム戦争反対派に対するリチャード・ニクソンの被害妄想的態度、そして政府の政策に対するあらゆる批判を敵を支援し幇助していると決めつける9・11以降の傾向。これらのエピソードに見られるように、この被害妄想は国内に全面的な防衛態勢を敷かせ市民的自由や人権を抑圧する。この種のナショナリズムは、人種差別（現在アラブ人に集中的に向けられている）、市民的自由や権利の制限（愛国者法の制定）、報道・出版の自由の抑圧（情報源を明らかにしないジャーナリストの投獄）、違法行為に投獄や死刑で対処することを進んで受け入れることと容易に融合する。このナショナリズムは対外的にはさまざまな秘密工作や今では先制予防戦争にまで結びついている。アメリカ的価値観のヘゲモニーやアメリカの支配的影響力をほんの少しでも脅かすと思われるいっさいのものを根絶するために、そうした手段が使われているのである。歴史的に、ナショナリズムのこの二つの系譜は常に共存してきた。この二つは、時には互いに公然と衝突した（たとえば、一九八〇年代の中米の諸革命にどう対処するかをめぐって分裂した）。[17]

◆明白なる運命：アメリカは北米全土を支配し文明化する運命を担っているというアメリカ建国以来の信条。この信条のもとに、アメリカ政府は領土を次々と拡張するとともに、アメリカ先住民を居留地に追いやり虐殺した。

一九四五年以降、アメリカは一番目のナショナリズムを推進する立場をとった。利己的であることに変わりはないが、世界に対しては慈悲深い時もあった（一九四五年以降、戦争で荒廃したヨーロッパ経済の再生を援助したマーシャルプランなど）。もっともそれと同時期に国内ではマッカーシズムを遂行していたのだが。しかし、冷戦の終結とともにいっさいが変わった。もはや他国はアメリカの軍事的保護に頼らなくなり、ほとんどあらゆる点でアメリカの支配から抜け出そうとしている。今日ほどアメリカが、他国から政治的、文化的に、さらに軍事的に孤立したことはない。そしてこの孤立状態は、かつてのようにアメリカが世界の問題から手を引いたことによって生じたのではなく、その行きすぎた単独介入主義の結果生じたのである。またこの孤立状態は、アメリカ経済がグローバルな生産と金融のネットワークにかつてないほど組み込まれたまさにその時に生じている。その結果生まれたのが、二つのナショナリズムの危険な融合であった。全人類を脅かす（とされている）テロとのグローバルな戦いの真っ只中で諸外国に対する「先制予防攻撃」のドクトリンが形成されることで、アメリカの民衆は、この闘いが世界中に（とくにイラクに）自由と民主主義をもたらす善意のものだと思い描くことができると同時に、何か未知の、目に見えない敵が自分たちの生存そのものを脅かしているという最も暗愚な恐怖心が徹底的に掻き立てられている。ブッシュ政権と新保守主義派のレトリックは、この両方のナショナリズムの旋律を執拗に奏でる。これはブッシュの再選に大いに役立った。

私は『ニュー・インペリアリズム』の中で、アメリカのヘゲモニーが崩れつつある数多くの徴候があると論じた。一九七〇年代にアメリカはグローバル生産における支配力を失い、そして一九九〇年代にはグローバル金融の権力も浸食されはじめた。科学技術上の指導的地位も脅かされ、文化と道徳的指導性におけるそのヘゲモニーも急速に衰えていった。グローバルな支配の唯一明白な武器として残されたのが軍事力であった。その軍事力さえも、できることは上空三万フィートからハイテク破壊兵器を操作することに限られている。イラクの実戦ではその限界が証明された。グローバル資本主義の新しいヘゲモニー構造に移行するにあたって、アメリカは一つの選択を迫られるだろう。平和的に移行するのか、それとも破局を通じて移行するのか、である。[18] 現在のアメリカの支配エリートの立場は、前者よりは後者の方向を目指している。アメリカ内部のナショナリズムは、アメリカの浪費的なエネルギー需要にきちんと応じようとしない中国や東アジア、あるいは石油輸出国機構（ＯＰＥＣ）やアラブ諸国といった他の国々のせいで、ハイパーインフレか長期デフレかという経済的苦境に陥ったのだという考えに安易に飛びついてしまう。先制予防攻撃のドクトリンはすでに確定しており、その破壊力をいつでも使用することができる。包囲され明白な脅威にさらされたアメリカ国家には、自らを、その価値観を、生活様式を、必要とあらば武力で防衛する義務があるのだ、というように議論は進んでゆく。このような議論の流れは破滅的で、私には自滅的に思われるが、現在のアメリカ指導層にとってはそうではないようだ。この指導層は、国内の異議申し立てに対する抑圧傾向をすでにはっきりと示しており、その際かなりの大衆的支持を獲得してきた。何しろアメリカの大衆のかなりの部分は、アメリカ憲法の「権利の章典」◆を共産主義者の扇動文書だとみなすぐらいなのだ。他方でハルマゲドンの香りがするものなら何でも歓迎する人々も、確かに少数派ではあるが存在する。反テロ法、グアンタナモ基地でのジュネーブ協定違反の捕虜虐待、そして反対勢力を嬉々として「テロリスト」と描き出すのは、危険な徴候である。

◆「権利の章典」：表現の自由などの各種の人権保障を定めた憲法修正第一条から第一〇条までを指す。

幸いにも、こうした破滅的で自滅的な潮流に対する有力な対抗運動は可能であり、すでにアメリカ国内ではある程度、そうした勢力が台頭してきている。残念ながら現在、その対抗勢力の構成はバラバラで、一致した方向性が見られず、確固たる組織を欠いている。これはある程度まで、労働運動内部における、またアイデンティティ・ポリティクスを広範に受け入れた運動内部における、さらにまた、真実とは社会的構築物であり単なる言説の作用にすぎないと唱えるポストモダン的な知的潮流全般──彼らはその点で、そうとは知らずにホワイトハウスの路線と一致している──の内部における、ある種の自傷行為の結果でもある。リオタールの『ポストモダンの条件』──その一節にはこうある、「真実、権威、修辞的な誘惑のあいだにはいかなる差異も存在しない。上品な語りと興味深い物語をする人が力をもつのだ」──に対するテリー・イーグルトンの批判は、繰り返し提示する価値がある。それは私が引用した一九八九年当時よりも、現在にいっそうよくあてはまると言えよう[19]。現在の閉塞状況を打開する何らかの出口を見つけ出そうとするならば、ホワイトハウス発のでっち上げとダウニング街［イギリスの首相官邸］発の情報操作に反撃し、それをストップさせなければならない。その外部にある現実は速やかにわれわれの主張を裏づけるだろう。だが、われわれはどこを目指すべきなのか？　もしわれわれがあの素晴らしい自由の馬に乗れるとすれば、それに乗ってどこに向かえばいいのか？

オルタナティブに向けて

オルタナティブの問題を、まるでそれが未来社会の青写真やそこに至るおおまかな道筋を描き出すことであるかのように取り上げる傾向がある。たしかにこうした営為からは多くのことを得ることができる。だが、まずわれわれに必要なのは、実行可能なオルタナティブ、現実的な可能性を特定することにつながる政治プロセスを開始することである。とるべき主要な道は二つある。われわれは既に存在している無数の対抗運動に従事することができるし、そうした活動を通じて幅広い基盤をもつ対抗プログラムの核心を引き出すことができる。あるいは、われわれの置かれている状況を、私が今ここでやっているように、理論的・実践的に究明して、批判的分析を通じてオルタナティブを引き出すこともできる。後者の道をとるからといって、既存の対抗運動が間違っているとか、彼らの認識にどこか欠陥があるというわけではない。同じように、対抗運動は、分析にもとづく新しい成果を自分たちの主張と無関係とみなすべきではない。なすべきことは、二つの道を歩むもの同士の対話を促し、それによって、共同の認識を深め、より適切な行動方針を明確化することである。

新自由主義化は、その境界の内部にも外部にも多種多様な対抗運動を発生させる。[20] こうした運動の多くは、一九八〇年以前に支配的だった、労働者を基盤とした運動とは根本的に異なる。私は「多くの」と言っているのであって、「すべての」運動がそうだとは言っていない。労働者を基盤とした伝統的運動は、先進資本主義国では新自由主義の猛攻により力を弱めはしたが、けっして死に絶えてはいない。一九八〇年代に、韓国や南アフリカでは活発な労働運動が台頭し、ラテンアメリカの多くの国々では、労働者階級の党が大きく発展し、政権に就くところさえ出てきている。インドネシアでは大きな可能性をもつ若々しい労働運動が闘っているとのことである。中国で広がりつつある労働紛争は、先行き不透明であるものの巨大な可能性を有している。そして、アメリカの労働者大衆に関しても、その一つ前の世代は、文化ナショナリズムや宗教や道徳的価値観などを理由にしばしば自分たちの物質的利益に反する投票行動を進んでとってきたが、彼らが今後とも共和党や民主党のこのような詐術的政策に囚われたままであるとはかぎらない。こうした極度に不安定な状況からして、大衆的な社会民主主義的政治やあるいはポピュリスト的な反新自由主義的政治が、今後アメリカの中で復活する可能性を排除する理由は存在しない。

他方で、「略奪による蓄積」との闘争は、まったく異なった社会的・政治的闘争の流れを形成しつつある。[21]こうした運動は、それを生み出した諸条件が特殊であることも原因して、典型的な社会民主主義的政治とは政治目標や組織化の仕方の点でかなり異なる。たとえば、メキシコのチアパスにおけるサパティスタの反乱は、国家権力の奪取や政治革命の実現を目指すのではなく、それに代わってより開かれた政治を追求した。この理念は、多様な社会集団の特定の諸要求に依拠し、彼らの運命の改善を可能とするオルタナティブをより開放的、流動的に探求することで、市民社会全体で機能することを目指す。組織形態としては、前衛主義を回避し、政党の形態をとることを拒否する傾向がある。代わりに国家の内部の社会運動にとどまることを志向し、先住民の文化が周辺ではなく中心に位置づけられるような政治的権力ブロックの形成を試みる。環境保護運動の多くも、たとえば環境的公正を求める運動のように、同じ道を歩んでいる。

こうした運動は、政治的組織化の舞台を、伝統的な政党や労働組合から、市民社会のすべての領域を横断する社会活動の脱中心化された政治的ダイナミズムへと移行させた。こうした運動は、中心を持たないことで、特定の問題や支持層との直接的な関わりを獲得している。これらの運動は日々の生活や闘争の現実に深く埋め込まれていることから力を引き出すのだが、他方では、彼らは、地域性や特殊性から脱却して新自由主義のマクロ政治を、すなわち「略奪による蓄積」の意味するところ、およびそれと階級権力の回復との関係を理解することが困難であることもしばしばである。

こうした運動の多様性はまったく素晴らしいものであるが、そのぶん、時にそれらの間に結びつきがあることを想像するのさえ難しい。これらは、一九八〇年代とそれ以後に世界を席巻し新聞の一面をますます飾るようになった種々の抗議運動の不安定な混合体である。こうした運動や反乱は時に、「秩序と安定」の名のもとに行動する国家権力の恐るべき暴力によって粉砕されることもあった。また別のところでは「略奪による蓄積」が激しい社会的・政治的内紛を生み出すことによって、民族間暴力や内戦へと堕落してしまうこともあった。支配エリートの分割統治戦術や競合勢力間の対立（たとえばいくつかのアフリカ諸国をめぐるフランスとアメリカの利害対立）がしばしばこうした紛争の中核に位置してきた。従属諸国は、軍事的に支援され、時には大国の軍事機構（基本的にアメリカが主導し、イギリスとフランスが副次的役割を果たす）によって訓練された特殊部隊などを用いながら、発展途上国の大部分で「略奪による蓄積」と闘う運動を情け容赦なく阻止するために弾圧と解体のシステムを率先して行使する。

運動そのものは、オルタナティブに関するおびただしい量の思想を生み出してきた。あるものは新自由主義的グローバリゼーションの圧倒的権力の全体ないし一部から離脱しようと努める。あるものは、「五〇年でもうたくさんだ《フィフティー・イヤーズ・イズ・イナフ》」運動◆のように、ＩＭＦ、世界貿易機構（ＷＴＯ）、世界銀行のような権力機関（興味深いことに、アメリカ財務省という中枢権力についてはめったに言及されない）の改革や解体によるグローバルな社会的・環境的公正を追求する。またあるもの、とりわけグリーンピースのような環境派は、「共有地《コモンズ》を取り戻す」というテーマを重視しており、そうすることでずっと過去の闘争はもとより植民地主義と帝国主義の過酷な歴史の中で一貫して敢行されてきた闘争との深い連続性を示唆する。アントニオ・ネグリやマイケル・ハートのように、「帝国」を構成する新自由主義的秩序の分散的で脱中心的な権力に対抗する、行動するマルチチュードやグローバルな市民社会内部の運動を展望する者もいる。他方でもっと穏健に、まったく多種多様な社会関係やエコロジー的実践を活力源とした新しい生産・消費システム（たとえばＬＥＴＳ）を地域で試みることに関心を寄せる者もいる。また、経済秩序のグローバルな改革に向けた第一段階として国家権力の獲得を目標とする、従来型の政党構造に信頼を寄せる者もいる（たとえばブラジルの労働者党（ＰＴ）や、共産党と連携するインドの国民会議派）。こうした多様な潮流のうちの多くは現在、世界社会フォーラム［巻末の基本用語解説を参照］に結集し、相互の共通性を明確にしつつ、新自由主義と新保守主義のさまざまな形態に対抗する力をもった組織勢力を建設しようと努力している。「もう一つの世界は可能だ」と訴える文献がたてつづけに出版された。これらは、世界のあらゆる部分で起こったさまざまな社会運動から生まれた多様なアイデアを集約し、時おりその総合を試みている。そこには、賞賛すべきもの、触発されるものが数多く存在する。

◆五〇年でもうたくさんだ運動：ＩＭＦと世界銀行の創設五〇周年を機会に形成された反グローバリズム運動。

さて、ここでなされた分析からどのような結論が導き出せるだろうか？　まず、「埋め込まれた自由主義」の形成とそれに続く新自由主義化への転換の歴史を全体として見渡すなら、エリート階級の権力を抑制したり回復したりする上で階級闘争が決定的な役割を果たしてきたことがわかる。これまでうまく覆い隠されてきたが、圧倒的な階級権力を回復し増大させ、そして――中国やロシアの場合のように――新たに構築するための、支配エリートの側の巧みな戦略がまるまる一世代も続いてきた。その後、新保守主義に転換したことは、経済エリートが自分たちの権力を維持するためなら何でもするし、権威主義的な戦略に訴えることさえ辞さないことをよく示している。そして、これらはすべて、労働者階級の諸機関が衰退していき、多くの進歩派が、階級など最初から無意味であるか、あるいは少なくともとっくに過去のものとなった概念にすぎないということをますます受け入れていった数十年のあいだに起こったことなのだ。この点ではあらゆるタイプの進歩派は新自由主義思想の前に屈服したように見える。というのも、階級なるものは社会主義者や隠れ共産党員の想像の中にだけある擬制概念だという主張こそまさに新自由主義による虚構の最たるものだからだ。とくにアメリカでは、「階級戦争」というフレーズは、統一した国家目標なるもの（すなわち上層階級の権力回復！）を掘りくずしかねないあらゆる批判を誹謗中傷するためにもっぱら右翼メディア（たとえば『ウォールストリート・ジャーナル』）の中でのみ使用される。それゆえ、われわれが学ぶべき第一の教訓は、もしそれが階級闘争に見えたり、階級戦争のような行動に見えるのなら、恥じることなく、ありのままにそう呼ぶことだ。住民の大多数は、圧倒的でますます増大する上層階級の権力に規定された歴史的・地理的軌道につき従うのか、それとも、階級的観点からそれに応えるのか、そのいずれかを選択しなければならない。

このように言うことは、「単一のプロレタリアート」のような擬制概念が機能していた失われた黄金時代にノスタルジーを抱くことではない。それは、歴史変革の優先的主体（排他的主体は言うまでもなく）として訴えることのできる何らかの単純な階級概念が存在するということを意味するわけでもない（そもそもそんな意味を持ちうるとすればだが）。われわれが逃げ込むことのできるようなプロレタリア世界なるマルクス主義的ユートピアは存在しない。階級闘争の必要性や不可避性を指摘するからといって、階級が構成される仕方があらかじめ決定されていると言っているわけでも、そうすることが可能であるとさえ言っているわけでもない。民衆の運動は、自らが選んだ状況下ではないとはいえ、エリート階級の運動と同じく自己自身を形成していく。そしてその諸状況は、階級的アイデンティティと緊密に織り合わさっている人種的、ジェンダー的、民族的《エスニック》な諸差異から生じる複合性で満たされている。下層階級はいちじるしく人種化◆され、ますます進行する「貧困の女性化」は、新自由主義化の悪名高い特徴になっている。興味深いことに、女性の権利と「性と生殖に関する諸権利《リプロダクティブ・ライツ》」に対する新保守主義派の攻撃は、新自由主義が初めて本格的に登場する一九七〇年代末に拍車をかけられるのだが、まさにこの攻撃は、きわめて特殊な家族観にもとづいた正しい道徳的秩序という観念を基本要素にしていた。

◆人種化：特定の人種、とりわけ有色人種の割合が高くなること。

分析は、民衆運動がいかにしてなぜ現在のところ分裂しているのかということも明らかにする。一方では、私が「拡大再生産にもとづく蓄積」と呼ぶものを中心とした運動が存在し、そこにおいては、賃労働の搾取や社会的賃金を決定づける諸条件が中心的な諸問題であった。他方では、「略奪による蓄積」に反対するさまざまな運動が存在する。これらの運動に含まれるのは、本源的蓄積の古典的な形態（たとえば土地からの農村住民の強制排除）に対する抵抗、国家があらゆる社会的義務（国民に対する監視と警察による取り締まりを除いて）を乱暴に放棄することに対する抵抗、文化・歴史・環境への破壊行為に対する抵抗、国家と同盟した現代の金融資本が仕掛ける「資産収奪的」なデフレおよびインフレに対する抵抗などである。こうした多様な運動の間にある有機的な結びつきを見出すことが、差し迫った理論的・実践的課題である。しかし、それが可能となるのは、われわれの分析が明らかにしてきたように、極度に不安定でますます深刻になる地理的不均等発展によって特徴づけられる資本蓄積過程のダイナミズムを追跡することによってのみである。そして、この不均等性は、第四章で論じたように、国家間の競争をつうじて新自由主義化の拡張を大いに促進する。階級政治を再活性化させる上での課題の一つは、この地理的不均等発展を債務ではなく資産へと転じることだ。支配階級エリートの分割統治政策に対しては、地域権力の自己決定権を再構築することに共感をよせる左翼の連合政策で立ち向かわなければならない。

さらに分析は、新自由主義的政策目標と新保守主義的政策目標とのあいだに利用可能な矛盾が存在することを明らかにする。今や、「万人の利益になる」というレトリックと「一握りのエリート階級の利益になる」という現実とのあいだのギャップが、かなり目に見える形で広がっている。市場は競争的で公正であるという理念は、企業と金融の権力の途方もない独占化、集中、国際化という事実によってますます否定されている。各国内でも（中国、ロシア、インド、南アフリカなど）、国際的にも、階級間・地域間の不平等が驚くほど拡大したことは、新自由主義世界が完成する途上での「過渡的」なものであると言ってごまかすことがもはやできないほどの深刻な政治的諸問題を生じさせている。新自由主義が、支配階級の権力回復という（成功した）プロジェクトを偽装するための（失敗した）空想的レトリックであることが認識されればされるほど、平等主義的な政治的要求を唱え、経済的公正、フェアトレード、より豊かな経済保障を追求する民衆運動が復活していく基礎が築かれていく。

前章で検討したような権利言説《ライツ・ディスコース》の台頭は、種々の問題を引き起こすとともにチャンスをも与えるものだ。とりわけ、アメリカから中国とチェチェンにいたるまで、いたるところで遂行されている「テロとの戦い」が、市民的・政治的自由を侵害する言い訳に使われていることに対しては、従来どおりの自由主義的な権利概念に訴えるだけでも、新保守主義的権威主義を批判するための強力な「抵抗の剣」を鍛え上げることができる。イラクの自決権や主権を認めろという声の高まりは、現地におけるアメリカの帝国的企図を抑制するための強力な武器である。だが、それ以外の新しい諸権利をも提起することができる。われわれの生活を構築する支配的プロセスたる終わりなき資本蓄積に対する批判は、新自由主義の根拠となり逆にそれを根拠にもする特殊な諸権利――個人的な私的所有に対する権利や利潤原理――に対する批判を当然ともなう。私は別の機会にまったく異なった権利群を擁護すべきだと主張したことがある。それは、人間としてのわれわれの地位に本来備わっている諸権利に加えて、平等なライフチャンスの権利、政治的結社と「よき」統治の権利、直接的生産者による生産管理の権利、人身の不可侵性や尊厳に対する権利、報復のおそれなしに批判する権利、健康で文化的な生活環境に対する権利、共同所有の資源を集団的に管理する権利、空間を生産する権利、異なった存在でいられる権利、などである。[22] しかしながら、新自由主義によって神聖なものとされる諸権利とは異なった諸権利を提起するためには、こうしたオルタナティブな諸権利を内包しうるようなオルタナティブな社会的プロセスとはいかなるものであるかを明確化することが必要である。

新保守主義が自己の権威や正統性を根拠づけるために持ち出してくる高い道徳性なるものに対しても同じように反論しうるだろう。歴史的にみれば、道徳共同体や道徳経済という理念は、進歩的運動とけっして無縁ではない。今日、サパティスタのように「略奪による蓄積」と闘っている運動の多くは、オルタナティブな社会関係の希求を、積極的に道徳経済の観点で言いあらわしている。道徳性は、大手メディアのへゲモニーのもとで動員され企業の貨幣権力に支配された政治プロセスを通じて表現される反動的宗教右派だけに特徴的な領域ではない。人を惑わす道徳的主張の渦の中で支配階級の権力を回復しようとする動向と対決しなければならない。いわゆる「文化戦争」は――たとえその一部にどれほど方向性の誤ったものがあったとしても――階級政治からの何らかの歓迎されざる逸脱(一部の伝統的左翼はそう論じているが)として捨て去ることはできない。それどころか、新保守主義派のあいだで道徳的主張が台頭してきたことは、社会の個人化を促進する新自由主義のもとで社会が解体していくことへの恐怖心が広がっていることを示すものであるだけでなく、新自由主義化が実行されるなかでつくり出された疎外、価値観《アノミー》の崩壊、排除、周辺化、環境悪化を道徳的に嫌悪する広大な層がすでに存在していることをも示している。純然たる市場倫理に向けられたこの道徳的嫌悪感が文化的抵抗に、したがってまた政治的抵抗に変換されていくことは現代の特徴の一つであり、脇に押しやるのではなく、正しく読みとる必要がある。こうした文化闘争を、支配階級の権力の途方もない強化の過程を逆転させるための闘争へと有機的に結びつけるためには、理論的および実践的な探求が必要である。

他方で、新保守主義派の権威主義に支えられた新自由主義の根深い反民主主義的性質が政治闘争の主要な焦点になるのは間違いない。アメリカのような名ばかりの「民主主義」国家における民主主義の欠落ぶりは今では途方もないものになっている[▼23]。この国では政治的代表選出の過程は貨幣の権力によってねじ曲げられ腐敗させられ、周知のように選挙制度もやすやすと操作され腐敗している。基本的な社会的諸制度が深刻に歪められている。全人口の二〇%以下しか代表していない二六州の上院議員が、連邦議会の立法過程を決定する過半数の投票権を握っている[◆]。そのうえ、新保守主義的信念をもった裁判官によってますます支配されるようになっている司法制度は、誰であれ権力を持つ者を有利にするための選挙区のあからさまな恣意的区割り《ゲリマンダリング》に合憲判決を下す。連邦準備制度理事会のような強大な権力をもつ諸機関はあらゆる民主主義的コントロールの外部にある。国際的には状況はなおいっそう悪い。ＩＭＦやＷＴＯや世界銀行といった諸機関には、民主主義的な影響を及ぼす回路が存在しないのはもとより、いかなる説明責任もない。他方で、ＮＧＯもまた、その活動が善意にもとづいたものであったとしても、民主的なチェックや監視を経ることなく行動することができる。既存の民主主義的諸機関には何の問題もないと言いたいわけではない。立法過程に特殊利益集団が過度の影響力を行使することに対する新自由主義派の危惧はまさに、企業ロビイストの活動によって、また国家と企業とのあいだにある回転ドアの存在によってあますところなく裏づけられているからである。このようなシステムは、アメリカ連邦議会（と州議会）が経済界の利益を、ただそれだけを実行するよう保証している。

◆アメリカの連邦上院議員は州単位で選出されるため、五〇州のうち人口の少ない二六の州の議員だけで上院の過半数の議員が選出されることになる。

民主主義的な統治への要求、経済的・政治的・文化的な平等と公正への要求を再び取り上げることは、何らかの黄金時代に戻ることを意味するものではない。どの場合においても、その時々の状況とその潜在的可能性に即した形で新たな意味づけがなされなければならない。古代アテネの民主主義は、われわれが今日、サンパウロ、ヨハネスブルク、上海、マニラ、サンフランシスコ、リーズ、ストックホルム、ラゴスなどのあらゆる多様な状況の中で見出さなければならない意味とはほとんど関係がない。だが驚くべきことは、民主主義的価値観の何らかのタイプを表現する諸改革を実行するために結集したグループや社会運動が、現代資本主義の中心地はもとより、中国、ブラジル、アルゼンチン、台湾、韓国から南アフリカ、イラン、インド、エジプト、そして苦闘している東欧諸国にいたるまで、文字通り地上のいたるところで活動していることだ。[▼24]

国内の一般市民からかなりの支持を受けているアメリカのリーダーたちは、アメリカの新自由主義的な意味での自由は普遍的で至高のものであり、この自由のために命を投げ出すべきだという思想を世界に押しつけてきた。だが、今では世界はこのような帝国主義的ジェスチャーを拒絶し、新自由主義的で新保守主義的な資本主義の中心地に、まったく異なった価値体系を、すなわち、経済的・政治的・文化的公正と一体となった社会的平等の実現に献身する「開かれた民主主義」の価値体系を逆照射している。ルーズベルトの議論はその出発点の一つである。国家機構に対する民衆のコントロールを再獲得し、それによって、市場の権力という巨大なジャガーノートのもとにある民主主義的な実践と価値観を——空洞化するのではなく——より深く推進するための同盟が、アメリカ内部で構築されなければならない。

新自由主義が説く自由よりもはるかに崇高な自由の展望は存在する。新保守主義のもとで可能となるよりもはるかに有意義な統治システムは存在する。われわれはそうした自由を獲得し、そうした統治システムを構築するべきなのだ。

【原注】

▼1 ヴィンセント・ナヴァロがアマルティア・センを批判した以下のすぐれた論文に引用されている。Vincent Navaro, 'Development as Quality of Life: A Critique of Amartya Sen's *Development as Freedom*,' V. Navarro (ed.), *The Political Economy of Social Inequalities* 13-26.

▼2 Polanyi, *The Great Transformation*, 257［邦訳：ポラニー『大転換』、三四三頁］。

▼3 F. Zakaria, *The Future of Freedom*［邦訳：ザカリア『民主主義の未来』］; A. Sen, *Development as Freedom* (New York: Knopf, 1999)［邦訳：アマルティア・セン『自由と経済開発』石塚雅彦訳、日本経済新聞社、二〇〇〇年］。

▼4 Marx, *Capital*, III. 820［邦訳：マルクス『資本論』第三巻、三三九頁］。

▼5 R. Kaplan, *The Coming Anarchy: Shattering the Dreams of the Post Cold War* (New York: Vintage, 2001).

▼6 J. Walton, 'Urban Protest and the Global Political Economy: The IMF Riots', in M. Smith and J. Feagin (eds.), *The Capitalist City* (Oxford: Blackwell, 1987) 354-86.

▼7 D. Jensen, *The Culture of Make Believe* (New York: Context Books, 2002); J. Zergan, *Future Primitive and Other Essays*

(Brooklyn, NY: Autonomedia, 1994).

▼8　Kahn, 'Violence Taints Religion's Solace for China's Poor'.

▼9　B. Gills (ed.), *Globalization and the Politics of Resistance* (New York: Palgrave, 2001); T. Mertes (ed.), *A Movement of Movements* (London: Verso, 2004); P. Wignaraja (ed.), *New Social Movements in the South: Empowering the People* (London: Zed Books, 1993); J. Brecher, T. Costello, and B. Smith, *Globalization from Below: The Power of Solidarity* (Cambridge, Mass.: South End Press, 2000).

▼10　J. Stiglitz, *Globalization and its Discontents* [邦訳：スティグリッツ『世界を不幸にしたグローバリズムの正体』], *The Roaring Nineties* [邦訳：スティグリッツ『人間が幸福になる経済とは何か』]；P. Krugman, *The Great Unravelling: Losing Our Way in the Twentieth Century* (New York: Norton, 2003) [邦訳：ポール・クルーグマン『嘘つき大統領のアブない最終目標』三上義一・竹熊誠訳、早川書房、二〇〇四年]; G. Soros, *George Soros on Globalization* (New York: Public Affairs, 2002) [邦訳：ジョージ・ソロス『グローバル・オープン・ソサエティ――市場原理主義を超えて』藤井清美訳、ダイヤモンド社、二〇〇三年]; id., *The Bubble of American Supremacy: Correcting the Misuse of American Power* (New York: Public Affairs, 2003) [邦訳：ジョージ・ソロス『ブッシュへの宣戦布告――アメリカ単独覇権主義の危険な過ち』藤井清美訳、ダイヤモンド社、二〇〇四年]; J. Sachs, 'New Global Consensus on Helping the Poorest of the Poor,' *Global Policy Forum Newsletter*, 18 Apr. 2000. たとえばジェフリー・サックスはこう述べている――「私は、富裕諸国によるグローバル統治なるものに信を置いていないし、IMFや現在の世界銀行で見られるような金で左右される投票制度にも、外部審査によるチェックを受けない強固な官僚制による恒久的政府（たとえばIMF）にも、富裕諸国によって設定され絶望的に貧しい国々に押しつけられる過酷な融資条件《コンディショナリティ》による統治にも信を置いていない」。

▼11　以下の二つを引用。United Nations Development Program, *Human Development Report 1999* [邦訳：国連開発計画編『グローバリゼーションと人間開発』]; World Commission on the Social Dimension of Globalization, *A Fair Globalization* [邦訳：グローバル化の社会的側面に関する世界委員会編『公正なグローバル化』]。

▼12　D. Held, *Global Covenant: The Social Democratic Alternative to the Washington Consensus* (Cambridge: Polity, 2004) [邦訳：デヴィッド・ヘルド『グローバル社会民主政の展望――経済・政治・法のフロンティア』中谷義和・柳原克行訳、日本経済評論社、二〇〇五年]。以下で私は、コスモポリタン的倫理を採用する上でのいくつかのジレンマを論じた。D. Harvey, 'Cosmopolitanism and the Banality of Geographical Evils,' in J. Comaroff and J. Comaroff, *Millennial Capitalism and the Culture of Neoliberalism* (Durham, NC: Duke University Press, 2000) 271-310.

▼13　ボルカーについては以下の文献を参照せよ。Bond, 'US and Global Economic Volatility'; M. Muhleisen and C. Towe (eds.), *US Fiscal Policies and Priorities for Long-Run Sustainability*, Occasional Paper 227 (Washington, DC: International Monetary Fund, 2004).

▼14 Duménil and Lévy, 'Neoliberal Dynamics'.

▼15 Harvey, *Condition of Postmodernity*, 169［邦訳：ハーヴェイ『ポストモダニティの条件』、二三三頁］。

▼16 H. Arendt, *Imperialism* (New York: Harcourt Brace Janovich, 1968 edn.)［邦訳：ハナ・アーレント『全体主義の起原2——帝国主義』大島通義・大島かおり訳、みすず書房、一九八一年、三四〜三五頁］; Harvey, *The New Imperialism*, 12-17［邦訳：ハーヴェイ『ニュー・インペリアリズム』、一三〜一八頁］。

▼17 D. King, *The Liberty of Strangers: Making the American Nation* (New York: Oxford University Press, 2004).

▼18 G. Arrighi and B. Silver, *Chaos and Governance in the Modern World System* (Minneapolis: Minnesota University Press, 1999); ペーパーバック版のハーヴェイ『ニュー・インペリアリズム』の「あとがき」も参照。Harvey, *The New Imperialism* (Oxford: Oxford University Press, 2005)［邦訳：ハーヴェイ『ニュー・インペリアリズム』］。

▼19 以下の文献に引用。Harvey, *Condition of Postmodernity*, 168-70［邦訳：ハーヴェイ『ポストモダニティの条件』、二七〇頁。ここでハーヴェイが引用しているイーグルトンのリオタール批判は、以下のとおり。「リオタールにとってモダニティは恐怖政治的理性の物語にすぎず、ナチズムは全体主義的思考の致命的な到達点にすぎないようである。この無謀な歪曲によって無視されているのは、死の収容所がとりわけ野蛮な非理性主義の結末であったという事実である。この野蛮な非理性主義は、ポストモダニズムにおいて行なわれているいくつかの主張と同じく、歴史を投げ捨て、討議を拒絶し、政治を美学化し、物語を語るカリスマにすべてを賭けるものであった」］。

▼20 S. Amin, 'Social Movements at the Periphery', in Wignaraja (ed.), *New Social Movements in the South*, 76-100.

▼21 W. Bello, *Deglobalization: Ideas for a New World Economy* (London: Zed Books, 2002)［邦訳：ウォールデン・ベロー『脱グローバル化——新しい世界経済体制の構築へ向けて』戸田清訳、明石書店、二〇〇四年］; Bello, Bullard, and Malhotra (eds.); *Global Finance*; S. George, *Another World is Possible IF...* (London: Verso, 2003)［邦訳：スーザン・ジョージ『オルター・グローバリゼーション宣言——もう一つの世界は可能だ！ もし……』杉村昌昭・真田満訳、作品社、二〇〇四年］; W. Fisher and T. Ponniah (eds.), *Another World is Possible: Popular Alternatives to Globalization at the World Social Forum* (London: Zed Books, 2003)［邦訳：ウィリアム・F・フィッシャー、トーマス・ポニア編『もう一つの世界は可能だ——世界社会フォーラムとグローバル化への民衆のオルタナティブ』加藤哲郎他訳、日本経済評論社、二〇〇三年］; P. Bond, *Talk Left, Walk Right: South Africa's Frustrated Global Reforms* (Scottsville, South Africa: University of KwaZulu-Natal Press, 2004); Mertes, *A Movement of Movements*; Gill, *Teetering on the Rim*; Brecher, Costello, and Smith, *Globalization from*

Below.

▶22　Harvey, *Spaces of Hope*, 248-52.

▶23　以下の文献が深刻な状況を描き出している。Task Force on Inequality and American Democracy, *American Democracy in an Age of Rising Inequality*.

▶24　この点については、たとえば以下の文献の中で中国のケースに即して繰り返し論じられている。Wang, *China's New Order*.

付録

日本の新自由主義

——ハーヴェイ『新自由主義』に寄せて

渡辺 治

小泉純一郎

安倍晋三

序……ハーヴェイ「新自由主義論」の問題提起と日本の位置

二〇〇六年九月、日本の新自由主義改革を急進的に推進した小泉政権が退陣して、安倍晋三による新保守政権が誕生した。日本の新自由主義が新たな局面に入ったことは明らかである。こんなとき、ハーヴェイの新自由主義論を読者に提供できることは、極めて時宜にかなっている。

ハーヴェイの議論の中で日本は？

ハーヴェイの本書は、二〇世紀最後の四半世紀に入り世界を席巻している新自由主義の運動と政治に対する、数多くの問題提起の書である。そうしたハーヴェイの閲歴、ハーヴェイの研究の中での本書の位置、本書の議論の骨格と特徴、研究史上の位置等については、訳者あとがきで森田成也が適確に書いているので、それを参照していただくことにして、ここでは、一つの疑問というか、問いを発してみたい。それはハーヴェイの新自由主義の世界体制の中では一体、日本はどのような位置を与えられているのであろうかという問いである。もちろんこの問いは、「日本がふれられていないじゃないか」という無い物ねだりではない。ハーヴェイの議論にとっても、日本の新自由主義の位置をどう考えるかという問いは理論的にも軽視できない問題を孕んでいるように思われるのである。なぜか？

また、後に再びくわしくふり返るように、ハーヴェイは本書で、サッチャーのイギリス、レーガンのアメリカの新自由主義化と並んで、もう一つの大きな固まりとして中国のような旧社会主義やチリ、アルゼンチン、メキシコ、韓国などの途上国の権威主義体制や「開発主義国家」◆〈注〉の新自由主義化を検討し、これら両者の不均等発展の過程として新自由主義の世界への伝播・波及を描いている。その際ハーヴェイは、途上国の新自由主義化と先進国の新自由主義化の異なる前提、異なる要因に注目している。先進国の新自由主義が、福祉国家による階級妥協態勢がもたらした資本蓄積の危機の打破と階級権力の再確立をめざして始まったのに対比して、途上国のそれは概して開発主義国家の危機とその打開として展開されたとしているのである。しかし、このような視角からすると、日本が極めて注目すべき位置取りにあることがただちに想起される。日本は、一方でイギリス・アメリカに追随した先進国新自由主義の第二列に位置すると同時に、実は、開発主義国家体制の新自由主義化という側面をも有しているかに見えるからである。現に、ハーヴェイは、この後者の側面に注目し、日本をしばしば、韓国・台湾と並べて、東アジアの開発主義諸国の一角に組み入れて論じている。日本の新自由主義化は、こうして新自由主義化の両タイプにまたがる複雑な位置を占めていると思われるのである。

そこで本稿では、こうした日本の新自由主義化の位置は？　という問いにこだわりながら、それにとどまらず広くハーヴェイが本書で提起している諸論点に沿って、日本の新自由主義化の諸特徴を検討したい。そうすることで、本書の読者は、ハーヴェイの問題提起をより深めて検討することができるのみならず、眼前に進行している日本の新自由主義に新たな角度から光をあててみることができるのではないか。これが、あえて本書の付録として本稿を置かせてもらった思惑である。

◆　ハーヴェイが本書で用いている「開発主義国家」という用語の含意については、本書の基本用語解説を参照。なお、筆者は後述（三〇〇頁以下）するように、戦後日本の国家を開発主義国家と呼んでいるが、両者は違う概念なので、区別するために、後者をさす場合には、〈開発主義国家〉〈開発主義〉と表記する。

ハーヴェイの新自由主義論の問題提起群

ハーヴェイの問題提起は多岐にわたっている。その中には、筆者が長年考えてきた論点も少なくないが、同時に、これまでほとんど考えてこなかった指摘もある。そこで、日本の新自由主義の特殊な相貌を描いてみようという本稿の分析にとってとりわけ重要と思われる点に限って、ハーヴェイの問題提起・仮説を、最初に箇条書き的に挙げておきたい。

第一の仮説・問題提起は、ハーヴェイが新自由主義を、経済グローバリゼーションの下で先進資本主義諸国が採用した新たな国家体制あるいは政治制度と捉えるのでなく、途上国・旧社会主義諸国を含めて展開される一個の世界体制、現代資本主義の一時代であると捉えている点である。しかも、ハーヴェイは、これら途上国や旧社会主義国における新自由主義の採用を、もっぱらアメリカ帝国主義あるいは「ワシントン・コンセンサス」の押しつけの所産としてのみ捉えるのでなく、そうした圧力と各国の独自の内的要因の両側面から理解しようとしている。すなわちハーヴェイは、先進国では新自由主義は福祉国家による階級権力と資本蓄積の制約さらにはその行き詰まりの後に出てきたコーポラティズムや社会主義的オルタナティブへの危機感から採用されたのに対し、途上国では、資本のグローバリゼーションの下で現出した開発主義国家体制下の資本蓄積の危機打開のため新たな資本蓄積の方法として採用されたと捉えているのである。

第二の仮説は、そのコロラリーであるが、新自由主義化は、そうした地域的不均等性と異なる内的要因をもっているにもかかわらず、階級権力の復興あるいは創設という共通するねらいをもっていると主張している点である。新自由主義のねらいについてこのように、支配階級の権力の復興・創設という政治的なねらいを重視している点は、ハーヴェイの独自の議論であり、力説する点である。彼は、新自由主義化についての「伝統的アプローチ」が、新自由主義思想やグローバル市場における競争力強化を指摘しながら、それらアプローチでは「階級的諸力が作用している可能性が何ら検討されていないのは、まったく驚くべきことだ」（二六〇頁）と批判する。そのうえで、ハーヴェイは、新自由主義がその標榜する資本主義発展という点では失敗したにもかかわらず支配階級の復権という点では成功を収めたことをくり返し指摘している。「新自由主義化は、グローバルな資本蓄積を再活性化する上であまり有効ではなかったが、経済エリートの権力を回復させたり、場合によっては（ロシアや中国）それを新たに創出したりする上では、目を見張るような成功を収めた」（三二頁）と。

　ハーヴェイの第三の仮説・問題提起は、ハーヴェイがグラムシにならって、新自由主義への国民の「同意」の契機を重視し、新自由主義への大衆的同意の形成を検討している点である。ハーヴェイは新自由主義への同意調達にとって「自由」の理念がもつ基軸的役割を指摘した後、いくつかの点に注目している。とくにハーヴェイは、一九六八年の運動が合わせもっていた「自由」と「社会的公正」の契機を新自由主義が分断し、前者を新自由主義への同意調達に動員した点を重視している。続いてハーヴェイは、アメリカ、イギリスのそれぞれの国における新自由主義化への同意形成のプロセスを追い、アメリカでは白人労働者階級の文化ナショナリズムを新自由主義が動員したこと、共和党の新自由主義政党への転換などを指摘し、イギリスにおいてはコーポラティズムの失敗とサッチャーによる中産階級の動員を指摘している。こうした新自由主義への国民の同意、それを正当化するイデオロギーの問題は、各国の新自由主義化の多様な道筋に応じて異なっており、この分析は各国の新自由主議分析においても極めて重要である。

　ハーヴェイによる第四の仮説は、新自由主義を、もっぱら市場原理主義という理論として捉えるのでなく、そうした理論と、階級権力の再興という新自由主義の実践の両側面の総体と捉えている点である。従来、新自由主義は、日本でももっぱら、市場原理主義という新奇なイデオロギーとして捉えられ、批判されてきた。そこから、「新自由主義は市場の秩序に任せて国家の介入は最小限に抑えられる」という謬論も広く出回った。新自由主義問題は、「市場か国家か」にあるという議論である。筆者は、こうした新自由主義の定義は誤りであり、新自由主義とは何よりイデオロギーではなく、グローバル企業の競争力の回復のため、それを妨害する既存の政治制度の全面的改変をめざす運動と体制であり、市場優位の制度を導入するために強力な国家介入をいとわないと定義[1]してきた。ハーヴェイのいう「実践」の新自由主義がそれにあたる。ハーヴェイはこうした新自由主義の実践と理論の緊張関係では実践が優位し、新自由主義の実践のためにはその理論は容赦なくねじ曲げられることを強調する。「種々の証拠が示しているように、新自由主義的原理がエリート権力の回復・維持という要求と衝突する場合には、それらの原理は放棄されるか、見分けがつかないほどねじ曲げられる」（三二一頁）。また、市場原理主義は国家介入を抑制するという理論とは異なり、新自由主義はその貫徹のために強力な国家介入を行なうことも指摘される。この指摘も新自由主義の分析にとっては極めて重要なポイントである。

ハーヴェイの仮説の第五は、一九七〇年代末以降の新自由主義の展開のもとで、実践と理論の双方の特質をもった「新自由主義国家」が成立すると主張している点である。この点もハーヴェイの議論の重要な特徴をなしているが、新自由主義国家は市場原理主義の理論とは裏腹に、極端な介入主義やエリート主義を取らざるを得ないこと、また、新自由主義国家は「良好なビジネス環境をつくる」ことをめざし、しばしば金融システムの保全のため一企業の救済に肩入れすることなどが指摘される。これは、後に検討する日本の新自由主義でも日常的にみられる特徴である。現実の新自由主義国家がかかる競争力回復のための政治であるからこそ、イデオロギー的には、新自由主義国家とは正反対の開発主義国家が新自由主義国家に移行することが起こりうるのである。

第六の仮説は、ハーヴェイが新自由主義の「地理的不均等発展」を強調している点である。これまた、第一の仮説とともに、ハーヴェイの新自由主義理論の特色の一つをなしている。ここでハーヴェイは、新自由主義の世界的展開の過程を、アメリカやＩＭＦの強制による拡大と単純化して捉えず、アジェンデ政権をクーデタで倒したあとのピノチェトのチリなど開発独裁政権による先行的経験、イギリス・アメリカの経験、そして中国の新自由主義化などの、それぞれ固有の要因と思惑によって採用されていく重層的並列的な動きと捉えている。それが共通して新自由主義的手法を採用することとなったのは、経済グローバリゼーション下での蓄積の再建と階級権力の再興にとってはそれが効果的な手段であったからであった。その点に関連して、ハーヴェイが中国を新自由主義国家の一タイプと捉えている点も注目すべき指摘である。筆者はこの点については批判的であるが、厳密な検討を有する問題提起であることは否定できない。

ハーヴェイの提起する第七の仮説は、新保守主義を新自由主義の矛盾に対する対応と捉えている点である。後に再びこの点については検討するが、新保守主義を新自由主義の所産に対する対応と捉えることは説得的である。

ハーヴェイの仮説の第八番目は、新自由主義は、それが標榜する資本主義経済発展をもたらさなかったどころか、それと矛盾するという点をくり返し強調している点である。「では、新自由主義化は資本蓄積の促進にどの程度成功したのだろうか？　その実際の成果はまったくみじめなものである」（二一六頁）。「新自由主義化の主たる実績は、富と収入を生んだことではなく再分配したことであった」（二二二頁）という断定は、こうした含意をもつ記述である。

以上のようなハーヴェイの問題提起を念頭に置きつつ、以下ではいくつかの論点に沿って日本の新自由主義の特殊な相貌の検討に踏み入ってみたい。

1……日本の新自由主義への動きは、いつ始まったのか?

ハーヴェイは、本書で世界の新自由主義への流れの始期を一九七八年に置いている。本書は、七八年についての印象的な記述から始まっている。「未来の歴史家は、一九七八～八〇年を、世界の社会経済史における革命的な転換点とみなすかもしれない」(九頁)と。

しかし、そうした新自由主義の大きな流れの中に日本を置いてみると、日本の新自由主義への移行が、極めて遅れて始まったことがわかる。筆者は、つとに日本の新自由主義改革の遅れを、日本資本のグローバリゼーションの遅れや自民党利益誘導型政治のもつ低効率産業保護主義的性格と結びつけて指摘してきた[2]が、「日本の新自由主義」を論ずるというのであれば、まず、この論点から検討を始めなければならない。

中曽根行政改革は?

イギリスでサッチャー政権が新自由主義改革を始め、またアメリカでレーガン政権が誕生したのにやや遅れて、日本でも一九八二年に「戦後政治の総決算」を呼号して中曽根政権が誕生した。この中曽根の行なった政治、とりわけ第二臨調の行政改革こそ、日本の新自由主義改革の始期ではなかったかという論点がある。当時、筆者は、中曽根の行なった国家再編構想、とりわけ行政改革と民営化はまぎれもなく、世界を席巻している新自由主義改革の日本版であると捉え、中曽根政権を、新自由主義、帝国主義復活の本格政権と捉えた[3]。筆者のみならず、当時の中曽根改革を先進国で展開されている新自由主義の動きと同様のものと捉える研究が出ていた。

くわしい実証は省略するが、結論から言うと、中曽根政権の新自由主義は日本の新自由主義改革の始期ではなかった。せいぜいのところ、それは早熟的な新自由主義改革の試みであった。なるほど、中曽根やそのブレインとなった佐藤誠三郎・公文俊平・香山健一らは、イギリスやアメリカで展開されている改革が既存の福祉国家システムを変える新たな性格をもったものであることを理解し、その日本への導入を意図したが、アメリカ・イギリスと異なり、当時の日本は、先進国の中ではいち早く不況を克服し、第二次石油危機も乗り越えていたため深刻な蓄積危機にはなかった。中曽根らもそのことは十分承知しており、むしろ改革を予防的なものと位置づけていた。また、第二臨調の行政改革も、資本の負担の過重に対する危機感に裏づけられて、財界の主導で開始されたものの、景気の回復と成長による税収増によって財政赤字が解消されると、その起動力を失い、失速した。日本での新自由主義改革の本格的な始期は、一九九〇年代中葉、細川政権期まで待たねばならなかったのである。イギリス・アメリカに遅れること、十数年であった。

しかも、特異なのは始期の遅れだけではなかった。細川政権期にようやく始まった新自由主義改革は、大きな困難に逢着し、その進行はジグザグを余儀なくされ、決して順調ではなかった。新自由主義の本格的な遂行は、小泉政権にいたってはじめて可能であったのである。

日本の新自由主義改革はなぜ遅れたのか?

では一体なぜ、日本では新自由主義化はかくも遅れて開始されたのであろうか?　またその進行は、なぜジグザグを余儀なくされたのであろうか?　まず最初の問いから考えてみたい。

日本の新自由主義の遅れの原因は二つある、というのが筆者の仮説である。第一の原因は、新自由主義化の原動力となる資本蓄積の危機が、八〇年代の日本では現出していなかった点である。この点は、ハーヴェイも本書で念頭に置いている。たとえば、ハーヴェイは一九八〇年代に新自由主義は、それがめざした良好な経済的パフォーマンスを実現しえたわけではなく、かえってそれに抵抗した日本や東アジアで達成されたとくり返し指摘している。「実際のところ、一九八〇年代にグローバル経済における競争の推進力となったのは、日本であり、東アジアの『タイガー・エコノミー』であり、西ドイツであった。これらの諸国が全面的な新自由主義改革を経ることもなく経済的に成功を収めたのだから、新自由主義化が経済停滞に対する有効な処方箋として世界で進行したのだと主張するのは難しい」と（一二八頁）。

一九五〇年代後半以降、日本経済の高度成長を牽引し、オイルショックによる深刻な不況をも乗り切らせた日本の蓄積体制は、八〇年代には限界に逢着していなかった。この蓄積体制は、ではどうして、西ヨーロッパ福祉国家やアメリカと異なり、限界に逢着しなかったのか。もう一度後にふれることになるが、それは、日本の蓄積体制が第二次世界大戦後の福祉国家体制が取らざるを得なかった階級妥協を行なわずにすんだからである。日本も、福祉国家体制とは異なる意味で、階級妥協を強いられなかったわけではない。しかし、それは福祉国家が迫られた、所得の再分配と資本の権力への厳しい規制と制約ではなかった。日本資本主義が蓄積体制の危機に逢着し、既存の小さな「階級妥協」をすら振り捨てて新自由主義化を余儀なくされるのは、九〇年代に入って、冷戦が終焉しグローバル市場が一気に拡大した結果、世界大の競争に巻き込まれて、その競争力上の優位を喪失して以後のことであった。

この点が、日本の新自由主義の遅れの第二の要因にからんでくる。それは、日本の資本が〈開発主義体制〉に守られて、輸出主導型成長を遂げた結果、日本資本のグローバリゼーションが遅れたことである。確かに日本の成長も、経済のグローバリゼーションの展開による世界市場の外延的拡大と内包的深化を前提にしていたが、冷戦終焉以降の、文字通り世界大での競争が始まるまでは、一国的な〈開発主義国家〉体制のもとで成長を続けることが可能であった。この体制は、企業支配＋企業主義的労働組合運動＋下請け制＋自民党による企業優位の税財政体系などを柱として、日本経済の無類の競争力を誇っていた。しかし、八〇年代後半に入り、円高や経済摩擦の結果、日本資本のグローバリゼーションが本格化すると、こうした競争力の優位は減殺され、冷戦終焉による経済グローバリゼーションの加速化、中国の開発資本主義化と競争への本格的参入によって、日本資本が本格的なグローバル競争に巻き込まれるに及んで、その競争力は喪失した。こうして、はじめて日本の新自由主義化が開始されたのである。

こうした日本の新自由主義の遅れは、非福祉国家タイプの先進国の新自由主義化に特有のものであったということができる。

2……日本の新自由主義の「敵」は誰か？

こうした日本の新自由主義化の遅れの問題は、新自由主義化が再編の対象とした第二次世界大戦後の国家体制の違いに行き着く。

新自由主義のタイプと既存国家体制

そもそも、新自由主義化はいずれの国においても既存国家体制の何がしかの改変をともなうものだが、その既存の国家体制の如何によっていくつかのタイプに分けられる。イギリスやアメリカなどは、第二次世界大戦後の階級妥協の形態である福祉国家体制が蓄積の障害となったためその改変によって新自由主義化を開始したのに対し、中国やロシアは、いずれも既存社会主義国家体制の改変によって、その国家の権威主義的性格を残しつつ新自由主義化を始めている。他方、韓国などは、開発主義国家体制を維持しつつ、その部分改変によって新自由主義化を開始した。いずれの国家においても新自由主義化には、労働組合運動や労働者党、コーポラティズム、革新的自治体の行政など既存の制度を支えた社会的力との激しい権力闘争と既存制度の根本的改変が不可避であった。ハーヴェイも、新自由主義による階級権力の回復あるいは創設を重視する見地から、こうした新自由主義化における、国家体制の再編に注目している。

もっとも、ハーヴェイは、こうした新自由主義化のタイプ分けをしているわけではない。だが、ハーヴェイのように、新自由主義体制をかなり広く取る場合には、こうした新自由主義の類型論が必要であるように思われるし、既存国家体制の違いが、その類型分けの基準として重要な指標をなすと考えられる。

新自由主義改革の「敵」

とりわけ、日本の新自由主義の特異性を検討する場合には、そもそも前提となった第二次世界大戦後の国家の問題にふれなければならない。新自由主義が再編の対象とした、いわば新自由主義の「敵」の問題である。この「敵」の問題は、実は、新自由主義改革を遂行する場合の合意形成の違い、改変する国家体制の違いをも生む。ハーヴェイも、イギリスとアメリカの新自由主義の合意調達過程の違いという問題意識から、二つの国家の体制の違いを検討している。しかし、これら二国の新自由主義化が相手としたのは、いずれも福祉国家体制であった。その中でもとくに、強力な産業別労働組合運動を背景にした労働党をもつイギリスの福祉国家体制こそ、新自由主義化の典型的な「敵」であった。

ところが日本では、一九六〇年代の高度経済成長期に、労働組合運動は企業内に封鎖され、強固な企業社会統合が成立した。[4] この体制は、福祉国家とことなり資本蓄積には極めて有利な体制であった。日本のこうした国家体制も、第二次世界大戦後の自由民主主義体制の下での大衆社会統合の一形態であるから、まぎれもなく現代国家の一タイプであるが、強力な労働運動を前提とし、それを体制内に封じ込めるための階級妥協体制であった福祉国家に比べるとはるかに資本の権力は強力であり、階級妥協も小さかったのである。こうした現代国家の一タイプを、ここでは後藤道夫にならって〈開発主義国家〉[5]と呼んでおく。ハーヴェイも本書で、韓国や台湾、シンガポールなどを念頭において「開発主義国家」という概念を使用している。日本を指して筆者が使用する〈開発主義国家〉は、福祉国家と比定される現代資本主義国家の一類型であるのに対し、ハーヴェイの用いる「開発主義国家」は「開発独裁」と同義の概念と思われる。この違ったタイプの国家に同じ用語を使うのは紛らわしく、混乱を呼ぶが、さしあたり適切な用語がないので、ここでは両方に同じ言葉を用いるが、日本については〈　〉をつけて区別したい。

〈開発主義国家〉の統合の特質と階級権力

〈開発主義国家〉の国民統合は、福祉国家のそれと比べて二つの特質をもつ。一つは、日本の〈開発主義国家〉の場合、保革の二大政党体制でなく、自民党一党政権が存続し、その下で国民統合が行なわれたことである。企業支配の下では横断的産業別労働組合運動の力が強くないので、労働者は企業別に縦割りに統合された。そのため、労働者の政治的要求は企業の成長・繁栄と一体化し、強力な労働組合の政治力を背景とした独自の労働者政党を育成しその政権掌握によって政治要求を実現しようという志向をもたなくなった。これが、保守政党たる自民党の一党政権の存続を可能としたのである。その分、労働者階級への譲歩は少なく、また非制度的な形ですんだ。[6]こうした国家は経済成長を促進するために国家が系統的に介入するという点では「大きな国家」ではあったが、それは福祉国家のように資本蓄積を規制する役割ではなく、資本蓄積を促進する役割を果したから、資本蓄積に譲歩を迫るような介入は極力控えられた。[7]労働者の安全、福祉、環境など、資本蓄積を規制する国家の介入は、福祉国家に比べて、抑制的であった。

したがって、日本の新自由主義化は、ハーヴェイが新自由主義化のねらいとして強調するような、労働運動への攻撃と階級権力の再確立という契機を含まなかったのである。

〈開発主義国家〉と利益誘導型政治

日本の〈開発主義統合〉のもう一つの特質は、労働者党政権による福祉国家的再分配に代わって、成長による税収の増加を梃子にした自民党の利益誘導型政治、公共事業投資の形での再分配政策によって、成長の恩恵を直接被らない地域、農業部門や中小地場産業の保守政権への統合が行なわれた点である。自民党は、増大した税収を福祉よりは、地域や中小零細企業に対する公共事業投資や補助金という形で散布し、これら周辺層を自民党の支持基盤として培養した。これが自民党一党政権の安定を支えたが、この方式は福祉国家型譲歩よりもはるかに成長に促進的であった。

日本の〈開発主義国家〉は、政権交代がなかったため系統的な国家介入によって、資本蓄積のために効率的な社会資本投資と規制、税、財政的な措置をとることができた。〈開発主義国家〉は、こうした系統的な国家介入を行なうための優秀な官僚機構をもっていたが、とりわけ、大蔵省に加えて通産省がこうした競争的な制度づくりに専念する官庁として大きな役割を果した。このように、政権交代の欠如による支配政党と官僚機構の癒着、一体化が資本蓄積に効率的な体制を保障したのである。

蓄積の弊害となった〈開発主義国家〉の諸システム

しかし、こうした日本の〈開発主義国家〉は、九〇年代に入り日本資本の海外進出、自由市場の大拡大にともなうグローバル競争の激化にともない、蓄積にとっての弊害を露呈することとなった。

まず第一に、この〈開発主義国家〉の土台をなす企業社会統合による強蓄積体制が生みだした強い競争力が、アジア、とくに中国の競争への参入、アメリカなど先行新自由主義国家の競争力回復、それと並行してつくられた自由貿易圏による資本の海外展開による競争力強化などの諸要因によって、その優位性を喪失したことが挙げられる。とくに日本の場合には、隣りの中国が、日本の三〇分の一と目される低賃金体制▼8、ハーヴェイが本書第五章で分析する強烈な新自由主義的蓄積体制によって急成長を遂げ、日本を急追したことにより、その競争力を急速に失った。それまで日本の強い競争力の源とされた、「日本的経営」と称される企業支配や企業主義的労働運動、下請け支配などの蓄積体制も、こうしたアジアの競争下では有効性を失い、その一層の効率化のために、「日本的経営」「日本的雇用」自体の過酷な再編成――企業リストラと呼ばれる――を求められることとなったのである。

　第二に、それまで、日本の強蓄積体制の梃子となってきた官僚機構の介入主義体制も、また安定した社会統合を実現することで強蓄積体制を支えてきた自民党の利益政治体制も、企業の海外展開とグローバル競争激化の下で、かえって成長にとって桎梏となった。海外展開を行ない、海外での強烈な競争に打ち克つには、国内の産業構造を再編し非効率産業を淘汰し、外国の企業や商品の参入を自由化することが不可避となった。財界は強くそうした産業構造の多国籍企業本位の再編を望んだ。しかしそうした産業構造再編には、ほかでもなく官僚機構が立ちはだかった。官僚機構は、一方で大企業の蓄積に効率的な体制づくりに一貫して努力してきたが、同時に、常に、それによって衰退する地場産業や農業部門への手当ても行なってきたからである。

　また、自民党一党政権の行なう利益誘導型政治は、冷戦期には体制安定のために大きな役割を果したが、その利益散布の継続のためには常に膨大な財政支出を必要とした。競争激化で余裕のなくなった大企業にとっては、こうした財政支出は、桎梏以外の何ものでもなくなった。財政支出はまわりまわって、企業への税負担となって跳ね返ってくるからである。おまけに、こうした公共事業投資や補助金によって国内に非効率産業部門が生き残っていることは、グローバル企業の競争力にとって大きなマイナスであった。こうした自民党利益政治による高負担と弱小産業の生き残りによる部品等の割高を、財界は「二重の高コスト」と称し、その打破を求めたのである。

こうして、開発主義的官僚による規制、自民党利益政治による高負担と弱小産業保護こそ、グローバル経済下の競争力阻害の二大柱となったのである。経済同友会はそれをこう表現した。「21世紀の我が国が活力ある経済基盤を保持し、国民生活の豊かさと安全を確保していくうえで、我が国が現在直面する最大の課題は、第一に、我が国経済の高価格・高コスト構造であり、第二に、公的部門の肥大化による負担増大である。これらの課題を克服しないかぎり、世界的な大競争に勝ち抜いていける強い経済基盤も、豊かな高齢社会を作ることもできない」[9]と。

こうして、日本では、九〇年代に入って、それまで成長と蓄積の梃子となってきた既存の〈開発主義国家〉体制の根本的な再編成が求められることとなった。これが日本の新自由主義改革の始まりであった。日本では、ハーヴェイのいう、階級権力の再確立の要請は強くなかったが、既存の〈開発主義国家〉体制のもつ弱小産業部門保護的な統合のあり方のドラスティックな再編はやはり不可避であり、また支配階級内部でのグローバル企業への権力移動も行なわれた。

3……日本での新自由主義改革への合意は、いかなる特質をもつか？

このように、日本では新自由主義改革が福祉国家体制ではなく、〈開発主義国家〉の再編を通じてなされることとなったことから、新自由主義への「合意」の調達の独特の特徴を生んだ。

反官僚主義、個人主義

イギリス、アメリカの新自由主義的合意にとっても、ハーヴェイが強調するように、「自由」の理念が決定的な役割を果したが[10]、日本の場合には、とりわけ、反国家主義、反官僚主義、そして個人主義が、新自由主義への合意の調達、すなわち「常識」の形成のための主要なイデオロギーとなった。

もともと、戦後の〈開発主義国家〉は、先述のように、強い官僚制による企業本位の規制によって運営されてきた。しかもこうした強い官僚の系統的規制体制は、実は日本の近代化を推進した天皇制国家の国家主義を引き継いだものであった[11]。こうした天皇制国家の非民主的・専制的な官僚機構は、その機構によって遂行された専制支配と軍国主義・侵略戦争への嫌悪と重なって、左翼の打倒の対象であった。戦前、日本共産党は、社会主義革命の前提として、こうした専制的な天皇制国家の民主的変革を柱とするブルジョア民主主義革命を提起したのである。したがって、左翼の中には、こうした反国家主義・反官僚制は根強い要求として定着していた。

また、戦後、日本の天皇制の民主的改革に力を入れた占領権力も行政の円滑な運営のためにこの官僚制の温存をはかったため、官僚制は戦後にまで生き延びることとなった。さらに、戦後の〈開発主義国家〉は、蓄積の道具としてこれを徹底して活用したため、官僚優位のシステムは高度成長期以降にも存続・強化されたのである。そのため、官僚制は、戦後の左翼や市民運動にとっても、大きな変革の対象であり続けることとなった。六〇年代に日本の政治に大きなインパクトを与え、階級妥協を強いた革新自治体は、こうした〈開発主義国家〉の官僚制の権威主義や秘密主義をやり玉に上げて、労働者や市民層の支持を獲得したのである。このように、日本では、労働者や市民の中に広汎な反官僚制や民主主義への要求が渦巻いていたのである。

ハーヴェイは、一九六八年の運動が、学生運動の掲げる「自由」と伝統的左翼の掲げる「社会的公正」というアンビバレントな要求を合わせ持っていたのに対し、新自由主義がそれを分断して、「自由」の要求を新自由主義への合意調達に吸い取ったと指摘した（六二～六四頁）が、戦後日本では、左翼そのものの中に「自由」「民主主義」と公正・平等の要求が同居していた。それだけに、日本では、「自由」「民主主義」がより強く新自由主義の合意調達の梃子となったのである。

たとえば、九〇年代に新自由主義改革を主導したイデオローグである野口悠紀雄は、日本の現状は戦時国家総動員体制下で作られた国家的規制下に置かれていると主張し、こうした官僚国家の保護・規制は日本経済の高度成長を支えてきたというが、実はそのようなことはなく、むしろこうした規制は、高度成長下で没落する不効率部門の保護による社会的対立の緩和に役に立っただけであり、今こそ、こうした規制と保護の体制を脱し農業や流通業、サービス業などの低生産性部門を切り捨てなければ日本経済の将来はない、と主張した[12]。また、経済同友会は、新自由主義改革の正当性を次のように、反官僚主義という点に求めたが、これも、左翼の認識に触れ合うところが少なくなかったのである。「欧米の近代化は市民革命を経て、『民』主体で進められ、市民社会の上に近代国家が形成された。ところが日本では、近代民主主義国家の前提となる市民社会が十分に育っていなかった。そのため官主導の形で『上からの』近代化が進められた。形のうえでは民主主義国家であったが、実態は『官主主義』だったのである[13]」。

モダニズムと新自由主義的合意

この問題は、戦後日本では、マルクス主義と近代主義の親和性があったという、後藤道夫がつとに指摘していた問題[14]と密接に関連している。戦後日本での社会変革上の課題として、社会の民主化と自由化があったことが、マルクス主義と近代主義の親和性を生んだ。この親和性は、一九六〇年代に、企業社会的統合による自由民主主義体制の形成にともない、分岐を余儀なくされるが、それにもかかわらず、丸山眞男の、左翼の中での思想的権威の存続に象徴されるように、長らく、その思想的交流は継続した。ハーヴェイは、ヨーロッパの新自由主義が、七〇年代に、ポスト・モダニズムを新自由主義的合意に取り込んだと指摘しているが、日本では、新自由主義は、モダニズムを取り込み、モダニズムに親和的な左翼の一部を新自由主義に動員したのである。そのスローガンこそ、反官僚主義、反パターナリズム、反国家主義であった。

ちなみに、この点に関連して、日本での「リベラリズム」の独特の含意にふれておく必要がある。日本では、左翼のこうした反官僚主義は「リベラル」概念についての特殊な含意、アメリカの「リベラル」がもつ反資本主義・福祉国家的含意ではなく、むしろ国家的規制を拒否する新自由主義的含意を形成したのである。野口悠紀雄が、「市場メカニズムと競争」の貫徹する社会を「真のリベラリズム」[15]と呼んで推奨したのは、その典型であった。

自民党一党政権の打破と「政治改革」

日本では、新自由主義への国民の同意調達は、反自民党政治・反開発主義となって現われた。日本での新自由主義への動きが、八〇年代末のリクルート疑獄という、自民党政治の構造的とも言える汚職腐敗に対する国民の反発を機に、「政治改革」という形で始まったことは、こうした日本の新自由主義運動の特殊性を象徴している。「政治改革」こそ、イギリスのサッチャー政権が一九八四年に敢行した炭鉱大合理化と閉鎖、炭鉱労働組合に対する攻撃、またレーガン政権が八一年に行なった全米航空管制官組合への攻撃に匹敵するものであった。

自民党の利益誘導型政治による政治の腐敗や汚職の続発は、左翼の自民党政治批判の焦点でもあった。こうして、新自由主義運動は、広汎な反自民のスローガンの下で推進されることとなったのである。八〇年代末には、財界が自民党の開発政治のもたらす非効率性を挙げて、その右からの打破のために「政治改革」を取り上げており、明らかに政治改革は新自由主義改革の突破口であったが、こうした点への注目は当時は決して一般的ではなかった[16]。

九〇年代に入り、佐川急便汚職、金丸信の蓄財問題が露見すると、「日本の政治の後進性は自民党一党政権にあり、それを払拭して民主主義を前進するには、『政治改革』によって政権交代を実現するしかない」という言説が、一部の左翼の学者を巻き込んで、大きな論調となった。マスコミではこれが熱病のように席巻した。

実は、日本で新自由主義改革を遂行するには、自民党一党政権は極めて不都合な体制と化していた。自民党政治の安定は、周辺部に対する利益誘導型政治によって支えられていたが、新自由主義のための周辺部の切り捨ては、自民党支配体制を直撃するために容易には実現できなかったからである。また、自民党一党政権の下では、政権が新自由主義改革を強行して不信任が突きつけられる場合には、社会党を中心とする連合政権に政権が移動することになりかねなかった。リクルート疑獄の暴露に加え、消費税と農産物自由化によって、一九八九年七月の参議院議員選挙で自民党が大敗北したことは、こうした仮定が決してあり得ないことではないことを示していた。

新自由主義のために周辺部の切り捨てが求められても、こうした危険性がある下では、改革の強行はおぼつかなかった。サッチャーやレーガン政権のそれに比して、日本の新自由主義がジグザグを余儀なくされたのは、新自由主義の攻撃対象が、ほかでもなく既存の自民党政治そのものであったからである。

こうしたディレンマを解消するには、中選挙区制を小選挙区制に変えて保守二大政党制を構築する以外になかったが、政治改革はそれをめざしたのである。

こうして、政治改革が「日本の真の民主主義」「自民党一党独裁政権の打破」「二大政党体制による政権交代のある民主主義」というスローガンの下に始められた。マスコミは全面的にこれに肩入れした。奇妙なことに、体制側の政治学者は、必ずしも一元的に政治改革賛成の論陣を張ったわけではなく、いくぶん懐疑的であった。中選挙区制下での自民党政治の活力と安定性への未練であった。むしろ、「左翼」的、「リベラル」な学者が、政治改革の論陣の先頭に立った。彼らが新自由主義運動に巻き込まれたのは、先に言った日本の知識人の反官僚主義と、「諸悪の根源は自民党一党政権」という誤った認識であった。こうして、戦争や革命というような政治危機の時でなければ実現できないような政治改革が強行され、日本の新自由主義が開始されたのである。

4……新自由主義化と帝国主義化の併存

実は、日本の新自由主義化の大きな特徴は、それが日本の新帝国主義化と併存していた点にもあった。この点は、他の先進帝国主義各国の新自由主義化にはない、日本とドイツに固有の特徴である。

非帝国主義的発展と帝国主義化

第二次世界大戦後には、現代帝国主義の世界体制が確立を見た[17]。日本や西ドイツも大きな意味ではこの帝国主義の世界体制の中で戦後体制をスタートさせたが、帝国主義戦争での敗北の結果、帝国主義的国家体制とその封鎖的経済圏を解体された。しかも、その帝国主義復活の試みは、日本においてはアメリカ帝国の戦略的判断と、日本の平和運動の力によって、挫折、遅延させられた。日本は、もっぱらアメリカ帝国の軍事的傘の下で、その市場圏を間借りすることで、発展した。第二次世界大戦後の資本主義の巨大化した生産力に見合うように、帝国主義が縦割りの勢力圏分割に走らず共同的な市場圏が形成されたことも、日本の非帝国主義的発展に助けになった。日本の戦後国家も、現代帝国主義の国家と同様に、深い大衆社会的国民統合を実現したが、この国家は、自国の政治的・経済的意思を軍事力によって貫徹する力を持ちえなかった。それは、日本が従属・依存を強いられたアメリカ帝国によって代位されたのである。したがってこの体制は、日本とアメリカの利害が対立した場合には、無条件で日本が譲歩を余儀なくされる体制でもあった。

日本の遅れた現代帝国主義化

しかし、こうした体制は、一九八〇年代後半から変容し始め、九〇年代に入って日本の現代帝国主義化[18]が始まった。まずアメリカの日本に対する戦略的位置づけが変わった。冷戦が終焉し、グローバル市場が大拡大した結果、アメリカ帝国主義は自由市場秩序の維持・拡大という新たな任務を引き受けることとなったが、それをNATO諸国と日本に分担させる方針をとった。冷戦下ではアメリカは、日本が中立化して西側陣営から離れるのを防ぐためにも日本に対する軍事分担要求を控えてきたが、冷戦が終焉した現在となってはそうした戦略的配慮は必要なくなり、かえってアメリカの軍事的負担のおかげでその費用を免れながら日本が急成長を遂げアメリカを脅かしていることへの、アメリカ国内での非難が高まった。「日本ただ乗り論」「日本脅威論」が流行した。こうしてアメリカは、日本が自由市場秩序の維持のために軍事的分担を行なうことを強く求めることとなったのである。一九八〇年代後半から本格的な海外進出をはじめた日本の多国籍企業も、海外での安定した活動と特権の保護のための軍事的プレゼンスを望んで、軍事大国化を求めるようになった。

こうして、ちょうど〈開発主義国家〉の再編を求める新自由主義要求と並んで、戦後国家のもう一つの柱であった小国主義を変更し、帝国主義復活を求める動きが台頭したのである。

帝国主義化と新自由主義の矛盾

しかし、支配階級が九〇年代に新自由主義と帝国主義化の二つの改革を同時に遂行することを求められることとなったことは、支配階級に大きな困難をもたらすこととなった。

その第一は、日本の帝国主義復活への同意の調達が、とりわけ困難をともなっていたことである。日本の帝国主義化は、新自由主義化と同一の要求、すなわちグローバル資本の安定した蓄積態勢確立の要求であったが、この二つの課題に対する日本国民やアジア諸国の受け止め、さらにはその同意調達の度合いには大きな違いがあった。新自由主義化が先にみたように、日本の知識人の近代主義要求と親和的であり、反自民党政治・反官僚主義を掲げるかぎり、上層市民層のみならず広汎な中間層の動員を可能としたのに対し、帝国主義復活、とりわけその中核となる軍事大国化は、上層を含めた国民の強い反発を引き起こしかねない課題であった。とくに、戦後日本では、軍国主義復活に反対する運動は、「再び戦前のような悲惨な結果を繰り返すな」という声となって、階層横断的に、市民上層を含めて盛り上がった。これはあとで検討する、日本の新保守主義に対する知識人層の強い警戒心とも重なり合う面を持っていた。支配層にとっては、帝国主義復活反対の声が、新自由主義への警戒と結びつくことを怖れなければならなくなったのである。

困難の第二は、新自由主義が帝国主義に不可欠の深い国民統合を掘り崩し、帝国主義的統合の基盤を脆弱化せざるを得なかったことである。

帝国主義に国民を動員し、少なくともその帝国主義化に同意を調達するには、強い国民統合が不可欠であった。二〇世紀初頭の古典的帝国主義は、帝国主義と総力戦に国民を動員するために社会保障や労働者の同権化、参政権の拡大などを打ち出した。続く、第二次世界大戦後の現代帝国主義は、福祉国家という階級妥協によって、自国国民に帝国主義への同意を調達したのである。ところが、新自由主義改革と新自由主義国家は、蓄積体制の再建のために、帝国主義の安定した国民統合、とくにその中核をなす労働者階級への階級的妥協を解消することによって、不可避的に、国民統合基盤の脆弱化をもたらさざるを得なくなった。こうして、いずれの帝国主義もその基盤の脆弱性に直面することとなったが、日本の場合には、この時点で帝国主義化を始めざるを得ないため、その困難は倍加したのである。

5……日本の新自由主義改革遂行過程のジグザグ

先にみたように、日本の新自由主義改革は、既存国家体制を再編するための「政治改革」という過程を経てようやく始まった。以後の新自由主義改革の遂行過程は、九〇年代初頭から九六年の橋本内閣までの第一期、橋本政権により本格的新自由主義改革がはじまった第二期、橋本政権の崩壊から森政権までの第三期、そして小泉政権の第四期と、大きく四つの時期に区分できる。この新自由主義化の大きな特徴は、他の先進国のそれが、労働組合運動と労働者政党による政治を否定して進められたのに対し、ほかでもなく、高度成長期の政治を領導した自民党政治を自己否定して進められたことにともなう独特の困難の故に、その進行が遅れ、かつジグザグの道を取らざるを得なかった点にある。そこで以下に、日本の新自由主義化の過程をこの四つの時期に分けて大雑把にふり返ろう。▼19

第一期、新自由主義改革を遂行する政治枠組みの形成——政治改革期

第一期は、競争力の低下により蓄積体制に陰りが見え、それを打開するために新自由主義改革の必要性が支配階級に自覚され、それを遂行するために既存政治体制の再編が政治改革という形で遂行された時代である。政治改革は、既存の中選挙区制を小選挙区制中心の選挙制度に変える選挙制度改革をその中核としていた。こうした政治改革のねらいは、帝国主義化と新自由主義化を推進するうえでの大きな政治的障

害物であった社会党と、既存自民党の体質を変えることに置かれた。

小選挙区制中心の選挙制度を採用することにより、既存の中選挙区制下では安定して一〇〇を上回る議席を確保することのできた社会党は、他党と連繫しなければ議席を激減せざるを得なくなり、他党と連携するには、社会党の党是であった非武装中立や安保反対を転換せざるを得なくなる。こうして、帝国主義化の最大の障害物であった社会党を解体・変質することがめざされた。

他方、今や新自由主義改革の大きな障害物と化した自民党の利益誘導型政治も、小選挙区制で大きく改変されることが目論まれた。中選挙区制下では、自民党は同一選挙区に複数候補が立候補せざるを得ないため、党の方針は脇に置かれ、候補はもっぱら地元有権者への利益誘導競争により得票増を求めた。したがって地元に不利益を与える、農産物自由化、公共事業投資の削減などの新自由主義政策は、容易に訴えることができなかった。小選挙区制はこうした状況を一変する。小選挙区では定数は一であるから自民党候補は一人だけとなる。党公認候補の最終決定権は自民党執行部に委ねられ、公認をもらえなければ、党員としての立候補は不可能となり、逆に自民党公認候補と争わざるを得ないため、無所属での当選も難しくなる。政党助成金も党執行部を通じて払われるから、総じて自民党執行部の権力は増大し、党の中央集権化が進む。党執行部は公認付与の条件として、当然、新自由主義政策への同意を求めた。こうして、政府や党執行部は、地方や地場産業を切り捨てかねない新自由主義への議員たちの抵抗を抑え込めるようになった。小泉内閣が行なった二〇〇五年九月の「郵政民営化」選挙は、こうした小選挙区制の自民党改造効果が劇的に現われた選挙であった[▼20]ことは記憶に新しい。

しかし、最大の難問は政治改革の実現にあった。この政治改革は、既存の議員の選挙地盤を大きく再編するだけに、野党のみならず、与党内にも根強い反対があり、その実現は容易なことではなかったのである。これは自民党の中心にいた小沢一郎が党を割って出、八党派連立政権を成立させることにより実現を見たのである。[21]

この政治改革の遂行に財界は大きな期待を持った。小沢率いる細川政権の成立を前後して、財界は長年続けてきた自民党への政治献金を取りやめて間接的に小沢を支援した。また、小沢の個人後援会に、当時経団連会長であった平岩外四が就いたことも、財界の政治改革への期待の大きさを物語っていた。

細川政権下では政治改革の遂行とともに、規制緩和など新自由主義改革もスタートした。ここでも財界が積極的に動いた。新政権成立直後の九三年九月、平岩率いる経団連は、「規制緩和等に関する緊急要望」を提出し、それを受けて細川内閣は、同月の「緊急経済対策」の中で九四項目にわたる規制緩和項目を盛り込んだ。続いて、細川は、平岩に自己の私的諮問機関「経済改革研究会」の座長を依頼し、このいわゆる平岩研究会は、一一月の中間報告「規制緩和について」で、不況克服の決め手として強力な規制緩和方策を打ち出したのである。

しかし、細川政権、羽田政権、そして自民党が社会党首相を押し上げて政権に返り咲いた村山政権はいずれも連立政権であったために、地元の支持基盤に政権の味を知らせるためにどうしてもバラマキが行なわれ、いわんや地元に打撃を与えるような新自由主義改革の遂行は停滞した。

第二期、新自由主義改革の本格的遂行期——橋本内閣期

一九九六年に始まる第二期は、第一期の過渡的性格を抜け出て、久方ぶりの自民党首相の政権の下で、「構造改革」と銘打った新自由主義改革がはじめて本格的に遂行された時代であった。

橋本内閣が掲げた「六大改革」は、いずれも資本への負担軽減と規制緩和をめざす新自由主義改革であった。一九九六年九月には小選挙区比例代表制による初の総選挙が行なわれ、政治改革の効果が自民党の転向という形で如実に現われはじめ、自民党政権の下で、はじめて本格的な新自由主義が遂行される土台

が築かれたのである。

資本蓄積を阻害している第一は、現代国家の下で企業に課せられた負担であった。この負担は、法人税等の租税と、社会保険負担からなっていたから、まず、この負担軽減が競争力強化をめざす政治の第一の課題となったのである。租税負担の軽減には、福祉国家や現代国家の財政支出で大きな比重を占めている社会保障費などの削減、収入面では法人税、所得税に代わる代替税目として逆進性の強い消費税の税率アップなどが取られた。橋本内閣は社会保障、とりわけ医療制度改革を強行し、また消費税を五％に引き上げた。

とくに新自由主義の負担軽減措置にとって、医療費を中心とする社会保障費の削減は、二重の意味で象徴的な位置を占めた。一つは、社会保障費は教育費と並んで現代国家による所得再分配を象徴する支出項目であったから、これに手をつけるということは現代国家の所得再分配原理を見直すことを意味したからである。二つめは、社会保障費は、財政支出を削減することで、法人課税等の軽減のためになると同時に、その総額の削減により、医療費などの社会保険についての法人負担分の軽減にも結びつくという性格をもっていたからである。

また橋本内閣は、開発主義国家特有の保護的制度にもメスを入れた。大手スーパーやコンビニの進出から都市部での商店を保護していた大店法の廃止に踏み切ったことがそのひとつである。大店法は田中内閣期につくられ、都市部の自民党票田を守る働きをしてきたが、こうした中小商店の保護措置は、国内市場の自由化を阻害するとして、アメリカなどからその廃止が強く求められていたものであった。

第三期、新自由主義改革の漸進期

しかし、こうした新自由主義改革の本格的遂行期は長く続かなかった。橋本内閣の行なった緊縮政策の下で金融破綻が起こり、それを機に日本経済は深刻な不況に突入したが、新自由主義にこだわる橋本内閣は支出削減の手綱を緩めるのに遅れ、不況の深刻化を助長した。その結果、自民党は九八年参院選で大敗し、橋本内閣は退陣を余儀なくされたのである。

この事態は、政治改革にもかかわらず、政治体制がいまだ新自由主義改革を安定的に遂行できる体制にはなっていないことを示した。自民党政権の下で新自由主義改革を強行し、自民党支持基盤に打撃を与えると、自民党政権自体が動揺して新自由主義がストップするというディレンマである。

そこで、当面、二つの手が打たれた。一つは対症療法である。新自由主義改革のうち財政構造改革を停止して、周辺部へのバラマキを再開し、とりあえず自民党から離反した農村や都市部自営業者層を取り戻す策である。これは新自由主義のスピードを鈍化させるものだが、財界は了承した。

もう一つは、自民党一党政権体制から保守二大政党制への本格移行を行なうために、第二保守政党の育成に取り組むという、より長期的方策である。もちろん、これは自民党がやることはできず、またやる気もないので、財界が民主党へのテコ入れを本格化することとなった。

第一の策を遂行したのが、新自由主義漸進派の権力として成立した小渕恵三政権、続く森喜朗政権であった。財政支出削減策は停止され、逆に湯水のような公共事業投資が始まった。こうして小渕・森政権下で、財政赤字と国債は雪だるまのように膨れ上がった。もっとも、この小渕・森内閣下でも新自由主義はストップしたわけではなかった。

新自由主義改革を遂行する官僚機構の形成をめざした中央省庁再編は、この内閣下で実施に移され、福祉国家的機能を持つ省庁や部局の統合・縮小が行なわれた。また、新自由主義の実行に適合的な官邸主導体制をつくるための諸機構もつくられた。[▼22] 新自由主義の司令塔となる経済財政諮問会議などが、この時代にスタートした。

しかし、こうした新自由主義漸進派政権の下での財政出動によっても、自民党への支持の回復ははかばかしくなかった。湯水のように公共事業投資を注ぎ込んだにもかかわらず、農村や大都市部自営業者層の支持回復は思わしくなく、かえって、こうした公共事業投資のバラマキに反発して、大都市ホワイトカラー層の自民党不信は顕在化した。旧来型〈開発主義〉時代の自民党政治の安定は、もはや取り戻せないことが明らかとなりつつあった。財界の忍耐も限界に達していた。新自由主義本格政権の出番となったのである。

第四期、新自由主義の急進的実行政権としての小泉時代

こうして、財界など支配階級と大都市市民上層の新自由主義への期待を一身に担って、小泉政権が登場した。小泉は、支配階級の熱望に応えて新自由主義改革を強行したばかりか、ハーヴェイのいう「新自由主義国家」を完成に近づけた。

小泉政権では、不況期にもかかわらず財政支出が厳しく抑制された。新自由主義の理論の教科書通りの実践であった。しかし同時に、不良債権を抱えて危機に瀕した銀行救済のために、多額の国家資金が投入された。新自由主義の理論に忠実にしたがい銀行倒産をもたらした橋本内閣と異なり、金融機関救済のためには、理論は一顧だにされなかった。ハーヴェイが強調する、「新自由主義の実践はしばしば理論をいとも簡単に歪曲する」という格好の実例であった。

また小泉政権下では、特殊法人さらには郵政民営化をはじめ公共部門の民営化が容赦なく推進され、民間に巨大な市場が提供された。

さらに、銀行の不良債権処理の強行を通じて、銀行が資金を投入してきた地場産業や低効率産業の淘汰と、多国籍企業本位の産業構造の再編成が強行された。多国籍企業の競争力強化のための体制がつくられ

たのである。

こうした新自由主義の急進的実行に加え、小泉政権は、ハーヴェイのいう「新自由主義国家」づくりに力を割いた。ハーヴェイがいうように、新自由主義は、その理論とは裏腹に意思決定の集権化を進めざるを得ない。小泉政権は新自由主義改革を推進するために、政府の政策決定に際して不可欠の手続きであった党執行部との事前調整や省庁との調整など、既存自民党政治のもっていた分権的、ボトムアップ型の政策決定システムを改変し、「官邸主導」「首相主導」の名の下、決定をひと握りの執行部の手に集中し、改革を強行する体制をつくったのである。

こうして、小泉政権下で新自由主義は一気に進行し、大企業の競争力強化による景気回復が実現した。しかし、その当然の結果であるが、既存社会の安定は崩れ、社会統合の破綻が顕わになった。「格差社会」「ワーキングプア」という言葉が普及し、犯罪の増加、家族の崩壊などが社会問題化した。こうした社会統合の破綻に対処すべく、小泉政権下で新保守主義が台頭した。ハーヴェイのいう通り、新保守主義は新自由主義による矛盾の顕在化の所産として台頭したのである。

以上のように、日本の新自由主義は既存の〈開発主義〉体制の改変を通じての新自由主義であったため、独特のジグザグの道を余儀なくされたのである。

6……新自由主義国家の特殊性

新自由主義改革の過程を瞥見したなかですでに指摘したように、日本の新自由主義国家は、それにふさわしい特殊な構造を持っている。

保守二大政党制

一つは新自由主義の遂行過程で、〈開発主義国家〉に適合的な政党体制であった自民党一党政権体制に修正が試みられ、新たな新自由主義国家の政治構造として、自民党－民主党の保守二大政党制づくりが進められていることである。こうした保守二大政党制は、アメリカの新自由主義遂行に適合的な政党体制として実験済みであるが、日本では九八年参院選での自民党敗北以来、この体制づくりが追求された。保守二大政党制は、外交のみならず内政においても新自由主義政策で基本的な一致を見ることにより、新自由主義の安定的運営を確保するのである。

とくにこの保守二大政党制を構築するために、日本経団連は、政治献金の再開にあたり、自民党だけでなく民主党・公明党についても政策評価のうえ、その点数に応じて献金するというシステムを導入することにより、民主党の新自由主義党への育成と自民党の開発主義政党への逆戻りの阻止をはかっている。

もっとも、自民党－民主党の分業関係については、必ずしも明確になっていない。従来、自民党はその支持基盤が農村や都市部自営業層など周辺部にあった関係で、新自由主義漸進派のスタンスを取ったのに対し、民主党は一方では都市の大企業ホワイトカラー労働者層を支持基盤としている関係で、新自由主義急進派的であるという分業が見られていた。しかし、小泉自民党が急進的新自由主義を掲げて大都市部のホワイトカラー層を獲得したため、小沢民主党は地方の周辺部に手を伸ばすなかで、両党の性格が収斂してきているのである。

司法の強化

新自由主義の強行による困難の最たるものは、既存国民統合の破綻をいかに弥縫するかという課題である。新自由主義は〈開発主義国家〉の利益誘導型政治の再編をはかったが、それに代わる統合の方式を見いだせていない。福祉国家型統合がダメなことははっきりしている。そこで支配階級が摸索する統合は、一つはアメリカの新自由主義型統合である。そこで、アメリカシステムが日本の新自由主義国家にもつまみ食い的に導入されている。その一つの柱が、保守二大政党制であったが、もう一つ、アメリカの国民統合を歴史的に支えてきた司法部門の強化をはかったことも、近年の日本の新自由主義改革の特徴である。

アメリカでは、政治支配に対する不満や市民社会内での紛争を「解決」する機関として司法が発達し、国民統合の有力な一手段となってきた。強大な司法部は、国家の政策決定にまで関与し、国家の方向づけを左右したのである。もっとも典型的であったのは、一九三〇年代のローズベルト大統領下の福祉行政や立法に対し、連邦最高裁が、資本の訴えを受けて「契約の自由」の名のもとに違憲判決を乱発して、それに歯止めをかけようとした例であった。苛立ったローズベルトは、最高裁判事の交代を機に、司法消極主義的判事を次々最高裁に送り込んで、司法部の「妨害」を排除した。逆に、一九五〇年代から六〇年代にかけて、ウォーレン・コートは司法積極主義によって、アメリカの福祉国家化を促進した。

日本でも戦後改革期に、専制的な政府による権利侵害を救済することを意図して、強い司法部の創設がはかられた。憲法には明示的に裁判所の違憲立法審査権が規定された。しかしながら、戦後日本の〈開発主義国家〉の下では、司法は政治部門の決定を追認する役割に徹し、独自の統合機能を果したとはいえない。〈開発主義国家〉には不可欠の強い行政に歯止めをかけることは期待されていなかったのである。また、アメリカのように、司法部が立法や行政に待ったをかけることにより、統治機構全体の「民主性」「公正性」が印象づけられるという役割を期待されたこともなかった。〈開発主義国家〉体制の下で、支配階級は、司法に独自の積極的な統合上の役割を期待する余裕はなく、もっぱら裁判所が行政府の決定に対してくちばしを挟まないことを望み、また司法部も自己をそうした役割に限定することに努めた。

しかし、新自由主義による〈開発主義国家〉体制の再編、とくに自民党利益誘導政治による周辺部の統合機能の縮小は、それに代わる新たな統合や調整機能を必要としたから、新自由主義は、司法部の機能強化をはかったのである。一九九七年以降進められた司法改革は、こうした司法部の強化を狙ったものであり、官僚司法が認めなかった裁判への市民参加や法律扶助の強化、弁護士の大増員がはかられた。[23]

そうした司法改革と並行して、裁判所の判決でも、積極的に市民社会に介入する事例が増えた。とくに顕著なのが、新自由主義による社会統合の破綻を背景にした凶悪犯罪の増加に対して、厳罰を科すことで、「大衆」の不満に応えようとする「積極的な」判決が増えたことである。また、ハンセン病訴訟に対する二〇〇一年五月の熊本地裁の判断などに見られるように、市民の不満をある程度司法が取り上げる傾向も顕著である。

さらに近年のライブドアや村上ファンドに対する検察の訴追などは、グローバリゼーションと新自由主義、金融自由化による上層の肥大化と貧困層の増大がもたらす社会の分裂と統合の危機に対して、支配階級内の異端分子を見せしめ的に告発することにより、ある種の不満解消を果そうとする意欲の現われである。

階層型統合の追求

アメリカ型統合にならったもう一つの手法は、階層型統合の形成の試みである。グローバリゼーションと新自由主義の下で、社会の階層分岐の拡大、貧困層の増大はまぎれもない事実であるが、従来の〈開発主義〉統合は、諸階級の分裂という事実を隠蔽し、企業社会の下で階層間格差の少ない平等な社会を喧伝するものであった。戦後日本で支配的となった「一億総中流論」はその典型的イデオロギーであった。

ところが、新自由主義改革の進行により、階層間格差の拡大が隠蔽できないほど顕在化してくるなかで、むしろこうした階級・階層間の格差を認めたうえで、市民上層を優遇し、そのリーダーシップにより統合を行なっていく手法が積極的に導入されている。これを、ここでは階層型統合と呼んでおきたい。

その典型例は、社会保障分野で福祉国家型の普遍主義的保障を改変し、所得の差に応じて、福祉機能に差を設けることを認めるような制度が積極的に導入されようとしていることに見られる。小泉政権期の医療制度改革で実質的に解禁されるに至った混合診療は、公的医療保障部分を薄くし、代わりに保険診療と自由診療の併存を認めることにより、所得のある階層は、自らの費用でより高度な医療を受けられる道を拡大しようという制度である。こうした公私二階建ての制度づくりは、教育の領域でも見られるが、これは明らかに従来の福祉制度理念を変更して階層型福祉や教育の制度を導入・拡大しようというものであり、国民統合のあり方の抜本的再編をねらっている。

7……新自由主義と新保守主義

新保守主義の定義

新自由主義と並んでの新保守主義の台頭という問題は、日本の新自由主義を検討するうえでも重要である。ハーヴェイは本書において、新保守主義の台頭を、新自由主義の諸結果に対する支配階級の補完措置として捉えている。そこで、ハーヴェイは、アメリカの新保守主義に素材を求めて、新保守主義が、新自由主義に二つの点で修正を迫るという。一つは新自由主義が開放した個人的利益のカオスに対して、秩序を強調・導入することであり、もう一つは道徳の重視である(本書、一六〇頁以下)。

もともと、新保守主義についてはいろいろな捉え方があり、新自由主義とナショナリズムを合わせて、新保守主義と広く呼ぶ場合と、新自由主義と対比して区別して呼ぶ場合があった。筆者は早くから、新保守主義を新自由主義と区別して、開発や成長さらにはグローバリゼーションにより失われた家族や地域などの共同体の再建を目指すイデオロギーと運動と捉えていた。ハーヴェイの把握と同様である。

日本における新保守主義の台頭とその特徴を検討する前提として、新保守主義についていくつかの点を補足しておきたい。第一に、新保守主義は、支配階級の分派が抱懐するイデオロギーであるが、通例、現代国家の下では主流的な潮流とはなれない。なぜなら、新保守主義は、幾分かにせよ、反成長、反個人主義、反自由主義の要素をもっているため、現代資本主義の主流イデオロギーにはふさわしくないからである。

第二に、新保守主義は、新自由主義の諸結果の顕在化とともに有力な潮流として台頭し、支配的イデオロギーの内部で一定の地歩を占める。それは新保守主義が社会の分裂・解体に強い危機感を持ち、社会的まとまりの規範的再建を主張するからである。新保守主義は、そうした点から新自由主義と鋭く対立し、ときに新自由主義を激しく非難するが、客観的には、支配と統合の補完的イデオロギーとして統合の破綻を回避するうえで一定の役割を果す。その意味で、新保守主義は、新自由主義の函数であるといってよい。

新保守主義の脆弱性――開発主義保守の進歩主義

日本でも新保守主義のイデオロギーは、九〇年代中葉から本格的に台頭した。日本の新保守主義は、新自由主義の特殊性に規定されて特殊な刻印を捺されている。

日本の新保守主義のイデオロギーの特徴の第一は、そのイデオロギーの本来の地盤を持ちえない結果、狭隘性と脆弱性をもっているという点である。もともと、戦後日本では、保守主義のイデオロギーは、支配階級のイデオロギーとして有力ではなかった。戦前の天皇制イデオロギーの中には「万世一系」の天皇支配を顕揚する伝統主義と復古主義があったから、戦後はその反動もあって、保守主義が嫌われただけでなく、戦後の開発主義保守政治は、保守主義のイデオロギーとは正反対の、開発と成長の理念を掲げたからである。この点では、戦後の保守はたんに「反左翼の近代主義者」にとどまり、実は「伝統破壊に精を出し」てきたという西部邁[24]の言があたっている。現実にも、戦後保守政治の下で推進された開発は、容赦なく伝統や地域を破壊した。むしろ、地域の地場産業や伝統・環境などの保全は、開発主義に反対する市民運動や共産党などの運動によって取り上げられた。京都の保守勢力が一貫して京都の開発を重視し、伝統と文化を守る運動はむしろ京都の革新勢力が担ったことはその典型例である。

こうした日本の保守主義イデオロギーの脆弱性は、その基盤の脆弱性となって新保守主義のイデオロギーにも受け継がれている。新保守主義は、アメリカにおけるそれが、白人労働者階級の文化ナショナリズムという基盤を持っているのとは対照的に、支配階級内にも、大衆的にも固有の社会的基盤を持ちえていない。むしろ日本では、大衆社会的統合の主たる基盤をなしてきた大企業のブルーカラー・ホワイトカラー労働者のイデオロギーは、進歩と競争のイデオロギーであった。新自由主義によって大企業労働者の過酷なリストラが行なわれているが、そうした大企業労働者の懐抱するイデオロギーは相変わらず競争と個人主義であるから、彼らの不満は規範的に正当化されているわけではない。また新保守主義のイデオロギーが、彼らの保持するイデオロギーになっているわけでもない。

新保守主義の勢力伸張の根拠

それにもかかわらず、一九九〇年代後半に新保守主義が台頭し、二〇〇〇年代に入って急速に活性化したことは注目されねばならない。新保守主義の潮流は、復古主義への強い警戒心にもかかわらず、社会の破綻とともに市民層の中に急速に浸透している。それに応じて、保守政治家の中で少数派をかこっていた新保守派が若手を中心に伸張し、ついに、安倍晋三という新保守派の首相を出すまでに至った[25]のである。

こうした新保守主義の急伸長の背景は、いくつかある。第一の原因は、あとでもう一度ふれることになるが、日本での新自由主義が福祉国家を経ずに、開発主義を再編して登場した結果、新自由主義による社会統合の破綻と被害が、福祉国家を経た先進諸国と比較してもはるかに深く顕在化したことが挙げられる。そのことは、新保守主義が、主として、教育の荒廃と家族の崩壊に対する危機感を強調して伸張していること、彼らが主たる政策の柱として、教育基本法改正による教育の再生を掲げたことなどに現われている。

新保守主義の急伸長の第二の理由は、北朝鮮問題や中国脅威論の形で、ナショナリズムの昂揚と結びついていたことである。

新自由主義から新保守主義へ

ところで、日本では、新自由主義と新保守主義が別個の政治家やイデオローグによって分離して担われたという特徴をもっている。

サッチャーにしてもレーガンにしても、さらにブッシュ・ジュニアにしても、新自由主義を遂行した政治家は、いずれも新自由主義的イデオロギーを喧伝したばかりでなく、同時に新保守主義的なイデオロギーも兼ね備えていた。ところが、日本では、小泉純一郎は、その政治理念としては新自由主義に特化し、家族や伝統の再建など新保守的なイデオロギーにはまったくといってよいほど関心を示さなかった。また、そうした小泉の新自由主義に特化したイデオロギーが、大都市上層の支持を集め、小泉の支持基盤の強さの根拠ともなったのである。それに対して、その後を継いで政権の座についた安倍晋三は、もっぱら新保守主義的イデオロギーを売り物にして政権に就いた。これまた極めて特徴的である。安倍は無論、支配階級の要請に応じて、小泉政権の遂行した新自由主義の継続を表明しているが、イデオロギー的には新保守主義を懐抱し、喧伝している。

こうした特徴は、日本の新自由主義改革の特殊性に規定されたものといえる。遅れてスタートしたばかりでなく、新自由主義改革の漸進路線のために新自由主義を加速化することが切実に求められていた二〇〇〇年代初頭には、小泉のような純化した急進的な新自由主義のイデオロギーを保持した政治家が不可欠であった。

他方、新自由主義の強行により、社会統合の破綻と社会の分裂が顕わとなった時代には、安倍のような新保守主義を前面に出す政治家が必要となったのである。小泉にしても、安倍にしても、戦後保守政治家の中では異端に属する政治家であった。保守政治家の主流は、地元の声にも耳を傾け、地元への公共事業投資と利益散布に気を配る、その意味で成長と平等をモットーにした政治家であった。小泉・安倍は、その意味ではいずれも新自由主義の時代にふさわしい政治家であるといえる。

新保守主義とナショナリズム——現代日本のナショナリズムの特殊性

現代日本においては、新自由主義の展開と社会の分裂の拡大の下で、新保守主義と一体となってナショナリズムが台頭している。しかし現代日本のナショナリズムは、先進各国において、新自由主義とともに台頭したナショナリズムとは異なる特徴をもっている。

一つは、先進各国のナショナリズムが、グローバリゼーションと新自由主義によって、打撃を受け、社会の分裂を余儀なくされたことに対する危機感から、それを回復するイデオロギーとして登場し、したがって反グローバリズム・反新自由主義を信条としているのに対し、日本で台頭したナショナリズムの主流は、こうした反新自由主義をとらず、むしろ階層的には新自由主義を支持する市民上層を支持基盤として浸透している点である。その典型は安倍のナショナリズムにみられる。安倍は一方でナショナリズムを鼓吹しながら、他方では小泉構造改革の継続を訴え、政策的にも、新自由主義の推進を主張している。確かに、安倍には、ヨーロッパ各国のナショナリズムにみられる、反グローバリゼーションの言説はない。確かに、安倍晋三や石原慎太郎には、来日アジア人に対する非難の言辞があるが、それは排外主義・反グローバリズムには結びついていない。むしろ、安倍のナショナリズムにあるのは、新自由主義の遅れによる日本の経済的衰退に対する焦りであり、台頭する中国の成長に対する警戒と競争である。これは明らかに新自由主義への反発として生じたナショナリズムとは別物の、いわばグローバリゼーションの強者のナショナリズムである。

8……日本の新自由主義の帰結と矛盾

最後に、日本の新自由主義の帰結の特殊性にふれておきたい。それは、日本では新自由主義改革がヨーロッパ各国の新自由主義の帰結と比べて、はるかに深刻な社会統合の解体と社会の分裂をもたらしている、という点である。日本では新自由主義の社会への打撃がはるかに大きいのである。

これは日本の新自由主義が、福祉国家を経てその再編のなかで生まれたものではなく、〈開発主義国家〉を経て、その再編によって生まれたものであるという点からくる特殊性である。〈開発主義国家〉の社会保障や所得再分配は福祉国家のそれに比べてはるかに脆弱であり、分立的であり非制度的なものでもあった。▼26 それだけに、日本では労働者階級やその家族は新自由主義の破壊的な影響をもろに受けやすい結果となったのである。

しかし、そのことは、日本では新自由主義に対抗する社会運動や思想が自動的に成長する可能性が強くなることには結びつかない。むしろ現在までのところ、新自由主義の破壊的結果の大きさに比べ、対抗運動の盛り上がりや対抗構想の具体化は遅れているといわねばならない。その最大の原因は、日本では新自由主義に対抗する政治的経験が蓄積されていないという点に求められる。ヨーロッパ福祉国家の場合には、新自由主義に対して常に、オルタナティブとして福祉国家経験があり、かつてそれを担った政党も存在した。ところが日本では、福祉国家経験は自治体レベルを除いてなく、したがって新自由主義へのオルタナティブは自民党抵抗勢力により主張されている公共事業投資の利益誘導型政治しか示されていない。これは、旧来型の福祉国家の構想以上に、グローバリゼーションと新自由主義の前では対抗軸たりえないものである。

こうした対抗軸を考えるうえで、ハーヴェイのいう権利論の両義性も参考になる。それは日本では、とりわけ近代主義のイデオロギー的影響力が強く、これが新自由主義への同意調達のイデオロギーとなってきたからである。こうした近代主義と人権論は、新自由主義の理論には親和的であるが、それにもかかわらず、それが新自由主義の実践と衝突した場合には、力を発揮し、反新自由主義運動に合流する可能性があることは注目しておかねばならない。

▼1　渡辺治「帝国主義的改革と対抗の戦略」、渡辺・後藤道夫編『講座現代日本4　日本社会の対抗と構想』大月書店、一九九七年刊所収、五五頁以下など、参照。
▼2　たとえば、渡辺治『「構造改革」で日本は幸せになるのか?』萌文社、二〇〇一年刊、六三頁以下。
▼3　渡辺治「戦後政治の総決算へ――戦後史の中の八〇年代」、歴史学研究会編『日本同時代史第5巻　転換期の世界と日本』青木書店、一九九一年刊所収。
▼4　渡辺治『企業支配と国家』青木書店、一九九一年刊、同『「豊かな社会」日本の構造』旬報社、一九九〇年刊をみよ。
▼5　後藤道夫『収縮する日本型〈大衆社会〉』旬報社、二〇〇一年刊、一二三頁以下、参照。
▼6　くわしくは渡辺前掲『「豊かな社会」日本の構造』第三章、参照。
▼7　この日本国家の特徴については、エズラ・ヴォーゲル『ジャパンアズナンバーワン』TBSブリタニカ、一九七九年刊、渡辺治「現代日本国家の特殊な構造」（東京大学社会科学研究所編『現代日本社会1　課題と視角』東京大学出版会、一九九一年刊所収）を参照。

▼8 黒田篤郎『メイド・イン・チャイナ』東洋経済新報社、二〇〇一年刊、一一五頁ほか。

▼9 経済同友会『市場主義宣言』一九九七年、五頁。

▼10 ハーヴェイ本書、一六頁、六〇頁ほか。

▼11 チャーマーズ・ジョンソンの『通産省の奇跡』（TBSブリタニカ、一九七九年刊）は、こうした点に着目して、日本を戦前戦後通して「開発型国家」（Developmental State）と定義している。

▼12 野口悠紀雄『一九四〇年体制』東洋経済新報社、一九九五年刊。

▼13 経済同友会『こうして日本を変える』一九九七年刊。

▼14 後藤道夫「階級と市民の現在」、同『戦後思想ヘゲモニーの終焉と新福祉国家構想』旬報社、二〇〇六年刊、第三章所収。

▼15 野口、前掲書、一八六頁。

▼16 この経緯につき、渡辺治『政治改革と憲法改正』青木書店、一九九五年刊。

▼17 現代帝国主義について、渡辺「アメリカ帝国の自由市場形成戦略と現代の戦争」、渡辺・後藤編『戦争と現代1　「新しい戦争」の時代と日本』大月書店、二〇〇三年刊所収。

▼18 この点につき、渡辺治『講座現代日本1　現代日本の帝国主義化』大月書店、一九九六年刊。

▼19 この点についてくわしくは、渡辺治『「構造改革」政治時代の幕開け』、『現代思想』二〇〇五年一二月号所収。

▼20 この総選挙の結果について、渡辺治『「構造改革」政治の時代』花伝社、二〇〇五年刊、序章、参照。

▼21 渡辺前掲『政治改革と憲法改正』をみよ。

▼22 この点くわしくは、清水真人『官邸主導』日本経済新聞社、二〇〇五年刊。

▼23 渡辺治「新自由主義戦略としての司法改革・大学改革」、渡辺前掲『「構造改革」政治の時代』所収、参照。

▼24 西部邁『国柄の思想』徳間書店、一九九七年刊、一二頁ほか。

▼25 安倍晋三の新保守主義については、渡辺治「安倍政権論」『ポリティーク12号　構造改革の現段階と安倍政権』二〇〇六年一二月、所収をみよ。

▼26 この点につき、後藤道夫「日本型社会保障の構造」、渡辺治編『日本の時代史27　高度成長と企業社会』吉川弘文館、二〇〇四年刊所収をみよ。

訳者あとがき

森田成也

本書は、イギリス出身の経済地理学者デヴィッド・ハーヴェイ（一九三五年生まれ）の単著 *A Brief History of Neoliberalism*, Oxford University Press, 2005 の全訳である。書き下ろしの単著としては最新のものであり、二〇〇三年に出版された『ニュー・インペリアリズム』（邦訳は、本橋哲也訳、二〇〇五年、青木書店）と並んで、この日本を含む現代世界における最も重要な二つの支配的潮流である「新帝国主義」と「新自由主義」とを総括的に分析したものとなっている。

ハーヴェイは、『ニュー・インペリアリズム』において、帝国主義を、終わりなき資本蓄積の分子的過程にもとづいた権力の資本主義的論理（拡散的・ミクロ的）と、一定の歴史的伝統と制度・機構と領域に立脚した国家の領土的論理（集権的・マクロ的）との複雑で矛盾した相互作用として理解している。同書の中で、ローザ・ルクセンブルクの議論とハンナ・アーレントの議論を縦横に用いつつ、これまで自分が蓄積してきた経済地理学の理論を駆使して新しい帝国主義の問題に積極的にアプローチしている。

帝国主義が横への権力拡張だとすれば、新自由主義は縦への権力拡張である。ハーヴェイは本書においいて、今日の世界において新帝国主義と並んで世界を席巻している新自由主義を、その起原であるモンペルラン協会の設立からはじまって、それがなぜ一九七〇年代後半から台頭し、なぜそれが勝利したのか、その階級的本質は何なのか、そしてそれに対抗する運動がいかなるものであるべきなのか、を詳細に分析している。

1……本書の成り立ち

本書のもとになったのは、ハイデルベルク大学の地理学部で二〇〇四年六月二八日から七月二日にかけて行なわれた「ヘットナー記念講義」でのハーヴェイの連続講義である。ヘットナーとは一八九九年から一九二八年にかけて同大学で地理学を教えていたアルフレート・ヘットナーのことで、当時のドイツ地理学の第一人者であり、日本でも同氏の『地理学——歴史・本質・方法』が二〇〇一年に邦訳が出ている(平川一臣訳、古今書院)。

この「ヘットナー講義」においてハーヴェイは二つのテーマで講義を行なった。一つ目のタイトルが「自由市場資本主義と階級権力の回復」であり、もう一つが「地理的不均等発展の一般理論に向けて」である。この二つの講義はその後、『グローバル資本主義の空間』という表題で単行本化され、二〇〇六年に出版されている(David Harvey, *Spaces of Global Capitalism*, Verso, 2006)。同書に収録される際、一つ目の講義の題名は「新自由主義と階級権力の回復(Neo-liberalism and the Restoration of Class Power)」と変更されているが、今回ここに翻訳した著作の原型となったのがこれである。この「新自由主義と階級権力の回復」という題名は、本書の主張の核心を的確に表現している。

新自由主義の問題は従来、「国家か市場か」という対立軸で語られるのが普通であり、本書でハーヴェイが何度か引用しているダニエル・ヤーギンとジョゼフ・スタニスローの『市場対国家――世界を作り変える歴史的攻防』（原題は『管制高地――現代世界をつくり変える政府と市場との攻防』、原著は一九九八年出版）もそうしたコンセプトで書かれている。ヤーギンとスタニスローは、経済を効率的に運営し成長をもたらすためには、国家の介入を重視するべきなのか、市場の見えざる手に任せるべきなのかという基本的対立枠組みにもとづいて、戦後世界の経済的歩みをドキュメンタリータッチで描いている。ヤーギンとスタニスローは、戦後しばらくの間は西側でもある程度有効に機能した国家介入主義あるいは混合経済体制が、一九七〇年代以降まったく有効に機能しなくなり、大量の財政赤字を垂れ流すとともにインフレを誘発し、経済的に不効率で成長を押しとどめるものに転化したと論じる。それに対する両名の処方箋はもちろん思い切った市場化、自由化、民営化、規制緩和、大企業減税であり、これによって経済に活気が戻り、インフレは収束し、ダイナミックな経済成長が復活し、さらには民主主義さえ進展したと主張する。もちろん、彼らもアジア金融危機やラテンアメリカ諸国の苦境、ロシアの経済的衰退という事実を知らないわけではないが、それらは新自由主義化という基本的に進歩的な道のりで遭遇する一時的な困難にすぎない。

こうした恐ろしく楽観的な市場原理主義的世界像に真っ向から対立する立場を表明したのが、本書でもたびたび引用されているジョゼフ・スティグリッツの『世界を不幸にしたグローバリズムの正体』（原題は『グローバリゼーションとそれに対する不満』、原著は二〇〇二年出版）である。国際通貨基金（ＩＭＦ）が世界中に押しつけている構造調整プログラムは、なるほどインフレ収束には役立ったかもしれないが、十分な経済成長をもたらしていないだけでなく、逆に経済の混乱をもたらし、世界中で不平等と貧困を深刻化させ、人々の暮らしと尊厳を破壊している。このような見方の対立は、アルゼンチンでの改革をめぐるヤーギン＆スタニスローとスティグリッツとの正反対の評価にはっきりと表われている。ヤーギン＆スタニスローにとってアルゼンチンは新自由主義改革の成功の見本である。そこではハイパーインフレが収束したからだ。一九九八年に書かれた『市場対国家』に二〇〇一年の暴動について書かれていないのは当然だとしても、そのあまりに楽観的（あるいは新自由主義的）な見方がどのように現実によって裏切られたかをアルゼンチンの事例は劇的に示している。他方、スティグリッツにとってはアルゼンチンはＩＭＦの処方箋が悲惨な現実を作り出した見本である。そこではとてつもなく失業率が増大し、貧富の格差が広がり、暴動が起こるほどの生活破壊がなされたからだ。スティグリッツは、驚くべきはアルゼンチンで暴動が起きたことではなく、そこに至るまでアルゼンチンの国民が暴動を起こさなかったことであるとさえ言っている。

だがそのスティグリッツにとっても、市場化や民営化、自由化それ自体は善であり、ただＩＭＦの誤りはそれを急ぎすぎた点にのみあった。そして、そうした誤ったＩＭＦの処方箋の原因を主にＩＭＦのエコノミストたちの市場原理主義的謬見に求めており、彼らが誤った理論をもち、その誤った理論を現実に機械的に適用したことに求めている。もちろんスティグリッツも、ＩＭＦの政策がウォールストリートに代表される金融界の利益と結びついていることに気づいてはいる。何しろ、ＩＭＦの上層部は人脈的にもニューヨークの投資銀行や証券会社の出身者で占められているのだから。しかし、世界各地で起こっている新自由主義化の本質がまさにそこにあることには気づいていない。

本書の第一の意義は、従来、「市場か政府か」という対立軸を中心にして語られてきた新自由主義化について、その本質が、一九五〇年代から七〇年代初頭にかけて侵食されてきた資本家階級と政治エリートの、とりわけ金融資本を中心とするそれの権力回復にあるとみなし、そうした基本的観点に立って新自由主義の歴史を総括していることである。先進諸国の経済が全体として高度成長を続けていたときには、階級権力の侵食はそれほど重大な問題ではなかった。なぜなら、パイの切り方が、「埋め込まれた自由主義」とケインズ主義的妥協を通じて、少々、労働者寄りになっていたとしても、パイ全体が年々大きくなる中では、資本家の獲得する富の絶対量もまた拡大するからである。しかし、こうした流れは一九七〇年代初頭以降の低成長への移行によって根本的に変化する。もはやパイの急速な拡大は望めなくなった。資本家階級と政治エリートの富が増大するには、パイの切り方そのものを変え、「埋め込まれた自由主義」とケインズ主義的妥協を解体しなければならない。そのための手段こそ、大規模に市場化、自由化、民営化、金融化を押し進めることであり、大企業と金持ちへの税金を大胆にカットすること、一般市民および貧困者向けの社会的支出を削減することである。

このような新しい蓄積方法は、従来の「拡大再生産にもとづく蓄積」と異なり、大企業とエリートへの富の巨大な再分配にもとづいており、ハーヴェイはそれを「略奪による蓄積」と呼んでいる。「略奪による蓄積」についてはすでに『ニュー・インペリアリズム』の第4章で詳しく論じられていたが、本書の第6章で、新たな視点を交えつつ再度詳しく論じられている。

したがって本書でのキーワードの一つは「階級権力の回復」である。実際、資本家階級は、階級権力の回復につながる場合には喜んで純粋な新自由主義理論を裏切って、国家の大規模な介入を要請したし、国家もそれに呼応して大規模に介入してきた。実際、本書で述べられているように、新自由主義改革の真の先駆は、軍事クーデターによって権力に就いたチリの独裁者ピノチェトによってなされたものであり、またその最新の事例は、米軍の権力を背景にアメリカの高級官僚ポール・ブレマーによってイラクに押しつけられた新体制の政策なのである。

また、新自由主義理論は、国民の同意を調達するために、新自由主義化こそが経済成長をもたらし、「トリクルダウン」を通じて隅々まで国民を豊かにするのだと吹聴するが、それが本当に経済成長をもたらすかどうかはまったく不確かであり、スティグリッツが明らかにしているように世界の多くでむしろ経済に打撃を与えている。ハーヴェイは、本書の第3章において「理論における新自由主義」と「実践における新自由主義」とを対比し、以上の点を詳細に明らかにしている。そして、この理論と実践における矛盾に対する支配層の回答が、新保守主義だった。これは、新自由主義的理論に権威主義とナショナリズムを結びつけ、より危険な方向へと発展しつつある。

だが、新自由主義のプロジェクトが戦後掘りくずされてきた階級権力の回復を企図したものだとしても、それがなぜ先進国で広範な民衆の支持を調達することに成功したのかは、独自に考察するべき課題である。本書における二つ目の意義は、この新自由主義的転換に対する同意の形成がどのようになされたかを具体的に考察している点にある。ハーヴェイが第2章「同意の形成」で指摘している重要な論点は、一九六八年に象徴される先進国の反体制運動が内包していた階級的な反国家主義が、一九八〇年代以降には新自由主義的な反国家主義へと反転していったことである。この軌跡はこの日本でもはっきりと確認することができる。だが、これだけではまだ説明として十分ではない。

この点でヤーギン&スタニスローの著作は、その重大な欠陥にもかかわらず、有益な意義を一定有している。同書は、そのあからさまに新自由主義寄りの姿勢にもかかわらず、いや逆にそれだからこそ、なぜ新自由主義が一九八〇年代にサッチャー革命（およびレーガン革命）を機に各国で急速に勝利したのか（とくに福祉国家の祖国イギリスで）を、人々の「考え方（ideas）」の変化とそれをもたらしたイデオローグの役割という視点から考察している。ハーヴェイはこうした議論からも学びつつ、イギリスでの事態を描き出している。アメリカに関しては、ハーヴェイは、その本来の専門分野でもある都市問題（ニューヨーク）を手がかりに、新自由主義的転換への軌跡を具体的に描き出している。

スティグリッツの著作からもハーヴェイが学んだことは言うまでもないだろう。ＩＭＦの政策が世界中にもたらしている悲惨な現実が、世界銀行の元チーフエコノミストとしての直接ないし間接の見聞にもとづいて詳しく明らかにされている。こうした政策は、発展途上世界の一部エリートが巨万の富を貯えるのを可能にしているだけでなく、発展途上諸国から欧米の金融センターへと巨大な富が流れ込む構造を形作っている。これがいかに先進国（とりわけアメリカ）での階級権力の回復に貢献しているかは、本書で詳しく明らかにされている（第1章、第4章）。

本書の重要な特徴はさらに、グローバルな新自由主義化の中心国として、アメリカやイギリスと並んで中国を取り上げていることである。世界最大の人口を持ち、今では「世界の工場」と呼ぶにふさわしいこの超大国で近年すさまじい勢いで進んでいる市場化・民営化（私有化）の嵐は、世界に巨大な影響を及ぼしているし、今後ますますそうなるだろう。中国の巨大な経済成長は、ヤーギン＆スタニスローにとっては新自由主義改革の正しさの最たる証明であるだけでなく、スティグリッツによっても模範とみなされている。スティグリッツは、ＩＭＦの言いなりになって「ショック療法」をとって経済を崩壊させたロシアと対比させて、自主的に経済改革を行なって成功させた国として中国を称揚している。しかし、この右からも「左」からも賞賛されている中国で進んでいる「中国的特色のある」新自由主義化の現実は、けっしてそのようなおめでたいものではない。そこで進んでいるのは、労働者に対する（とりわけ若い女性労働者に対する）すさまじい搾取であり、不平等の大規模な拡大であり、「階級権力の再構築」とでも呼べる事態である。

ハーヴェイは、本書の第6章および最終章の第7章で、世界各地で進むこの新自由主義化に対する抵抗の動きを明らかにするとともにオルタナティブの可能性を模索している。その中でとくに論議を呼びそうなのは、権利の問題と市民団体（権利擁護団体やＮＧＯ）の役割について述べた部分だろう。「権利言説（ライツ・ディスコース）」とこうした諸団体の台頭が新自由主義への転換と同時期に起こったことにハーヴェイは注目し、権利論の両義性と市民団体の限界について詳しく論じている。日本でも、いささか特殊な背景があるとはいえ、市民運動家や市民団体の一部には、新自由主義と親和的な思想傾向がはっきりと認められる。官僚主義的な利権政治に対抗するためと称して、小泉構造改革に、とりわけ郵政民営化に賛成した「市民派」も少なくない。こうした傾向は、理論における新自由主義を底辺で支えるとともに、実践における新自由主義化への対抗をより困難にしている。

他方、この著作の最後でハーヴェイが強調しているのは、階級概念の重要性であり、引き続き存在する「拡大再生産にもとづく蓄積」のもとでの、労働者を中心とする階級政治の果たす役割の大きさである。新自由主義の本質が階級権力の回復にあるとすれば、それと対抗する運動において、労働者の諸機関（組合と政党）がきわめて重要な役割を担いうることは明らかであろう。この運動と、「略奪による蓄積」と闘う多様な新しい対抗運動とが有機的に結びついて、新しい主体が構築されなければならない。

この対抗運動においては、従来のリベラルな権利概念と自由論も一定の役割を果たしうるが、それと同時に新しい権利概念と自由の展望が提起されなければならない――「新自由主義が説く自由よりもはるかに崇高な自由の展望は存在する。新保守主義のもとで可能となるよりもはるかに有意義な統治システムは存在する。われわれはそうした自由を獲得し、そうした統治システムを構築するべきなのだ」（本書、二八四頁）。以上が本書でハーヴェイが提起する新たな展望である。

2……著者について

著者デヴィッド・ハーヴェイについてはすでに、本書以前に邦訳された多数の著作の「訳者まえがき」ないし「訳者あとがき」の中で詳しく論じられている。ハーヴェイは今では、論文で引用されることの最も多い地理学者であり、二〇〇六年には、まるまる一冊を費やしてハーヴェイ理論について多くの一線級の理論家が論じた論文集が出版されているほどである（Noel Castree & Derek Gregory eds., *David Harvey: A Critical Reader*, Blackwell, 2006）。この論文集の中で、イギリスの左派マルクス主義者で日本でもいくつかの著作が邦訳されているアレックス・カリニコスは、ハーヴェイについて、「二〇世紀末におけるマルクス主義理論の発展」に寄与した第一人者の一人だと高く評価している（ibid., p.47）。ハーヴェイの著作は単著だけでも十数冊に及び、邦訳書も本書を入れて七冊に及んでいる。

『ニュー・レフト・レビュー』誌が二〇〇〇年にハーヴェイに行なったインタビュー（David Harvey, *Spaces of Capital: Towards a Critical Geography*, Edinburgh University Press, 2001, pp.3-24）によると、ハーヴェイが地理に興味を持ったのはイギリスのケント州ギリンガムに育った子供のころにさかのぼる。彼は広い世界に憧れて、何度も家出をしたが失敗し、空想の世界に逃げ込んだ。その頃はまだ健在であった巨大なイギリス帝国が発行する切手の収集は、世界への興味をますますそそった。父はイギリスの海軍工廠で働いており、ハーヴェイも何度かそこに遊びに行っている。そこで聞いた大海原と広大なイギリス帝国の話は、少年の想像力をかきたてた。中学や高校では文学にも興味を持ったが、入学したケンブリッジ大学で専攻したのは地理学だった。文学は自分でもできるが、地理学は専門家から学ばなければならないと考えたからだ。しかし、当時の文学への興味は後に、『パリ――モダニティの首都』（原著二〇〇三年。邦訳は、大城直樹・遠城明雄訳、青土社、二〇〇六年）を執筆した時に大いに生かされている。

彼が最初に学んだ地理学は当然ながら主流派のそれであり、マルクス主義とは遠く隔たったものだった。そうした限界の中でも、一九六九年に出版されたハーヴェイの最初の著作『地理学における説明』（邦訳は『地理学基礎論――地理学における説明』、松本正美訳、古今書院、一九七九年、ただし前半部のみの翻訳）は、論理実証主義にもとづきつつ計量学的手法を駆使して体系的に地理学を説明しようとするものであり、当時にあっては地理学界に大きな反響を呼び起こすものだった。同訳書の「訳者の序文」の中では次のように述べられている。

一九五〇年代以降のいわゆる「計量」地理学が地理学の「革新」であるならば、Harveyの地理学はその「革命」である。……Harveyの原著が出版されてから、すでに一〇年の歳月が経過しようとしている。多数の地理学者がそれを読み、その「革命性」を認めてきた。（同前、i-ii）

しかし、当時は現在と違って急進化の時代であり、社会的雰囲気は沸騰状態にあった。この最初の著作（四八六頁もの大著だ）の執筆に没頭していたハーヴェイはそうした状況の変化にあまり気づかず、同書の原稿を一九六八年五月に出版社に持っていったときにはじめて、政治的雰囲気の大きな変化に気づき、困惑を覚えたと言う。当時のハーヴェイの政治的立場は本人の弁によるとフェビアン社会主義に近いものだった。ちょうどその頃（一九七〇年）、アメリカのボルチモアのジョン・ホプキンス大学にポストを得ることができ、イギリスからアメリカへと研究と活動の基盤を移すことになる。この移動はハーヴェイの政治的進化にとっても大きな転機となった。すでに自分の研究の方向性に関して疑問を抱いていたハーヴェイは、激しい公民権運動やベトナム反戦運動が渦巻くアメリカの中で、一九七一年、同大学の大学院生たちとともに『資本論』の読書会を系統的に行なうようになる。インタビューの中でハーヴェイは次のように述べている。

当時私はマルクス主義者ではなく、マルクスについてほとんど何も知らなかった。いずれにせよ、当時はマルクス主義の文献が英語ではほとんど手に入らない時期だった。あったのは、ドッブ、スウィージー、バランぐらいで、後はほとんどなかった。その後、アメリカでフランス語およびドイツ語の文献が出回るようになり、ペンギン・マルクス・ライブラリーのシリーズが出されるようになった。そのシリーズの一環として『経済学批判要綱』が出版されたことは私たちの前進に役立った。

(*Spaces of Capital*, p.8)

そうした知的進化を経て一九七三年に出版されたのが『社会的公正と都市』(邦訳は『都市と社会的不平等』、竹内啓一・松本正美訳、日本ブリタニカ、一九八〇年)である。だが、この段階ではまだマルクス主義経済地理学への移行途中といった感があった。ハーヴェイ自身、「『社会的公正と都市』を出版した後にわかったのは、自分がマルクスを理解していないということだった」(*Spaces of Capital*, p.10)と述懐している。それは同書の構成そのものにも示されている。既発表の論文を集めた第一編は「自由主義的定式」と題され、伝統的ないし新古典派的な地理学の諸理論が批判的に検討されている。ほとんどが書き下ろしからなる第二編は「社会主義的定式」と題され、そこではじめて本格的にマルクスの理論が地理学の立場から検討されている。最後の第三編で、ハーヴェイが経済地理学とマルクス主義とを創造的に統合する上で強い影響を受けたアンリ・ルフェーブルの理論が詳しく論じられている。

だが当時、そうした知的急進化の動きはハーヴェイのみならず多くの地理学者にも見られた。そうした地理学者たちが創刊した『アンチポード』は、ハーヴェイの新しい方向性を模索した画期的な諸論文の発表舞台ともなった。とくに重要なのは一九七五年に発表された「資本主義的蓄積の地理学――マルクス理論の再構築」と一九八一年に発表された「空間的回避――ヘーゲル、フォン・チューネン、マルクス」である(両論文は後に前掲の*Spaces of Capital*に収録されている。邦訳は、両論文を合体させて修正されたものが『都市の資本論――都市空間形成の歴史と理論』〔水岡不二雄監訳、青木書店、一九九一年〕の第二章に収録されている)。

『社会的公正と都市』の出版から九年後の一九八二年に出版されたハーヴェイの主著『資本の限界』(邦訳は『空間編成の経済理論――資本の限界』、大明堂、一九八九年)は、それまでの一〇年以上に及ぶマルクス研究の集大成として、商品・価値から帝国主義に至るまでの資本主義経済の構造とダイナミズムを空間編成の観点から総括的に展開するものであった。この著作の執筆と完成に文字通りハーヴェイは全身全霊を傾けた。「頭がおかしくなりそうになった」とさえ述べている。それは彼の「その後の仕事のいっさいの土台となる」ものだった。ちなみにハーヴェイは、この著作について、「自分の最もお気に入りの作品だが、皮肉なことにたぶん最も読まれていない」と慨嘆している（*Spaces of Capital*, p.10）。なお、この著作の原著の新版が二〇〇七年一月に出版されている。

この地理学における理論的発展について、この方面における日本の第一人者である水岡不二雄氏は、地理学における一九五〇年代の後半の「計量革命」に続く「地理学の『第二の革命』」と呼び、次のように述べている。

> この「第二の革命」は、マルクス主義をはじめとする経済・社会理論を一方に、そして空間の論理を他方におき、社会が、空間を不可分の契機として包摂することでつくりだす空間的社会諸過程により、新たな空間が生産される論理を見出そうとする革命であった。……ハーヴェイは、六〇年代に第一の革命にたずさわり、その後第二の革命を率先して推し進める前衛となったという点で、戦後における世界的な地理学の「永続革命」を、今日までまさに担い続けてきたのである。
>
> （水岡不二雄「ディヴィド・ハーヴェイ――地理学に空間の理論と社会の科学を求めて」、『地理』第三九巻九号、一九九四年、八〇～八一頁）

その後のハーヴェイの活躍については比較的よく知られている。ハーヴェイは英語圏のみならず、世界的にも経済地理学の第一人者となり、都市論や建築論・グローバリゼーション論といった経済地理学に直接関わる諸問題ばかりでなく、社会的・環境的公正（正義）、身体論、文化、ポストモダニズム、ユートピアニズムといった諸問題に関しても空間理論と結びつけて積極的に発言しており、ハーヴェイが著作を出すたびにつねに大きな話題となっている。とくに、経済地理学の可能性を広げた『ポストモダニティの条件』（原著は一九八九年、邦訳は一九九九年、青木書店）と『公正、自然、差異の地理学』（原著は一九九六年、未邦訳）、『希望の空間』（原著は二〇〇〇年、未邦訳）は、アカデミズムの世界で大いに注目され、賛否両方の立場から盛んに論じられる書物となった。

ハーヴェイは二〇〇一年からはニューヨーク市立大学に移って、恵まれた研究環境の中で後身の指導にあたるとともに、ボルチモア時代からそうなのだが、地域の住民運動や労働運動にも積極的にコミットメントしている（アレックス・カリニコスは前掲論文の中でこうした実践的側面をハーヴェイの積極的特徴の一つに数えている）。また、最近では、アメリカの民主主義的変革のために設立された「国際民主主義基金」の理事として活動している。名誉理事にムミア・アブ＝ジャマール、ラムゼイ・クラーク、ハワード・ジンがおり、同じ理事としてイマニュエル・ウォーラーステイン、エレン・メイクシンス・ウッドなど日本でもよく知られた理論家や人権活動家などが顔をそろえている。

本書は当然ながら、そうしたハーヴェイの知的蓄積と実践活動を踏まえて書かれた著作であるが、同時にハーヴェイのこれまでの知的営為の単純な延長上に位置づけてすますことのできないものである。世界的な階級権力回復のダイナミズムという観点から新自由主義の問題にアプローチした本書は、ハーヴェイ理論の新たな発展と展開を示すものではないだろうか。

3……本書の翻訳と構成について

最後に翻訳と構成について述べておく。翻訳は、各章の担当者（木下、大屋、中村）がそれぞれ訳文をつくり、それを相互に交換しあって点検し、最後に森田が全体の点検・修正と訳語の統一を行なった。その後も、それぞれが全体の入念な点検を繰り返したことは言うまでもない。そして最後に監訳者の渡辺治が全体に目を通して完成稿とした。それぞれの章の翻訳担当およびその他の諸項目の担当については以下の通りである。

序文……木下ちがや
第1章……木下ちがや
第2章……木下ちがや
第3章……大屋定晴
第4章……大屋定晴
第5章……中村好孝
第6章……中村好孝
第7章……木下ちがや
基本用語解説……大屋定晴
参照文献一覧……木下ちがや・大屋定晴
事項索引・地名索引……森田成也

人名索引……森田成也・木下ちがや
全体のチェック・統一……森田成也・渡辺治

テクニカルタームの訳語の選定にあたっては、あまりに異質な感じを与える場合は除いて、基本的に定訳として定着しているものを採用している。既存の定訳と異なった訳を与えた例としては、たとえば、「World Trade Organization（WTO）」は「世界貿易機関」ではなく「世界貿易機構」と訳し（組織名の一部としての「Organization」は「機構」と訳す方が一般的）、「entrepreneurialism」は「企業家主義」ではなく「企業家精神」ないし「企業主義」と訳している。また、「social unrest」は「社会不安」ではなく「社会的騒乱」と訳し、「labour unrest」は「労働不安」ではなく「労働紛争」と訳している。「unrest」というのはそもそも「不安」という抽象的なものを意味しているのではなく、デモや暴動などが起こっている騒然とした政治的・社会的状況を意味しているからだ。

また文脈に応じて訳し分けなければならないタームもある。「deindustialization」（「脱工業化」と「産業空洞化」と「産業の衰退」）や「privatization」（「私有化」と「民営化」）、「portfolio investment」（「証券投資」と「間接投資」）、「commons」（「共有地」と「公共財」）、「global」（「グローバルな」と「世界的な」）、「justice」（「正義」と「公正」）などがそうだ。「civil rights」は一九五〇～六〇年代におけるアメリカの黒人差別撤廃運動の文脈では「公民権」であり、より一般的な文脈では「市民的権利」である。

同じく、「liberalism」や「liberal」については、二〇世紀にアメリカで普及したような特殊な意味、すなわち社会自由主義的ないし社会民主主義的ニュアンスをもったものとして使われている場合には「リベラリズム」「リベラル」と表記し、反対に一九世紀的な意味で使われている場合には「自由主義」「自由主義者」と表記している。

人名や地名に関しても基本的には、一般に普及している表記の方を選択した。たとえば、カーター、レーガン政権時の連邦準備制度理事会議長「Volcker」は一般に「ヴォルカー」よりも「ボルカー」で通っているので、後者で表記している。ただし、この通則に従っていない場合もある。たとえば、アメリカの超保守派の伝道師「Falwell」は「ファルウェル」ではなく「フォールウェル」と表記している。

また、今回の翻訳にあたって、筆者のハーヴェイ自身から本文に一部修正があるとの連絡があり、ハーヴェイから送られてきた修正文にもとづいて訳している箇所がある。その他、翻訳者が気づいたいくつかの叙述上のケアレスミスについては、ハーヴェイ本人にメールで問い合わせて確認したうえで適宜修正している。

巻末の索引は日本の読者のために独自に編集したものである。原著では、事項、人名、地名がいっしょになった索引しかなかったが、読者の便宜を考えて、「事項索引」「人名索引」「地名索引」の三つに分け、それぞれ独自に作成した。事項はターム的なものを中心に編集し、それぞれの項目に英語原文を（　）して入れておいたので、今後、類書の翻訳をする際の参考にしてほしい。さらにその末尾に「略称索引」（英語のイニシャル表記）を追加しておいた。人名に関しては、原注の中で英文の形でしか出てこない人物については割愛した。また地名に関しても本書の図表や地図にしか出てこないものは割愛した。

さらに、初心者のために本書の巻末に「基本用語解説」の欄をもうけて、各章によく出てくる基本的な用語や人名・機関名について簡単な解説を付しておいた。参考にしていただければ幸いである。

以上に加えて、本書には日本についてのまとまった記述がないので、本書監訳者の渡辺治が日本における新自由主義化の独自性について、本書の議論をも踏まえながら詳細に分析している。ハーヴェイの著作と渡辺論文が、それらに賛成の立場からであれ反対の立場からであれ、新自由主義をめぐる理論的な論議を新たに呼ぶことは間違いないだろう。

作品社の内田眞人氏には編集および訳文のチェック、翻訳チームの士気鼓舞（?）の面で大変お世話になった。今後も機会があればぜひ一緒に仕事がしたいと思っている。

本書が、「美しい国」と「筋肉質の政府」なるものをめざす安倍晋三内閣のもとでいっそう本格的に進行するであろう新自由主義改革と新帝国主義的展開に対する対抗運動側の戦いの武器となることができれば、これに優る喜びはない。

二〇〇七年一月六日

ウォルマート

全米最大のスーパー・マーケットチェーン店。日本を含む世界一五ヵ国に進出し、二〇〇五年度には、全世界の企業の中で第一位の売り上げをあげた。進出先の地元商店の倒産、海外（とくに中国）の低賃金労働にもとづく安価な輸入品販売、労働組合が組織された店舗の強制閉鎖といった経営手法のために、非難されている。

埋め込まれた自由主義

国際政治学者ジョン・ラギーが名づけた第二次世界大戦以降の先進資本主義国の政策傾向。むきだしの「自由主義」市場では不況・失業が生じるので、調整的・緩衝的・規制的な諸制度の中にこれを「埋め込」み、資本主義自由経済と社会的安定の双方を維持しようとした。これにより西側諸国は、国際的には自由貿易体制を維持しつつ、国内では福祉国家的政策を進めた。ケインズ主義的政策もこれに含まれる。

エンロン社

アメリカの規制緩和の流れの中で、電力事業を中心に急成長した大手エネルギー企業。二〇〇一年、自社株の価格を上げるために、粉飾会計を大規模に行ない、その後、破綻。それに加担した米大手会計事務所アンダーセンの消滅につながるなど、アメリカ経済に大きな影響を与えた。新自由主義政策により成長・破綻した企業の好例。

開発主義国家

先進国へのキャッチアップのために政府の主導で経済発展を積極的に推進する国家のこと。二〇世紀後半の東アジア地域の経済発展を支えた政治的枠組みをさす言葉として提起された。その政策的特色としては、市場メカニズムの重視、官民協調による国内産業保護、海外技術の積極的導入、政治的民主化に対する経済成長の優先などが挙げられる。

ケインズ主義
　イギリスの経済学者ジョン・メイナード・ケインズの理論にもとづく経済政策。資本主義経済を前提とした上で、失業問題の解決をめざし、政府の財政支出による景気・失業対策を重視した。一九三〇年代のアメリカで採用されたニューディール政策がその一例。

国際通貨基金（ＩＭＦ）
　ブレトンウッズ協定で設立された国際経済機関。為替取引制度を定め、外貨が不足した国への緊急融資を行なう。当初は、固定為替相場制による為替の安定をめざしたが、一九七一年以降、先進資本主義国が変動相場制に移行し、その目的は頓挫した。近年では、融資の条件として民営化・規制緩和を途上国に強制し、格差を広げたと非難されている。

サパティスタ（サパティスタ民族解放軍）
　北米自由貿易協定に反対し、先住民擁護をかかげるメキシコのゲリラ組織。一九九四年に同国チアパス州で武装蜂起した。その後、平和的活動にきりかえ、権力関係のない社会構想、新自由主義に対抗する先駆的運動により注目される。

サプライサイド（サプライサイド経済学）
　一国の経済成長はその国の生産供給力にもとづくとする、マクロ経済学の一派。資本主義経済のもとでは、この供給力は民間企業の生産性に主に依存することから、企業活動を活発化させる規制緩和や減税政策を重視し、ケインズ主義的な財政支出を否定した。レーガン政権の政策根拠になった。

世界銀行
　ブレトンウッズ協定で設立された国際経済機関。戦災復興や途上国開発のために、長期的な融資を行なう。近年では、融資の条件として民営化・規制緩和などを途上国に強制し、格差を広げたと非難されている。

世界社会フォーラム（ＷＳＦ）
　多国籍企業経営者が集まる「世界経済フォーラム」（ダボス会議）に対抗する、社会運動・労働運動の国際フォーラム。新自由主義・資本の支配・帝国主義への反対を目標とし、反戦平和運動などの世界的会合の場にもなっている。二〇〇一年、ブラジル・ポルトアレグレ市で初めて開催され、二〇〇七年現在まで存続している。

世界貿易機構（ＷＴＯ）

一九九五年に設立された国際経済機関。前身は、冷戦期に西側自由貿易体制をとりきめていた「関税と貿易に関する一般協定」（ＧＡＴＴ）。工業、農業、公共サービスなど、あらゆる社会活動分野で市場経済化と自由貿易を進め、知的所有権の保護強化をめざす。このため、途上国の産業発展を阻み、各国の格差を広げたと批判されている。

ブレトンウッズ協定

国際通貨基金と世界銀行を中心とする国際経済体制。アメリカ・ブレトンウッズで一九四四年に結ばれた協定。冷戦期には、固定為替相場制による西側自由貿易体制の安定化をめざした。一九七一年以降、先進資本主義国が変動為替相場制に移行するとともに崩壊したといわれるが、国際通貨基金・世界銀行そのものは存続している。

ヘッジファンド

一般の人々に資金拠出を募る「公募」とは異なり、特権的な少数の人々だけを対象とする「私募」によって巨額資金を集め、利益獲得のために運用する投資団体。公募ではないため法的規制が適用されず、金融市場で投機行為を繰り返している。一九九七年のアジア通貨危機でも暗躍した。

北米自由貿易協定（ＮＡＦＴＡ）

アメリカ・カナダ・メキシコ三国間の経済協定。一九九四年に発効し、商品・サービス貿易の自由化や投資活動の優遇を保証した。発効後、メキシコへの工場移転によってアメリカ・カナダでは雇用が失われ、アメリカからの農産物流入によってメキシコ農民の生活は悪化した。それゆえ、金融資本や大企業のための協定だと批判されている。

マーストリヒト条約（ヨーロッパ連合条約）

一九九二年に締結されたヨーロッパ連合（ＥＵ）創設にかんする条約。欧州単一通貨「ユーロ」の導入なども定められた。しかし、ユーロ導入を決めた国は、その政策的条件として財政引き締めを実施し、福祉切り捨てにつながった。こうしたことから欧州各国の社会運動は同条約を、欧州地域内の新自由主義を促進するものだと批判している。

マードック、ルパート

世界的複合メディア企業「ニューズ・コーポレーション」の代表取締役。英主要紙タイムズや米映画会社二〇世紀フォックスを買収し、全米テレビ・ネットワーク「FOXテレビジョン」を設立した。彼のメディア・グループは、八〇年代にサッチャー政権を擁護し、新自由主義的主張を展開した。近年では、米軍のイラク侵攻に賛成した。

マネタリズム

現代経済学の考え方のひとつで、通貨量の増減は物価水準の変化しか起こさないという見解。フリードマンらが提唱。財政・金融政策で通貨量を増やしても、不景気対策や失業者の雇用促進は実現せず、物価の上昇（インフレ）しか起きないという主張につながり、サッチャー・レーガン両政権によるケインズ主義否定の根拠となった。

連邦準備制度

アメリカ合衆国の中央銀行システム。金融政策を定める連邦準備制度理事会、公定歩合・公開市場操作を決める連邦公開市場委員会、ドル紙幣を発行する一二の連邦準備銀行からなる。連邦準備銀行が民間銀行の所有とされ、金融政策が行政とは独立しているなど、他国の中央銀行と比べて、市場原理に沿う組織編制をとっている。

ワシントン・コンセンサス

途上国への累積債務問題対策として、アメリカ政財界と国際経済機関が共有していたとされる経済政策原則。その名は、IMFや世界銀行の本部とアメリカの政府の所在地が、ともにワシントンにあることに由来する。均衡財政、市場原理重視、投資・貿易の自由化、民営化、規制緩和などを内容とする。世界規模で展開される新自由主義政策の象徴的名称として、近年では社会運動に批判的に取り上げられている。

Zhang, Li, *Strangers in the City: Reconfigurations of Space, Power, and Social Networks within China's Floating Population* (Stanford: Stanford University Press, 2001).

Zhang, Xudong (ed.), *Whither China?: Intellectual Politics in Contemporary China* (Durham, NC: Duke University Press, 2001).

Zhang, Zhen, 'Mediating Time: The "Rice Bowl of Youth" in Fin-de-Siècle Urban China', *Public Culture*, 12/1 (2000), 93-113.

Wang, H., *China's New Order: Society, Politics and Economy in Transition* (Cambridge, Mass.: Harvard University Press, 2003).［同書の内容は次の邦訳書の第一章・第二章として収録：汪暉『思想空間としての現代中国』村田雄二郎・砂山幸雄・小野寺史郎訳、岩波書店、2006年］

Wei, Y. D., *Regional Development in China: States, Globalization and Inequality* (New York: Routledge/Curzon, 2000).

Weisbrot, M., Baker, D., Kraev, E., and Chen, J., 'The Scorecard on Globalization 1980-2000: Its Consequences for Economic and Social Well-Being', in V. Navarro and C. Muntaner, *Political and Economic Determinations of Population Health and Well-Being* (Amityville, NY: Baywood, 2004), 91-114.

Wignaraja, P. (ed.), *New Social Movements in the South: Empowering the People* (London: Zed Books, 1993).

Williams, R., *Culture and Society, 1780-1950* (London: Chatto & Windus, 1958).［邦訳：レイモンド・ウィリアムズ『文化と社会』若松繁信・長谷川光昭訳、ミネルヴァ書房、1968年］

Woo-Cumings, M. (ed.), *The Developmental State* (Ithaca, NY: Cornell University Press, 1999).

——— *South Korean Anti-Americanism*, Japan Policy Research Institute Working Paper 93 (July 2003).［次のウェブページで閲覧可能。http://www.jpri.org/publications/workingpapers/wp93.html.］

World Bank, *World Development Report 2005: A Better Investment Climate for Everyone* (New York: Oxford University Press, 2004).［邦訳：世界銀行編『投資環境の改善』田村勝省訳、シュプリンガー・フェアラーク東京、2005年］

World Commission on the Social Dimension of Globalization, *A Fair Globalization: Creating Opportunities for All* (Geneva: International Labour Office, 2004).［邦訳：グローバル化の社会的側面に関する世界委員会編『公正なグローバル化——すべての人々に機会を創り出す』ILO駐日事務所監訳、International Labour Office、2004年］

Wright, M., 'The Dialectics of Still Life: Murder, Women and the Maquiladoras', *Public Culture*, 11 (1999), 453-74.

Wu, X., and Perloff, J., *China's Income Distribution Over Time: Reasons for Rising Inequality*, CUDARE Working Papers 977 (Berkeley: University of California at Berkeley, 2004).

Yergin, D., and Stanislaw, J., *The Commanding Heights: The Battle between Government and the Marketplace that is Remaking the Modern World* (New York: Simon & Schuster, 1998).［邦訳：ダニエル・ヤーギン、ジョセフ・スタニスロー『市場対国家——世界を作り変える歴史的攻防』上下巻、山岡洋一訳、日本経済新聞社、1998年］

Zakaria, F., *The Future of Freedom: Illiberal Democracy at Home and Abroad* (New York: Norton, 2003).［邦訳：ファリード・ザカリア『民主主義の未来——リベラリズムか独裁か拝金主義か』中谷和男訳、阪急コミュニケーションズ、2004年］

Zerzan, J., *Future Primitive and Other Essays* (Brooklyn, NY: Autonomedia, 1994).

Zevin, R., 'New York City Crisis: First Act in a New Age of Reaction', in R. Alcaly and D. Mermelstein (eds.), *The Fiscal Crisis of American Cities: Essays on the Political Economy of Urban America with Special Reference to New York* (New York: Vintage Books, 1977), 11-29.

——— *George Soros on Globalization* (New York: Public Affairs, 2002).［邦訳：ジョージ・ソロス『グローバル・オープン・ソサエティ――市場原理主義を超えて』藤井清美訳、ダイヤモンド社、2003年］

Stedile, J., 'Brazil's Landless Battalions', in T. Mertes (ed.), *A Movement of Movements* (London: Verso, 2004).

Stiglitz, J., *Globalization and its Discontents* (New York: Norton, 2002).［邦訳：ジョセフ・スティグリッツ『世界を不幸にしたグローバリズムの正体』鈴木主税訳、徳間書店、2002年］

——— *The Roaring Nineties: A New History of the World's Most Prosperous Decade* (New York: Norton, 2003).［邦訳：ジョセフ・スティグリッツ『人間が幸福になる経済とは何か――世界が九〇年代の失敗から学んだこと』鈴木主税訳、徳間書店、2003年］

Tabb, W., *The Long Default: New York City and the Urban Fiscal Crisis* (New York: Monthly Review Press, 1982).［邦訳：ウィリアム・タブ『ニューヨーク市の危機と変貌――その政治経済学的考察』宮本憲一他監訳、法律文化社、1985年］

Task Force on Inequality and American Democracy, *American Democracy in an Age of Rising Inequality* (American Political Science Association, 2004).

Toussaint, E., *Your Money or Your Life: The Tyranny of Global Finance* (London: Pluto Press, 2003).

United Nations Development Program, *Human Development Report, 1996* (New York: Oxford University Press, 1996).［邦訳：国連開発計画編『経済成長と人間開発――人間開発報告書』広野良吉他監修、国際協力出版会、1996年］

——— *Human Development Report, 1999* (New York: Oxford University Press, 1999).［邦訳：国連開発計画編『グローバリゼーションと人間開発――人間開発報告書』北谷秀勝他監修、国際協力出版会、1999年］

——— *Human Development Report, 2003* (New York: Oxford University Press, 2003).［邦訳：国連開発計画編『ミレニアム開発目標（MDGs）達成に向けて――人間開発報告書』横田洋三・秋月弘子監修、国際協力出版会、2003年］

Valdés, J., *Pinochet's Economists: The Chicago School in Chile* (New York: Cambridge University Press, 1995).

Vásquez, I., 'The Brady Plan and Market-Based Solutions to Debt Crises', *The Cato Journal*, 16/2 (1996, online).［次のウェブページで閲覧可能。http://www.cato.org/pubs/journal/cj16n2/cj16n2-4.pdf.］

Wade, R., *Governing the Market: Economic Theory and the Role of Government in East Asian Industrialization* (Princeton: Princeton University Press, 1992).［邦訳：ロバート・ウェード『東アジア資本主義の政治経済学――輸出立国と市場誘動政策』長尾伸一他訳、同文舘出版、2000年］

——— and Vneroso, F., 'The Asian Crisis: The High Debt Model versus the Wall Street-Treasury-IMF Complex', *New Left Review*, 228 (1998), 3-23.

Wallace, T., 'NGO Dilemmas: Trojan Horses for Global Neoliberalism?', *The New Imperial Challenge: Socialist Register 2004* (2003), 202-19.

Walton, J., 'Urban Protest and the Global Political Economy: The IMF Riots', in M. Smith and J. Feagin (eds.), *The Capitalist City: Global Restructuring and Community Politics* (Oxford: Blackwell, 1987), 354-86.

Piketty, T., and Saez, E., 'Income Inequality in the United States, 1913-1998', *Quarterly Journal of Economics*, 118 (2003), 1-39.

Piore, M., and Sabel, C., *The Second Industrial Divide: Possibilities for Prosperity* (New York: Basic Books, 1986).［邦訳：マイケル・J・ピオリ、チャールズ・F・セーブル『第二の産業分水嶺』山之内靖・永易浩一・石田あつみ訳、筑摩書房、1993年］

Polanyi, K., *The Great Transformation* (Boston: Beacon Press, 1954).［邦訳：カール・ポラニー『大転換――市場社会の形成と崩壊』吉沢英成・野口建彦他訳、東洋経済新報社、1975年］

Pollin, R., *Contours of Descent: U.S. Economic Fractures and the Landscape of Global Austerity* (London: Verso, 2003).

Poulantzas, N., *State, Power, Socialism*, trans. P. Camiller (London: Verso, 1978).［邦訳：ニコス・プーランツァス『国家・権力・社会主義』田中正人・柳内隆訳、ユニテ社、1984年］

Prasad, E. (ed.), *China's Growth and Integration into the World Economy: Prospects and Challenges*, Occasional Paper 232 (Washington, DC: International Monetary Fund, 2004).

Rapley, J., *Globalization and Inequality: Neoliberalism's Downward Spiral* (Boulder, Col.: Lynne Rienner, 2004).

Rees, G., and Lambert, J., *Cities in Crisis: The Political Economy of Urban Development in Post-War Britain* (London: Edward Arnold, 1985).

Robinson, W., *A Theory of Global Capitalism: Production, Class, and State in a Transnational World* (Baltimore: Johns Hopkins University Press, 2004).

Rodrik, D., *The Global Governance of Trade: As If Development Really Mattered* (New York: United Nations Development Program, 2001).

Rosenblum, N., and Post, R. (eds.), *Civil Society and Government* (Princeton: Princeton University Press, 2001).

Ross, A., *Low Pay, High Profile: The Global Push for Fair Labor* (New York: The New Press, 2004).

Roy, A., *Power Politics* (Cambridge, Mass.: South End Press, 2001).

Sachs, J., 'New Global Consensus on Helping the Poorest of the Poor', *Global Policy Forum Newsletter*, 18 Apr. 2000.

Seabrook, J., *In the Cities of the South: Scenes from a Developing World* (London: Verso, 1996).

Sen, A., *Development as Freedom* (New York: Knopf, 1999).［邦訳：アマルティア・セン『自由と経済開発』石塚雅彦訳、日本経済新聞社、2000年］

Smith, N., *American Empire: Roosevelt's Geographer and the Prelude to Globalization* (Berkeley: University of California Press, 2003).

——— *The Endgame of Globalization* (New York: Routledge, 2005).

Soederberg, S., *Global Governance in Question: Empire, Class and the New Common Sense in Managing North-South Relations* (London: Pluto Press, 2006).

——— 'The New International Financial Architecture: Imposed Leadership and "Emerging Markets"', *A World of Contradictions: Socialist Register 2002* (London: Merlin Press, 2001), 175-92.

Soros, G., *The Bubble of American Supremacy: Correcting the Misuse of American Power* (New York: Public Affairs, 2003).［邦訳：ジョージ・ソロス『ブッシュへの宣戦布告――アメリカ単独覇権主義の危険な過ち』藤井清美訳、ダイヤモンド社、2004年］

1974年]

Megginson, W., and Netter, J., 'From State to Market: A Survey of Empirical Studies on Privatization', *Journal of Economic Literature*, 39/1 (2001), online. [次のウェブページで閲覧可能(有料)。http://www.aeaweb.org/journal/contents/june2001.html.]

Mertes, T. (ed.), *A Movement of Movements: Is Another World Really Possible?* (London: Verso, 2004).

Miliband, R., *The State in Capitalist Society* (New York: Basic Books, 1969). [邦訳：ラルフ・ミリバンド『現代資本主義国家論――西欧権力体系の一分析』田口富久治訳、未来社、1970年]

Mittelman, J., *The Globalization Syndrome: Transformation and Resistance* (Princeton: Princeton University Press, 2000). [邦訳：ジェームズ・H・ミッテルマン『グローバル化シンドローム――変容と抵抗』田口富久治他訳、法政大学出版局、2002年]

Muhleisen, M., and Towe, C. (eds.), *U.S. Fiscal Policies and Priorities for Long-Run Sustainability*, Occasional Paper 227 (Washington, DC: International Monetary Fund, 2004).

Myers, N., *The Primary Source: Tropical Forests and Our Future/Updated for the 1990s* (New York: Norton, 1993).

——— *Ultimate Security: The Environmental Basis of Political Stability* (New York: Norton, 1993).

Nash, J., *Mayan Visions: The Quest for Autonomy in an Age of Globalization* (New York: Routledge, 2001).

Navarro, V., 'Development as Quality of Life: A Critique of Amartya Sen's *Development as Freedom*', in id. (ed.), *The Political Economy of Social Inequalities*, 13-26.

——— (ed.), *The Political Economy of Social Inequalities: Consequences for Health and Quality of Life* (Amityville, NY: Baywood, 2002).

——— and Muntaner, C., *Political and Economic Determinants of Population Health and Well-Being: Controversies and Developments* (Amityville, NY; Baywood, 2004).

Novacek, M. (ed.), *The Biodiversity Crisis: Losing What Counts* (New York: American Museum of Natural History, 2001).

Nozick, R., *Anarchy, State and Utopia* (New York: Basic Books, 1977). [邦訳：ロバート・ノージック『アナーキー・国家・ユートピア――国家の正当性とその限界』嶋津格訳、木鐸社、1992年]

Ohmae, K., *The End of the Nation State: The Rise of Regional Economies* (New York: Touchstone Press, 1996). [邦訳：大前研一『地域国家論――新しい繁栄を求めて』山岡洋一・仁平和夫訳、講談社、1995年]

Panitch, L., and Gindin, S., 'Finance and American Empire', in *The Empire Reloaded: Socialist Register 2005* (London: Merlin Press, 2004) 46-81. [邦訳：レオ・パニッチ、サム・ギンディン『アメリカ帝国主義と金融』渡辺雅男・小倉将志郎訳、こぶし書房、2005年]

Peck, J., 'Geography and Public Policy: Constructions of Neoliberalism', *Progress in Human Geography*, 28/3 (2004), 392-405.

——— and Tickell, A., 'Neoliberalizing Space', *Antipode*, 34/3 (2002), 380-404.

Perkins, J., *Confessions of an Economic Hit Man,* (London; Ebury press, 2005)

Petras, J., and Veltmeyer, H., *System in Crisis: The Dynamics of Free Market Capitalism* (London: Zed Books, 2003).

Koolhaas, R., *Delirious New York: A Retroactive Manifesto for Manhattan* (New York: Monacelli Press, 1994).［邦訳：レム・コールハース『錯乱のニューヨーク』鈴木圭介訳、筑摩書房、1995年］

Krasner, S. (ed.), *International Regimes* (Ithaca, NY: Cornell University Press, 1983).

Krugman, P., *The Great Unraveling: Losing Our Way in the New Century* (New York: Norton, 2003).［邦訳：ポール・クルーグマン『嘘つき大統領のアブない最終目標』三上義一・竹熊誠訳、早川書房、2004年］

Lardy, N., *China's Unfinished Economic Revolution* (Washington, DC: Brookings Institution, 1998).

Lee, C. K., *Gender and the South China Miracle: Two Worlds of Factory Women* (Berkeley: University of California Press, 1998).

——— 'Made In China: Labor as a Political Force?', panel statement, 2004 Mansfield conference, University of Montana, Missoula, 18-20 Apr. 2004.

Lee, K. Y., *From Third World to First: The Singapore Story, 1965-2000* (New York: HarperCollins, 2000).［邦訳：リー・クアンユー『リー・クアンユー回顧録――ザ・シンガポール・ストーリー』下巻、小牧利寿訳、日本経済新聞社、2000年］

Li, S.-M., and Tang, W.-S., *China's Regions, Polity, and Economy: A Study of Spatial Transformation in the Post-Reform Era* (Hong Kong: Chinese University Press, 2000).

Lomnitz-Adler, C., 'The Depreciation of Life During Mexico City's Transition into "The Crisis"', in J. Schneider and I. Susser (eds.), *Wounded Cities: Destruction and Reconstruction in a Globalized World* (New York: Berg, 2004), 47-70.

Lu, M., Fan, J., Liu, S., and Yan, Y., 'Employment Restructuring During China's Economic Transition', *Monthly Labor Review*, 128/8 (2002), 25-31.

Luders, R., 'The Success and Failure of the State-Owned Enterprise Divestitures in a Developing Country: The Case of Chile', *Journal of World Business* (1993), 98-121.

Lyotard, J.-F., *The Postmodern Condition: A Report on Knowledge*, trans. G. Bennington and B. Massumi (Manchester: Manchester University Press, 1984).［邦訳：ジャン・フランソワ・リオタール『ポスト・モダンの条件――知・社会・言語ゲーム』小林康夫訳、書肆風の薔薇、1986年］

McCarney, P., and Stren, R., *Governance on the Ground: Innovations and Discontinuities in Cities of the Developing World* (Princeton: Woodrow Wilson Center Press, 2003).

MacLeod, D., *Downsizing the State: Privatization and the Limits of Neoliberal Reform in Mexico* (University Park: Pennsylvania University Press, 2004).

Mann, J., *Rise of the Vulcans: The History of Bush's War Cabinet* (New York: Viking Books, 2004).［邦訳：ジェームズ・マン『ウルカヌスの群像――ブッシュ政権とイラク戦争』渡辺昭夫監訳、共同通信社、2004年］

Martin, R., *Financialization of Daily Life* (Philadelphia: Temple University Press, 2002).

Marx, K., *Capital*, vols. i and iii (New York: International Publishers, 1967).［邦訳：カール・マルクス『資本論』全3巻5冊、マルクス＝エンゲルス全集刊行委員会訳、大月書店、1968年］

——— *Theories of Surplus Value*, pt. 2 (London: Lawrence & Wishart, 1969).［邦訳：カール・マルクス『剰余価値学説史』全3冊、マルクス＝エンゲルス全集刊行委員会訳、大月書店、

Millennial Capitalism and the Culture of Neoliberalism (Durham, NC: Duke University Press, 2000), 271-310.

——— 'From Managerialism to Entrepreneurialism: The Transformation of Urban Governance in Late Capitalism', in id., *Spaces of Capital* (Edinburgh: Edinburgh University Press, 2001), ch. 16.［邦訳：デイヴィド・ハーヴェイ「都市管理者主義から都市企業家主義へ——後期資本主義論における都市統治の変容」廣松悟訳、『空間・社会・地理思想』（大阪市立大学）、第2号、1997年、36－53頁］

——— *The Limits to Capital* (Oxford: Basil Blackwell, 1982).［邦訳：ディヴィド・ハーヴェイ『空間編成の経済理論——資本の限界』上下巻、松石勝彦・水岡不二雄訳、大明堂、1989～1990年］

——— *The New Imperialism* (Oxford: Oxford University Press, 2003).［邦訳：デヴィッド・ハーヴェイ『ニュー・インペリアリズム』本橋哲也訳、青木書店、2005年］

——— 'The Right to the City', in R. Scholar (ed.), *Divided Cities: Oxford Amnesty Lectures 2003* (Oxford: Oxford University Press, forthcoming).

——— *Spaces of Hope* (Edinburgh: Edinburgh University Press, 2000).

Hayter, T., and Harvey, D. (eds.), *The Factory and the City: The Story of the Cowley Automobile Workers in Oxford* (Brighton: Mansell, 1995).

Healy, D., *Let Them Eat Prozac: The Unhealthy Relationship Between the Pharmaceutical Industry and Depression* (New York: New York University Press, 2004).［邦訳：デイヴィッド・ヒーリー『抗うつ薬の功罪——SSRI論争と訴訟』谷垣暁美訳、みすず書房、2005年］

Held, D., *Global Covenant: The Social Democratic Alternative to the Washington Consensus* (Cambridge: Polity, 2004).［邦訳：デヴィッド・ヘルド『グローバル社会民主政の展望——経済・政治・法のフロンティア』中谷義和・柳原克行訳、日本経済評論社、2005年］

Henderson, J., 'Uneven Crises: Institutional Foundation of East Asian Economic Turmoil', *Economy and Society*, 28/3 (1999), 327-68.

Henwood, D., *After the New Economy* (New York: New Press, 2003).

Hofstadter, R., *The Paranoid Style in American Politics and Other Essays* (Cambridge, Mass.: Harvard University Press, 1996).

Holloway, J., and Pelaez, E., *Zapatista!: Reinventing Revolution in Mexico* (London: Pluto, 1998).

Jensen, D., *The Culture of Make Believe* (New York: Context Books, 2002).

Jessop, B., 'Liberalism, Neoliberalism, and Urban Governance: A State-Theoretical Perspective', *Antipode*, 34/3 (2002), 452-72.

Juhasz, A., 'Ambitions of Empire: The Bush Administration Economic Plan for Iraq (and Beyond)', *Left Turn Magazine*, 12 (Feb./Mar. 2004), 27-32.

Kaldor, M., *New and Old Wars: Organized Violence in a Global Era* (Cambridge: Polity, 1999).［邦訳：メアリー・カルドー『新戦争論——グローバル時代の組織的暴力』山本武彦・渡部正樹訳、岩波書店、2003年］

Kaplan, R., *The Coming Anarchy: Shattering the Dreams of the Post Cold War* (New York: Vintage, 2001).

King, D., *The Liberty of Strangers: Making the American Nation* (New York: Oxford University Press, 2004).

Freeman, J., *Working Class New York: Life and Labor since World War II* (New York: New Press, 2001).

George, S., *Another World is Possible IF...* (London: Verso, 2003).［邦訳：スーザン・ジョージ『オルター・グローバリゼーション宣言——もうひとつの世界は可能だ！もし……』杉村昌昭・真田満訳、作品社、2004年］

——— *A Fate Worse Than Debt* (New York: Grove Press, 1988).［邦訳：スーザン・ジョージ『債務危機の真実——なぜ第三世界は貧しいのか』向壽一訳、朝日新聞社、1989年］

——— 'A Short History of Neoliberalism: Twenty Years of Elite Economics and Emerging Opportunities for Structural Change', in W. Bello, N. Bullard, and K. Malhotra (eds.), *Global Finance: New Thinking on Regulating Capital Markets* (London: Zed Books, 2000), 27-35.

Gill, L., *Teetering on the Rim: Global Restructuring, Daily Life, and the Armed Retreat of the Bolivian State* (New York: Columbia University Press, 2000).

Gills, B. (ed.), *Globalization and the Politics of Resistance* (New York: Palgrave, 2001).

Gowan, P., *The Global Gamble: Washington's Faustian Bid for World Dominance* (London: Verso, 1999).

Gramsci, A., *Selections from the Prison Notebooks*, trans. Q. Hoare and G. Nowell Smith (London: Lawrence & Wishart, 1971).［本書での参照箇所は以下の邦訳書に掲載：アントニオ・グラムシ『現代の君主』上村忠男編・訳、青木書店、1994年；同、デイヴィド・フォーガチ編『グラムシ・リーダー』東京グラムシ研究会監修・訳、御茶の水書房、1995年］

Gray, J. *False Dawn: The Delusions of Global Capitalism* (London: Granta Press, 1998).［邦訳：ジョン・グレイ『グローバリズムという妄想』石塚雅彦訳、日本経済新聞社、1999年］

Greenberg, M., 'The Limits of Branding: The World Trade Center, Fiscal Crisis and the Marketing of Recovery', *International Journal of Urban and Regional Research*, 27 (2003), 386-416.

Haggard, S., and Kaufman, R. (eds.), *The Politics of Economic Adjustment: International Constraints, Distributive Conflicts and the State* (Princeton: Princeton University Press, 1992).

Hale, D., and Hale, L., 'China Takes Off', *Foreign Affairs*, 82/6 (2003), 36-53.［邦訳：デビッド・ホール、リリック・ヒューズ・ホール「離陸した経済超大国、中国に注目せよ」フォーリン・アフェアーズ・ジャパン提携記事、『論座』（通号104）、朝日新聞社、2004年］

Hall, P., *Governing the Economy: The Politics of State Intervention in Britain and France* (Oxford: Oxford University Press, 1986).

Hall, S., *The Hard Road to Renewal: Thatcherism and the Crisis of the Left* (New York: Norton, 1988).

Harloe, M., Pickvance, C., and Urry, J. (eds.), *Place, Policy and Politics: Do Localities Matter?* (London: Unwin Hyman, 1990).

Hart-Landsberg, M., and Burkett, P., 'China and Socialism: Market Reforms and Class Struggle', *Monthly Review*, 56/3, (2004).

Harvey, D., 'The Art of Rent: Globalization, Monopoly and the Commodification of Culture', *A World of Contradictions: Socialist Register 2002* (London: Merlin Press, 2001), 93-110.

——— *The Condition of Postmodernity: An Enquiry into the Origins of Cultural Change* (Oxford: Basil Blackwell, 1989).［邦訳：デヴィッド・ハーヴェイ『ポストモダニティの条件』吉原直樹監訳・解説、青木書店、1999年］

——— 'Cosmopolitanism and the Banality of Geographical Evils', in J. Comaroff and J. Comaroff,

年]
Davis, D., *Urban Leviathan: Mexico City in the Twentieth Century* (Philadelphia: Temple University Press, 1994).
Derthick, M., and Quirk, P., *The Politics of Deregulation* (Washington, DC: Brookings Institution Press, 1985).
Dicken, P., *Global Shift: Reshaping the Global Economic Map in the 21st Century*, 4th edn. (New York: Guilford Press, 2003). [邦訳：ピーター・ディッケン『グローバル・シフト——変容する世界経済地図』上下巻、宮町良広監訳、古今書院、2001年（1998年に刊行された第三版の邦訳）]
Dixit, A., *Lawlessness and Economics: Alternative Modes of Governance* (Princeton: Princeton University Press, 2004).
Drury, S., *Leo Strauss and the American Right* (New York: Palgrave Macmillan, 1999).
Duménil, G., and Lévy, D., *Capital Resurgent: Roots of the Neoliberal Revolution*, trans. D. Jeffers (Cambridge, Mass.: Harvard University Press, 2004).
——— 'The Economics of US Imperialism at the Turn of the 21st Century', *Review of International Political Economy*, 11/4 (2004), 657-76.
——— 'Neoliberal Dynamics: Towards A New Phase?', in K. van der Pijl, L. Assassi, and D. Wigan (eds.), *Global Regulation: Managing Crises after the Imperial Turn* (New York: Palgrave Macmillan, 2004), 41-63.
——— 'Neoliberal Income Trends: Wealth, Class and Ownership in the USA', *New Left Review*, 30 (2004), 105-33.
Edsall, T., *The New Politics of Inequality* (New York: Norton, 1985).
Edwards, M., and Hulme, D. (eds.), *Non-Governmental Organisations: Performance and Accountability beyond the Magic Bullet* (London: Earthscan, 1995).
Eley, G., *Forging Democracy: The History of the Left in Europe, 1850-2000* (Oxford: Oxford University Press, 2002).
Evans, P., *Embedded Autonomy: States and Industrial Transformation* (Princeton: Princeton University Press, 1995).
Fisher, W., and Ponniah, T. (eds.), *Another World is Possible: Popular Alternatives to Globalization at the World Social Forum* (London: Zed Books, 2003). [邦訳：ウィリアム・F・フィッシャー、トーマス・ポニア編『もうひとつの世界は可能だ——世界社会フォーラムとグローバル化への民衆のオルタナティブ』加藤哲郎他監訳、日本経済評論社、2003年]
Fishman, T., *China Inc.: How the Rise of the Next Superpower Challenges America and the World* (New York: Scribner, 2005). [邦訳：テッド・C・フィッシュマン『中国がアメリカを超える日』仙名紀訳、ランダムハウス講談社、2006年]
Fourcade-Gourinchas, M., and Babb, S., 'The Rebirth of the Liberal Creed: Paths to Neoliberalism in Four Countries', *American Journal of Sociology*, 108 (2002), 533-79.
Frank, T., *One Market Under God: Extreme Capitalism, Market Populism and the End of Economic Democracy* (New York: Doubleday, 2000).
——— *What's the Matter with Kansas?: How Conservatives Won the Heart of America* (New York: Metropolitan Books, 2004).

Bond, P., *Against Global Apartheid: South Africa Meets the World Bank, the IMF and International Finance* (London: Zed Books, 2003).

——— *Elite Transition: From Apartheid to Neoliberalism in South Africa* (London: Pluto Press, 2000).

——— *Talk Left, Walk Right: South Africa's Frustrated Global Reforms* (Scottsville, South Africa: University of KwaZulu-Natal Press, 2004).

——— 'US and Global Economic Volatility: Theoretical, Empirical and Political Considerations', paper presented to the Empire Seminar, York University, November 2004.

Brecher, J., Costello, T., and Smith, B., *Globalization from Below: The Power of Solidarity* (Cambridge, Mass.: South End Press, 2000).

Brenner, R., *The Boom and the Bubble: The US in the World Economy* (London: Verso, 2002).［邦訳：ロバート・ブレナー『ブームとバブル――世界経済のなかのアメリカ』石倉雅男・渡辺雅男訳、こぶし書房、2005年］

Cao, L., 'Chinese Privatization: Between Plan and Market', *Law and Contemporary Problems*, 63/13 (2000), 13-62.

Cartier, C., *Globalizing South China* (Oxford: Basil Blackwell, 2001).

——— 'Symbolic City/Regions and Gendered Identity Formation in South China', *Provincial China*, 8/1 (2003), 60-77.

——— '"Zone Fever", the Arable Land Debate, and Real Estate Speculation: China's Evolving Land Use Regime and its Geographical Contradictions' , *Journal of Contemporary China*, 10 (2001), 455-69.

Chambers, S., and Kymlicka, W. (eds.), *Alternative Conceptions of Civil Society* (Princeton: Princeton University Press, 2001).

Chandler, D., *From Kosovo to Kabul: Human Rights and International Intervention* (London: Pluto Press, 2002).

Chang, H.-J., *Globalisation, Economic Development and the Role of the State* (London: Zed Books, 2003).

Chibber, V., *Locked in Place: State-Building and Late Industrialization in India* (Princeton: Princeton University Press, 2003).

Chua, A., *World on Fire: How Exporting Free Market Democracy Breeds Ethnic Hatred and Global Instability* (New York: Doubleday, 2003).［邦訳：エイミー・チュア『富の独裁者――驕る経済の覇者／飢える民族の反乱』久保恵美子訳、光文社、2003年］

Clarke, S. (ed.), *The State Debate* (London: Macmillan, 1991).

Corbridge, S., *Debt and Development* (Oxford: Blackwell, 1993).

Court, J., *Corporateering: How Corporate Power Steals your Personal Freedom... and What You Can Do about It* (New York: J. P. Tarcher/Putnam, 2003).

Cowan, J., Dembour, M.-B., and Wilson, R. (eds.), *Culture and Rights: Anthropological Perspectives* (Cambridge: Cambridge University Press, 2001).

Dahl, R., and Lindblom, C., *Politics, Economics and Welfare: Planning and Politico-Economic Systems Resolved into Basic Social Processes* (New York: Harper, 1953).［邦訳：ロバート・ダール、チャールズ・リンドブロム『政治・経済・厚生』磯部浩一訳、東洋経済新報社、1961

Treanor, P., 'Neoliberalism: Origins, Theory, Definition', http://web.inter.nl.net/users/Paul.Treanor/neoliberalism.html.

Warner, J., 'Why the World's Economy Is Stuck on a Fast Boat to China', *Independent*, 24 Jan. 2004, 23.

Yardley, J., 'Chinese Appeal to Beijing to Resolve Local Complaints', *New York Times*, 8 Mar. 2004, A3.

——— 'Farmers Being Moved Aside by China's Real Estate Boom', *New York Times*, 8 Dec. 2004, A1 and A16.

——— 'In a Tidal Wave, China's Masses Pour from Farm to City', *New York Times*, 12 Sept. 2004, 'Week in Review', 6.

——— 'Rivers Run Black, and Chinese Die of Cancer', *New York Times*, 12 Sept. 2004, A1 and A17.

【書籍と雑誌論文】

Amin, S., 'Social Movements at the Periphery', in P. Wignaraja (ed.), *New Social Movements in the South: Empowering the People* (London: Zed Books, 1993), 76-100.

Angell, M., *The Truth About the Drug Companies: How They Deceive Us and What To Do About It* (New York: Random House, 2004).［邦訳：マーシャ・エンジェル『ビッグ・ファーマ——製薬会社の真実』栗原千絵子・斉尾武郎共監訳、篠原出版新社、2005年］

Arendt, H., *Imperialism* (New York: Harcourt Brace Javanovich, 1968).［邦訳：ハナ・アーレント『全体主義の起源2——帝国主義』大島通義・大島かおり訳、みすず書房、1981年］

Armstrong, A., Glynn, A., and Harrison, J., *Capitalism Since World War II: The Making and Breaking of the Long Boom* (Oxford: Basil Blackwell, 1991).

Arrighi, G., and Silver, B., *Chaos and Governance in the Modern World System* (Minneapolis: Minnesota University Press, 1999).

Bales, K., *Disposable People: New Slavery in the Global Economy* (Berkeley: University of California Press, 2000).［邦訳：ケビン・ベイルズ『グローバル経済と現代奴隷制』大和田英子訳、凱風社、2002年］

Bartholomew, A., and Breakspear, J., 'Human Rights as Swords of Empire', *The New Imperial Challenge: Socialist Register 2004* (London: Merlin Press, 2003), 124-45.

Bello, W., *Deglobalization: Ideas for a New World Economy* (London: Zed Books, 2002).［邦訳：ウォールデン・ベロー『脱グローバル化——新しい世界経済体制の構築へ向けて』戸田清訳、明石書店、2004年］

———, Bullard, N., and Malhotra, K. (eds.), *Global Finance: New Thinking on Regulating Speculative Markets* (London: Zed Books, 2000).

Benn, T., *The Benn Diaries, 1940-1990*, ed. R. Winstone (London: Arrow, 1996).

Blyth, M., *Great Transformations: Economic Ideas and Institutional Change in the Twentieth Century* (Cambridge: Cambridge University Press, 2002).

Boddy, M., and Fudge, C. (eds.), *Local Socialism?: Labour Councils and New Left Alternatives* (London: Macmillan, 1984).

Times, 1 Aug. 2004, A1 and A6.

Kirkpatrick, D., 'Club of the Most Powerful Gathers in Strictest Privacy', *New York Times*, 28 Aug. 2004, A10.

Klein, N., 'Of Course the White House Fears Free Elections in Iraq', *Guardian*, 24 Jan. 2004, 18.

Landler, M., 'Hungary Eager and Uneasy Over New Status', *New York Times*, 5 Mar. 2004, W1 and W7.

Liu, H., 'China: Banking on Bank Reform', *Asia Times Online*, atimes.com, 1 June 2002.［次のウェブページで閲覧可能。http://www.atimes.com/china/DF01Ad05.html.］

Liu, Shi, 'Current Conditions of China's Working Class', *China Study Group*, 3 Nov. 2003, http://www.chinastudygroup.org/index.php?action=article&type.［次のウェブアドレスに変更。http://www.chinastudygroup.org/index.php?action=front2&type=view&id=18.］

Lohr, S., 'I.B.M. Sought a China Partnership, Not Just a Sale', *New York Times*, 13 Dec. 2004, C1 and C6.

——— 'Sale of I.B.M. PC Unit Is a Bridge Between Companies and Cultures', *New York Times*, 8 Dec. 2004, A1 and C4.

Malkin, E., 'A Boom Along the Border', *New York Times*, 26 Aug. 2004, W1 and W7.

Monbiot, G., 'Punitive — and It Works', *Guardian*, 11 Jan. 2005, online edition.［次のウェブページで閲覧可能。http://www.monbiot.com/archives/2005/01/11/punitive-and-it-works/.］

Montpelerin website, http://www.montpelerin.org/aboutmps.html.

Murphy, D., 'Chinese Province: Stinking, Filthy, Rich', *Wall Street Journal*, 27 Oct. 2004, B2H.

National Security Strategy of the United State of America, website: http://www.whitehouse.gov/nsc/nss.

Peterson, I., 'As Land Goes To Revitalization, There Go the Old Neighbors', *New York Times*, 30 Jan. 2005, 29 and 32.

Rosenthal, E., 'Workers' Plight Brings New Militancy in China', *New York Times*, 10 Mar. 2003, A8.

Salerno, J., 'Confiscatory Deflation: The Case of Argentina', Ludwig von Mises Institute, http://www.mises.org?fullstory.aspx?control=890.［次のウェブアドレスに変更。http://www.mises.org/story/890.］

Sharabura, S., 'What Happened in Argentina?', *Chicago Business Online*, 28 May 2002, http://www.chibus.com/news/2002/05/28/Worldview.

Sharma, S., 'Stability Amidst Turmoil: China and the Asian Financial Crisis', *Asia Quarterly* (Winter 2000), http://www.fas.harvard.edu/~asiactr/haq/2000001/0001a006.htm.［現在は、'The Chinese Economy: Stability Amidst Turmoil' の題名で次のウェブページで閲覧可能。http://www.asiaquarterly.com/content/view/58/.］

Sommer, J., 'A Dragon Let Loose on the Land: And Shanghai is at the Epicenter of China's Economic Boom', *Japan Times*, 26 Oct. 1994, 3.

Stevenson, C., *Reforming State-Owned Enterprises: Past Lessons for Current Problems* (Washington, DC: George Washington University), http:www.gwu.edu/~ylowrey/stevensonc.html.

Townsend, M., and Harris, P., 'Now the Pentagon Tells Bush: Climate Change Will Destroy Us', *Observer*, 22 Feb. 2004, online. ［次のウェブページで閲覧可能。http://observer.guardian.co.uk/international/story/0,,1153513,00.html］

Brooks, R., 'Maggie's Man: We Were Wrong', *Observer*, 21 June 1992, 15.

Buckley, C., 'Let a Thousand Ideas Flower: China Is a New Hotbed of Research', *New York Times*, 13 Sept. 2004, C1 and C4.

——— 'Rapid Growth of China's Huawei Has its High-Tech Rivals on Guard', *New York Times*, 6 Oct. 2003, C1 and C3.

Bush, G. W., 'President Addresses the Nation in Prime Time Press Conference', 13 Apr. 2004, http://www.whitehouse.gov/news/releases/2004/0420040413-20.html. ［2006年11月1日現在、ウェブページ削除。］

——— 'Securing Freedom's Triumph', *New York Times*, 11 Sept. 2002, A33.

Cheng, A., 'Labor Unrest is Growing in China', *International Herald Tribune Online*, 27 Oct. 2004. ［次のウェブページで閲覧可能。http://www.chinalaborwatch.org/en/web/article.php?article_id=50209.］

China Labor Watch, 'Mainland China Jobless Situation Grim, Minister Says', http://www.chinalaborwatch.org/en/web/article.php?article_id=50043 (18 Nov. 2004).

Climate Change Science Program, 'Our Changing Planet: The US Climate Change Science Program for Fiscal Years 2004 and 2005', http://www.usgcrp.gov/usgcrp/Library/ocp2004-5.

Cody, E., 'Workers in China Shed Passivity: Spate of Walkouts Shakes Factories', *Washington Post*, 27 Nov. 2004, A01. ［次のウェブページで閲覧可能。http://www.msnbc.msn.com/id/6591805/.］

Crampton, T., 'Iraqi Official Urges Caution on Imposing Free Market', *New York Times*, 14 Oct. 2003, C5.

Farah, J., 'Brute Tyranny in China' WorldNetDaily.com, posted 15 Mar. 2004. ［次のウェブページで閲覧可能。http://www.worldnetdaily.com/news/article.asp?ARTICLE_ID=37576.］

Fishman, T., 'The Chinese Century', *New York Times Magazine*, 4 July 2004, 24-51.

Forero, J., 'As China Gallops, Mexico Sees Factory Jobs Slip Away', *New York Times*, 3 Sept. 2003, A3.

French, H., 'New Boomtowns Change Path of China's Growth', *New York Times*, 28 July 2004, A1 and A8.

Global Policy Forum, *Newsletter* 'China's Privatization', http:www.globalpolicy.org/socecon/ffd/fdi/2003/1112chinaprivatization. ［2006年11月1日現在、ウェブページ削除。］

Hout, T., and Lebretton, J., 'The Real Contest Between America and China', *The Wall Street Journal on Line*, 16 Sept. 2003.

Huang, Y., 'Is China Playing by the Rules?', *Congressional-Executive Commission on China*, http://www.cecc.gov/pages/hearings/092403/huang.php.

——— and Khanna, T., 'Can India Overtake China?', *China Now Magazine*, 3 Apr. 2004, http://www.chinanowmag.com/business/business.htm.

Kahn, J., 'China Gambles on Big Projects for its Stability', *New York Times*, 13 Jan. 2003, A1 and A8.

——— 'Violence Taints Religion's Solace for China's Poor', *New York Times*, 25 Nov. 2004, A1 and A24.

——— and Yardley, J., 'Amid China's Boom, No Helping Hand for Young Qingming', *New York*

参照文献一覧

＊ウェブページが削除またはアドレス変更されているものは、［　］内に注記した（2006年11月1日現在）。また、*New York Times*、*New York Times Magazine*に掲載された記事は、http://www.nytimes.com/ で閲覧可能であるが、そのウェブアドレスは逐一明記していない。

【報道記事とウェブ資料】

Alvarez, L., 'Britain Says U. S. Planned to Seize Oil in '73 Crisis', *New York Times*, 4 Jan. 2004, A6.

American Lands Alliance, 'IMF Policies Lead to Global Deforestation', http://americanlands.org/imfreport.htm.［2006年11月1日現在、ウェブページ削除。］

Arnold, W., 'BHP Billiton Remains Upbeat Over Bet on China's Growth', *New York Times*, 8 June 2004, W1 and W7.

Barboza, D., 'An Unknown Giant Flexes its Muscles', *New York Times*, 4 Dec. 2004, C1 and C3.

Belson, K., 'Japanese Capital and Jobs Flowing to China', *New York Times*, 17 Feb. 2004, C1 and C4.

Bradsher, K., 'Big China Trade Brings Port War', *International Herald Tribune*, 27 Jan. 2003, 12.

——— 'China Announces New Bailout of Big Banks', *New York Times*, 7 Jan. 2004, C1.

——— 'China Reports Economic Growth of 9.1% in 2003', *New York Times*, 21 Jan. 2004, W1 and W7.

——— 'China's Boom Adds to Global Warming Problem', *New York Times*, 22 Oct. 2003, A1 and A8.

——— 'China's Factories Aim to Fill Garages Around the World', *New York Times*, 2 Nov. 2003, International Section, 8.

——— 'China's Strange Hybrid Economy', *New York Times*, 21 Sept. 2003, C5.

——— 'Chinese Automaker Plans Assembly Line in Malaysia', *New York Times*, 19 Oct. 2004, W1 and W7.

——— 'Chinese Builders Buy Abroad', *New York Times*, 2 Dec. 2003, W1 and W7.

——— 'Chinese Provinces Form Regional Economic Bloc', *New York Times*, 2 June 2004, W1 and W7.

——— 'G.M. To Speed Up Expansion in China: An Annual Goal of 1.3 Million Cars', *New York Times*, 8 June 2004, W1 and W7.

——— 'A Heated Chinese Economy Piles up Debt', *New York Times*, 4 Sept. 2003, A1 and C4.

——— 'Is China the Next Bubble?', *New York Times*, 18 Jan. 2004, sect. 3, 1 and 4.

——— 'Now, a Great Leap Forward in Luxury', *New York Times*, 10 June 2004, C1 and C6.

——— 'Taiwan Watches its Economy Slip to China', *New York Times*, 13 Dec. 2004, C7.

Brooke, K., 'Korea Feeling Pressure as China Grows', *New York Times*, 8 Jan 2003, W1 and W7.

フィリピン　046, 061, 129, 134, 136, 138, 162
ブエノスアイレス　259
フランス　012, 023, 025, 026, 030, 038, 041, 050, 063, 096, 119, 120, 160, 162, 277
ブラジル　107, 112, 134, 136, 147, 149, 193, 229, 241, 259, 260, 277, 283
北京　120, 171, 182, 185, 196, 202, 228, 240
ベトナム　063, 080, 163, 191, 194, 271
ベネズエラ　107
ベルリン　013, 062, 134
ボストン　097, 127
ポーランド　034, 134, 218
ポルトガル　024-026
ボローニャ　024
香港　010, 129, 136, 171, 173, 179, 182, 184, 189, 191, 195, 202, 220
ホンジュラス　235

[マ行]

マニラ　283
マレーシア　046, 120, 129, 136, 138, 151, 192-194, 235
マンハッタン　071, 220
南アメリカ　023
南アフリカ　011, 151, 160, 163, 235, 275, 280, 283
ミュンヘン　127
メキシコ　026, 030, 043, 044, 049, 076, 079, 105, 107, 108, 119, 134, 139, 140-147, 160, 163-165, 191, 192, 206, 222, 226-229, 232, 234, 235, 260, 264, 276
メキシコシティ　016, 062, 142, 259
モザンビーク　061, 160, 162, 163

[ヤ行]

ヨークシャー　079
ヨハネスブルク　259, 283
ヨーロッパ　022, 024, 026, 027, 033, 041-043, 084, 085, 102, 112, 119, 121, 127-130, 132, 133, 136, 138, 162, 194, 226, 268, 272

[ラ行]

ラゴス　283
ラテンアメリカ　019, 020, 042, 043, 049, 128, 142, 145, 151, 218, 226, 227, 237, 260, 275
リーズ　283
リバプール　085
ロシア　029, 032, 046, 096, 109, 121, 136, 147, 172, 187, 193, 216, 218, 219, 249, 278, 280
ローマ　184
ロンドン　018, 035, 046, 047, 080-083, 085, 088, 107, 202, 220, 228

[ワ行]

ワシントン　026, 035, 065, 071, 097, 106, 110, 133, 172, 214

シカゴ　016, 019, 035, 115
上海　127, 175, 178, 179, 182, 183, 185, 189, 202, 220, 235, 283
珠江（じゅこう）デルタ地帯　127, 183, 184, 191
シリコンバレー　127, 187
シンガポール　010, 103, 115, 120, 129, 136-138, 160, 170, 189, 192, 234
深圳（しんせん）　183, 185, 187, 189, 202
瀋陽（しんよう）　203
スイス　022, 033
スエズ　080
スカンジナビア諸国（半島）　024, 025, 102
スコットランド　121
スーダン　193, 239
ストックホルム　283
スペイン　024-026
スマトラ　241
スロバキア　095
セネガル　162
ソヴィエト連邦／ソ連／ソヴィエト　011, 016, 022, 035, 046, 126, 162, 216, 236

[タ行]

タイ　129, 134, 136-138, 151, 163, 191, 192, 194, 235
台湾　010, 104, 127, 129, 130, 134, 136, 138, 170, 182, 189, 191-196, 201, 204, 235, 283
チアパス　144, 276
チェチェン　281
佳木斯（チャムス）　204
中央アジア　239
中央アメリカ　→中米
中央ヨーロッパ／中欧　102, 162, 172, 216
中国　009-011, 021, 029, 032, 049, 104, 108, 109, 115, 117, 120, 121, 127, 137, 138, 145, 149, 151, 152, 160, 165, 170-173, 175-201, 203-207, 214, 218, 219, 222, 223, 228, 229, 234, 236, 237, 239, 240, 248, 249, 259, 262, 264, 268, 269, 273, 275, 278, 280, 281, 283, 287, 291
中米　042, 163, 272
チリ　019-021, 026, 029, 043, 060, 061, 068, 069, 079, 089, 095, 105, 106, 134, 160-163, 170, 193, 223, 241, 249
ドイツ　050, 096, 127, 130
→西ドイツ
東欧　016, 030, 102, 283
東京　220
東南アジア　023, 030, 076, 112, 129, 139, 151, 170, 173, 192, 193, 218, 241
トルコ　136
東莞（とんがん）　184, 202, 204

[ナ行]

ナイジェリア　080
ニカラグア　042, 162
西ドイツ　037, 128-130, 219
日本　010, 022, 023, 036, 084, 096, 120, 127-130, 132-134, 150, 151, 173, 186, 187, 190, 192, 193, 196, 219, 227, 264, 268, 269
ニュージーランド　011, 136, 194
ニューファンドランド　241
ニューヨーク市　034, 067-071, 075, 089, 105, 142, 154, 155, 185
ニューヨーク州　229
ノースカロライナ州　194

[ハ行]

バイエルン　127
ハイチ　245
バーゼル　022
パリ　016, 062, 184, 202, 220
バルカン諸国　134
バンガロール　127
バングラディッシュ　108
バンコク　016, 062
ビアフラ　080
東アジア　030, 128, 129, 134, 136, 139, 151, 170, 173, 192, 193, 218, 268, 273
東スエズ　080
東ティモール　245
東ヨーロッパ　→東欧

地名索引

[ア行]
アイルランド　178
アブダビ　040
アフリカ　023, 163, 197, 218, 237, 241, 277
アメリカ／アメリカ合衆国　009, 010, 016-026, 028, 029, 035-037, 040-051, 054, 055, 057, 060, 063-068, 072, 077, 079, 080, 084, 088, 089, 095, 096, 104, 106, 110, 115-120, 127-130, 132-134, 136, 139, 140, 142, 144-146, 148, 150, 154-157, 159, 161-163, 165, 170, 178, 184, 186, 188, 190-196, 206, 207, 209, 214, 215, 219, 223, 226-230, 232, 237-239, 244-249, 256, 257, 259, 260, 262-264, 266-275, 277, 278, 281-284
アムステルダム　184
アルゼンチン　026, 029, 060, 107, 112, 134, 136, 146-149, 162, 193, 194, 216, 218, 227, 232, 260, 264, 268, 270, 283
安徽省　204
イギリス　009, 020, 023-025, 029, 035, 036, 040-042, 046, 047, 050, 051, 064, 068, 079-089, 096, 097, 102, 103, 106, 115, 120, 127-130, 132, 133, 136, 159-161, 164, 170, 194, 203, 209, 218, 219, 228, 274, 277
イタリア　023-026, 096, 127, 136
イラク　017-020, 051, 061, 215, 223, 245, 247, 249, 257, 263, 269, 272, 273, 281
イラン　042, 120, 193, 283
イングランド　121
インド　021, 108, 120, 127, 187, 194, 218, 219, 240, 260, 269, 277, 280, 283
インドネシア　046, 049, 108, 119, 129, 134, 136-138, 151, 162, 164, 191, 193, 216, 227, 232, 234, 241, 275
ウェイコ　117
ウェールズ　121
ウルグアイ　107, 151
エジプト　184, 283
エストニア　136
オクラホマ州　117
オーストラリア　046, 051, 136, 193, 194
オハイオ州　102
オランダ　041, 070
オレンジ郡　267, 268

[カ行]
海南島　183
カスピ海盆地　193
カナダ　096, 194
カリフォルニア　062, 066, 072, 097, 109, 184, 234, 240, 268
カリブ海　184
韓国　010, 050, 051, 103, 104, 120, 129, 130, 134, 136-138, 149-155, 160, 161, 163, 170, 173, 187, 189, 190-194, 235, 275, 283
カンザス州　079, 237
広東　171, 179, 188-190
クウェート　040
グラスゴー　084
光州　152
コソボ　245

[サ行]
サウジアラビア　040, 146, 193, 260
サウスイースト　088
サンチアゴ　019
サンパウロ　283
サンフランシスコ　127, 283
シアトル　117, 227
シェフィールド　084, 085

【マ行】

マーシャル、アルフレート（Marshall, Alfred） 034
マーチン、ランディ（Martin, Randy） 048
マードック、ルパート（Murdoch, Rupert） 049, 051, 054, 231
マルクス、カール（Marx, Karl） 034, 084, 203, 209, 222, 247, 258, 263, 284
ミーゼス、ルードヴィヒ・フォン（Mises, Ludvig von） 033, 149
ミヨシ、マサオ（Miyoshi, Masao） 013
メロン、アンドリュー（Mellon, Andrew） 227
メネム、カルロス（Menem, Carlos） 146, 148
毛沢東（Mao Zedong） 170, 188
モサデク、モハンマド（Mossadegh, Mohammed） 042
モリソン、ハーバート（Morrison, Herbert） 080

【ヤ行】

ヤーギン、ダニエル（Yergin, Daniel） 056, 074, 091

【ラ行】

ラッファー、アーサー（Laffer, Arthur） 078
ランゲ、オスカー（Lange, Oscar） 034
リー、グスタボ（Leigh, Gustavo） 020
リー、S・K（Lee, S.K） 203, 205
リオタール、ジャン＝フランソワ（Lyotard, Jean-François） 012, 014, 274, 286
リカードウ、デヴィッド（Ricardo, David） 034
リストン、ウォルター（Wriston, Walter） 041, 067, 068, 090
リンドブロム、チャールズ（Lindblom, Charles） 021, 056
ルーカス、ロバート（Lucas, Robert） 078
ルーズベルト、フランクリン・デラノ（Roosevelt, Franklin Delano） 256-258, 284
レヴィ、ドミニク（Lévy, Dominique） 029, 044, 057
レイ、ケネス（Lay, Kenneth） 109
レーガン、ロナルド（Reagan, Ronald） 009, 010, 020, 038-040, 043, 060, 066, 071, 072, 075, 076, 078, 084, 088, 089, 105, 119, 127, 128, 238, 266
ロックフェラー、ジョン・D（Rockefeller, John D.） 034
ロデリック、デビット（Roderick, David） 047
ロハティン、フェリックス（Rohatyn, Felix） 068, 069, 074

【ワ行】

ワルラス、レオン（Walras, Leon） 034
汪暉（Wang Hui） 115, 123, 175, 197, 201

[ハ行]
ハイエク、フリードリヒ・フォン（Hayek, Friedrich von） 033, 035, 053, 061, 064, 082
ハーヴェイ、デヴィッド（Harvey, David） 014, 057, 090, 122, 123, 253, 286
パウエル、ルイス（Powell, Lewis） 065-067
朴正熙〔パク・チョンヒ〕（Park Chung Hee） 149, 150, 152
パーキンス、ジョン（Perkins, John） 042
バーケット、ポール（Burkett, Paul） 207
バーソロミュー、エイミー（Bartholomew, Amy） 245
バッド、アラン（Budd, Alan） 084
ハート＝ランズベルグ、マーティン（Hart-Landsberg, Martin） 207
ハート、マイケル（Hardt, Michael） 277
パニッチ、レオ（Panitch, Leo） 013, 056, 057, 251
バフェット、ウォーレン（Buffett, Warren） 049
ハンソン卿（Baron Hanson） 046
ピノチェト、アウグスト（Pinochet, Augusto） 019, 020
フォックス、ビセンテ（Fox, Vincente） 139
フォード、ジェラルド（Ford, Gerald） 069
フォールウェル、ジェリー（Falwell, Jerry） 073
ブキャナン、ジェームズ（Buchanan, James） 078
プーチン、ウラジーミル（Putin, Vladimir） 121
ブッシュ、ジョージ・ウォーカー（Bush, George Walker） 017, 029, 054, 061, 102, 109, 119, 215, 229, 238, 239, 249, 256-258, 261, 266, 270, 272
ブライス、マーク（Blyth, Mark） 066, 078, 090, 158, 159
フランク、トマス（Frank, Thomas） 237
ブランソン、リチャード（Branson, Richard） 046
フリードマン、ミルトン（Friedman, Milton） 019, 033, 035, 066, 078
フリーマン、ジョシュア（Freeman, Joshua） 69
ブレア、アンソニー・チャールズ・リントン（Blair, “Tony” Anthony Charles Lynton） 026, 088, 089, 133
ブレークスピア、ジェニファー（Breakspear, Jennifer） 245
ブレマー、ポール（Bremer, Paul） 017-020, 247, 257
ベーカー、ジェームズ（Baker, James） 105, 141
ベーコン、フランシス（Bacon, Francis） 100
ペトラス、ジェームズ（Petras, James） 149
ベルリンゲル、エンリコ（Berlinguer, Enrico） 024
ホッブズ、トマス（Hobbes, Thomas） 248
ポドレッツ、ノーマン（Podhoretz, Norman） 073
ポパー、カール（Popper, Karl） 033
ホフスタッター、リチャード（Hofstadter, Richard） 116
ポランニー〔ポラニー〕、カール（Polanyi, Karl） 052-055, 058, 101, 114, 231-233, 237, 251, 256, 284
ボルカー、ポール（Volcker, Paul） 009, 010, 037-039, 043, 075, 140, 209, 215, 226, 263, 264, 268, 285
ポルティーリョ、ホセ＝ロペス（Portillo, José López） 141
ボンド、パトリック（Bond, Patrick） 013, 209

069, 072
ザカリア、ファリード（Zakaria, Fareed）　058, 257, 284
サックス、ジェフリー（Sachs, Jeffrey）　260, 285
サッチャー、マーガレット（Thatcher, Margaret）　009, 010, 020, 021, 036, 037, 046, 056, 060-062, 082, 084-089, 092, 103, 109, 112, 114, 116, 121, 127, 128, 228, 233, 238, 269
サリナス・デゴルタリ、カルロス（Salinas de Gortari, Carlos）　142-144
サンディーノ、アウグスト（Sandino, Augusto）　042
ジェボンズ、ウィリアム・スタンリー（Jevons, William Stanley）　034
ジェンセン、デリック（Jensen, Derrick）　259, 260
シャー〔イラン国王〕（Shah）　042
シュトラウス、レオ（Strauss, Leo）　115
ジュリアーニ、ルディ（Giuliani, Rudy）　071, 142
シュワブ、クラウス（Schwab, Klaus）　114
ジョゼフ、キース（Joseph, Keith）　036, 082, 088
スインゲドー、エリック（Swyngedouw, Erik）　013
スタニスロー、ジョゼフ（Stanislaw, Joseph）　056, 074, 091
スティグリッツ、ジョセフ（Stiglitz, Joseph）　043, 057, 075, 091, 105, 122, 139, 147, 154, 163-166, 214, 226, 251, 260, 285
スハルト（Suharto, Haji Mohammad）　049, 241
スマジャ、クロード（Smadja, Claude）　114
スミス、アダム（Smith, Adam）　033, 034, 258
スミス、ニール（Smith, Neil）　013
スリム、カルロス（Slim, Carlos）　030, 049, 051, 145, 166
ゼーヴィン、Z（Zevin, Z）　068
セン、アマルティア（Sen, Amartya）　257, 284
ソロス、ジョージ（Soros, George）　046, 049, 136, 138, 225, 260, 285
ソモサ（Somoza）　042

[タ行]
タブ、ウイリアム（Tabb, William）　071, 090
ダール、ロバート（Dahl, Robert）　021, 056
タロック、ゴードン（Tullock, Gordon）　078
チェイニー、ディック（Cheney, Dick）　109, 266
チャンドラー、デヴィッド（Chandler, David）　243, 246
チュア、エイミー（Chua, Amy）　057, 165, 166
デュメニル、ジェラール（Duménil,Gerard）　013, 029, 044, 057
デラマドリ、ウルタド・ミゲル（De la Madrid, Hurtado Miguel）　141, 142
デラルア、フェルナンド（de la Rúa, Fernando）　148
ドゥアルデ、エドゥアルド（Duhalde, Eduardo）　148
鄧小平（Deng, Xiaoping）　009, 010, 170, 172, 175, 176, 188, 189, 233

[ナ行]
ニクソン、リチャード（Nixon, Richard）　025, 026, 065, 067, 076, 271
ネグリ、アントニオ（Negri, Antonio）　277
ノージック、ロバート（Nozick, Robert）　066, 122
ノーベル、アルフレッド（Nobel, Alfred）　035

人名索引

[ア行]

アイザックス、ウィリアム（Isaacs, William） 267
アジェンデ、サルバドール（Allende, Salvador） 019, 020, 043
アーノルド、マシュー（Arnold, Matthew） 017, 055
アリギ、ジョバンニ（Arrighi, Giovanni） 013
アーレント、ハンナ／アーレント、ハナ（Arendt, Hannah） 270, 286
イーグルトン、テリー（Eagleton, Terry） 274, 286
ウェード、ロバート（Wade, Robert） 122, 226
ヴェネロソ、フランク（Veneroso, Frank） 226
ヴェルトメイアー、ヘンリー（Veltmeyer, Henry） 149
エドソール、トマス（Edsall, Thomas） 071, 072, 075, 079, 090
オールマン、バーテル（Ollman, Bertell） 013

[カ行]

カイカ、マリア（Kaika, Maria） 013
カーター、ジミー（Cater, "Jimmy" James） 036-038
カッツ、シンディ（Katz, Cindi） 013
カバリョ、ドミンゴ（Carvallo, Domingo） 148
カリリョ、サンチアゴ（Carrillo, Santiago） 024
カルドー、メアリー（Kaldor, Mary） 118, 124
キッシンジャー、ヘンリー（Kissinger, Henry） 019
キャプラン、ロバート（Kaplan, Robert） 258, 259
ギルダー、ジョージ（Gilder, George） 079, 091
キルチネル、ネストル（Kirchner, Nestor） 148
キング、ロドニー（King, Rodney） 117
ギンディン、サム（Gindin, Sam） 013, 056, 057, 251
クアーズ、ジョゼフ（Coors, Joseph） 066
グラムシ、アントニオ（Gramsci, Antonio） 060, 061, 089, 111
クルーグマン、ポール（Krugman, Paul） 260, 285
クリストル、アーヴィング（Kristol, Irving） 073
グリーンスパン、アラン（Greenspan, Alan） 226, 263, 268
クリントン、ウィリアム・ジェファーソン（Clinton, William Jefferson） 026, 069, 074, 075, 078, 088, 089, 119, 132, 133, 144, 152
グレイ、ジョン（Gray, John） 214, 250
ケインズ、ジョン・メイナード（Keynes, John Maynard） 034, 261
ケリー、ビル（Kelly, Bill） 013
ゴールドウォーター、バリー（Goldwater, Barry） 010
コールハース、レム（Koolhaas, Rem） 070, 090

[サ行]

サイモン、ウイリアム（Simon, William）

略称一覧［ABC順］

（矢印以下の事項項目を参照）

ASEAN → ASEAN
BIS → 国際決済銀行
BP → 英国石油会社
BRT → ビジネス・ラウンドテーブル
CEO → 最高経営責任者
CIA → CIA
CIS → 独立国家共同体
CNP → 国家政策評議会
CPA → 連合国暫定当局
CSAB → 米国ビジネス研究センター
EMS → 欧州通貨制度
ERM → 欧州為替相場メカニズム
EU → ヨーロッパ連合
FDI → 海外直接投資
FDIC → 連邦預金保険公社
FRB → 連邦準備制度理事会
GATT → 関税と貿易に関する一般協定
GE → ゼネラルエレクトリック
GM → ゼネラルモーターズ
GRO → GRO
IBM → IBM
IEA → 経済問題研究所
IMF → 国際通貨基金
IT → 情報技術
LETS →地域経済取引システム
LTCM → ロングターム・キャピタル・マネジメント
M & A → 合併・買収
NAFTA → 北米自由貿易協定
NATO → 北大西洋条約機構
NBER → 全米経済研究所
NGO → NGO
NIH → 国立医療研究所
NLRB → 全国労働関係委員会
OECD → 経済協力開発機構
OMB → 行政管理予算局
OPEC → 石油輸出国機構
PACs → 政治活動委員会
PATCO → 全米航空管制官組合
PRI → 制度的革命党
PT → 労働者党
SARS → SARS
SNS → ビジネス政策研究センター
SOE → 国有企業
SUV → SUV車
TRIPS → 貿易関連知的所有権
TUC → 労働組合会議
WTO → 世界貿易機構

連合国暫定当局〔CPA〕(Coalition Provisional Authority) 017, 018
連動 →ドル・ペッグ制
「レントの追求」('rent seeking') 099
連邦銀行〔ブンデスバンク〕(Bundesbank) 128
連邦準備制度／連邦準備制度理事会〔FRB〕(Federal Reserve) 009, 037, 038, 100, 144, 226, 263, 282
連邦預金保険公社〔FDIC〕(Federal Deposit Insurance Corporation) 267
レーン＝メイドナー計画 (Rehn-Meidner plan) 026, 156

[ろ]
労働安全衛生 (occupational safety and health) 025, 040
労働組合会議 (TUC) (Trade Union Congress) 084
「労働権」('right to work') 076, 077
労働者階級 (working class) 023, 039, 069, 070, 073, 080, 086-088, 118, 140, 197, 205, 216, 228, 233, 275, 278
労働者党〔PT〕(Workers Party) 277
労働集約型の (labour-intensive／with high labour content) 181, 189
労働配分 (labour allocation) 077
労働紛争 (labour unrest) 142, 182, 275
労働予備軍 (labour reserve) 178, 184
ロングターム・キャピタル・マネジメント〔LTCM〕(Long Term Capital Management) 104, 105, 136, 267
ロンドン市議会 (London County Council) 080, 085, 107
ロンドンのシティ →シティ

[わ]
「わが亡き後に洪水よ来たれ」('aprés moi le déluge') 216
ワシントン・コンセンサス (Washington Consensus) 026, 133, 172
ワッハーブ派イスラム (Wahabi Islam) 259, 260
「われわれのよく知る福祉」('welfare as we know it') 078, 132

ー・イレブン〕」（'little September 11th'） 019
「もう一つの世界は可能だ」（'Another world is possible'） 277
モトローラ（Motorola） 186
モラル・マジョリティ →道徳的多数派
諸刃の剣（double-edged sword／cut both ways） 245, 248
門戸の開放（open door） 041
モントリオール議定書（Montreal Protocol） 238
モンペルラン協会（Mont Pelerin Society） 033, 035, 052

や行

[や]
焼き畑農法（burning） 241

[ゆ]
優遇税制（tax break） 040, 229
有効需要（effective demand） 242
融資条件〔コンディショナリティ〕（conditionality） 285
USスチール（US Steel） 047
輸出開発特区（export development zone） 201
輸出加工区（export-processing zone） 183
輸出主導型（export-led／export-driven） 020, 129, 150, 179, 188, 194
ユートピア（utopia）／ユートピアニズム（utopianism） 032, 053, 099-101, 214, 279
輸入代替（import substitution） 019, 020, 139
ユーロコミュニズム（Eurocommunism） 024
ユーロダラー（eurodollar） 195

[よ]
四つの現代化（four modernization） 170
「四人組」（'Gang of Four'） 129
ヨーロッパ連合〔EU〕（European Union） 112, 120, 128, 158, 159, 162

ら行／わ

[ら]
ライツ・ディスコース →権利言説
ライツ・トーク →権利の主張
ラストベルト →斜陽地帯

[り]
「利権資本主義」（'crony capitalism'） 137
「リスクの拡散」（'spreading risks'） 225
リトル・セプテンバー・イレブン →もう一つの9・11
リーバイ・ストラウス社（Levi-Strauss） 234
リバタリアニズム（libertarianism） 063, 064
リプロダクティブ・ライツ →性と生殖に関する諸権利
リベラリズム（liberalism）／リベラルな（liberal） 069, 118, 158, 281
リベラル・エリート（liberal elite） 073, 243
略奪による蓄積（accumulation by dispossession） 160, 222, 223, 225-227, 229, 235, 244, 245, 258, 260, 276, 277, 279, 281
「流動的」過剰人口（'floating' population） 178
良好なビジネス環境 →ビジネス環境
良識（good sense） 060

[る]
ルードヴィヒ・フォン・ミーゼス研究所（Ludwig von Mises Institute） 149

[れ]
「例外主義」（'exceptionalism'） 118
冷戦（Cold War） 016, 019, 022, 117, 127, 134, 150, 154, 163, 243, 272
歴史の助産婦（midwife of history） 263
レノボ（Lenovo） 200, 201

ヘッジファンド（hedge fund） 104, 105, 136, 138, 139, 225
ヘリテージ財団（Heritage Foundation） 035, 066
ベールイン →債権者引き入れ
ベルリンの壁（Berlin Wall） 134
ペロン主義者（Peronist） 146

[ほ]
貿易関連知的所有権〔TRIPS〕（Trade-Related Aspects of Intellectual Property Rights） 223
法輪功（Falun Gong） 237
北米自由貿易協定〔NAFTA〕（North American Free Trade Agreement） 112, 133, 143
保守党〈イギリス〉（Conservative Party／Conservatives） 046, 080, 083, 085, 087
保守党〈スウェーデン〉（Conservative Party／Conservatives） 158
ポストモダニズム（postmodernism）／ポストモダン（postmodern） 012, 064, 070, 082, 202, 231, 274, 286
『ポストモダニティの条件』（*The Condition of Postmodernity*） 012, 014, 057, 122, 286
ポピュリズム（populism）／ポピュリスト（populist） 042, 064, 100, 114, 146, 148, 275
ホモフォビア →同性愛嫌悪
ボルカー・ショック（Volcker shock） 037, 038, 043
ポルノグラフィ（pornography） 114, 230
ホワイトハウス（White House） 274
本源的蓄積（original accumulation／primitive accumulation） 249, 279
ポンジー・スキーム →ネズミ講型投資詐欺

ま行

[ま]
マイクロソフト（Microsoft） 049, 186
マキラドーラ（maquiladora）／マキーラ（Maquila） 139, 140, 143, 145, 165, 235
マーシャルプラン（Marshall Plan） 226, 272
マーストリヒト条約（Maastricht agreement／Maastricht accord） 128, 133
マッカーシズム（McCarthyism） 035, 271, 272
マニフェスト・ディスティニー →明白なる運命
マネタリズム（monetarism）／マネタリスト（monetarist） 036-038, 068, 075, 078, 081, 084, 104, 126, 128, 133, 268, 269
マルチチュード（multitude） 277

[み]
ミレニアム・サミット（Millennium Summit） 261
民営化 →私有化
民主党（Democratic Party／Democrats） 025, 072-075, 258, 275
民族ナショナリズム（ethnic nationalism／ethno-nationalism） 119, 137
民族ブルジョアジー（national bourgeoisie） 205
民兵運動（militia movements） 117

[む]
ムービングマップ（moving map） 126

[め]
明白なる運命〔マニフェスト・ディスティニー〕（manifest destiny） 271, 272
メインストリート（Main Street） 048
メディケア（Medicare） 270
メルコスール →南米共同市場
免税期間〔タックスホリデー〕（tax holiday） 181

[も]
毛沢東主義（Maoism）／毛沢東主義的（Maoist） 191, 205
「もう一つの9・11〔リトル・セプテンバ

『フォーチュン』(*Fortune*)　030, 066
フォード社（Ford）　181
『フォーブス』(*Forbes*)　049, 145
『フォーリン・アフェアーズ』(*Foreign Affairs*)　243
フォルクスワーゲン（Volkswagen）　181
付加給付（benefits）　078, 108, 156, 157, 176, 180
不況（depression）　037, 107, 134, 149, 154, 155, 158, 162, 195, 227, 256
不均衡（imbalance）　148, 263, 266, 269
福音主義（evangelism）／福音主義的／福音派（evangelical）　074, 118, 237, 259
福祉改革（welfare reform）　074, 078
福祉国家（welfare state）　011, 023, 025, 036, 038, 080, 081, 083, 087, 156-158
「福祉の女王〔ウェルフェア・クイーン〕」（welfare queen）　078
福利厚生（welfare）　176, 180, 199
戸口〔ふこう〕制度（residency permit system）　176, 197
負債資本比率（debt-to-equity ratio）　152, 154
物的インフラ（physical infrastructures）　069, 103, 182, 195, 220
フーバー研究所（Hoover Institute）　066
普遍主義（universalism）　157, 245, 260
「不満の冬」（'winter of discontent'）　083
プラザ合意（Plaza Accord）　134
プラニング　→計画制
ブランチ・ダビディアン（Branch Davidians）　117
ブリティッシュ・エアロスペース（British Aerospace）　086
ブリティッシュ航空（British Airways）　086
ブリティッシュ・テレコム（British Telecom）　086
プリミティビスト　→原始回帰派
不良債権（bad loans／non-performing loans）　154, 181, 186, 195, 200, 214, 269
ブレイディ・プラン（Brady Plan）　107, 144
フレキシビリティ（flexibility）　036, 077, 107, 108, 126, 132, 146, 154, 199, 219, 233, 236
フレキシブル化（flexibilization）　077, 155
フレキシブルな蓄積（flexible accumulation）　077, 108
フレックスタイム制（flexitime arrangments）　077
ブレトンウッズ（Bretton Woods）　022, 024, 171, 195
フロス　→あぶく
プロテスタント的労働倫理（Protestant work ethic）　219
プロレタリア化（proletarianization）　152, 199, 206
フロンガス（CFC）　238
文化産業（cultural industries）　222
文化資本（cultural capital）　232
「文化戦争」（'culture war'）　282
文化大革命（Cultural Revolution）　170, 180, 197
分割統治（divide-and-rule）　233, 277, 280
文化ナショナリズム（cultural nationalism）　073, 118, 120, 275
分断的労働市場（segmented labour market）　233

【へ】

平均寿命（life expectancy）　216, 218
米国財務省証券（US Treasury bond）　106, 264
米国ビジネス研究センター〔CSAB〕（Center for the Study of American Business）　066
北京旧市街（old Beijing）　228
ヘゲモニー（hegemony）／ヘゲモニー的（hegemonic）　052, 075, 111, 120, 159, 246, 267, 269, 270-273, 282
ヘゲモニー権力（hegemonic power）　159
ペソ危機（peso crisis）　107

[の]
納税反乱（tax revolt） 041

は行

[は]
バイオテクノロジー（biotechnology） 049
バイオパイラシー →生物資源の略奪
ハイパーインフレ（hyper-inflation） 149, 268, 273
買弁（comprador） 227
ハーグ協定（Hague Convention） 018
ハゲタカ資本（vulture capital） 155, 163
発展途上（諸）国（developing countries／developing world） 026, 041, 043, 095, 106, 107, 132, 188, 229, 235, 246, 268, 277
ハビタット →生息環境
パラノイア →被害妄想
ハリバートン社（Halliburton） 054
パワーシフト →権力移動
反IMF暴動（anti-IMF riots） 227, 259
バンク・オブ・アメリカ（Bank of America） 066
反グローバリゼーション（anti-globalization） 227
韓信〔ハンシン〕工営（Hansin） 154
バーンズ・アンド・ノーブル（Barnes and Noble） 049, 050
韓宝〔ハンボ〕鉄鋼（Hambo Steel） 154

[ひ]
「被害妄想〔パラノイア〕」（paranoia／paranoid） 116, 271
「東アジア蓄積体制」（'East Asian regime of accumulation'） 136
ピケッティングの取り締まり（anti-picketing） 110
ピケテロス（*piqueteros*） 148
非公有部門（non-state sector） 197
ビジネス・エリート（business elite） 019, 020, 137, 141, 160, 206
ビジネス環境（business climate） 036, 069, 071, 101-103, 112, 120, 126, 130, 132, 162, 218
　良好な――（good ――） 069, 071, 101-103, 112, 132, 162
ビジネススクール →経営学大学院
ビジネス政策研究センター〔SNS〕（Center for Business and Policy Studies） 157
ビジネス・ラウンドテーブル〔BRT〕（Business Roundtable） 065
非正規化 →雇用の非正規化
非正規雇用（informal employment） 218
ピュー慈善信託（Pew Charitable Trust） 066
ヒューマニズム（humanism） 245, 246, 258
ヒューマニタリアニズム →人道主義
ヒューマン・キャピタル →人的資本
平等主義（egalitarianism）／平等主義的（egalitarian） 103, 170, 197, 280
費用便益分析（cost-benefit analysis） 076
現代〔ヒョンデ〕（Hyundai） 150, 154
開かれた政治（inclusionary politics） 276
開かれた民主主義（open democracy） 243, 284
貧困水準（poverty level） 039, 159
「貧困の女性化」（'feminization of poverty'） 279

[ふ]
華為〔フアウェイ〕社（Huawei） 187
ファシズム（Fascism）／ファシズムの（Fascist） 016, 024, 037, 054, 100, 114
『フィナンシャル・タイムズ』（*Financial Times*） 081
封じ込め（containment）／封じ込める（contain） 229, 261, 262
フェアトレード（fair trade） 280
フェミニズム（feminism） 073, 118
フォークランド＝マルビナス紛争（Falklands/Malvinas war） 112, 121

投機攻撃（speculative attack）　160
投資銀行（investment banks）　040, 041, 043, 067-070, 105, 140, 155
同性愛嫌悪〔ホモフォビア〕（homophobia）　073
同性愛者の権利（gay rights）　118
統治〔ガバナンス〕（governance）　024, 070, 096, 097, 100, 109, 113, 115, 116, 156, 159, 205, 233, 243, 246, 260, 277, 280, 281, 283-285
→グローバル統治
→都市統治
『道徳感情論』（*Theory of Moral Sentiments*）　258
道徳経済（moral economy）　281
道徳的価値観（moral values）　118-121, 275
道徳的指導性（moral leadership）　273
道徳的多数派〔モラル・マジョリティ〕（moral majority）　073, 074, 080, 118
道徳的正しさ（moral righteousness）　118
東南アジア諸国連合　→ASEAN
独占権力（monopoly power）　035, 040, 054, 097, 099
独立国家共同体〔CIS〕（Commonwealth of Independent States）　030
都市化（urbanization）　152, 178, 182, 184
都市開発公社（urban development corporation）　109
都市間競争（inter-urban competition）　070, 184
「都市危機」（'urban crisis'）　067
都市再開発（urban renewal）　228
都市統治（urban governance）　070
土地なき農民の運動（landless peasant movement）　229, 260
土地の囲い込み〔エンクロージャー〕（enclosure）　095
「虎〔タイガー〕」（tiger）　129, 219
トランスナショナル（transnational）　050, 113
トリクルダウン　→したたり落ちる
取り込み（co-optation）　061, 229
ドル・ペッグ制（dollar peg）　147, 148

な行

[な]

ナショナリズム（nationalism）／ナショナリズムの（nationalist）　073, 112, 114, 118-121, 137, 206, 270-273, 275
→文化ナショナリズム
→民族ナショナリズム
「南巡」（'southern tour'）　175, 188
南米共同市場〔メルコスール〕（Mercosur）　112

[に]

二国間貿易協定（bilateral trade agreement）　132
二重価格制（dual price system／dual pricing system）　177, 181
二重為替相場（dual currency exchange rate）　188
『ニュー・アトランティス』（*New Atlantis*）　100
『ニュー・インペリアリズム』（*The New Imperialism*）　057, 123, 253, 270, 272, 286
乳児死亡率（infant mortality）　218
「ニューエコノミー」（'new economy'）　132, 267
ニューディール（New Deal）　037

[ね]

「ネオコン」（'neocon'）　115
ネオリベラリズム　→新自由主義
ネズミ講型投資詐欺〔ポンジー・スキーム〕（Ponzi scheme）　224, 225
「ネズミを捕るのであれば、赤猫でも黒猫でもかまわない」（'What does it matter if it is a ginger cat or a black cat as long as it catches mice?'）　175

蓄積「体制」(accumulation 'regime') 129
地政学的 (geopolitical) 018, 021, 102, 134, 149, 150, 163, 173, 239, 270
知的所有権 (intellectual property rights) 018, 094, 099, 222, 223
→貿易関連知的所有権
チャイナ・レーバーウォッチ →中国労工観察
中央銀行 (central bank / central banker) 011, 037, 097, 104, 128, 136, 158, 196, 264, 268, 269
中央計画制度 (central planning) 010
中間投入物 (intermediate inputs) 177
「中国的特色のある」('with Chinese characteristics') 172
中国労工観察〔チャイナ・レーバーウォッチ〕(China Labor Watch) 199
中産階級 (middle class) 039, 067, 070, 084-088, 096, 139, 140, 190, 228, 262
「中産階級化〔ジェントリフィケーション〕」〈都市の〉('gentrification') 070, 228
中東戦争 (Arab-Israeli War) 024
長期デフレ (long-drawn-out deflation) 270, 273
→デフレ
「長征」('long march') 061
直接投資 →海外直接投資
貯蓄貸付組合危機 (savings and loans crisis) 104, 270
チリアンシーバス (Chilean sea bass) 241
地理的不均等発展 (uneven geographical development) 021, 126, 127, 159, 189, 219, 280
青島〔チンタオ〕ビール (Tsingtao Brewery) 199

[つ]

通貨危機 (currency crisis) →アジア通貨危機
通貨の健全性 (soundness of currency) 104
使い捨て労働者 (disposable workers) 234, 236, 237, 258
強い国家 (strong state) 119

[て]

抵抗闘争 (rearguard action) 085
「抵抗の剣」('sword of resistance') 281
帝国 (empire) / 帝国的 (imperial) 021, 041, 049, 080, 081, 106, 193, 194, 245, 281
「帝国」('Empire') 277
帝国主義 (imperialism) / 帝国主義的 (imperialist) 041, 134, 149, 207, 222, 227, 246, 249, 277, 284
「帝国の剣」('sword of empire') 245
低付加価値 (low-value-added) 151, 189, 191, 200
「底辺へ向かう競争」('race to the bottom') 234
大宇〔テウ〕(Daewoo) 139, 150, 154
テキーラ危機 (tequila crisis) 134, 144, 146
テソボノス (tesobonos) 144
「鉄飯碗〔アイアン・ライスボール〕」('iron rice bowl') 176, 203, 206
テニュア →終身在職権
デフレ (deflation) 149, 226, 266, 269, 270, 273, 280
→「資産収奪デフレ」
→長期デフレ
デリバティブ (derivative) 048, 251, 268
「テロとの戦い」('war on terror') 117, 281
電気通信 (telecommunication) 040, 043, 049, 070, 145, 223

[と]

同意 (consent) 040, 042, 057, 060-062, 064, 065, 079, 082, 085, 087, 088, 107, 111, 113, 118, 154, 155, 165, 246, 270
——の形成 / ——形成 (construction of ——) 061, 062, 079
→強制と同意

nization） 011, 096, 103, 110, 113, 117, 130, 133, 149, 175, 191, 195, 223, 242, 249, 277, 283
石油輸出国機構〔OPEC〕（Organization of Petroleum Exporting Countries） 024, 040, 273
セクシュアリティ（sexuality） 063, 070, 202, 230, 235
積極的差別是正措置〔アファーマティブ・アクション〕（affirmative action） 073, 119
ゼネラルエレクトリック〔GE〕（General Electric） 193
ゼネラルモーターズ〔GM〕（General Motors） 048, 181, 187, 188, 220
セーフティネット（safety net） 108, 176
セプテンバー・イレブン →9・11
選挙資金法（campaign finance laws） 072
選挙多数派（electoral majority） 127
全国労働関係委員会〔NLRB〕（National Labor Relations Board） 075
先制予防攻撃（pre-emptive strike）／先制的予防戦争（pre-emptive war） 017, 272, 273
前線国家（frontline state） 163
『選択の自由』（*Free to Choose*） 066
全米経済研究所〔NBER〕（National Bureau of Economic Research） 066, 157
全米航空管制官組合〔PATCO〕 039, 084
全米商工会議所（American Chamber of Commerce） 065
前方拡大（extending forwards） 049

[そ]

「走資派」（'capitalist roader'） 170
「創造的破壊」（'creative destruction'） 012

た行

[た]

タイガー →「虎」
対外借款（foreign loan） 174
タイガー・エコノミー（tiger economy） 128, 129, 189
大気汚染（air pollution） 238, 240
大恐慌（Great Depression ／ great slump） 021, 034, 262, 263
対抗運動（oppositional movement） 062, 229, 243, 274, 275
対抗政治（oppositional politics） 111, 245
対抗文化（oppositional culture） 242, 244, 245, 259
胎児の生命権（right-to-life） 119
対等な競争環境（level playing field） 099
大統領自由勲章（Presidential Medal of Freedom） 257
ダイムラー・クライスラー社（Daimler Chrysler） 196
大ロンドン市議会（Greater London Council） 085, 107
ダーウィン主義（Darwinism）／ダーウィン主義的（Darwinian） 203, 220
ダウニング街（Downing Street） 274
タカ派リベラル（liberal hawks） 245
多国籍企業（multinational corporation ／ transnational corporation） 019, 103, 113, 188
タックス・ホリデー →免税期間
脱工業化（deindustrialization） 067, 087, 100
脱植民地化（decolonization） 042, 080
多文化主義（multiculturalism） 063, 120
段階飛躍的な（leapfrogging） 127

[ち]

地域経済取引システム〔LETS〕（local economic trading systems） 259
地域「再生」（neighborhood 'restoration'） 070
地域通貨（local money） 259
地域覇権国（regional hegemon） 193
チェボル →財閥
地球温暖化（global warming） 238-240
蓄積危機 →資本蓄積危機

164, 231, 262, 264
新自由主義化（neoliberalization） 012, 021, 025, 026, 029, 032, 035, 037, 040, 045, 046, 048, 051, 052, 060, 064, 070, 073, 082, 087, 089, 094, 101, 103, 104, 106, 108-110, 115, 119, 126-130, 132, 134, 137-139, 144, 149, 151, 159, 160-164, 175, 188, 206, 214, 216, 218-220, 222, 228, 231, 233-240, 242-244, 258-263, 269, 271, 275, 278-280, 282
→限定された新自由主義化
→忍び寄る新自由主義化
新自由主義者／新自由主義派（neoliberalist） 026, 034, 064, 095-098, 100, 105, 109, 110, 115, 134, 214, 226, 231, 257, 283
人種差別（racism） 070, 073, 271
新植民地主義（neocolonialism）／新植民地主義的（neocolonial） 050, 080, 222
人的資本（human capital） 096, 219, 232
心的習慣（habits of the heart） 012
人頭税（poll tax） 085
人道主義〔ヒューマニタリアニズム〕（humanitarianism） 246
人道に対する罪（crimes against humanity） 248
新保守主義（neoconservatism）／新保守主義的（neoconservative） 073, 074, 115-119, 121, 207, 231, 263, 270, 272, 277-282, 284
——的転換（—— turn） 119, 121
新保守主義者／新保守主義派（neoconservative） 074, 116-118, 231, 270, 272, 279, 282
人民公社（commune） 176-179, 201
信用制度（credit system） 222, 232
信用配分（credit allocation） 150, 158
森林伐採（forest clearance） 241

[す]

スインギング・ロンドン（swinging London） 082
スウェーデン雇用者連盟（Swedish Employers' Federation） 156
スウェーデン商工会議所（Swedish Chamber of Commerce） 158
スカイフ財団（Scaife Foundation） 066
スタグフレーション（stagflation） 009, 024, 036-038, 082, 083
ステラ・インターナショナル社（Stella International Ltd） 204
ストックオプション →自社株購入権
スミス・リチャードソン財団（Smith Richardson Foundation） 066

[せ]

政策研究センター（Center for Policy Studies） 082, 157
政治活動委員会〔PACs〕（political action committees） 072
政治社会（political society） 111
青春飯碗（'the rice bowl of youth'） 203
生息環境〔ハビタット〕（habitat） 223, 241, 245
性的指向（sexual orientation） 116
性的嗜好（sexual preference） 070
性と生殖に関する〔リプロダクティブ〕諸権利（reproductive rights） 063, 279
制度的革命党（PRI）（Partido Revolucionario Institucional） 119, 139-143, 206
生物資源の略奪〔バイオパイラシー〕（biopiracy） 223
生物多様性（biodiversity） 239, 241, 245
『世界開発報告』（*Development Report*） 162
世界銀行（World Bank） 011, 022, 043, 079, 105, 132, 133, 141, 161, 162, 172, 242, 249, 277, 278, 283, 285
世界経済フォーラム（World Economic Forum） 051, 114
世界市場（world market） 112, 120, 151, 171
世界社会フォーラム（World Social Forum） 277
世界都市（global city） 220
世界貿易機構〔WTO〕（World Trade Orga-

al)　033, 044, 053, 081, 101, 115, 231, 245, 249, 257, 281
→埋め込まれた自由主義
終身在職権〔テニュア〕(tenure)　233
従属諸国(client states)　277
集団的所有(collective property／collective ownership)　156, 222
『自由と経済開発』(*Development as Freedom*)　257, 284
自由の王国(realm of freedom)　258, 259
自由の展望(freedom's prospect)　052, 284
周辺化(marginalization)／周辺化された(marginalized)　067, 071, 110, 164, 229, 282
受益者負担(user fees／user charges)　068, 178, 206, 229, 237
儒教(Confucianism)　120, 259
ジュネーブ協定(Geneva Convention)　018, 273
証券化(securitization)　048
証券投資(portfolio investments)　138, 163, 173
「小康」(*xiaokang*)　170
「常識〔コモンセンス〕」('common sense')　011, 016, 060, 062, 077
上層階級(upper class)　026, 028, 029, 040, 045, 046, 049, 060, 064, 068, 106, 126, 129, 162, 200, 215, 216, 219, 228, 278
消費主義(consumerism)　063, 064, 070, 214, 239, 266
消費文化(consumer culture)　087, 202, 236, 237
商品化(commodification)　114, 222, 223, 230, 231, 244
商品主導型(commodity-driven)　194
情報技術(information technology)　012, 049, 220
情報社会(information society)　012
情報創造(information creation)　012
剰余(surpluses)　045, 105-107, 194
剰余金(tribute)　106, 132, 133, 139, 145, 155, 164
「ショック療法」('shock therapy')　029, 102, 172, 216
所有的個人主義(possessive individualism)　100, 236
指令経済(command economy)　035
新権威主義(neo-Authoritarianism)　115
新興財閥〔オリガルヒ〕(origarch)　029, 046
新古典派経済学(neoclassical economies)　034
新自由主義(neoliberalism)／新自由主義的(neoliberal)　010-013, 016, 018-021, 023, 025, 026, 029, 030, 032-038, 040, 043-046, 048, 050-056, 060-064, 066, 067, 069-071, 073, 074, 077-079, 082, 085, 087-089, 094-112, 114-116, 118-121, 126-130, 132-134, 137-139, 141, 143, 144, 149, 151, 157-164, 170, 171, 175, 177, 188, 194-196, 199, 206, 214, 216, 218, 219, 220, 222, 223, 225, 226, 228, 229, 231, 233-249, 256-264, 268-271, 275-284
――革命(―― revolution)　060
――国家(―― state)　019, 021, 044, 048, 094, 095, 097, 100-102, 104, 105, 107, 109, 110-112, 115, 120, 229, 238
――的グローバリゼーション(―― globalization)　050, 219, 277
――的再編(―― restructuring)　162, 163, 237
――的自由(―― freedom)　256, 257
――的政策目標(―― agenda)　116, 133, 158, 162, 280
――的正統理論(―― orthodoxy)　079, 143, 158
――への転換(―― turn)　020, 021, 030, 038, 061, 064, 073, 078, 082, 102, 126, 127, 160, 243
――理論(―― theory)　011, 019, 032, 035, 036, 064, 088, 094, 095, 097, 099, 101, 104-106, 110, 118, 119, 127, 133, 149,

資本集約型（capital-intensive） 223
資本主義（capitalism）／資本主義的（capitalist） 009, 021, 023-026, 032, 036, 045, 047, 051, 062, 064, 067, 069, 073, 077, 089, 096, 100, 101, 127, 130, 137, 139, 156, 162, 164, 170-173, 182, 190, 205, 206, 214-216, 222-224, 231, 236, 237, 238, 259, 261, 264, 273, 275, 283, 284
→グローバル資本主義
資本節約型（capital-saving） 191
資本蓄積（capital accumulation）／資本の蓄積（accumulation of capital） 020, 024-026, 029, 032, 034, 067, 082, 103, 107, 109, 127, 194, 204, 216, 220, 223, 226, 245, 247-249, 259, 262, 269, 280
——危機（crisis of ——／—— crisis） 024, 026, 067, 082
資本逃避（capital flight） 141, 158, 160, 161, 263, 266, 268
資本取引（capital account） 023, 138, 165, 195
資本取引規制（capital control） 023, 138, 195
資本の運動（movement of capital） 096
資本のストライキ（capital strike） 160, 161
資本の地理的移動性（geographical mobility of capital） 130
資本の流出／資本流出（capital outflow／outflow of capital） 147, 148
資本の流入／資本流入（capital inflow／inflow of capital／capital flow into） 188, 264
市民権（citizenship） 051, 114
市民社会（civil society） 061, 109, 111, 256, 276, 277
市民的権利（civil rights） 118
市民的自由（civil liberty） 271
市民の資格（citizenship） 248
ジーメンス（Siemens） 186
社会構成体（social formation） 026, 121
社会サービス（social services） 087, 108
社会的インフラ（social infrastructures） 069, 103, 222
社会的公正／——正義（social justice） 062-064, 243, 256
社会的騒乱（social unrest） 067, 148, 162, 163, 175, 215
社会的賃金（social wage） 022, 159, 228, 279
社会的不平等（social inequality） 029, 030, 040, 129, 139, 140, 164, 172, 197, 219
社会的連帯（social solidarity） 036, 062, 063, 080, 100, 107, 114, 120, 161, 237, 243
社会民主主義（social democracy）／社会民主主義的（social democratic） 011, 022, 024-026, 036, 043, 070, 102, 127, 130, 156, 216, 243, 275, 276
——国家（—— state） 022, 036, 102, 156
社会民主党（スウェーデン）（Social Democratic Party／Social Democrats） 156-159
ジャガーノート（juggernaut） 284
「斜陽地帯〔ラストベルト〕」（'rust belt'） 077, 197
私有化／民営化（privatization）／私有化する／民営化する（pivatize） 011, 017, 020, 029, 030, 036, 044, 049, 086088, 095, 097, 102, 126, 127, 141-146, 151, 158, 159, 172, 181, 199, 200, 206, 222, 223, 228, 236, 241, 244, 245
自由化（liberalization） 009, 043, 130, 146, 151, 152, 154, 157, 163, 165, 173, 175, 223
→金融自由化
自由概念（freedom concept）／自由の概念（concept of freedom） 016, 053, 256-258
自由市場（free market） 010, 018, 029, 034, 043, 081, 094, 095, 102, 161, 177, 180, 257
——原理主義（—— fundamentalism） 018, 043
自由主義（liberalism）／自由主義的（liber-

York'）　070
SARS　240
サード・イタリア（Third Italy）　127
サパティスタ（Zapatista）　144, 227, 229, 260, 276, 281
「サプライサイド」（'supply-side'）　036, 078
サムソン（Samsung）　150, 192
サリム・グループ（Salim Group）　049, 051
産業空洞化（deindustrialization）　040
産業政策（industrial policy）　022
産業予備軍（industrial reserve army）　084

［し］
CIA　019, 042
GRO（Grass-roots Organization）　111
恣意的区割り〔ゲリマンダリング〕（gerry-mandering）　282
G8／G7　048, 096, 134
ジェントリフィケーション　→中産階級化
「シカゴ・ボーイズ」（'Chicago boys'）　019
「時間と空間の圧縮」（'time-space compression'）　012
時間枠（time-horizon）　240
自決権（self-determination）　247, 281
「資産収奪デフレ」（'confiscatory deflation'）　149, 226, 270
　→デフレ
自社株購入権〔ストックプション〕（stock option）　047, 225
市場急進主義（market extremism）　115
市場経済（market economy）　052, 170, 172, 177
市場社会主義（market socialism）　010, 024
市場主導の（market-driven）　220
市場的個人主義（market individualism）　120
市場の失敗（market failure）　035, 098
市場の自由／市場的自由（market freedom）　025, 040, 043, 054, 081, 112, 114, 116, 256, 270
「市場の見えざる手」（'hidden hand of the market'）　034
市場倫理（market ethic）　012, 256, 259, 262, 282
「私設顧問団〔キッチン・キャビネット〕」（'kitchen cabinet'）　66
G7　→G8／G7
「自然独占」（'natural monopoly'）　097
「したたり落ちる〔トリクルダウン〕」（'trickle down'）　095
シチズンシップ　→市民の資格
「自治体社会主義」（'municipal socialism'）　085, 107
失業（unemployment）　009, 024, 026, 039, 076, 078, 082, 084, 106, 128, 137, 144, 146-148, 154, 155, 158, 159, 163, 182, 204, 227, 241, 263
シティ〈ロンドン〉（City）　046, 047, 081, 083, 088
シティバンク（Citybank）　041, 067
私的所有（private property／private ownership）　010, 019, 033, 034, 036, 053, 087, 094, 095, 156, 172, 222, 223, 243, 248, 249, 281
ジニ係数（Gini coefficient）　197
シニョレッジ　→基軸通貨発行権
「忍び寄る〔クリーピング〕新自由主義化」（'creeping neoliberalisation'）　128
資本移動／資本の移動（capital flow／flows of capital／mobility of capital）　022-024, 045, 132, 133, 146, 151, 195
資本家階級（capitalist class）　050, 051, 054, 064, 075, 081, 103, 130, 137, 141, 145, 150, 151, 156, 173, 206, 215, 216, 219, 264
　――の権力の再構築（reconstitution of ―― power）　173
資本市場（capital market）　096, 103, 104, 138, 173

国民国家（national state）　050, 120, 248
国有企業（SOE）（state-owned enterprise／state-owned firm／state-owned company）　143, 146, 170, 176, 177, 180-182, 186, 191, 195, 199
国立衛生研究所〔NIH〕（National Institute of Health）　076
国連　→国際連合
国連憲章（UN Charter）　249
小作農（peasant cultivator）　201
「五〇年でもうたくさんだ」運動（'Fifty Years Is Enough' movement）　277, 278
個人主義（individualism）　036, 073, 081, 082, 087, 100, 113, 116, 117, 120, 236
→市場的個人主義
→所有的個人主義
個人責任制（personal responsibility system）　176, 177, 233
コスモポリタン的倫理（cosmopolitan ethic）　120, 260, 285
国家介入（state intervention）　011, 016, 023, 034, 035, 098, 100, 102, 103, 137, 227
国家主導（state-led）　023, 139, 190
国家政策評議会〔CNP〕（Council for National Policy）　074
国境なき医師団（Médesins sans Frontiéres）　245
国境の透過性（porosity of state boundaries）／透過な国境（porous border）　024, 195
固定資本（fixed capital）　182, 195, 214
固定相場制（fixed exchange rates）　022, 024
古典派理論（classical theory）　034
コーポラティズム（corporatism／corporatist）　024, 025, 082, 083, 119, 139, 146, 157
『コメンタリー』（*Commentary*）　073, 115
コモンズ　→共有地、公共財
コモンセンス　→常識
「雇用なき景気回復」（'jobless recovery'）　263
雇用の非正規化（casualization）　155
コングロマリット（conglomerate）　046, 047, 049

さ行

［さ］

債権者（creditor／bondholder）　067, 068, 071, 075, 107, 148, 154, 155, 226, 268
「債権者引き入れ〔ベールイン〕」（'bail-in'）　154, 155
最高経営責任者〔CEO〕（Chief Executive Officers）　029, 031, 065, 129, 262
財産税（property tax）　085
財政危機（fiscal crisis）　024, 067-069, 071, 074, 184
財政金融政策（fiscal and monetary policies）　022, 023, 037, 196
「最低価格」〈労働の〉（'reserve price'）　078
財閥〔チェボル〕〈韓国〉（*chaebol*）　150-152, 154, 155
再分配（redistribution）／再分配する（redistribute）　023, 029, 068, 070, 140, 156, 200, 222, 224, 226, 228, 229, 261
再分配型社会主義（redistributive socialism）　156
財務会計責任（financial accountability）　087
債務危機（debt crisis）　020, 043, 057, 105, 134, 135, 226
財務省（Department of the Treasury／Treasury Department／Treasury）　011, 043, 106, 107, 132, 137, 138, 141, 155, 162, 195, 226, 227, 264, 277
「債務の罠」（'debt trap'）　225
債務不履行（default）　043, 104, 105, 148, 154
サーキットシティ（Circuit City）　049, 050
先物（futures）　047, 048
「錯乱のニューヨーク」（'Delirious New

(authoritarian) 042, 053, 054, 100, 101, 112, 114-116, 120, 121, 146, 170, 206, 242, 263, 270, 278, 281, 282
——国家(—— state) 115
——体制(—— regime) 042, 206
研究大学(research university) 066, 079, 133
「原始回帰派〔プリミティビスト〕」('the primitivist') 259
原始的蓄積(primitive accumulation) →本源的蓄積
健全財政(sound public finance) 133
建造環境(built environment) 195
「限定された新自由主義化」('circumscribed neoliberalization') 159, 218
→新自由主義化
現物貸付(contractual alliances) 174
権利言説〔ライツ・ディスコース〕(rights discourse) 243, 245, 281
権利体制(regime of rights) 248, 249
権利としての公正／——正義(justice as a right) 247
「権利の主張〔ライツ・トーク〕」('rights talk') 244
権利の章典(Bills of Rights) 273
権利擁護団体〔アドボケイト・グループ〕(advocate group) 111, 243, 244
権力移動〔パワーシフト〕(power shift／shift in power) 048, 220
権力回復／権力の回復／権力を回復 →階級権力の回復
権力ブロック(power block) 173, 276

[こ]
公益事業(public utilities) 127, 139, 156, 223
郊外化(suburbanization) 067
公共企業体(public enterprise) 017, 036, 142, 199
公共財(public goods) 141, 250
公共財〔コモンズ〕(commons) →環境公共財
公共選択理論(public choice) 078
構造調整(structural adjustment) 037, 044, 045, 105, 106, 132, 227, 241, 258, 266
——プログラム(—— programmes) 132, 227, 241
郷鎮企業(township and village enterprises) 177, 179, 180-182, 189, 191, 199
公的所有(public ownership) 086, 222
公的年金(state pension) 222-224
高付加価値(high-value-added) 163
合弁事業(joint venture) 150, 171, 177, 179, 200
後方統合(backward integration) 191
公民権(civil rights) 025, 063, 111, 118, 247
公有企業(state enterprise) 140, 176
公有部門(state sector) 139, 143, 176
合理的期待形成論(rational expectations) 078
コカコーラ(Coca-Cola) 054, 113
国営企業(state-run enterprise) 086
「国益」('national interests') 096, 133, 154
国際決済銀行〔BIS〕(Bank of International Settlements) 022
国際収支(balance of payments) 081, 083, 195, 196, 263
——危機(—— crisis／crisis of ——) 081, 083, 263
国際準備通貨(global reserve currency) 022, 268
国際通貨基金(IMF)(International Monetary Fund) 011, 020, 022, 024, 037, 043, 061, 071, 079, 083, 100, 103, 105, 107, 132-134, 137-139, 141, 144, 147, 148, 154, 155, 161-163, 172, 195, 214, 218, 226, 227, 241, 249, 258, 259, 263, 277, 278, 283, 285
国際連合／国連(United Nations) 022, 079
国民医療制度(national health-care system) 127
国民会議派(Congress Party) 260, 277

金融抑制（financial repression） 023
金利生活者〔クーポン・クリッパー〕（coupon clipper） 261
金利生活者（rentier） 261
「金利生活者の安楽死」（'euthanasia of the rentier'） 261

[く]
グアンタナモ基地（Guantanamo Bay） 273
苦汗工場（sweat shop） 234
クーポン・クリッパー →金利生活者
クライム・シンク（Crime Think） 259
繰り延べ（rolling over） 043, 044, 067, 154, 155
クローニー・キャピタリズム →利権資本主義
グローバリズム（globalism） 278
グローバリゼーション（globalization） 010, 012, 050, 100, 114, 219, 222, 227, 277
→新自由主義的グローバリゼーション
グローバル金融（global finance） 087, 273
グローバル経済（global economy） 119, 120, 128, 141, 161, 189, 195, 222, 239, 262
グローバル市場（global market） 012, 095, 096, 155, 160, 191, 201, 264
グローバル資本主義（global capitalism） 021, 032, 127, 139, 164, 264, 273
グローバル統治〔ガバナンス〕（global governance） 113, 260, 285
→統治〔ガバナンス〕
軍拡競争（arms race） 054, 127
軍産複合体（military industrial complex） 117, 215
軍事化（militarization） 116, 117, 270
「軍事ケインズ主義」（'military Keynesianism'） 127
群集心理（herd mentality） 136

[け]
経営学大学院〔ビジネススクール〕（business school） 066, 079
経営自主権（managerial autonomy） 173, 180, 201
計画制／計画化（planning） 034, 035, 053 096, 176, 189
景気後退（recession） 019, 034, 039, 067, 138, 140, 147, 192, 214
景気循環（business cycle） 022, 023, 034
経済開発特区（economic development zone） 189
「経済開放区」（'open economic region'） 182
経済協力開発機構〔OECD〕（Organization for Economic Co-operation and Development） 030, 152
経済区（economic region） 183
経済停滞（economic stagnation） 081, 128, 149, 157, 158, 170
経済的公正（economic justice） 261, 280
経済統制国家（dirigiste state） 156
経済特区（special economic zone／economic zone） 181, 183, 188
『経済ヒットマンの告白』（*Confessions of an Economic Hit Man*） 042
経済問題研究所〔IEA〕（Institute of Economic Affairs） 035, 036, 082
経常収支（current balance） 218, 266
「契約労働者」（'contract worker'） 180
「経路依存性」（'path dependency'） 159
ケインズ経済学（Keynesian economics） 133
ケインズ主義（Keynesianism）／ケインズ主義的（Keynesian） 020, 022-025, 035-037, 043, 081, 127, 184, 195, 196, 214, 260, 261, 262
――国家（―― state） 195, 214
――的妥協（―― compromise） 127, 261
→軍事ケインズ主義
「月曜会」（'Monday Club'） 020
権威主義（authoritarianism）／権威主義的

官民パートナーシップ（public-private partnership） 070, 109

[き]
危機管理（crisis management） 225
企業化／企業のものにする（corporatization） 181, 223
企業権力／企業の権力（corporate power） 054, 073, 110, 112, 116
企業家精神／企業主義（entrepreneurialism） 070, 087, 090, 177
企業向け福祉（corporate welfare） 069, 229
気候変動（climate change） 239, 245
基軸通貨発行権〔シニョレッジ〕（seigniorage） 268
技術移転（technological transfer） 099, 171, 200
技術革新（technological innovation／technological changes／innovation） 086, 094, 099, 127-129, 132, 191
規制緩和（deregulation） 009, 011, 036, 038, 040, 075, 095, 097, 104, 105, 113, 130, 158, 224
擬制資本（fictitious capital） 232
期待の自己成就（self-fulfilling expectations） 136
北大西洋条約機構〔NATO〕（North Atlantic Treaty Organization） 080, 306
「汚い戦争」（'dirty war'） 146, 147
逆進的（regressive） 018, 068, 085
逆プラザ合意（Reverse Plaza Accord） 134
キャタピラー社（Caterpillar） 193
キャピタル・ゲイン（capital gain） 029
9・11（9/11） 017, 117, 270, 271
共産主義（communism）／共産主義的／共産主義者（communist） 016, 021, 042, 060, 069, 100, 102, 163, 236, 271, 273
行政管理予算局（Office of Management and Budget） 075, 076
強制と同意（coercion and consent） 042, 043, 111
競争環境 →対等な競争環境
競争的市場（competitive market） 033
競争の失敗（competition failure） 098
共同所有／共有財産（common property） 222, 224, 281
共同で保有する（hold in common）／共同で保有された（communal） 199, 206
共有財産 →共同所有
共有地〔コモンズ〕（commons） 095, 201, 222, 277
「共有地〔コモンズ〕の悲劇」（tragedy of the commons） 095
共有地の囲い込み（enclosing the commons） 201
「共有地を取り戻す」（'reclaiming the commons'） 277
共和党（Republic Party／Republicans） 010, 025, 072-075, 105, 119, 223, 257, 275
均衡財政（balanced finance） 159
緊縮／緊縮政策（austerity／austerity programme） 024, 038, 069, 083, 084, 107, 137, 141, 241
均等税（flat tax） 018, 020
金融化（financialization） 048, 070, 106, 136, 220, 224, 268
金融機関（financial institutions） 011, 048, 067, 068, 071, 087, 102, 104-107, 138, 161, 163, 185, 186, 268, 270
　――の支払い能力（solvency of ――） 102
金融危機（financial crisis） 104, 134, 136, 160, 196, 215, 227, 241, 245, 261-263, 266, 267
金融システム（financial system） 048, 102, 113, 141, 195, 224
金融資本（financial capital） 019, 040, 081, 104, 155, 173, 225, 261, 280
金融自由化（financial liberalization） 130, 152, 154, 163, 227
金融派生商品 →デリバティブ

140, 156, 161, 196
階級的排除（class exclusion）　096
階級闘争（class struggle）　222, 224, 278, 279
階級編成（class configuration）　050, 052
外国からの直接投資　→海外直接投資
外国資本（foreign capital）　103, 140, 141, 146, 152, 155, 171, 175, 177, 179, 189, 190, 205
階層移動性（social mobility）　218, 219
介入主義（interventionism）／介入主義的（interventionism／interventionist）　023, 034, 035, 063, 064, 073, 100, 103, 118, 272
——国家（—— state）　023, 063
開発主義（developmentalism）／開発主義の（developmental）　103, 104, 109, 136, 150, 163, 218
——国家（—— state）　103, 104, 109, 136, 150, 218
改良主義者（reformist）　108
価格双軌制（'dual track' pricing system）　175
華僑（Chinese business diaspora／overseas Chinese／ethnic Chinese／ethnic-minority Chinese）　046, 173, 179, 182, 189, 241
「鍵をかけられた認識」（cognitive locking）　158, 159
拡大再生産（expanded reproduction）　279
過剰建設（overbuilding）　185
過剰生産能力（overcapacity／excess capacity）／生産能力の過剰（excess production capacity）　195, 269
過剰設備投資（overcapacity）　185, 190
過剰蓄積（over-accumulation）　195
過剰労働力（labour surplus）　182, 184, 194, 195, 227, 233
「貸す時は用心せよ」（'Lender, beware'）　106, 107
価値観の崩壊〔アノミー〕（anomie）　114, 282
合併・買収〔M&A〕（mergers and acquisitions）　155, 224
過当取引（churning）　225
「金で買える最高の政府」（'The Best Government Money Can Buy'）　072
ガバナンス　→統治
「株式協同組合」（'share-based co-operatives'）　181
家父長制（patriarchy）　235, 236
貨幣化（monetization）　222
カリフォルニア州の電力危機（California power crisis）　097, 109
為替相場／為替レート（exchange rate）　024, 048, 134, 136, 146, 175, 188
環境悪化／環境の悪化（environmental degradation／degradation of environment）　100, 172, 224, 238, 242, 245, 282
環境汚染（environmental pollution）　011, 098
環境権（environmental rights）　245
環境公共財／環境コモンズ（environmental commons）　223
環境主義（environmentalism）／環境派（environmentalist）　034, 073, 118, 260, 277
環境的公正（environmental justice）　062, 276, 277
環境保護（environmental protection）／環境保護運動（environmental movement）　025, 259, 276
「監獄－産業」複合体（prison-industrial complex）　229
韓国民主労働組合総連盟〔民主労総〕（Korean Confederation of Trade Union）　152
管制高地（commanding heights）　080, 156
関税と貿易に関する一般協定〔GATT〕（General Agreement on Tariffs and Trade）　141
間接投資（portfolio investments）　130, 132
完全雇用（full employment）　022, 037, 132, 133, 158, 159, 242

「ウォールストリート－財務省－IMF」複合体（Wall Street – Treasury – IMF complex） 132, 155, 162, 226, 227
ウォルマート（Wal-Mart） 049, 054, 190, 266
「失われた一〇年」（'lost decade'） 128, 218
「埋め込まれた自由主義」（'embedded liberalism'） 022-024, 061, 081, 107, 108, 119, 140, 159, 228, 233, 245, 261, 263, 278
売り崩し（raiding） 225
ウルグアイ・ラウンド（Uruguay Round） 151

[え]
英国石油会社〔BP〕（British Petroleum） 187
『エコノミスト』（*Economist*） 018
SUV車（sport-utility vehicle） 239
NGO（Non Governmental Organization） 111, 243, 244, 246, 283
エヒード（*ejido*） 144, 228
エリート（elite） 019, 020, 026, 029, 031, 032, 036, 042, 045, 046, 055, 060, 061, 064, 070, 073, 096, 100, 111, 116, 118, 129, 137, 141, 146, 148, 149, 155, 157, 160, 206, 216, 219, 228, 243, 244, 246, 262, 263, 266, 267, 270, 273, 277-280
→ビジネス・エリート
→リベラル・エリート
「沿海開放都市」（'open coastal city'） 182
エンクロージャー →土地の囲い込み
エンロン（Enron） 047, 109, 225, 267

[お]
オイルダラー（petrodollar） 040, 057, 140
欧州為替相場メカニズム〔ERM〕（European Exchange Rate Mechanism） 136
欧州通貨制度〔EMS〕（European Monetary System） 136
大きな政府（big government） 040
「大きな物語」（'metanarrative'） 082
オクラホマ州連邦ビル爆破事件（Oklahoma bombing） 117
汚染物質排出権（pollution rights） 095, 098
オラクル社（Oracle） 186
オーリン財団（Olin Foundation） 066, 069
終わりなき資本蓄積（endless accumulation of capital） 249, 281
→資本蓄積

か行

[か]
海外開発援助（overseas development aid） 268
海外直接投資〔FDI〕（direct foreign investment） 130, 131, 139, 143, 153, 173, 174, 181, 182, 188, 189, 190
階級関係（class relations） 023, 050, 082, 103, 172
階級権力（class power） 029, 045, 046, 048, 051, 061, 067, 068, 076, 077, 088, 089, 099, 101, 106, 108, 109, 111, 116, 118, 129, 130, 146, 155, 164, 173, 196, 197, 206, 219, 242, 244, 246, 247, 262, 276, 278,
――の回復（restoration of ――）／――を回復（restore ――） 029, 031, 045, 046, 061, 068, 088, 089, 099, 101, 106, 108, 111, 116, 118, 129, 130, 146, 206, 219, 242, 246, 247, 276, 278
――の再構築（reconstitution of ――） 196, 197, 206
――の創出（creation of ――）／――を創出（create ――） 146, 242, 262
階級構造（class structure） 087, 155
階級政治（class politics） 280, 282
階級戦争（class warfare／class war） 065, 278
階級妥協（class compromise） 021, 022, 025
階級的力関係（balance of class forces） 130,

事項索引

あ行

[あ]

アイアン・ライスボール　→鉄飯碗
愛国者法（Patriot Act）　271
アイデンティティ・ポリティクス（identity politics）　063, 274
IBM　186, 201
アウトソーシング（outsourcing）　192
アグリビジネス（agribusiness）　109, 144, 229, 234
「上げ潮は船をみな持ち上げる」（'a rising tide lifts all boats'）　095
アジア危機　→アジア通貨危機
アジア金融危機　→アジア通貨危機
アジア経済危機　→アジア通貨危機
アジア通貨危機（Asian currency crisis）　103, 147, 154, 225-227
ASEAN　112
アダム・スミス研究所（Adam Smith Institute）　082
アドボケイト・グループ　→権利擁護団体
アパルトヘイト（apartheid）　011, 160, 161
アファーマティブ・アクション　→積極的差別是正措置
あぶく（froth）　225, 226
アナーキー（anarchy）　116, 258
『アナーキー・国家・ユートピア』（*Anarchy, State and Utopia*）　066, 122
アナキズム（anarchism）／アナキスト（anarchist）　259, 271
アニマル・スピリット（animal spirits）　200
アノミー　→価値観の崩壊
アムネスティ・インターナショナル（Amnesty International）　245
アメリカ財務省（US Treasury）　→財務省

[い]

遺産税（estate tax）　029
「石を探って河を渡る」（'groping the stones while crossing the river'）　172
イスラム教（Islam）　117, 259, 260
イノベーション（innovation）　040, 047, 130, 159, 170, 219, 222
イラン革命（Iranian revolution）　120
医療（health care）　011, 022, 040, 075, 083, 087, 095, 102, 103, 108, 113, 127, 132, 142, 178, 204, 223, 224, 233, 237
インフォーマル経済（informal economy）　144, 236, 237
インフレ（inflation）　009, 024, 026, 037, 068, 075, 082-085, 096, 128, 133, 141, 146, 147, 149, 158, 159, 188, 218, 224, 263, 266, 268, 269, 273, 280
　——誘発による資産収奪（inflationary confiscation）　268
　——抑制（—— control／control of ——）　068, 084, 133, 146, 159
　→ハイパーインフレ

[う]

ウェルフェア・クイーン　→福祉の女王
ウォールストリート（Wall Street）　048, 075, 113, 132, 139, 154, 155, 162, 215, 226, 227, 264
『ウォールストリート・ジャーナル』（*Wall Street Journal*）　078, 278

主な著書：『アメリカ発　グローバル化時代の人権――アメリカ自由人権協会の挑戦』（明石書店、共著）、『対テロ戦争と現代世界』（御茶の水書房、共著）など。主な訳書：ジョック・ヤング『後期近代の眩暈――排除から過剰包摂へ』、ノーム・チョムスキー『チョムスキーの「アナキズム論」』（以上、明石書店）、ジャイ・センほか編『世界社会フォーラム――帝国への挑戦』（作品社、共訳）など。

大屋定晴（Oya Sadaharu）

1973年、愛知県生まれ。一橋大学大学院社会学研究科博士課程単位修得退学。北海学園大学経済学部准教授。専攻：経済思想・社会思想史、社会運動論。

主な著書：『共生と共同、連帯の未来』（編著、青木書店）、『マルクスの構想力』（共著、社会評論社）、『グローバリゼーションの哲学』（共著、創風社）など。主な訳書：デヴィッド・ハーヴェイ『新自由主義』『資本の〈謎〉』『反乱する都市』『コスモポリタニズム』、スーザン・ジョージ『アメリカは、キリスト教原理主義・新保守主義に、いかに乗っ取られたのか？』、ジャイ・センほか『世界社会フォーラム――帝国への挑戦』（以上、共訳、作品社）ほか。

中村好孝（Nakamura Yoshitaka）

1974年、広島県生まれ。一橋大学大学院社会学研究科博士課程単位修得退学。滋賀県立大学人間文化学部助教。専攻：社会学。

主な著書：『社会学的想像力のために』（共著、世界思想社）、『「ひきこもり」への社会学的アプローチ』（共著、ミネルヴァ書房）など。主な訳書：デヴィッド・ハーヴェイ『〈資本論〉入門』『資本の〈謎〉』『コスモポリタニズム』『反乱する都市』（以上、共訳、作品社）、テス・リッジ『子どもの貧困と社会的排除』（共訳、桜井書店）など。

【訳者紹介】

渡辺 治（Watanabe Osamu）

1947年、東京都生まれ。東京大学法学部卒業。東京大学社会科学研究所助教授、一橋大学大学院社会学研究科教授を経て、現在、一橋大学名誉教授。専攻：政治学・日本政治史。

主な著書：『構造改革政治の時代——小泉政権論』（花伝社）、『憲法「改正」——軍事大国化・構造改革から改憲へ』（旬報社）、『高度成長と企業社会』（吉川弘文館）、『憲法「改正」の争点——資料で読む改憲論の歴史』（旬報社）、『憲法「改正」は何をめざすか』（岩波ブックレット）、『日本の大国化とネオ・ナショナリズムの形成』（桜井書店）、『戦後政治史の中の天皇制』（青木書店）、『企業支配と国家』（青木書店）、『「豊かな社会」日本の構造』（労働旬報社）、『日本国憲法「改正」史』（日本評論社）ほか多数。

森田成也（Morita Seiya）

1965年、奈良県生まれ。一橋大学大学院経済学研究科博士課程満了退学。駒澤大学・國學院大学非常勤講師。専攻：理論経済学。

主な著書：『資本と剰余価値の理論——マルクス剰余価値論の再構成』『価値と剰余価値の理論——続マルクス剰余価値論の再構成』（以上、作品社）、『マルクス経済学・再入門』（同成社）。主な訳書：キャサリン・マッキノン『女の生、男の法（上下）』（共訳、岩波書店）、デヴィッド・ハーヴェイ『〈資本論〉入門』『資本の〈謎〉』『反乱する都市』『コスモポリタニズム』（以上、共訳、作品社）、トロツキー『永続革命論』、マルクス『賃労働と資本／賃金・価格・利潤』（以上、光文社古典新訳文庫）。

木下ちがや（Kinoshita Chigaya）

1971年、徳島県生まれ。一橋大学社会学研究科博士課程単位修得退学、社会学博士（一橋大学）。明治大学非常勤講師。専攻：政治学。

[著者紹介]

デヴィッド・ハーヴェイ（David Harvey）

1935年、イギリス生まれ。ケンブリッジ大学より博士号取得。ジョンズ・ホプキンス大学教授、オックスフォード大学教授を経て、現在、ニューヨーク市立大学特別教授。専攻：経済地理学。現在、論文が引用されることが、世界で最も多い地理学者である。

2005年刊行の『新自由主義』は高い評価を得るとともに、アカデミズムを超えて話題となり世界的ベストセラーとなった。また同年、韓国で首都機能移転のため新たな都市“世宗”が建設されることになったが、その都市デザイン選定の審査委員会の共同議長を務めている。2008年には、『資本論』の講義を撮影した動画をインターネットで一般公開したが、世界中からアクセスが殺到し、現在の世界的なマルクス・ブームを巻き起こすきっかけとなった。この講義は『〈資本論〉入門』および『〈資本論〉第2巻・第3巻 入門』として刊行され、世界で最も読まれている入門書となっている。2010年刊行の『資本の〈謎〉』は、『ガーディアン』紙の「世界の経済書ベスト5」に選ばれた。また同書によって「第三回経済理論学会ラウトレッジ国際賞」を受賞し、その授賞式のために来日し（2017年10月）、立命館大学などで講演を行なった。現在、ギリシア、スペインから、中南米諸国、中東、中国や韓国まで、文字通り世界を飛び回り、研究・講演活動などを行なっている。

[邦訳書]

『資本の〈謎〉――世界恐慌と21世紀資本主義』（森田成也・大屋定晴・中村好孝・新井田智幸訳、作品社）

『反乱する都市――資本のアーバナイゼーションと都市の再創造』（森田成也・大屋定晴・中村好孝・新井大輔訳、作品社）

『コスモポリタニズム』（大屋定晴・森田成也・中村好孝・岩崎明子訳、作品社）

『〈資本論〉入門』（森田成也・中村好孝訳、作品社）

『〈資本論〉第2巻・第3巻 入門』（森田成也・中村好孝訳、作品社）

『資本主義の終焉――資本の17の矛盾とグローバル経済の未来』（大屋定晴ほか訳、作品社）

『経済的理性の狂気――グローバル経済の行方を〈資本論〉で読み解く』（大屋定晴監訳、作品社）

『パリ――モダニティの首都』（大城直樹・遠城明雄訳、青土社）

『ニュー・インペリアリズム』（本橋哲也訳、青木書店）

『ネオリベラリズムとは何か』（本橋哲也訳、青土社）

『ポストモダニティの条件』（吉原直樹監訳、青木書店）

『都市の資本論――都市空間形成の歴史と理論』（水岡不二雄監訳、青木書店）

『空間編成の経済理論――資本の限界（上・下）』（松石勝彦・水岡不二雄訳、大明堂）

『都市と社会的不平等』（竹内啓一・松本正美訳、日本ブリタニカ）

『地理学基礎論――地理学における説明』（松本正美訳、古今書院）など。

新自由主義
——その歴史的展開と現在

★

2007年3月10日　第1刷発行
2024年9月20日　第17刷発行

著者――――デヴィッド・ハーヴェイ
監訳者―――渡辺 治
訳者――――森田成也・木下ちがや・大屋定晴・中村好孝

発行者―――福田隆雄
発行所―――株式会社作品社
〒102-0072 東京都千代田区飯田橋2-7-4
tel 03-3262-9753　fax 03-3262-9757
振替口座00160-3-27183
https://www.sakuhinsha.com

編集担当――内田眞人
本文組版――編集工房あずる＊藤森雅弘
装丁――――伊勢功治
印刷・製本――株式会社シナノ

ISBN 978-4-86182-106-6　C0031